Mary Lewis
Schlussstriche zieht man nicht mit Bleistift



PIPER

Zu diesem Buch

Noch immer fassungslos darüber, dass ihr Mann sie für eine leidenschaftliche Sammlerin von Porzellanfiguren verlassen hat, muss Molly Taylor nach einem neuen Zuhause für sich und ihre drei Söhne suchen. Umso überraschter ist sie, als sie Harrington Hall erbt, den Landsitz ihrer geliebten Tante Helena im malerischen Devon. Neben jeder Menge frischer Landluft, Schlamm und renovierungsbedürftiger Gästezimmer erwarten sie dort ihr exzentrischer Onkel Bertie, seines Zeichens Ex-Admiral zur See, sowie dessen aufmüpfiger Papagei Betty. Während Onkel Bertie seine freie Zeit darauf verwendet, am Strand auf und ab zu patrouillieren und Salutschüsse von der Klippe abzufeuern, entstaubt Molly unzählige Möbel, streicht Wände und hält ihre Kinder davon ab, sich im Schlamm zu wälzen. Und als wäre das nicht schon anstrengend genug, läuft sie auch noch ihrem alten Schwarm Stephen in die Arme, der aufrichtig an ihr interessiert zu sein scheint. Molly genießt seine Aufmerksamkeit in vollen Zügen. Schließlich wird er schon keine bösen Hintergedanken hegen – oder?

*Mary Lewis*, geboren 1968 in Kent, ist eine begeisterte Landschaftsarchitektin, und wenn sie nicht gerade an märchenhaften Entwürfen für üppige südenglische Privatgärten arbeitet, widmet sie sich in ihrem Cottage der Schriftstellerei. Sie lebt mit ihrer Tochter und einem frechen Jack Russell Terrier im Südosten von England.

Mary Lewis

# Schluss-striche zieht man nicht mit Bleistift

Roman

Aus dem Englischen
von Ursula C. Sturm

PIPER
München Berlin Zürich

*Mehr über unsere Autoren und Bücher:*
*www.piper.de*

Die Verse auf S. 343 oben entstammen einem Gedicht von Ernest Dowson, das die Überschrift »Seraphita« trägt. Die Übertragung ins Deutsche erfolgte durch Stefan George und lehnt sich an folgende Druckfassung an:
Stefan George, Werke in zwei Bänden, Band 2, hrsg. von Robert Boehringer, Klett-Cotta Verlag, Stuttgart 1958.

Die Strophe auf S. 343 unten entstammt der folgenden Ode von William Wordsworth: »Hinweise auf die Unsterblichkeit aus Erinnerungen an die frühe Kindheit« und wurde von Dietrich H. Fischer ins Deutsche übertragen.

FSC
www.fsc.org
MIX
Papier aus verantwortungsvollen Quellen
FSC® C083411

Deutsche Erstausgabe
Juli 2016

Titel der englischen Originalausgabe: »A good year for the roses«,
Hachette Books 2014

Published by arrangement with Hachette Books, New York, New York, USA.
Umschlaggestaltung: Bürosüd°, München
Umschlagabbildung: Elisabeth Cölfen/plainpicture
Satz: Fotosatz Amann, Memmingen
Gesetzt aus der Scala
Druck und Bindung: CPI books GmbH, Leck
Printed in Germany ISBN 978-3-492-30211-1

*Für Joe*

# Inhalt

# KAPITEL 1:
# Mitten im kalten Winter
Oktober

***Rosa alba***
*Diese edle Rosensorte, die bereits in der Antike von Griechen und Römern kultiviert wurde, ist an Robustheit unter den alten Rosensorten unübertroffen. Ihr elegantes Laub ist graugrün, die Blütenblätter sind hauchdünn wie Reispapier und rangieren farblich zwischen Weiß und zarten Rosaschattierungen und ihr erfrischender Duft zeichnet sich nicht selten durch eine leichte Zitrusnote aus. Erwähnenswert sind unter anderem die zartrosa blühende, edel bis süß duftende Maiden's Blush, des Weiteren Belle Amour, deren Blüten von einem kräftigen Korallenrosa sind und einen schweren Myrrheduft verströmen, sowie die cremeweiße Jakobitenrose mit ihrem lang anhaltenden, aromatischen Zitrusduft, die zur Zeit der Rosenkriege als die »Weiße Rose von York« Berühmtheit erlangte.*

Es ist Donnerstagvormittag und ich versuche, möglichst wenig Lärm zu machen, während ich die Lunchpakete für die Jungs vorbereite, damit niemand aufwacht, ehe ich meine zweite Tasse Tee intus habe. Ben und Alfie, die beiden Jüngeren, stehen tendenziell noch recht früh auf, Dan dagegen würde selbst dann weiterschlafen, wenn im Wohnzimmer eine Blasmusikkapelle aufspielen würde. Er ist jetzt dreizehn und ohne jeden Zweifel schon ein richtiger Teenager, mit allem, was dazugehört. Wäre er sich selbst überlassen, er würde wohl komplett die Nacht zum Tag machen. Das ist eines dieser absolut typischen Phänomene in der wunderbaren Welt der Mütter – erst bringt man zehn verdammte Jahre damit zu, die kleinen Biester zum Einschlafen zu bewegen, dafür kommen sie dann die darauffolgenden zehn Jahre morgens ums Verrecken nicht aus den Federn. Ein paar Spritzer kaltes Wasser sind die einzig sichere Methode, um Dan aus dem Bett zu scheuchen. Allerdings verwende ich sie nur, wenn seine Brüder nicht in der Nähe sind. Der Zahnputzbecher eignet sich besonders gut, während Ben wohl die bis zum Anschlag aufgedrehte Dusche zu Hilfe nähme, wenn der Schlauch lang genug wäre. Erst vorige Woche habe ich ihn dabei ertappt, wie er sich mit dem Gartenschlauch ins Haus schleichen wollte. Alfie ist der Ansicht, seine riesige Piratenschatzkiste sei für diesen Zweck der ideale Wassertransportbehälter. Gut möglich, dass irgendwann derartige Mengen kaltes Wasser vonnöten sein werden, um Dan zu wecken, weshalb ich nicht ausschließe, dass das Ding tatsächlich irgendwann zum Einsatz kommt.

Ich ergötze mich gerade an der Vorstellung meines triefend nass in seinem Bett sitzenden Erstgeborenen – quasi eine Mischung aus gebadeter Maus und begossenem Pudel –, da klingelt das Telefon und macht meine Hoffnungen auf eine ruhige halbe Stunde jäh zunichte. Na toll!

»Ah, gut, du bist schon wach.«

»Morgen, Mum.«

»Bist du schon auf dem Sprung?«

»Noch nicht. Ich muss erst die Jungs in die Schule bringen.«

»Du weißt doch, wie sehr sich dein Vater aufregt, wenn …«

Herrgott noch mal, sie ruft mich ernsthaft um sieben Uhr morgens an, um mich daran zu erinnern, wie sehr Dad Unpünktlichkeit verabscheut?

»Ich komme, so schnell es geht, Mum.«

»Denk daran, etwas Schickes für die Beerdigung einzupacken, ja?«

»Mein schwarzer Hosenanzug liegt bereit.«

»Du hattest ein paar so hübsche schwarze Röcke, als du noch im Hotel mitgearbeitet hast.«

»Das ist fast zwanzig Jahre her, Mum. Damals habe ich noch studiert und im Übrigen fand Dad meine Röcke immer viel zu kurz.«

»Ich weiß, aber …«

»Mum, ich weiß, Dad befindet sich auf einer Art Ein-Mann-Vernichtungsfeldzug gegen alle Hosenanzüge dieser Welt, aber ich bin inzwischen ein großes Mädchen und darf anziehen, was ich will.«

Sie seufzt und ich bekomme wie so oft ein schlechtes Gewissen. Ich sehe förmlich vor mir, wie sie, noch schlaftrunken, in ihrem Morgenmantel in der Küche sitzt. Vor jeder Familienzusammenkunft ist sie ein einziges Nervenbündel, lange bevor die ersten Gäste eintreffen.

»Hör zu, Mum, das einzige Kostüm, das ich besitze, ist marineblau. Und das finde ich nun nicht gerade passend für eine Beerdigung. Und ich kann es mir nicht leisten, mir ein neues zu kaufen, nur weil Dad der Ansicht ist, dass ich zu formellen Anlässen keine Hose tragen sollte. Wenn er später wieder eine seiner Hosen-Hasstiraden vom Stapel lässt, dann erinnere ihn doch bitte daran, dass Hosenanzüge für Prinzessin Anne ja auch fein genug sind. Erst gestern war sie bei irgendeinem öffentlichen Auftritt in den Nachrichten zu sehen und sie hatte eine Hose an, obwohl weit und breit keine Pferde in Sicht waren. Wenn sich eine Adlige so etwas erlauben darf, dann sollte das Tragen von Hosenanzügen bei offiziellen Anlässen doch auch mir gestattet sein, meinst du nicht?«

Dad hatte von jeher eine Schwäche für Prinzessin Anne und ihre Einstellung zu ihrer königlichen Abstammung: »Ich bin zwar blaublütig, aber das hält mich nicht davon ab, Fotografen zu beschimpfen.« Mein Leben würde sich sicher bedeutend einfacher gestalten, wenn ich gelegentlich einen auf Prinzessin Anne machen würde. Vielleicht kann man Pferde ja so abrichten, dass sie Menschen, die einem ein Dorn im Auge sind, einen Tritt verpassen. Eine Win-win-Situation auf der ganzen Linie. Andererseits wurde ich abgeworfen, als ich das letzte Mal auf dem Rücken eines Pferdes saß, also sollte ich es wohl lieber bleiben lassen.

»Ich bin sicher, mein Hosenanzug ist der Situation angemessen.«

»Ich hoffe nur, er ist auch warm genug. Hier ist es seit ein paar Tagen bitterkalt. Georgina hat sich ein hübsches neues Kostüm zugelegt und einen dazu passenden Steppmantel. Sie hat gesagt, wenn du willst, kann sie dir gern etwas borgen. Nett von ihr, nicht?«

Ja, ganz reizend. Ich leihe meiner frisch geschiedenen Schwägerin mal eben ein paar aussortierte Klamotten. Am besten die wattierten Teile. Welch beispielloser Akt der Selbstlosigkeit!

»Danke, Mum, aber bitte sei so gut und sag Georgina, dass sie mir nichts leihen muss. Sie versucht sonst wieder, mir irgendetwas aufzudrängen, was ich gar nicht haben will.«

»Du siehst sie ohnehin heute Abend beim Essen.«

»Ach, richtig.«

Mist. Dass Roger und Georgina am Abend mit von der Partie sein sollten, war mir völlig entfallen. Das heißt, ich muss nicht nur ein Abendessen mit meinem nervigen Bruder und seiner bescheuerten Göttergattin über mich ergehen lassen, sondern mich bei der Gelegenheit auch noch bei ihr dafür bedanken, dass sie gewillt ist, mir irgendeinen Fummel zu leihen, den ich nicht einmal mit der Kneifzange anfassen würde und der mir ohnehin mindestens drei Größen zu klein wäre. Yippie.

»Ich dachte, ich mache Sheperd's Pie. Georgina bringt einen Nachtisch mit.«

»Super.«

Das bedeutet dann wohl zwei Himbeeren und einen Teelöffel Sorbet pro Person. Georgina ist andauernd auf Diät, denn ihre einzige Leidenschaft ist die Anschaffung von Bekleidung in immer noch kleineren Größen. Sie besitzt mehr Klamotten als jedes andere menschliche Wesen, das ich kenne, einschließlich Lola. Wobei Lola meine beste Freundin ist und nur Outfits kauft, bei denen man grün vor Neid wird, während Georgina mit Vorliebe überladene Hosenanzüge mit glänzenden Knöpfen und scheußliche glitzernde Abendroben kauft. Sie kommt mir vor wie eine Kreuzung aus Barbie und Imelda Marcos, aber auf vornehm getrimmt. Ihre Schuhe bewahrt sie in speziellen Schachteln auf, an denen vorne ein Foto des darin enthaltenen Paars angebracht ist, damit sie auch ja nicht lange nach den kirschroten Sandalen oder den marineblauen Pumps suchen muss. Eine völlig fremde Welt für mich, die ich morgens schon froh bin, wenn ich überhaupt zwei zueinanderpassende Schuhe finde. Vorige Woche hatte ich, als ich die Kinder zur Schule brachte, doch glatt einen schwarzen und einen dunkelblauen Mokassin an. Also musste ich blitzschnell meine Sprösslinge abliefern und dann noch mal nach Hause rasen, um den Fauxpas zu beheben, sonst hätten meine werten Kollegen bestimmt gemutmaßt, dass ich einen scheidungsbedingten Nervenzusammenbruch habe. Georgina ist auch allzeit perfekt geschminkt, sogar schon morgens beim Frühstück. Sie erinnert mich an die krampfhaft lächelnden, stets mit etwas zu dunklem Make-up zugespachtelten Angestellten in der Kosmetikabteilung eines Kaufhauses, die einen ungefragt in eine Parfümwolke hüllen. Manchmal frage ich mich, ob meine Schwägerin heimlich eine Statistenrolle in einer postmodernen Neuverfilmung der *Frauen von Stepford* angenommen hat. Wahrscheinlich besorgt sie sich als Nächstes einen fahrbaren Servierwagen.

Mum leiert die Liste der Zutaten für ihre Hirtenpastete herunter, als würde ich tatsächlich zu diesen verrückten Hühnern gehören, die morgens um zehn nach sieben schon diskutieren wollen, ob man für das perfekte Kartoffelpüree nun besser die Sorte »King Edward« oder doch lieber »Maris Piper« verwendet.

»Kommen Henry und Alicia eigentlich auch zur Beerdigung?«

Bislang bin ich mit meiner Nichte und meinem Neffen noch nicht so recht warm geworden. Kein Wunder – Georgina kann man nun nicht gerade als warmherzige Vollblutmutter bezeichnen und Roger ist, was Kindererziehung anbelangt, erst recht ein hoffnungsloser Fall. Deshalb besuchen Henry und Alicia, praktisch seit sie gehen können, eine private Grundschule, welche wie fast alle Privatschulen offenbar auf Kinder spezialisiert ist, die nicht sonderlich helle, dafür aber reichlich eingebildet und verwöhnt sind – eine tödliche Kombination. An den Tischmanieren der beiden gibt es nichts zu mäkeln, dafür kommen sie sich allerdings derart privilegiert vor, dass man ihnen zu gerne mal eine Ohrfeige verpassen würde, einfach, um ihre verdatterte Miene zu sehen.

»Nein, die müssen zur Schule. Roger findet, ihre Bildung hat oberste Priorität. Ehrlich gesagt mache ich mir Sorgen um ihn. Er arbeitet so viel.«

Pfff. Dass ich nicht lache. Mein lieber Bruder ist den Großteil seiner Zeit mit Golfspielen beschäftigt, wenn er zur Abwechslung mal nicht seine Angestellten ärgert, die ohne ihn viel besser zurechtkommen. Das Hotel ist jetzt seit drei Generationen im Besitz unserer Familie und als Granddad noch die Leitung innehatte, ging es dort wesentlich entspannter zu. Selbst Dad hat sich weniger dämlich angestellt und weniger despotisch aufgeführt als Roger, der jeden Abend seine Kontrollrunden dreht, dabei einen Drink nach dem anderen kippt und den leutseligen Herrn des Hauses mimt, nur um schließlich im Büro hinter der Rezeption einzuschlafen. Er ist so oft besinnungslos betrunken, dass das Personal, wenn es um ihn geht, immer »Roger and Out« sagt, wie Flugzeugpiloten am Ende ihres letzten Funkspruchs.

»Spielt er nach wie vor so viel Golf?«

»Schon, aber du darfst nicht vergessen, dass er dieses Jahr im Platzausschuss ist und sich deshalb so oft wie möglich dort zeigen muss. Er hat gute Chancen, nächstes Jahr Captain zu werden, meint dein Vater.«

Oh Gott, wenn man Roger tatsächlich zum Captain des Golfclubs ernennt, wird er noch unausstehlicher. Ich wette, er besorgt sich umgehend ein Clubjackett, das er dann rund um die Uhr trägt. Und wahrscheinlich gleich noch ein zweites fürs Bett. Dad wird natürlich hocherfreut sein, schließlich ist es seit Jahren sein sehnlichster Wunsch, dass Roger endlich mal das ehrenwerte Amt des Club-Captain bekleidet.

»Toll, Mum. So, jetzt sollte ich hier mal weitermachen, damit ich rechtzeitig loskomme.«

»Fahr vorsichtig, Liebes. Wir erwarten dich dann zum Mittagessen, ja?«

»Ich komme erst zum Tee, Mum. Ich hab dir doch schon gestern gesagt, dass ich es nie im Leben in drei Stunden von Südlondon nach Devon schaffe, es sei denn, ich nehme einen Hubschrauber, und du erinnerst dich bestimmt daran, wie das letztes Mal ausgegangen ist – da hat Roger am Ende den Boden geküsst, und zwar nicht ganz freiwillig.«

»Du weißt genau, dass das nicht seine Schuld war, Molly.«

»Bis später, Mum.«

Und ob es Rogers Schuld gewesen war. Er ist der fixen Überzeugung, das Sands Hotel benötige einen Hubschrauberlandeplatz, um eine gehobene Klientel anzulocken. Dabei ist der Betrieb jahrzehntelang gut gelaufen, obwohl die Gäste nicht auf dem Luftweg angereist sind, mit Ausnahme des Air-Force-Piloten, der während des Krieges mit dem Fallschirm auf dem Dach des Küchentrakts gelandet ist. Hinter der Bar hängt noch heute ein Bild von ihm. Granddad hat sein gesamtes Geschwader zum Dinner eingeladen; auf dem Foto ist die ganze Truppe mit erhobenen Gläsern zu sehen. Es heißt, sie hätten an dem Abend die Bar leer getrunken und hinterher sei eine der Kellnerinnen drei Tage lang wie vom Erdboden verschluckt gewesen. Dad ist während seiner Zeit als Hoteldirektor bei Weitem nicht so oft wie Granddad in die Rolle des jovialen Hausherrn geschlüpft. Tja, und inzwischen ist Roger der Boss und wild entschlossen, aus dem alten Kasten ein Nobelhotel zu machen – oder das, was er für ein Nobelhotel hält.

Offenbar genügt es dafür seiner Ansicht nach, die Preise anzuheben, sämtliche Wände im Farbton »Taupe« zu streichen und vor dem Abendessen Horsd'œuvres zu servieren. Und es kommen so gut wie nie Gäste mit dem Helikopter an, mal abgesehen von dem einen oder anderen Brautpaar mit mehr Geld als Verstand. Als sich vergangenen Herbst ein Bräutigam in den Kopf gesetzt hatte, per Hubschrauber anzureisen, hat sich Roger selbst zum Chef des Luftwaffenkommandos ernannt und die orangefarbene Warnweste übergestreift, um die Landung höchstpersönlich zu überwachen. Dummerweise stand er am falschen Platz und wurde durch den Abwind beinahe von den Klippen ins Meer geweht. Er hatte Glück im Unglück und ist mit dem Gesicht nach unten auf der Wiese neben den Tennisplätzen gelandet, über und über mit Dreck und Laub bedeckt. Seine Angestellten haben sich schier nicht mehr eingekriegt vor Schadenfreude. Am liebsten hätten sie zur Feier des Tages wohl noch mal die Wimpelgirlanden mit den Union Jacks hervorgekramt, mit denen die Rezeption zum diamantenen Thronjubiläum der Königin dekoriert war.

Während ich weiter Sandwiches schmiere, versuche ich nicht daran zu denken, was mich erwartet. Zum einen, weil ich den weiten Weg nach Devon auf mich nehmen muss und dort gezwungen sein werde, mir Rogers endloses Geschwafel von wegen »Ich werde Captain« anzuhören – und ich darf noch nicht einmal dem Drang nachgeben, ihn mit der Gabel zu erstechen. Vor allem aber graut mir vor der Beerdigung morgen. Helenas Beerdigung. Helena und Bertie sind die einzigen Mitglieder meiner Familie, die ich wirklich gernhabe, mal abgesehen von Mum, und die ist diesbezüglich in letzter Zeit definitiv eine Wackelkandidatin.

Nachdem sie sich über Jahre hinweg bei Dad angebiedert hat, ist sie ein nervliches Wrack. Sobald er sich über irgendetwas echauffiert, fängt sie an zu zittern wie Espenlaub. Ich hoffe inständig darauf, dass sie wenigstens ein einziges Mal ansatzweise ungehalten reagiert, aber sie tut es nicht. Helena war da ganz anders. Die ließ sich nie etwas gefallen. Bertie kann ebenfalls ziemlich resolut sein, und da er Mums älterer Bruder ist, hält sich Dad in seiner Gegenwart normalerweise etwas zurück. Doch es war Helena, die das Kommando hatte, und wenn Dad mal wieder eine Laus über die Leber gelaufen war, sagte sie zum Mum: »Komm, wir gehen uns im Garten die Füße vertreten.« Einmal hat sie sich sogar während eines Mittagessens im Kreise der Familie absentiert, bei dem sich Dad endlos über irgendetwas ausgelassen hat. Worum es ging, weiß ich nicht mehr, jedenfalls stand sie einfach auf und sagte, sie bekomme Kopfschmerzen von seinem dümmlichen Geschwätz und ziehe es deshalb vor, eine Runde durch den Garten zu drehen. Dad lief puterrot an und auf der Fahrt nach Hause herrschte eisiges Schweigen. Es war fabelhaft.

Schon als junges Mädchen wollte ich unbedingt wie Helena sein. Ich habe sogar geübt, mir wie sie die Haare zu einem Knoten hochzustecken. Sie war eine so wunderbare Frau ... Und morgen muss ich sie auf ihrem letzten Weg begleiten. Tja, irgendwie passt das zu diesem beschissenen Jahr, das nun allmählich zur Neige geht. Und zu allem Überfluss steht demnächst Weihnachten vor der Tür und ich habe noch kein einziges Geschenk.

Vor Bens Geburtstag letzte Woche habe ich auch erst in allerletzter Minute die Kurve gekriegt und nach einer fieberhaften Suche viel zu viel Geld für sein Geschenk ausgegeben. Elf ist ein schwieriges Alter – da wollen Jungs einerseits noch Luftballons und Kuchen, andererseits haben sie keine Lust mehr auf kindische Partyspiele. Am Ende habe ich mich für Kino und Pizza entschieden. Fünfzehn Elfjährige im Dunkeln mit Popcorn und Eis ... Weiß der Geier, was ich mir dabei gedacht hatte. Die Leute, die in der nächsten Vorstellung auf unseren Plätzen saßen, konnten einem nur leidtun. Den goldenen Herbst samt seiner ertragreichen Fülle haben wir dieses Jahr offenbar einfach übersprungen; der Sommer ging quasi nahtlos über in einen ungemütlichen Oktober mit gefrierendem Nebel und prasselndem Regen. In den Geschäften hängt bereits überall Lametta, und wenn ich in den kommenden paar Wochen keine neue Bleibe für uns auftreibe, werden Maria und Josef nicht die Einzigen sein, die gezwungen sind, den Weihnachtsabend in einem Stall zu verbringen, da ich unser Haus verkaufen musste. Und jetzt wird auch noch der Mensch, der mir von meiner gesamten Familie am nächsten stand, zu Grabe getragen und ich darf keine Hose anziehen. Oh Mann.

»Mum?«

Ach, verflixt. Alfie ist aufgewacht.

»Ja, Schätzchen?«

»Brätst du mir ein paar Streifen Speck zum Frühstück?«

»Nein, Alfie, heute ist ein normaler Schultag, da gibt es Cornflakes.«

»Aber ich brauche Speck, Mum. Wirklich!«

Er wirkt noch ganz verschlafen – die Haare stehen ihm in sämtlichen Richtungen vom Kopf ab und den Schlafanzug trägt er aus unerfindlichen Gründen mit den Nähten nach außen.

»Warum hast du denn den Pyjama verkehrt herum an, Liebes?«

»Die Hose hat gejuckt, da hab ich sie einfach umgedreht. Voll cool, oder?«

»Ja, Schatz. Möchtest du Apfelsaft oder Milch?«

Ich kann nur hoffen, dass er nicht künftig alle Klamotten linksherum anzieht. An Schultagen ist es bei uns morgens auch so schon hektisch genug.

»Orange.«

»Was, Orange?«

Er grinst.

»Saft.«

»Alfie ...«

»Bitte. Orangensaft, bitte.«

»Geht doch. Ich könnte ja ein paar Scheiben Toast mit Honig machen ...«

Er klatscht, was mir ein Lächeln entlockt. Es ist immer schön, gleich morgens Applaus zu ernten.

»Darf ich mir einen Zeichentrickfilm anschauen?«

»Meinetwegen, aber nur eine halbe Stunde und nur ganz leise.«

Er hopst davon in Richtung Wohnzimmer. Ja, ja, wenn man als Sechsjähriger Toast mit Honig bekommt und heimlich Zeichentrickfilme gucken darf, ist die Welt allen Dramen zum Trotz eben noch in Ordnung. Viel mehr braucht es da gar nicht für einen perfekten Morgen. Vielleicht sollte ich lieber öfter mal den Sechsjährigen in mir rauslassen, statt einen auf Prinzessin Anne zu machen – das würde wohl auch bedeutend glaubwürdiger rüberkommen. Wobei ich nicht sicher bin, ob es die Jungs so prickelnd fänden, wenn ihre Eltern ein Verhalten à la Peter Pan an den Tag legen und so tun, als hätten sie noch nicht die Volljährigkeit erreicht. Es ist ohnehin schwierig, die Pubertät schadlos zu überstehen; da können sie vermutlich darauf verzichten, dass die Erzeugerfraktion ihren Mode- und Musikgeschmack imitiert. Zumal die drei im Rahmen der Scheidung so einiges durchgemacht haben.

Nach dem anfänglichen Schock und der demütigenden Erkenntnis, dass Pete eine Affäre hatte, war das das Einzige, was mir wirklich Kopfzerbrechen bereitet hat: wie die Jungs wohl damit klarkommen würden. Bis jetzt gab es eigentlich keine großen Probleme. Ganz im Gegenteil, wenn ich ehrlich sein soll. Es kommt mir so vor, als hätten wir viel mehr Platz, seit Pete nicht mehr am Kopfende des Tisches thront, den Oberboss mimt und lange Reden über die Bedeutung guter Tischmanieren schwingt, während unser Essen kalt wird. Es ging in einer Tour nur um ihn. Und ständig dieses endlose Gelaber von wegen richtiges Benehmen.

Inzwischen ist es bedeutend ruhiger bei uns. Im Laufe des Jahres haben wir uns neu sortiert und jetzt läuft es definitiv besser als vorher. Was natürlich die Frage aufwirft, warum ich eigentlich so lange gezögert habe, meine Ehe zu beenden, obwohl es zwischen Pete und mir schon seit geraumer Zeit gewaltig gekriselt hat. Zumal sämtliche Beteiligten seit der Scheidung offenbar viel glücklicher sind als vorher und meine Kinder neuerdings förmlich aufblühen.

Das ist noch so eine Angelegenheit, die mir Schuldgefühle verursacht. Ich fände es angemessener, wenn ich eine dieser allgegenwärtigen braven, vom Schicksal gebeutelten Ehefrauen wäre, todtraurig und am Boden zerstört. Tatsache ist jedoch, ich empfand in Anbetracht der Entwicklungen eigentlich bloß Erleichterung. Als ich mit dreiundzwanzig vor den Traualtar trat, sah die Zukunft so rosig und vielversprechend aus. Damals konnte ich nicht ahnen, dass ich jahrelang einfach nur mitlaufen würde. Ich kann mich nicht erinnern, wann genau ich mich in eine Art Schleppboot auf zwei Beinen verwandelt habe, das gemütlich neben Pete dahintuckerte, stets gefolgt von meinen drei Jungs und tunlichst darauf bedacht, potenziell gefährliche Klippen oder Untiefen zu umschiffen. Es ist schon ein herber Schlag für das Selbstvertrauen, wenn einem bewusst wird, dass man geradewegs auf das Trockendock zugesteuert ist. Und weil ich so damit beschäftigt war, für einen möglichst reibungslosen Ablauf zu sorgen, bemerkte ich gar nicht, dass der Kapitän im Begriff war, von Bord zu gehen. Es traf mich völlig unvorbereitet. Vermutlich sollte man einem Menschen wie mir, der derart unfähig ist, Katastrophen vorherzusehen, besser keine modernen Haushaltsgeräte anvertrauen, ganz zu schweigen von drei heranwachsenden Jungs. Würde mich nicht wundern, wenn eines schönen Morgens in nicht allzu ferner Zukunft jemand mit einem Klemmbrett in der Hand bei mir auf der Matte steht und sagt: »Mal ganz ehrlich, meinen Sie nicht, Sie sollten erst einmal klein anfangen, mit einem Kaninchen beispielsweise? Mal sehen, wie Sie damit zurechtkommen.« Deshalb tue ich wohl gut daran, mich auf die erfreuliche Kehrseite der Medaille zu konzentrieren, nämlich auf mein nagelneues Familienleben. Eines, bei dem zur Abwechslung ich den Kurs bestimme. Eines, das mehr Spaß macht. Zugegeben, in den kommenden achtundvierzig Stunden wird sich der Spaß wohl eher in Grenzen halten, schon wegen der Beerdigung und so.

Ich bringe Alfie seinen Toast, was mir erneut Applaus beschert. Unser Haus wird mir fehlen, ungeachtet der Tatsache, dass ich meine ganze Freizeit geopfert habe, um es zu renovieren, während Pete seine ganze Freizeit auf eine Affäre mit der Schulsekretärin verwendet hat. Ich war gerade mit dem Esszimmer fertig, da tat er kund, er wolle sich von mir trennen und Janice heiraten. Die kleine, zierliche

Janice mit ihren Angorajäckchen und ihren hochhackigen Schuhen, die, wie es scheint, nicht nur Glasfigürchen sammelt, sondern auch anderer Leute Ehemänner. Aber wie heißt es so schön: Wer zuletzt lacht, lacht am besten.

Ich kann gar nicht sagen, wann aus Pete, dem jungen Radikalen, der die Welt verändern wollte, plötzlich Peter, der Schuldirektor, wurde. Auf die Privatschule, die er leitet, gehen Kinder, deren Eltern ein kleines Vermögen an Schulgebühren genau dafür berappen, dass sich die Welt bitte schön auf gar keinen Fall ändern soll. Als ich die Jungs vorigen Sonntagnachmittag im Park abgeliefert habe, damit sie ein paar Stunden mit ihrem Vater verbringen können, habe ich Pete im ersten Moment gar nicht wiedererkannt, weil er so anders aussah. Sowohl er als auch Janice trugen brandneue Joggingklamotten – im Partnerlook – und meine Nachfolgerin hatte dazu eine knappe Weste in Pink an. Ich kann mir beim besten Willen nicht vorstellen, was Pete und mich dazu veranlasst hätte, gemeinsam joggen zu gehen. Und zwar nicht nur deshalb, weil mir oft Kinder aus meiner Schule begegnen, wenn ich unterwegs bin. Und falls mich je einer meiner Schüler beim Joggen erwischt, würde er sich garantiert an meine Fersen heften und irgendwelche Kommentare vom Stapel lassen. Ich war richtig überrascht, als mir bewusst wurde, wie sehr sich Pete verändert hat. Er geht nicht nur joggen, nein, er hat sich dafür sogar extra eine Pulsuhr zugelegt, die seine Herzfrequenz misst, während er sich den Kopf darüber zerbricht, welche Kanapees er den Eltern beim Schulkonzert vorsetzen soll. Ich für meinen Teil unterrichte in der hiesigen weiterführenden Schule und muss mir überlegen, wie man am ehesten dreißig Vierzehnjährige motivieren könnte, die sich einen feuchten Kehricht dafür interessieren, wer oder was den Ersten Weltkrieg ausgelöst hat. Andererseits könnten mir meine Schüler jederzeit einen brandneuen Laptop besorgen, zu einem absoluten Schnäppchenpreis. Tja, ein Gutes hat die Sache immerhin: Ich muss nicht anfangen zu joggen.

Wenn ich jetzt noch meine Panikattacken in den Griff bekommen und mich in eine kompetente Erwachsene verwandeln könnte, die in der Lage ist, ein neues Dach über dem Kopf für ihre Familie zu finden, wäre alles wunderbar. Da ich mir jedoch den Erlös aus dem Verkauf unseres derzeitigen Domizils mit Pete teilen muss, geht die Anzahl der Häuser, die ich mir leisten kann, leider erbarmungslos gegen null. Ich will nicht allzu weit wegziehen, weil Dan gerade an der einzigen guten Schule hier in der Gegend aufgenommen wurde, zumal es sich um eine kostenlose öffentliche Schule handelt und ich wider Erwarten nicht jahrelang in die Kirche pilgern musste, um meinem Kind seinen Platz zu sichern. Schon erstaunlich, wie viele Eltern plötzlich einen bis dato im Verborgenen gelebten Glauben an den Tag legen, wenn ihre Sprösslinge ungefähr acht sind, und, sobald der Nachwuchs das elfte Lebensjahr beendet und es auf die weiterführenden Schule ihrer Wahl geschafft hat, die allsonntäglichen Gottesdienstbesuche schlagartig wieder einstellen. Wenn sich die Kirche endlich eingestehen würde, dass die Hälfte ihrer Schäfchen nur aus diesem Grund regelmäßig zur Messe kommt, würde sie sich vielleicht weniger in Probleme wie weibliche Diener Gottes oder schwule Bischöfe hineinsteigern und stattdessen überlegen, warum der Großteil der normalen Bevölkerung den ortsansässigen Pastor für ähnlich lebenswichtig erachtet wie, sagen wir mal, einen Teekessel aus Schokolade. Ich ziehe schon seit Längerem in Erwägung, mal einen Brief an den Erzbischof zu schreiben. Andererseits ist das vielleicht keine so gute Idee, schließlich kann es, wenn ich keine anständige Bleibe für uns finde, durchaus sein, dass ich demnächst ebenfalls jeden Sonntag in die Kirche gehen muss.

Natürlich könnte ich Dad bitten, mir das nötige Kleingeld zu leihen. Damit stünde dann noch ein Punkt auf der Tagesordnung, vor dem mir graut. Roger und Georgina haben sich von ihm einen »Kredit« über mehrere Tausend Pfund geben lassen, um sich einen scheußlichen neuen Wintergarten zu bauen, in dem sie nebst grauenhaften Teakholzmöbeln und futuristisch aussehenden Gewächsen den größten Fernseher aufgestellt haben, der mir je untergekommen ist. Tja, Roger ist eben der Erstgeborene. Der Golden Boy. Und ich bin ... nein, keineswegs das Golden Girl, so viel steht fest. Bei mir würde es noch nicht einmal für Bronze reichen, schon gar nicht, wenn ich Hosen trage. Nein, das mit dem Kredit kann ich mir gleich wieder aus dem Kopf schlagen, und selbst wenn sich Dad breitschlagen ließe, müsste ich ihm das Geld irgendwann zurückzahlen, und damit wäre das Problem ja nicht gelöst. Aber es kann gut sein, dass mir nichts anderes übrig bleibt. Anderenfalls hausen wir demnächst womöglich in einem Wohnwagen in jemandes Garten. Vielleicht auf dem Gelände von Peters Schule. Da wären die Schulbeiräte bestimmt begeistert. Ich kann ihm den Vorschlag ja unterbreiten, wenn ich ihn das nächste Mal sehe. Ich wette, die Vorstellung, dass seine Exfrau und seine drei Söhne in einem Wohnwagen hinten neben den Tennisplätzen ihr Lager aufschlagen, lässt seinen Puls in die Höhe schießen, bis seine tolle neue Laufuhr hektisch piepsend den Geist aufgibt.

Ich überlege gerade, ob ich mir noch eine Tasse Tee genehmigen oder lieber Dan und Ben wecken gehen soll, da klingelt erneut das Telefon. Ich schätze, Mum will noch wissen, welche Schuhe ich anzuziehen gedenke. Wenn ich dem Kontrollzwang meiner Eltern nicht bald einen Riegel vorschiebe, kehre ich demnächst wieder in das Stadium meiner Teenagerzeit zurück, in dem ich mich bei der Auswahl meiner Outfits ausschließlich daran orientiert habe, was Dad am meisten ärgern würde. Der Sari in Rosa und Orange war damals meine ungeschlagene Nummer eins. Zu schade, dass ich den nicht mehr habe, sonst hätte ich ihn heute zum Abendessen angezogen. Wahrscheinlich würde ich mir darin Frostbeulen zuziehen, aber das wär's mir wert.

»Hi, Mum.«

»Tut mir leid, ich bin's bloß, Süße. Ist für Devon auch Nebel angesagt? In der Stadt ist es mal wieder grauenhaft – ich kann kaum bis zum Ende meiner Straße sehen.«

Oh Freude, es ist Lola. Ein Tässchen Tee und ein Telefonat mit der besten Freundin – das ist die perfekte Starthilfe, wenn man sich einem unangenehmen Tag stellen muss.

»Nein, aber laut Wettervorhersage soll es gefrierenden Regen geben.«

»Yippie.«

»Du sagst es. Die Fahrt dauert bestimmt eine Ewigkeit und Mum hatte ich eben auch schon an der Strippe. Sie klang ziemlich gestresst.«

»Und die Jungs übernimmt heute Abend mal dein Flachwichser-Exmann, richtig?«

»Theoretisch, ja. Ich möchte wetten, er wälzt die ganze Arbeit auf Janice ab.«

»Und was treibt die liebe Janice sonst so?«

»Sie ist damit beschäftigt, sich neue Kleider mit passenden Blazern zu kaufen, damit sie ihrer Rolle als Direktorengattin auch ja gerecht wird. Das Fußkettchen hat sie abgelegt und ihr keckes Lächeln ebenfalls. Tja, so ist das, wenn man sein Leben mit Pete teilt. Ehrlich gesagt fängt sie allmählich an, mir leidzutun.«

»Also echt, Molly, manchmal mache ich mir wirklich Sorgen um dich. Wie kann es sein, dass du Mitleid mit der Frau empfindest, die dir den Ehemann ausgespannt hat? Ich meine, okay, du warst heilfroh, als du ihn endlich los warst, aber mal ganz im Ernst ...«

»Na hör mal, von heilfroh kann keine Rede sein.«

»Ach komm, gib's zu.«

»Okay, ich geb's zu. Und ich schäme mich auch dafür, aber es geht uns wirklich besser ohne ihn. Es ist, als wäre unser Leben plötzlich ... viel unbeschwerter. Vor allem, seit wir bei den Mahlzeiten nicht mehr ständig seine Belehrungen über uns ergehen lassen müssen. Wir kamen uns ja echt oft vor wie bei einer Schulversammlung. Und wenn er sich dann zurückgelehnt und ›Das war köstlich, Molly‹ gesagt hat, gerade so, als würde er mit der Haushälterin reden! Da hatte ich jedes Mal gute Lust, ihm die übrige Vanillesoße über den Kopf zu kippen.«

Sie lacht.

»Die ist doch bei euch immer gleich weg. Na, wie dem auch sei, zum Glück hast du ihn nicht schon viel früher verlassen, sonst gäbe es womöglich meinen Goldschatz Alfie nicht.«

Lola liebt zwar auch Dan und Ben, aber in Alfie ist sie regelrecht vernarrt – eine Zuneigung, die auf Gegenseitigkeit beruht, und daran dürfte sich bis auf Weiteres auch nichts ändern.

Sie kauft ihm Geschenke und unternimmt allerlei mit ihm allein, ohne seine großen Brüder, und Alfie trottet neben ihr her und schmachtet sie an.

»Wie geht's denn meinem kleinen Liebling?«

»Gut. Er guckt einen Zeichentrickfilm. Dan und Ben schlafen noch, er kann also noch eine Weile seinen Status als alleiniger Herrscher über die Fernbedienung genießen. Warum bist du eigentlich schon so früh wach?«

»Beeindruckend, nicht? Das ist Teil meiner vorweihnachtlichen Mission.«

»Was denn für eine Mission?«

»Ich habe meinem erbärmlichen Leben den Kampf angesagt. Wenn ich mich, verdammt noch mal, nicht zusammenreiße, passe ich bis Weihnachten bloß noch in Stretchhosen.«

»Die sind sehr bequem.«

»›Bequem‹ ist nicht das Attribut, auf das eine hochkarätige Agentin bei der Wahl ihrer Kleidung achtet, Süße. Nigel Jones hat sich gestern Abend in einem schwarzen Ledermini und Pumps mit fünfzehn Zentimeter hohen Absätzen auf einer Party rumgetrieben und versucht, mir meine Klienten auszuspannen.«

»Man möchte meinen, er wüsste es besser.«

»Sie. Sie heißt Nigella, wie die Fernsehköchin. Sie nennt sich bloß Nigel, damit niemand die Erwartung hegt, dass sie mit einem Blech selbst gebackener Cupcakes aufkreuzt und lasziv an irgendwelchen Löffeln leckt.«

»Verständlich.«

»Nicht, wenn das Miststück hinter meinen Klienten her ist.«

»Ich glaube kaum, dass es auch nur einer von denen wagt, auf deine Dienste zu verzichten, Lola.«

»Du würdest dich wundern, meine Liebe. Sie sind wie kleine Kinder. Lass sie auch nur einen Moment lang aus den Augen und sie machen sich prompt auf die Suche nach einem funkelnagelneuen Spielzeug.«

»Oder sie bemalen den Fernseher mit leuchtend grüner Fingerfarbe.«

»Das wirst du mir wohl nie verzeihen, oder? Ich habe nur fünf Minuten telefoniert, Ehrenwort! Und außerdem ist die Farbe doch wieder abgegangen, nicht?«

»Ja, aber das hat gedauert.«

»Na also, was regst du dich dann so auf? Alfie ist eben sehr kreativ. Genau deswegen haben wir doch so einen guten Draht zueinander. Du musst ihn fördern. Ich finde, wir sollten ihn in einen Kunstkurs schicken. In der Tate Gallery zum Beispiel. Ich wette, die bieten so was an.«

»Dürfen die Kinder da dann auch Fernseher bemalen?«

»Überlass das nur mir. Ich werde jemanden im Büro damit beauftragen zu recherchieren, wo es die besten Kurse gibt. Und hinterher ziehe ich mit ihm durch die Läden. Ich liebe es, mit dem kleinen Racker einkaufen zu gehen.«

»Ich nicht. Als ich letztes Mal mit ihm und Dan im Supermarkt um die Ecke war, haben die beiden zwischen den Regalen fangen gespielt. Wir wären beinahe rausgeflogen.«

»Klingt nach einem Heidenspaß. Wie auch immer, zurück zu meiner Wenigkeit. Ich habe so viele Events vor mir, dass ich schon gar nicht mehr weiß, wo mir der Kopf steht. Bis Weihnachten habe ich garantiert derart die Nase voll von Lebkuchen und Lametta, dass ich den Drang verspüre, jemanden abzuknallen. Höchstwahrscheinlich meine Mutter. Und außerdem steuert Clive, dieser verfluchte Vollidiot, auf eine Katastrophe zu. Sein aktueller Film kostet wesentlich mehr als geplant und ich soll auf wundersame

Weise immer neue Geldquellen aus dem Ärmel schütteln, obwohl wir ihm die Kohle quasi in Lkw-Ladungen ans Set karren. Nathan ruft mich deswegen täglich aus dem Studio an und nervt mich mit seinem Gejammer. Apropos Gejammer: Wie steht's denn mit Petes Unterhaltszahlungen?«

»Er ist schon wieder im Verzug. Im Übrigen will er jetzt Peter genannt werden. Offenbar findet er das für einen Schuldirektor passender.«

»Lass mich doch bitte endlich einen Killer auf ihn ansetzen!«

»Darf ich ein andermal darauf zurückkommen?«

»Nicht, wenn du immer noch vorhast, ihm nach dem Verkauf eures Hauses die Hälfte des Geldes abzutreten.«

»Darauf haben wir uns eben bei der Scheidung geeinigt. Angeblich muss das für den Direktor vorgesehene Gebäude erheblich umgebaut werden, um Janice's hohen Ansprüchen zu genügen.«

»Allzu hoch können ihre Ansprüche nicht sein, wenn ich mir ihren Geschmack in puncto Männer so ansehe. Du solltest Pete sagen, er soll sich gefälligst zum Teufel scheren, schließlich hat er mit dem Posten des Direktors auch eine kostenlose Unterkunft bekommen. Ich verstehe noch immer nicht, warum ihr das Haus verkaufen musstet.«

»Weil wir uns darauf geeinigt haben, unser Vermögen fifty-fifty aufzuteilen und ich ihn nicht auszahlen kann. Und weil ich glaube, dass es besser für uns ist. Wenn ich ein Haus finde, das ich mir leisten kann, können wir ganz neu anfangen. Ich habe in der Schule eine Vollzeitstelle beantragt, aber zurzeit werden überall die Budgets gekürzt. Es war echt ein großer Fehler, nach Alfies Geburt meine Stundenzahl zu reduzieren.«

»Na ja, nachdem euch der Klapperstorch gleich drei Besuche abgestattet hatte, blieb dir doch gar nichts anderes übrig, oder?«

»Vermutlich nicht. Jedenfalls sind Häuser mit vier Zimmern hier in der Gegend absolut unerschwinglich, wenn man nur eine Teilzeitstelle hat. Wobei bei meinem Budget ehrlich gesagt noch nicht einmal drei Zimmer drin sind. Ich werde wohl in der Küche schlafen müssen.«

»Wie Cinderella, oder was? Ich bitte dich! Können sich die Jungs denn nicht ein Zimmer teilen?«

»Vergiss es. Man muss schon ein Fakir sein und gern auf Legosteinen schlafen, wenn man sich freiwillig mit Alfie das Zimmer teilt. Und Ben und Dan kann ich definitiv nicht zusammen in ein Zimmer stecken; die beiden würden einander im Nu an die Gurgel gehen. Selbst Bens Gutmütigkeit hat Grenzen. Nein, glaub mir, ich schlage lieber in der Küche unter dem Spülbecken mein Nachtlager auf, als dass sich die drei im Halbstundentakt in den Haaren liegen. Dabei waren sie als Babys so süß. Ich weiß echt nicht, was passiert ist, mal abgesehen von ihrem steigenden Testosteronspiegel und dem Scheidungsstress. Mir ist völlig schleierhaft, wie ich die nächsten paar Jahre überstehen soll. Vielleicht sollte ich jedem von ihnen einen großen Tontopf überstülpen, damit sie ein bisschen reifen, wie Rhabarber.«

»Hör mir bloß mit diesem elendigen Gemüse auf! Keine Ahnung, welcher Geschmacksterrorist beschlossen hat, dass Rhabarber total angesagt ist, aber wenn ich noch ein einziges Mal einen Nachtisch mit einer ›überraschenden Rhabarbernote‹ vorgesetzt bekomme, laufe ich Amok. So, und du reißt dich jetzt bitte schön am Riemen. Du willst doch nicht zu diesen Weibern gehören, die ständig lamentieren, wie süß ihre Kinderchen mal waren! Und der hormongesteuerte Nachwuchs setzt in der Zwischenzeit alles daran, zum Rammler-Champion zu werden.«

»Wie geht's eigentlich deiner Mutter?«

»Sie treibt mich in den Wahnsinn mit ihrem Weihnachtsessen. Sie redet von nichts anderem mehr. Außerdem will sie mich mit dem Sohn einer ihrer Freundinnen verkuppeln. Der Typ heißt Jeffrey und ist Steuerberater und Dauersingle.«

»Rein beruflich gesehen könnte er sich als nützlich erweisen.«

»Das gehört nicht zu meinen Auswahlkriterien bei Kandidaten für den ›Tanz der Verzückung‹.«

Prompt gackern wir los. Über diesen erheiternden Euphemismus ist Lola vor zwanzig Jahren an der Uni bei der Lektüre eines präraffaelitischen Gedichts gestolpert und wir müssen noch heute haltlos kichern, wenn wir darauf zu sprechen kommen.

»Wie auch immer, ich habe ihn kürzlich kennengelernt. Mit dem wird das eher ein Tanz der Toten. Apropos ... Oje, entschuldige, das war nicht gerade feinfühlig von mir. Wie auch immer, bist du sicher, dass du das allein durchstehst, oder soll ich nicht doch lieber mitkommen?«

»Nein, es wird schon gehen. Im Übrigen kann nichts Gutes dabei herauskommen, wenn du dich im selben Raum befindest wie mein Vater.«

»Der alte Stinkstiefel.«

»Charlotte Linford! Was würde deine Mutter zu dieser Wortwahl sagen?«

»Mir doch scheißegal, was sie sagen würde. Er *ist* ein Stinkstiefel.«

»Ich weiß.«

»Ich begleite dich, wenn dir damit geholfen ist, Süße. Ich

würde ausnahmsweise sogar versuchen, mich mit deinem alten Herrn zu vertragen. Helena zuliebe. Was habe ich diese Frau verehrt! Es wird bestimmt ganz schön heftig. Das sind Beerdigungen ohnehin immer.«

»Ich weiß. Ich hoffe nur, Bertie trägt es mit Fassung.«

»Drück ihn bitte ganz fest von mir. Eigentlich bräuchten wir beide einen Mann wie ihn.«

»Ja, genau das hat mir noch gefehlt – ein vollkommen verpeilter Rentner als Ersatz für meinen Ex. Damit wäre mein Glück perfekt.«

»Ich meinte, einen Mann, an dessen Seite man gern die nächsten vierzig Jahre seines Lebens verbringt. Einer, der keine Klette ist und einen weder langweilt noch auf Schritt und Tritt überwacht, nur um am Ende klammheimlich eine andere zu vögeln.«

»Klingt vielversprechend, aber ein Bertie reicht mir vollauf, zumal das betreffende Exemplar definitiv nicht mehr alle Tassen im Schrank hat. Da fehlt im Grunde schon das halbe Kaffeeservice. Samt Milchkännchen und Zuckerdose.«

»Okay, er mag einen kleinen Dachschaden haben, aber er ist trotzdem ein äußerst liebenswürdiger Zeitgenosse. Zumindest läuft er nicht unten ohne rum oder so.«

»Auch wieder wahr.«

»Nimmt er den Papagei mit zur Beerdigung?«

»Betty? Gott bewahre. Die hat Dad doch letztes Mal ins Ohr gebissen.«

»Dann sollte Bertie sie erst recht mitnehmen. Helena hätte bestimmt nichts gegen eine kleine humoristische Einlage während ihrer Beisetzung. Wann wird denn das Testament verlesen? Auch da wäre Betty garantiert von Nutzen, um die angespannte Stimmung ein bisschen aufzulockern, während alle darauf warten zu erfahren, was sie erben. Ich wette, Roger hat bereits einen Anwalt kontaktiert und überlegt, wie er sich den ganzen Zaster unter den Nagel reißen kann.«

»Das dürfte schwierig werden, weil es nämlich gar keinen Zaster gibt. Bertie erbt das Haus und er ist fit wie ein Turnschuh. Schon etwas weich in der Birne, aber kerngesund. Roger wird sich also noch gedulden müssen.«

»Helena war schon etwas ganz Besonderes, nicht? Und das Haus habe ich immer geliebt. Georgianische Grandeur mit einem Touch historisches Herrenhaus – klassisch und zeitlos elegant, seit Generationen in Familienbesitz. Wenn Bertie es noch ein paar Jährchen macht, schaffe ich es vielleicht noch, das nötige Kleingeld anzusparen, um es zu kaufen. Und dann ziehen wir alle zusammen da ein und züchten Schafe. Du könntest lernen, nach alter Handwerkskunst zu spinnen und zu weben, und selbst gefertigte Kleidung verkaufen. Oder irgendeinen abgefahrenen Designerkäse. Das wird bestimmt ganz fabelhaft.«

»Klingt verlockend. Und was machst du, auch weben oder Käse herstellen?«

»Ich komme dann aufs Land, um mich zu erholen. Und den Papagei behalten wir, für den Fall, dass dein Vater vorbeikommt.«

»Ausgezeichnete Idee.«

»Sag Bertie, ich komme ihn bald mal besuchen, vorausgesetzt, er mixt mir dann einen seiner Gin-Cocktails. Ruf mich heute Abend an, Süße, und zieh dich warm an. Ich gehe jetzt schwimmen, danach muss ich eine Stunde zu meinem sadistischen Personal Trainer. Fällt dir denn niemand ein, der mit mir tauschen möchte?«

Ich würde sofort mit ihr tauschen. Ich kann mir nichts Schöneres vorstellen, als gelegentlich einen Tag ohne meine

Kinder zu verbringen und mir nur überlegen zu müssen, was ich anziehen und wo ich zu Abend essen soll. Stattdessen muss ich mir überlegen, wie ich den Hackbraten noch retten kann, und Lunchpakete für drei Jungs machen, von denen ständig ein anderer den Käse im Sandwich verweigert.

»Mum?«

»Morgen, Liebes.«

»Hast du meinen Turnbeutel gesehen?«

»Nein. Ist Dan schon wach?«

»Ich will keinen Käse im Sandwich. Ich hasse Käse.«

»Schinken?«

»Ich nehme bloß Brot. Außer, es gibt Huhn.«

»Aber natürlich gibt es Huhn, Ben. Ich bin extra um fünf Uhr morgens aufgestanden, um eins in den Ofen zu schieben.«

»Klasse, Mum. Dann hätte ich in meinem Sandwich auch gern Huhn.«

»Morgen, Dan. Es gibt Schinken oder Käse und im Übrigen kannst du dir dein Lunchpaket auch gern selbst machen.«

»Okay, okay, ich nehm Käse.«

»Vielen Dank. Das macht dann drei Pfund und neunundneunzig Pence, Sir.«

»Du bist echt zum Brüllen, Mum. Ich hab schon Bauchkrämpfe vor Lachen. Ich glaub, ich brauche Medikamente.«

»Falls du welche findest, gib mir was ab. Du kannst eine Vitamintablette haben, wenn du willst.«

Die beiden grinsen. Sofern nicht ganz zufällig ein paar Fallschirmjäger mit gezückter Waffe in der Nähe sind, ist eine einzelne Frau nur bedingt in der Lage, drei heranwachsende Jungs zum Verzehr gesunder Nahrung zu zwingen, deshalb verabreiche ich meinen Kindern alle paar Tage Mulitvitamintabletten, um etwaigen Mangelerscheinungen vorzubeugen. Das gibt mir das Gefühl, ihnen eine gute Mutter zu sein, und sie schmecken ihnen, auch wenn sie so tun, als fänden sie sie total ekelig. Ich drücke Ben die Schachtel in die Hand.

»Okay, Mum, ich nehme eine, wenn du mir versprichst, dass ich später groß und stark werde.«

Dan grunzt.

»Dafür braucht es schon etwas mehr als eine Multivitaminpille, Bruderherz. So mickrig wie du aussiehst, ist da wohl eher eine Ganzkörpertransplantation nötig.«

Ben schubst ihn, Dan schubst zurück. Sogleich kommt Alfie angetigert. Er fürchtet wohl, er könnte etwas verpassen.

»Es gibt Toast mit Honig für jeden, der mit dem Schubsen aufhört. Alfie hat seinen bereits bekommen.«

»Ich brauch aber noch einen, Mum, ehrlich! Mum, Dan hat Ben gerade geschubst, obwohl du gesagt hat, er soll damit aufhören.«

Dan mustert Alfie mit schmalen Augen.

»Guten Morgen, Annie Rose. Wie geht's uns denn heute? Du hast deinen Pyjama verkehrt rum an, du Schnippi.«

Alfie hasst es, wenn man Annie Rose zu ihm sagt. Natürlich steht er auch nicht sonderlich auf den Spitznamen Schnippi, aber das klingt wenigstens noch ansatzweise männlich. »Annie Rose« jedoch beschwört unter Garantie ein Drama herauf. Ich war mir ja anfangs superschlau vorgekommen, nachdem ich Dan und Ben vorgeschlagen hatte, sie sollten den Namen für ihren neugeborenen kleinen Bruder aussuchen. Die Alfie-Bücher gehörten zu ihrer Lieblingsbettlektüre, vor allem der Band, in dem Alfies kleine

Schwester Annie Rose zur Welt kommt. Wenn die großen Brüder den Namen wählen dürfen, herrscht für immer Friede, Freude, Eierkuchen, dachte ich damals. Wie hätte ich auch vorhersehen sollen, dass sie mir einen Strich durch die Rechnung machen und Alfie immer in den ungünstigsten Momenten Annie Rose nennen würden.

»Hör auf, Dan.«

»Womit?«

»Dan, bitte!«

»Mum, Dan hat Schnippi zu mir gesagt! Das ist voll unanständig, nicht?«

»Ja, und du hörst jetzt gefälligst auch auf, Alfie. Ignorier ihn einfach. Ben, willst du Toast? Alfie, wenn du das Gequengel einstellst, mache ich dir auch noch einen. Dan, reiß dich zusammen, sonst ...«

»Sonst was? Soll ich mich in die Ecke stellen und mich schämen, weil ich so ungezogen war? Ein kleines Time-out von dreizehn Minuten, eine Minute pro Lebensjahr? Meinetwegen gern, dann hab ich mal eine Viertelstunde Ruhe. Vielleicht mache ich ja ein kurzes Nickerchen.«

Manchmal bereue ich es, dass ich mir geschworen habe, meine Kinder niemals körperlich zu züchtigen.

»Aber nein, Dan, es würde mir doch nie im Traum einfallen, dir zu sagen, dass du dich für irgendetwas schämen sollst. Schließlich bist du doch immer so liebenswürdig zu deinen Brüdern. Sie bewundern dich und wollen genau so werden wie du. Und auch deiner Mum greifst du stets unter die Arme, vor allem, wenn sie mal einen besonders anstrengenden Tag vor sich hat. Soll ich dir beim Polieren deines Heiligenscheins zur Hand gehen?«

Er zögert.

»Lass uns einfach noch mal von vorn anfangen, ja? Guten

Morgen, Dan, ich hoffe, du hast gut geschlafen, und ich wäre dir sehr verbunden, wenn es dir gelingen würde, nicht binnen zwei Minuten nach dem Aufstehen Unruhe zu stiften. Soll ich dir jetzt Frühstück machen oder gehst du gleich noch mal nach oben und kommst erst wieder runter, wenn du etwas weniger auf Krawall gebürstet bist? Ein, zwei Jahre sollten reichen. Die Entscheidung liegt bei dir. Toast oder Brei? Letzteres wirst du im Übrigen bald sein, wenn du uns weiter ärgerst.«

Er grinst.

»Toast. Bitte.«

»Und, hast du deinem kleinen Bruder noch etwas zu sagen?«

»Entschuldige, Alf.«

»Ich bin doch schon voll groß, Mum. Ich gehe in die erste Klasse und nicht mehr in die doofe Vorschule.«

Dan nickt.

»Sehr gut, Alf. Sag's ihr. In dieser Familie muss man sich behaupten.«

Alfie hopst wieder ins Wohnzimmer zu seinem Zeichentrickfilm.

»Nur noch fünf Minuten, Alfie. Große Jungs stehen nicht auf Zeichentrickfilme.«

Ben schnaubt belustigt.

»Das hast du jetzt davon, Alf.«

Mir ist, als hätte ich ein verhaltenes »Schnippi« aus Dans Mund vernommen, aber ich beschließe kurzerhand, es zu ignorieren, zumal Alfie es nicht gehört hat. Ben zwinkert mir zu.

»Krieg ich drei Scheiben Toast mit Honig? Ich bin am Verhungern. Und du weißt echt nicht, wo mein Turnbeutel ist?«

Bis ich endlich im Wagen sitze und auf dem Weg nach Devon bin, habe ich beginnende Kopfschmerzen und bin fix und fertig. Dan hat in der letzten Minute ein Veto gegen die Übernachtung bei Pete eingelegt und angeboten, allein auf seine Brüder aufzupassen, als würde ich mich jemals auf einen derart durchgeknallten Vorschlag einlassen. Er hat Alfie sogar Pizza und Eis zum Abendessen versprochen, damit dieser sein Ansinnen unterstützt. Und dann wollte das Auto partout nicht anspringen und wir wären fast zu spät zur Schule gekommen. Das gehört auch auf die Liste der Dinge, die ich mir zulegen werde, wenn ich mal in der Lotterie gewinne: ein Auto, das sich an kalten Tagen frühmorgens gleich beim ersten Versuch starten lässt. Und sollte ich richtig viel Kohle gewinnen, dann kaufe ich Petes Schule und entlasse ihn. Ich habe schon so manche halbe Stunde damit zugebracht, mir genau das auszumalen. Vielleicht sollte ich doch mal einen Lottoschein ausfüllen, nur für alle Fälle.

Es fühlt sich seltsam an, ohne die Jungs nach Hause zu fahren. Ich glaube, das habe ich zuletzt gemacht, als ich noch auf der Uni war. Und nachdem ich dort im zweiten Jahr Pete kennengelernt hatte, waren wir immer abwechselnd bei seinen Eltern und bei meinen, jedenfalls bevor sein Vater gestorben und seine Mutter mit ihrer Schwester nach Australien gezogen ist. Sie schickt den Jungs Geburtstagskarten, ist ansonsten aber nicht sonderlich präsent als Großmutter. Allerdings war sie das auch als Mutter nicht gerade, soweit ich das beurteilen kann. Gut möglich, dass aus Pete deshalb so ein emotionaler Nullchecker geworden ist. Ich habe den Eindruck, dass so was tendenziell den Müttern in die Schuhe geschoben wird. Das lässt nichts Gutes ahnen, wenn es um das Verhältnis zu meinen zukünftigen Schwiegertöchtern, »Partnerinnen« oder was auch immer geht. Mir ist egal, ob meine Sprösslinge heiraten oder nicht, Hauptsache, ich bin irgendwann von meinen Waschpflichten entbunden. Ich sehe es schon auf mich zukommen, dass mich das eine oder andere bedauernswerte Mädel mit vorwurfsvoller Miene fragen wird, wie zum Geier ich es Dan durchgehen lassen konnte, dass er seine Sachen überall in kleinen Häufchen herumliegen lässt, die seiner Ansicht nach gefälligst jemand anders wegräumen soll. Bei der Vorstellung, dass irgendein weibliches Wesen versucht, Dan zu zähmen, bessert sich meine Laune schlagartig. Ich lege eine kurze Kaffeepause ein und stelle mir Dan als Erwachsenen vor, genauer gesagt, als Vater eines eigenen Kindes. Wenn es auf der Welt auch nur annähernd gerecht zugeht, wird mein erstes Enkelkind genau wie Dan – mit anderen Worten, ein totaler Albtraum. Und ich werde dem kleinen Racker tonnenweise Süßkram mitbringen und jede Menge nicht altersgerechtes Spielzeug. Wenn mir der Kleine dann zu lebhaft wird, gehe ich einfach nach Hause. Das wird ein Spaß!

Zum Glück ist die A 303 angenehm leer. Im Sommer steht man hier regelmäßig im Stau. Leider sind meine Möglichkeiten, meinen kinderfreien Zustand zu zelebrieren, im Auto begrenzt, also begnüge ich mich damit, Musik zu hören und mitzuträllern, was mir strengstens untersagt ist, wenn die Jungs an Bord sind. Es fühlt sich so an, als befände ich mich auf einer Zeitreise in die Vergangenheit, wenn man von der Tatsache absieht, dass ich schicker angezogen bin als früher. Ich trage eine Seidenbluse in Marineblau und Ecru, ein elfenbeinweißes Strickjäckchen und eine von diesen marineblauen Hosen, von denen ich mir mal geschworen habe, ich würde sie niemals anziehen. Wenn ich es mir recht überlege, sehe ich aus wie eine verdammte Bankangestellte. Fehlt nur noch das Namensschildchen. Aber Mum wird erleichtert sein, wenn ich nicht in einem meiner üblichen »Hippie-Outfits« aufkreuze, wie Dad es nennt, wenn der Blazer nicht zur Hose passt. Oder vielmehr zum Rock – in seinem Paralleluniversum dürfen Frauen ja ausschließlich bei der Gartenarbeit, beim Golfen oder bei einer Kreuzfahrt Hosen tragen. Und für heute steht keine dieser drei Aktivitäten auf der Tagesordnung, jedenfalls soweit ich informiert bin.

Ich genieße es richtig, zur Abwechslung einmal allein unterwegs zu sein und hemmungslos singen zu können, ohne bissige Kommentare dafür zu ernten. Irgendwie wird sich schon ein neues Zuhause für uns finden. Eines, das keinerlei Erinnerungen an Pete birgt. Wir haben einen ganz guten Preis für unser jetziges Haus ausgehandelt, das macht die Sache etwas einfacher. Der Makler hat sich sehr anerkennend zu meinen Heimwerkerfähigkeiten geäußert. Angeblich sind einige Scheidungsimmobilien in einem erschreckenden Zustand, weil betrogene Exfrauen gerne mal neue Dekoideen vom Typus »Rache an diesem verlogenen Scheißkerl« ausprobieren, sprich, sie pinseln mit roter Farbe üble Beleidigungen an die Wohnzimmerwände. Ich gebe zu, ich fand die Vorstellung auch verlockend, schon deshalb, weil ich gern Petes Gesichtsausdruck gesehen hätte, aber ich will möglichst bald umziehen. Und es geht mir nicht nur um den Neustart ohne Pete. Unsere Wohngegend wurde mit den Jahren immer nobler, und obwohl ich zu allen Nachbarn ein gutes Verhältnis habe, geht dieses meist nicht über ein freundliches Nicken hinaus. Pete war von jeher geschickter im Kontakteknüpfen als ich. Wenn wir erst umgezogen sind, bin ich hoffentlich nicht mehr von Leuten umgeben, die ihre Kinder Indigo nennen und für das Au-pair-

Mädchen das Dachgeschoss ausbauen lassen. Die Frauen behandeln mich gerade so, als wäre eine Scheidung eine ansteckende Krankheit, und die Männer wirken nervös, als hegten sie die Befürchtung, dass ich sie bei meinen Heimwerkertätigkeiten um Hilfe bitte. Aber in erster Linie bin ich eine Persona non grata, weil ich an genau der Sorte Schule unterrichte, auf die sie ihre lieben Kleinen auf gar keinen Fall schicken möchten. Im vergangenen Semester gab es bei uns einen Vorfall, den der davon betroffene Mathematiklehrer einer Lokalzeitung zufolge »mit knapper Not überlebt hat«. Tatsächlich war es so, dass Mr Hutchins gestolpert und mit Dean Carter zusammengestoßen ist, und der wiederum hatte sich gerade mit seinem Zirkel gegen Darren Knutley verteidigt, einen Schüler, der beim Lehrpersonal und den anderen Kindern gleichermaßen als Spinner verschrien ist und mal wieder einen schlechten Tag hatte. Hutchins hatte sich also im Grunde ein Zeichengerät, das in seinem Unterricht zum Einsatz kam, selbst ins Bein gerammt und war tags darauf schon wieder einsatzfähig. Zu seinem eigenen Verdruss ebenso wie zu unserem, denn er ist nicht sonderlich beliebt. Er ist einer dieser dauergereizten, desillusionierten Lehrer, die die Kinder schikanieren und anschreien, und nicht wenige meiner Kollegen hätten hin und wieder gute Lust, ihn mit einem spitzen Gegenstand zu malträtieren. Wie auch immer, die Zeitung hat den Vorfall als schweren tätlichen Angriff auf einen Lehrer dargestellt, was dazu führte, dass einige weitere überängstliche Mittelschichteltern ihre Kinder für das kommende Schuljahr an einer teuren Privatschule angemeldet haben oder jetzt allwöchentlich im Sonntagsgottesdienst zu sehen sind in dem Versuch, für sie einen Platz an der versnobten St.-Edmunds-Schule zu ergattern. Und unsere stellvertretende Direktorin, diese dumme Kuh, hat sich daraufhin den Rest des Jahres »wegen stressbedingter Migräne« krankschreiben lassen.

Allmählich nähere ich mich meiner Heimat, und obwohl ich bei der Fahrt durch die vertrauten Dörfer haargenau weiß, wann ich einen ersten Blick auf das Meer erhaschen werde, geht mir in diesem Moment jedes Mal aufs Neue das Herz auf. Es ist irgendwie tröstlich, durch diese Landschaft zu gondeln, die ich so gut kenne. Selbst im Winter ist es schön hier, wenn die Felder mit fahlen Stoppeln gespickt und die Hecken am Straßenrand mit Beeren übersät sind. Vielleicht hätte ich die Jungs mitnehmen sollen. Sie sind gern hier und wir kommen für meinen Geschmack ohnehin viel zu selten. Weder Dad noch Roger sind bereit, im Hotel Familienrabatte zu gewähren, und es ist horrend teuer, sich hier in der Hochsaison irgendwo einzumieten. Diesen Sommer haben wir immerhin ein paar verlängerte Wochenenden hier verbracht und einmal war Mum sogar richtig entspannt, weil Dad ein paar Tage zum Golfen weggefahren war. Wir haben einen wasserreichen Ausflug auf einem Boot unternommen und Alfie hat eine Robbe erspäht. Ich sollte dringend mal wieder so etwas organisieren. Vielleicht in den nächsten Ferien. Um diese Jahreszeit ist das Hotel ohnehin immer halb leer, obwohl Roger mit seinen Wintersonderangeboten Gäste anzulocken versucht und mit Hochglanzprospekten für die neue »Beauty-Oase« wirbt, bei der es sich im Grunde um den mit neuen Handtüchern ausgestatteten Friseursalon handelt.

Schade, dass Mum und Dad nicht mehr in unserem alten Haus wohnen, in dem Platz für uns alle war, denke ich, als ich über die alte Brücke fahre, die bei Launton unmittelbar vor unserem Dorf auf die andere Flussseite führt. Sie sind vor ein paar Jahren in einen der neuen Bungalows direkt am Golfplatz gezogen, was für Dad ganz praktisch ist, für Mum, die nicht Golf spielt, allerdings weniger. Wenn gerade jemand am fünfzehnten Loch ist, sollte man seinen Tee lieber nicht auf der Terrasse trinken, es sei denn, man legt gesteigerten Wert darauf, dass einem dabei die Golfbälle um die Ohren pfeifen. Folglich konzentriert sich Mum beim Gärtnern ganz auf die Blumenkästen und -tröge auf der Straßenseite und mäht den Rasen hinter dem Haus erst abends bei Einbruch der Dunkelheit, wenn die Golfer im Clubhaus mit ihren neuen Karossen angeben. Unser alter Garten war ihr Ein und Alles.

Ich hatte ganz vergessen, wie sehr ich Aretha Franklin liebe, die bei meiner Ankunft gerade von R.E.S.P.E.C.T. singt. Ich habe gute Lust, gleich mal eine gehörige Portion davon einzufordern, denn Dad guckt ostentativ auf die Uhr, während ich parke. Mum steht neben ihm und wirkt nervös.

»Es ist schon fast halb fünf.«

»Hallo, Dad. Auf der M 25 war viel Verkehr. Mum, soll ich meine Tasche mit reinnehmen oder schlafe ich im Hotel?«

Bitte, lasst mich im Hotel schlafen. Ich bin nicht in der Stimmung dafür, etwaigen Golfbällen auszuweichen.

»Wir dachten, du schläfst bestimmt lieber bei uns, aber wir essen nachher mit Roger und Georgina im Hotel. Ich hatte ja bereits meinen Sheperd's Pie gemacht, aber Roger meinte, sie hätten irgendetwas organisiert. Ich hoffe, du hast etwas Hübsches zum Anziehen dabei?«

Wirklich jammerschade, dass ich meinen Sari weggegeben habe.

Heute ist der Tag der Beerdigung und es regnet in Strömen. Leider habe ich gestern beim Abendessen in dem Versuch, meinen Verdruss zu ertränken, ein bisschen zu tief ins Glas geschaut, weshalb mir jetzt der Schädel brummt, als hätte jemand mir eins mit dem Golfschläger übergezogen. Welche Ironie – genau das hätte ich zu gern mit Roger getan, der mal wieder zu Höchstform aufgelaufen war, während seine von Kopf bis Fuß in schimmernden Chiffon gehüllte Angetraute stundenlang von all ihren neuen Outfits für diverse »wichtige« gesellschaftliche Ereignisse geschwafelt hat, die in Rogers Krönung als Captain des Golfclubs kulminieren sollen. Zum Glück stand bei unserer Ankunft Sally an der Rezeption und zwinkerte mir aufmunternd zu. Wir sind seit der Schule gute Freundinnen und haben in den Ferien gemeinsam Betten gemacht, Cream Tea serviert und dabei mit den Sommerkellnern unsere Flirtfähigkeiten trainiert. Sie leitet mittlerweile den Etagen-und Roomservice und schafft es, Roger die meiste Zeit aus dem Weg zu gehen, aber leicht hat sie es sicher nicht.

Der alte Parsons, der gestern im Speisesaal als Oberkellner fungierte, trug denselben glänzenden Anzug wie früher. Roger mag ihn, weil er die Ansicht vertritt, dass sich Hotelangestellte möglichst untertänig verhalten sollen, insbesondere ihm gegenüber. Was er nicht weiß, ist, dass sich hinter seinem Rücken alle über ihn lustig machen, selbst Mr Parsons. Bei einem von Rogers besonders langweiligen Golfmonologen hat er mir zugezwinkert.

Puh, das wird ein langer Tag heute.

»Bist du so weit, Liebes?«

»Gleich.«

»Dein Vater möchte bald aufbrechen.«

»Okay.«

Dad mustert mich mit schmalen Lippen, als ich in meinem schwarzen Hosenanzug auftauche, beschränkt sich aber darauf, mir einen missbilligenden Blick zuzuwerfen, ehe er zum Auto marschiert. Kaum sitzt er hinter dem Lenkrad, fängt er auch schon an zu hupen, weil Mum für die Suche nach ihren Handschuhen mehr als fünf Sekunden benötigt.

»Entschuldige, Schatz, ich konnte sie einfach nicht finden, dabei waren sie ohnehin in meiner Handtasche. Hoffentlich hört es bald auf zu regnen.«

Sie wirkt fahrig.

»Bestimmt, Mum. Und wenn nicht, ist das auch kein Drama.«

Dad schnalzt mit der Zunge.

»Natürlich ist es das. Es werden eine Menge wichtiger Leute zur Beerdigung kommen; bedeutende Persönlichkeiten aus der ganzen Grafschaft. Vorausgesetzt, Bertie hat daran gedacht, sie einzuladen. Ich habe ihm eine Liste gegeben.«

»Leute, die Helena gekannt haben?«

»Natürlich. Einige zumindest, aber du weißt ja, wie sie war – die meiste Zeit hat sie ein äußerst unhöfliches Verhalten an den Tag gelegt.«

»Du hast also für Helenas Beerdigung deine eigene Gästeliste zusammengestellt?«

Statt meine Frage zu beantworten, macht er Mum Vorhaltungen, weil sie keinen zusätzlichen Regenschirm mitgenommen hat, den er bei Bedarf etwaigen »bedeutenden Persönlichkeiten« hätte anbieten können, Geschäftsleute aus dem Ort oder Kollegen aus dem Golfclub, die er beeindrucken will. Harrington Hall ist, seinem bedauerlichen aktuellen Zustand zum Trotz, nach wie vor mit einem gewissen aristokratischen Nimbus behaftet und die hiesigen Snobs waren stets darauf erpicht, die Besitzer des imposant wirkenden Baus an ihrem endlosen Kreislauf gegenseitiger Esseneinladungen teilhaben zu lassen. Doch Helena hatte keinerlei Interesse daran, die vornehme Gutsherrin zu geben. Sie weigerte sich auch, an der sogenannten »Village Garden Safari« teilzunehmen, einer von der Gartenbaugesellschaft organisierten Veranstaltung, bei der sämtliche Dorfbewohner die Gärten der anderen besichtigen und Geld für den Gemeindesaal spenden. Und das, obwohl die Gründerin der Gesellschaft eine Harrington war – Helenas Urgroßmutter, soweit ich mich entsinne. »Ich kann sehr gut darauf verzichten, dass ganze Horden dieser grässlichen Gestalten in meinem Garten herumlaufen und sich Stecklinge von meinen besten Pflanzen mopsen, sobald ich ihnen den Rücken zuwende«, hat sie oft gesagt. Na, da wäre sie ja bestimmt hocherfreut, wenn sie wüsste, dass Dad ebendiese Gestalten zu ihrer Beerdigung eingeladen hat.

Dad parkt beim Pferdestall und ich registriere verstört die zahlreichen schwarzen Autos in der Auffahrt, die wir auf dem Weg dorthin passieren. Das Haus ist viel größer, als ich es in Erinnerung hatte, und wirkt ohne die lächelnd in der Tür stehende Helena abweisend, grau und verlassen. Der Anblick des Leichenwagens mit dem über und über mit Rosen bedeckten Sarg versetzt mir einen so heftigen Stich, dass ich beinahe zusammenfahre, als hätte ich einen Stromschlag bekommen. Helena wäre überaus angetan von all den Rosen in ihren Lieblingsfarben – Rosa, Lila, Cremeweiß und Zartgelb. Ich kann förmlich hören, wie sie »Bitte keine roten, das ist so gewöhnlich« sagt und »rote Rosen sind für den Supermarkt und für Romantiker und ich bin weder das eine noch das andere, meine Liebe«. Ich wette, die Gestecke hat Celia gemacht. Sie hat sich jahrelang gemeinsam mit Helena um den Garten gekümmert. Die beiden waren seit der Schulzeit befreundet und haben oft stundenlang gemeinsam im Garten vor sich hin gewerkelt, einmütig schweigend, wie nur wahre Freundinnen es tun. Und jetzt ist sie gestorben, die letzte Harrington. Verdammte Hacke, ich fange gleich an zu heulen, dabei bin ich noch nicht einmal aus dem Auto gestiegen.

Bertie kommt aus dem Haus. Er ist älter geworden und geschrumpft seit dem Sommer. Vom Papagei keine Spur, Gott sei Lob und Dank. Wobei Lola durchaus recht haben könnte – ich glaube, ich überstehe den Tag tatsächlich nur, wenn Betty auftaucht und kurzen Prozess mit Dad macht. Und mit Roger hoffentlich ebenfalls. Bertie ist blass, aber er lächelt.

»Nur herein. Die anderen haben sich drinnen versammelt.«

»Tag, Bertie.«

Ich gebe ihm einen Kuss auf die Wange und er umarmt mich.

»Tag, meine Liebe. Danke, dass du den weiten Weg auf dich genommen hast. Ich wusste, ich kann mich darauf verlassen, dass du kommst und mich vor all diesen grässlichen Menschen rettest. Die meisten kenne ich gar nicht. Irgend so ein aufdringlicher Bursche hat mir eben einen Vortrag über Hühner gehalten.«

»Über Hühner?«

»Ja. Angeblich hat ihm Helena vor ein paar Jahren welche verkauft. Weiß der Himmel, warum er mir das unbedingt auf die Nase binden musste.«

»Wo ist Betty?«

»In der Bibliothek. Soll ich sie holen und den Leuten vorstellen?«

Der Anflug eines Lächelns huscht über sein Gesicht.

»Vielleicht verschieben wir das lieber auf später.«

»Guter Plan, meine Liebe. Hervorragend. Tja, dann mal ran an den Feind. Aber vorher brauche ich noch einen Drink für die Nerven. Trinkst du einen mit?«

»Gern.«

»Ivy ist im Salon und reicht Gläser mit Sherry rum. Henry, Marjorie, geht doch schon mal vor. Ach, Henry, danke für die Gästeliste, aber Helena hatte schon alles vorbereitet. Sie hatte ihre eigene Gästeliste – ohne Listen ging bei ihr gar nichts, wie du weißt – und sie hat mir strengstens verboten, weitere Namen draufzusetzen. Sie wollte nicht, dass wir einen Riesenzirkus veranstalten.«

Ha. Gut gemacht, Helena. Dad ist die Verärgerung deutlich anzusehen.

»Ich dachte eben, ein paar der einflussreicheren Leute aus der Grafschaft würden ihr sicher gern die letzte Ehre erweisen.«

Bertie wirft Dad einen ziemlich strengen Blick zu.

»Du meinst wohl, sie würden gern hier herumschnüffeln. Wie gesagt, Helenas Anweisungen waren unmissverständlich. So, immer rein in die gute Stube. Ivy wird sich um euch kümmern. Sie ist mir ein Fels in der Brandung, das muss ich schon sagen. Alle beide, Dennis ebenfalls. Wüsste nicht, wie wir ohne sie zurechtkämen.« Er zögert, wohl weil ihm gerade eingefallen ist, dass es kein »Wir« mehr gibt. Ich lege ihm eine Hand auf die Schulter.

»Komm mit, Molly, wir sagen Betty Hallo und dann kriegst du deinen Kurzen.«

Dad zögert, verspürt aber offenbar keine große Lust auf

eine potenziell risikoreiche Begegnung mit dem Papagei, also begibt er sich in den Salon, wo die Leute in Grüppchen herumstehen, an ihrem Sherry nippen und sich in gedämpfter Lautstärke unterhalten.

»Sieh sie dir an. Die wirken auch nicht gerade sonderlich aufgeweckt, oder? Aber das kann durchaus an diesem scheußlichen Sherry liegen. Folge mir unauffällig, meine Liebe. Ich besorg dir einen ordentlichen Drink. Hab erst neulich eine Flasche Schlehen-Gin aufgemacht. Genau das Richtige für einen kalten Tag wie heute.«

»Wunderbar.«

»Guck mal, Betty, wir haben Besuch. Sag Molly Guten Tag.«

Betty begnügt sich zum Glück damit, sich aufzuplustern und auf ihrer Stange auf und ab zu spazieren. Trotzdem bin ich darum bemüht, sie nicht zu provozieren, denn sie fixiert mich mit einem nicht eben freundlichen Blick, während Bertie zwei Gläser mit Gin füllt.

»Wo bleiben denn deine Manieren, Betty? Sag Hallo, du dämlicher Vogel.«

Betty gibt ein Kreischen von sich und beginnt dann, in einer Endlosschleife »Hallo, Dolly, dämlicher Vogel« zu krächzen. Nach einer Weile wechselt sie schließlich zur ersten Zeile des Kinderliedes »Polly, stell mal Wasser auf« und gibt dazwischen durchdringend schrille Pfiffe von sich, genau wie ein Teekessel. Stöhn. Das hatte ich schon völlig vergessen. Als wir im Sommer hier waren, hat sie das auch immer gemacht. Die Jungs haben sich schier kaputtgelacht.

»Ich frage mich, warum ich das Vieh eigentlich am Leben lasse. Als Staubwedel wärst du viel nützlicher, hast du gehört, Betty? Halt gefälligst den Schnabel, sonst stauben wir mit dir demnächst die Möbel ab.«

»Polly, stell mal Wasser auf.«

»Kalter Tag heute. Ich lege besser noch etwas Holz nach. Setz dich doch, meine Liebe. Und du sei still, du dummes Federvieh. Helena konnte sie nicht ausstehen.«

»Ich weiß, Bertie.«

»Aber ich glaube, sie hat nur so getan, als ob. Manchmal, wenn sie dachte, ich seh es nicht, hat sie Betty einen Apfelschnitz gegeben. Sie hat es sich nicht anmerken lassen, aber insgeheim mochte sie sie doch ganz gern. Alle glauben, ich hätte Betty nach unserer Königin benannt, dabei hatte ich Betty Grable im Kopf, das Pin-up-Girl mit den legendären ›Million Dollar Legs‹. Ich hatte von jeher eine Schwäche für Betty Grable. Helena hat ihr früher ziemlich ähnlich gesehen. Ein heißer Feger, jawohl. Nicht, dass es etwas gegen die Beine unserer Königin zu sagen gäbe. Hab sie an Bord der *Britannia* kennengelernt. Nettes Mädel. Und dieser Philip ist auch schwer in Ordnung. Der weiß, wie man sich amüsiert. Wie auch immer, wo war ich stehen geblieben? Ach ja, Betty Grable. Helena hatte dieselbe umwerfende Ausstrahlung wie sie. Eine wahre Augenweide. Atemberaubend. Sie wird mir fehlen, das geb ich unumwunden zu. Aber ich mochte es auch, wenn sie hier mit diesem schauderhaften alten Hut rumlief, den sie immer aufhatte. Ich frage mich, wo der wohl abgeblieben ist ...«

Herrje. Plötzlich wirkt er zerstreut und sehr alt, als würde er gleich anfangen, nach Helenas altem Gärtnerhut zu suchen.

»Der findet sich bestimmt wieder, Bertie. Und natürlich wird sie dir fehlen, keine Frage. Sie wird uns allen fehlen.«

Ich drücke ihn an mich und er umklammert einen Augenblick ziemlich fest meine Hand.

»Grauenvoller Tag heute.«

»Furchtbar.«

»Trink aus, meine Liebe, damit ich dir nachschenken kann. Und dann sollten wir wohl gehen.«

Wir sitzen noch ein paar Minuten am Kamin und trinken Helenas hervorragenden Schlehen-Gin, der allerdings ziemlich stark ist. Ich hätte ihn wohl nicht so schnell runterstürzten sollen, denn auf einmal habe ich ganz weiche Knie. Oh Gott.

»Polly, stell mal Wasser auf.«

»Wird sie das jetzt den ganzen Tag krächzen, Onkel Bertie?« Er lächelt.

»Gut möglich, meine Liebe.«

»Tja, das ist wohl nicht zu ändern.«

Betty hüpft kreischend auf ihrer Sitzstange herum.

»Verpiss dich.«

Bertie tut, als hätte er es nicht gehört.

»Soll ich dir noch mal nachschenken? Wir brauchen schließlich eine ordentliche Stärkung.«

»Lieber nicht, danke.«

Betty krächzt und schlägt mit den Flügeln.

»Scheiße, Scheiße, Scheiße.«

Du sprichst mir aus dem Herzen, Betty.

Die Beerdigung ist genauso schlimm, wie ich es erwartet hatte, und zugleich wunderschön. Die Dorfkirche ist das reinste Blumenmeer und platzt aus allen Nähten, der Vikar wirkt aufrichtig bewegt und spricht mit großer Warmherzigkeit über Helena. Und dann stehen wir auch schon im eisigen Regen am offenen Grab und werfen schaufelweise Erde hinein. Ich habe mich bei Bertie untergehakt, während die anderen Trauergäste den Friedhof verlassen, um bei ihren Autos zu warten. Mir entgeht nicht, dass sowohl Dad als auch Roger demonstrative Blicke auf ihre Armbanduhr werfen und Georgina aussieht, als würde sie vor Kälte gleich anfangen, mit den Zähnen zu klappern. Ihr schicker Steppmantel ist wohl doch nicht so warm, wie sie dachte. Ich selbst kann mittlerweile definitiv meine Zehen nicht mehr spüren. Es schüttet wie aus Eimern.

»Sollen wir schön langsam zum Wagen gehen, Bertie? Du bist schon klatschnass.«

»Gleich, Molly. Gib mir noch eine Minute.«

»Natürlich. Ich warte da drüben auf dich. Hier, nimm du den Schirm.«

»Danke, Molly.«

Er holt etwas aus der Tasche und wirft es ins Grab. Es könnten getrocknete Blüten gewesen sein, aber ich will nicht hinstarren. Danach steht er noch eine gefühlte Ewigkeit allein im Regen da.

Sally gesellt sich zu mir und drückt mich lange an sich. Dann drängen wir uns unter ihrem Schirm aneinander und spähen zu Bertie rüber.

»Der arme Kerl.«

»Danke fürs Kommen, Sally.«

»Ruf an, wenn du das nächste Mal in der Gegend bist, ja? Dann treffen wir uns auf einen ausgiebigen Plausch.«

»Gern.«

Wir umarmen einander noch einmal und drehen uns dann erneut zu Bertie um, der regungslos wie eine Statue am Grab steht.

»Vielleicht solltest du noch mal zu ihm rübergehen.«

»Ein paar Minuten warte ich noch. Andersrum wäre es besser gewesen. Es ist so unfair – Helena wäre hervorragend ohne ihn zurechtgekommen. Okay, hervorragend ist wohl übertrieben, sie hat ihn sehr geliebt, aber sie hätte es eher verschmerzt als er. Für sie wäre das Leben weitergegangen. Sie hätte noch mehr Zeit im Garten verbracht und ansonsten einfach weitergemacht. Aber Bertie … Ich mache mir echt Sorgen um ihn.«

»Na ja, Ivy ist doch auch noch da, nicht?«

»Ja, schon, und Dennis ebenfalls. Glaube ich zumindest. Ivy führt ja schon seit Jahren praktisch den gesamten Haushalt. Sie wird ein Auge auf ihn haben und Dennis wird sich weiter um den Garten kümmern. Bertie wird also nicht allein sein, aber trotzdem … Ich werde nachher mal mit Ivy reden. Sie muss mir versprechen, dass sie mich anruft, wenn es Anlass zur Beunruhigung gibt. Oder meinst du, dann fühlt sie sich auf den Schlips getreten?«

Sally tätschelt meinen Arm.

»Nein, im Gegenteil, gute Idee. Sie wird es zu schätzen wissen. Erst letzte Woche hat sie beim Friseur erwähnt, wie sehr sie sich darauf freut, dich zu sehen.«

»Tatsächlich? Das freut mich zu hören. Ich habe immer das Gefühl, dass sie nicht allzu viel von mir hält.«

»Das ist eben ihre Art. In Bezug auf Helena und Bertie war ihr Beschützerinstinkt von jeher sehr ausgeprägt. Vorhin in der Kirche war sie total in Tränen aufgelöst, hast du gesehen?«

»Ja. Dennis hat sie nach Hause gebracht.«

»Es ist auch für sie ein schwerer Verlust. Sie hat Helena sehr verehrt.«

»Das haben wir alle getan. Ich hatte mir vorgenommen, genau wie sie zu werden, wenn ich mal groß bin.«

»Und, wie läuft's bis jetzt?«

»Ich habe noch gar nicht damit angefangen.«

»Ich auch nicht.«

Wir lächeln uns an.

»Ich rufe dich an. Halt die Ohren steif, Molly.«

»Danke, Sally.«

Ich will gerade zu Bertie rübergehen, da dreht er sich um und kommt langsam auf mich zu.

»Hab ihn doch noch gefunden, ihren Brautstrauß. Hat eine Ewigkeit gedauert, aber ich wusste, sie hat ihn aufgehoben. Er war in einer Schachtel oben im Dachgeschoss. Was sie dort alles aufbewahrt hat! Sie konnte einfach nichts wegwerfen. Eine richtige Sammlernatur. Ich kann mich noch gut an den Strauß erinnern. Rosen natürlich und noch ein paar andere Blumen, alle weiß ich auch nicht mehr. Ich hab sogar noch den Duft in der Nase. Atemberaubend, wenn auch nicht halb so atemberaubend wie sie an diesem Tag. Mir war ja ganz schön schwummrig, als sie in der Kirche auf mich zukam. Hätte nicht gedacht, dass sie es tatsächlich durchzieht, mit einem Taugenichts wie mir. So, und jetzt hör mir gut zu, meine Liebe, denn das ist wichtig, ja? Ich habe ein paar Blüten aufgehoben. Vom Brautstrauß, meine ich. Sie liegen zu Hause, ganz oben in meinem Schrank, gleich neben meinen Orden. Und ich möchte mit ihnen begraben werden. Nicht mit den Orden – die sind mir schnurz –, sondern mit den Blumen. Würdest du dich darum kümmern, Molly, wenn es so weit ist?«

»Selbstverständlich, Bertie. Aber lass uns nicht heute darüber reden.«

»Gut, aber versprichst du's mir?«

»Natürlich.«

Er tätschelt mir die Hand.

Oh Gott, ich heule schon wieder.

Ich begleite ihn zum Auto und er besteht darauf, dass ich mit ihm in den Wagen des Bestattungsunternehmers steige.

Auf dem Weg hierher sind Roger, Mum und Dad mit ihm gefahren, ich sollte also wohl in eines der anderen Autos steigen. Georgina sitzt bereits im zweiten Wagen, beim Vikar und dessen Gattin. Mum und Dad warten ab, Dad wirkt schon recht ungeduldig, aber Bertie will meine Hand partout nicht loslassen. Mittlerweile regnet es noch heftiger und auch der Wind legt zu.

»Allmählich wird es ungemütlich. Sei so gut und steig ein, Molly. Höchst eigenartig, ohne sie nach Hause zu fahren.«

Er fischt etwas aus der Tasche. Es ist eines von Helenas Stofftaschentüchern, mit einem *H* bestickt, und bei seinem Anblick brennen mir erneut die Augen.

Er drückt meine Hand.

»Ist keine Schande, an einem Tag wie heute Tränen zu vergießen, meine Liebe. Wär doch seltsam, wenn sich keiner einen feuchten Kehricht drum scheren würde. Und sie hatte dich sehr gern. Ausnehmend gern sogar. Hat immer gesagt, was für ein tüchtiges Mädel du doch bist. Wir wären stolz gewesen, wenn wir eine Tochter wie dich gehabt hätten. Sehr stolz sogar.«

Jetzt ist es um meine Fassung endgültig geschehen. Oh Mann, bei mir ist echt Hopfen und Malz verloren. Er hustet und wischt sich über die Augen.

»Ach Bertie, es tut mir so leid.«

»Ausnehmend stolz, jawohl ... Nur zu, steig ein.«

Dad wirft mir einen strafenden Blick zu, weil ich meinem Bruder den Platz streitig gemacht habe. Roger, der zögernd neben dem Wagen steht, wirkt ebenfalls ziemlich aufgebracht.

Mum hat wie üblich Sorgenfalten auf der Stirn.

»Ach herrje, und was ist mit Roger?«

Bertie lächelt.

»Na, der kann doch auch woanders mitfahren, es sei denn, er möchte hinter uns herlaufen. Würde ihm guttun. Er sollte ein bisschen abspecken. Liegt bestimmt an seiner Sauferei.«

Dad sieht aus, als würde er gleich explodieren. Als wir endlich im Wagen sitzen, versucht Mum mal wieder die Wogen zu glätten.

»Schöne Messe, nicht?«

Bertie nickt.

»Ja, ist ganz in Ordnung, dieser Vikar. Die meisten sind ja so langweilig, dass einem glatt die Füße einschlafen, aber der ist gar nicht übel. Bisschen jung für einen Vikar. Nun gut, wenn man erst einmal so alt ist wie ich, kommen einem die meisten Leute ziemlich jung vor. Wie geht's denn der Freundin, die du hin und wieder mitgebracht hast, als du bei uns warst? Lily, oder wie hieß sie noch gleich?«

»Lola? Der geht's gut, Onkel Bertie. Ich soll dich herzlich grüßen von ihr.«

»Tatsächlich? Schön zu hören an einem traurigen Tag wie heute. Ein quietschfideles Mädel, diese Lola. Mir scheint, die ist kein Kind von Traurigkeit.«

Dad späht nach vorn zum Fahrer.

»Um Himmels willen, Bertie, das ist jetzt wirklich nicht der richtige Zeitpunkt für ein derartiges Geschwätz.«

Mum beginnt in ihrer Handtasche zu wühlen, wie immer, wenn sie nervös ist. Bertie mustert Dad mit einem scharfen Blick.

»Ist doch nichts dagegen einzuwenden, wenn jemand das Leben in vollen Zügen genießt. Frauen von Format wissen eben, wie man sich amüsiert, und lassen es zuweilen krachen. Warum auch nicht? Bestell ihr Grüße von mir, Molly, und sag ihr, es ist sehr liebenswürdig von ihr, dass sie an einen alten Knacker wie mich denkt.«

»Mach ich. Sie hat gesagt, sie würde gern mitkommen, wenn wir dich das nächste Mal besuchen, vorausgesetzt, du kredenzt ihr dann einen Gin Sling.«

»Siehst du, genau das meine ich, Henry. Das Mädel weiß einen anständigen Drink zu schätzen. Genau das wollen die Leute. Anständige Drinks, nicht diese halbseidene Plörre, die ihr euren Hotelgästen vorsetzt.«

Dad ist puterrot angelaufen – was nichts Gutes verheißt – und Mum hat inzwischen so oft grundlos ihre Handtasche geöffnet und wieder geschlossen, als wollte sie damit ins *Guinness Buch der Rekorde* kommen.

»Herrgott noch mal, Marjorie, hör endlich auf, an deiner Handtasche rumzufummeln.«

»Entschuldige, ich hab nur schnell nachgesehen, ob mein Schlüsselbund drin ist. Hab ich dir schon erzählt, dass ich vorige Woche nicht mehr ins Haus kam, Molly? Ich hatte ganz vergessen, dass sich dein Vater meinen Schlüssel geborgt hatte, und er war auf dem Golfplatz, also konnte ich ihn nicht stören. Ich musste fast drei Stunden im Wagen warten, bis er endlich nach Hause kam. Zum Glück hatte ich ein Buch aus der Bücherei dabei.«

»Wie oft hab ich dir schon gesagt, du sollst einen Ersatzschlüssel in der Garage deponieren, Marjorie? Häng ein Schildchen dran, dann ist das Problem gelöst. Das solltest doch sogar du hinbekommen.«

Mum sieht aus, als würde sie jeden Moment in Tränen ausbrechen. Allmählich platzt mir der Kragen.

»Super Idee, Dad. Die Einbrecher werden es sehr zu schätzen wissen, wenn sie sich auf diese Weise ganz bequem Zugang zum Haus verschaffen und dann einfach mit euren Sachen davonfahren können. Wahrscheinlich hinterlassen sie dir noch ein Dankesbriefchen und loben dich für deinen ausgeprägten Ordnungssinn.«

Bertie schnaubt belustigt, Dad wirft mir einen bitterbösen Blick zu.

»Natürlich sollte sie nicht ›Haustürschlüssel‹ auf das Schild schreiben, sondern irgendein Codewort. Benutz doch bitte dein Gehirn, Molly.«

Mum reißt schon bei der bloßen Vorstellung, sich ein Codewort ausdenken und einprägen zu müssen, erschrocken die Augen auf.

»Au ja, damit lassen sich Einbrecher garantiert austricksen. Sie würden garantiert niemals auf die Idee kommen, nur für alle Fälle trotzdem auszuprobieren, ob man damit die Haustür aufschließen kann. Mir kommt da gerade eine viel bessere Idee, Mum. Ich schenke dir zu Weihnachten einen dieser Schlüsselanhänger, die piepsen können, damit man sie findet. Und wenn sich Dad wieder einmal deinen Schlüssel unter den Nagel gerissen hat, drückst du einfach auf den Knopf am Sender und der Anhänger fängt an zu piepsen. Ich gehe mal davon aus, dass man mit so einem piepsenden Ding in der Hosentasche nicht Golf spielen darf. Das ist bestimmt gegen die Vorschriften. Wetten, dass Dad dann umgehend nach Hause kommt? Oder deinen Schlüssel erst gar nicht mitnimmt.«

Bertie lacht.

»Hervorragender Einfall, Molly. So einen Anhänger hat mir Helena auch mal geschenkt. Hat einen fürchterlichen Krach gemacht, das Ding. Betty hatte es im Nu zerlegt. Vor ihrem kräftigen Schnabel und ihrer Beharrlichkeit ist kein Elektrogerät sicher. Die Fernbedienung für den Fernseher muss ich auch immer verstecken, davon hat sie schon so einige auf dem Gewissen. Solltest du im Hinterkopf behalten, Henry. Gegen eine kleine Gebühr stelle ich dir den Vogel gern leihweise zur Verfügung.«

Er zwinkert mir zu.

»So. Gleich sind wir da, meine Liebe.«

Bei unserer Rückkehr wirkt das Haus noch abweisender und düsterer als vorhin und der Wind, der von der Küste her weht, lässt den Regen an die Fensterscheiben prasseln. Auch was den Leichenschmaus angeht, hat sich Bertie eisern an Helenas Anweisungen gehalten. Es gibt lediglich für die Familienmitglieder ein Mittagessen – Suppe und Sandwiches und eine von Ivys leckeren Walnusstorten, was mir gleich wieder die Tränen in die Augen treibt. Wenn wir als Kinder zu Besuch kamen, gab es nämlich immer Walnusskuchen und Helena hat mir jedes Mal ein Stück mit zwei Walnüssen gegeben, während Roger bloß eine bekam. Und jedes Mal hat sie dabei gelächelt. Herrje, ich sollte mich wirklich dringend zusammenreißen und versuchen, Bertie aufzumuntern. Da ist es nicht sonderlich hilfreich, wenn ich in einer Tour weine. Vielleicht war der Gin vorhin doch keine so gute Idee – seither habe ich meine hyperaktiven Tränendrüsen gar nicht mehr unter Kontrolle. Wahrscheinlich wird Gin deshalb im Volksmund »Mutters Ruin« genannt. Ich komme mir vor wie ein Wasserkraftwerk – Schleusen auf, Schleusen zu.

»Soll ich den Kaffee im Salon servieren, Mr Bertie?«

»Ja, bitte, Ivy.«

»Ach ja, Mr Crouch ist da. Dennis bereitet gerade alles mit ihm vor.«

»Gut, danke.«

Sie nickt, dann dreht sie sich zu mir um und nickt auch

mir einmal kurz zu. Ich versuche zu lächeln. Müde sieht sie aus. Es war ein anstrengender Tag. Nicht nur für sie, für uns alle.

Bertie steht auf.

»Wenn ihr mir dann bitte alle in den Salon folgen würdet … Der Anwalt ist da. Ich dachte, wir bringen das mit dem Testament am besten gleich hinter uns. War eigentlich Helenas Idee. Sie hat alles bis ins kleinste Detail durchgeplant, wie üblich.«

Roger wirkt erfreut, dass wir nun endlich zu dem Teil kommen, der ihn am meisten interessiert. Bertie wird definitiv der neue Besitzer von Harrington Hall. Bislang hatte er wegen irgendeines komplizierten Testaments keinerlei Ansprüche darauf. Ich wette, Dad und Roger hoffen, ihn davon überzeugen zu können, dass er ihnen das Anwesen spottbillig verkauft, damit sie es sanieren oder zu Ferienwohnungen umbauen können. Weiß der Geier, was für Pläne die beiden schmieden, aber ich bin überzeugt, am Ende würde Bertie als Verlierer dastehen. Wobei ich das Gefühl habe, dass sie ihn unterschätzen. Er hat immer gern hier gelebt und außerdem war Harrington Hall seit Generationen im Besitz von Helenas Familie. Seit ihr Bruder im Krieg gefallen ist, war sie die letzte einer langen Reihe von Harringtons. Ich glaube kaum, dass er das Haus verkaufen will. Und ich werde mich auf jeden Fall für ihn und seine Interessen einsetzen, selbst wenn Dad dann stinksauer auf mich ist.

Ich helfe Ivy, die Teller einzusammeln, doch Bertie folgt mir in die Küche.

»Ohne dich können wir nicht anfangen, meine Liebe. Und ohne Sie auch nicht, Ivy. Wir haben unsere Anweisungen. Und Molly, ich möchte dir nur sagen, dass Helena und ich über alles gesprochen haben und uns einig waren. Also, sei so gut und komm mit, ja? Bringen wir's hinter uns, damit dann endlich Ruhe einkehren kann.«

Herrje, ich wette, er redet über das Collier. Georgina wird ausflippen. Sie ist seit Jahren scharf darauf. Helena hat immer behauptet, das sei das einzige brauchbare Schmuckstück, das sie besitzt. Sie hat es von ihrer Mutter geerbt – es besteht aus Diamanten im Rosenschliff und ein paar wunderschönen Smaragden. Als ich noch klein war, hat sie es mir gelegentlich gezeigt, wenn sie mich belohnen wollte. Sie bewahrte es in einer abgegriffenen weißen Lederschatulle auf, zusammen mit einem silbernen Rahmen, auf dem man es befestigen konnte, um es zu einem Diadem umzufunktionieren, und einem winzigen Schraubenzieher in einem kleinen Samtbeutel. Helena bürstete mir die Haare und setzte mir das Diadem auf und ich saß regungslos da und lauschte ihr, während sie von langen Seidenkleidern und festlichen Bällen mit Musik und Kerzenlicht im ganzen Haus erzählte. Weiß der Geier, zu welchem Anlass ich das Ding je tragen soll, aber es würde mich natürlich freuen, wenn sie es mir tatsächlich vermacht hat.

Ivy tätschelt mir den Arm.

»Ganz recht, Mr Bertie. Wir bringen gleich den Kaffee.«

Sie übergibt mir ein mit Tassen und Untertellern beladenes Tablett.

»Passen Sie gut darauf auf, Miss Molly. Das Teeservice ist antik, Royal Worcester, ziemlich mühsam zum Spülen mit diesen Henkeln. Aber ich dachte, das passt für heute. Wir müssen nur zusehen, dass hinterher wieder alles heil im Geschirrschrank landet.«

»Es ist wunderschön, Ivy.«

Ehrlich gesagt finde ich das Geschirr mit seinen goldenen Henkeln und den prallen Früchten ziemlich scheußlich.

»Ich hole nur noch schnell die Milch, dann komme ich. Wird wohl ein paar überraschte Gesichter geben und einige gute Neuigkeiten, aber mehr sage ich nicht.«

Na dann. Ich hoffe nur, es geht keine dieser hässlichen Tassen zu Bruch, sonst zieht sie womöglich mich dafür zur Verantwortung.

»Guten Nachmittag allerseits. Ich lege nur schnell das Band ein, dann kann es losgehen.«

Mr Crouch macht sich an den Kabeln eines vorsintflutlichen Videorekorders und eines ebenso vorsintflutlichen Fernsehers zu schaffen. Plötzlich flackert der Bildschirm und ehe er wieder schwarz wird, ist ganz flüchtig Helena zu sehen, auf dem Sofa thronend, auf dem Mum und Dad jetzt sitzen.

Oh Gott. Ich hätte vor Schreck beinahe das Tablett fallen lassen. Während der Anwalt weiter an den Kabeln fummelt, reiche ich die Tassen herum und Ivy schenkt Kaffee aus.

»So, ich glaube, jetzt kann es losgehen, vorausgesetzt, es sind alle so weit?«

Ich setze mich. Aller Augen sind auf den Fernseher gerichtet, der nun erneut Helena zeigt. Sie trägt eines ihrer schönsten Sommerkleider, die nur am Sonntagnachmittag zum Tee zum Einsatz kamen. Sonst war sie stets in ausgebeulten Baumwollhosen und einer alten Gartenjacke anzutreffen, aus deren Taschen rollenweise Bast- und Juteschnur und ihre Lieblingsgartenschere hervorlugten. Herrje, ich bin schon wieder den Tränen nahe, dabei haben wir noch gar nicht richtig angefangen.

»Läuft das Ding?« Helena späht zu jemandem hinter der Kamera, vermutlich Mr Crouch. »Gut. Ich habe nämlich nicht den ganzen Tag Zeit. Der Garten ruft. Am besten komme ich gleich zum Punkt. Aber vorher möchte ich noch sagen, dass ich das alles mit Bertie besprochen habe, und er ist ganz meiner Meinung. Ob er sich an alles erinnern wird können, steht natürlich auf einem anderen Blatt. Deshalb habe ich beschlossen, euch meinen letzten Willen über dieses Videodingsda mitzuteilen, damit ihr es sozusagen aus erster Hand erfahrt. Selbstverständlich hat Mr Crouch auch alles schriftlich festgehalten, damit es keine Missverständnisse gibt. Also, das Wichtigste zuerst: Harrington Hall geht komplett an Molly. Jawohl, an dich, Molly. Du sollst das Haus und das gesamte Anwesen erhalten, meine Liebe, oder zumindest das, was davon übrig ist, unter der Bedingung, dass du es nicht verkaufst, solange Bertie noch am Leben ist. Beziehungsweise, solange er im Vollbesitz seiner geistigen Fähigkeiten ist. Wobei zugegebenermaßen die Frage ist, wie du das beurteilen sollst, wenn er Tag und Nacht mit seinem dämlichen Papagei in der Bucht auf Patrouille ist. Sollte er irgendwann total durchdrehen, dann kannst du ihn in ein Heim stecken und das Anwesen verkaufen. Meinen Segen hast du. Aber sieh zu, dass du ihn irgendwo unterbringst, wo er in guten Händen ist. Ein paar dieser Einrichtungen sind ja das reinste Gruselkabinett. Da würde man nicht einmal einen Hund unterbringen. Aber ich weiß, ich kann darauf zählen, dass du die richtige Entscheidung triffst, und wie gesagt, wenn er eines Tages nicht mehr weiß, wie er heißt, dann nur zu. Ansonsten hat er in Harrington Hall das Wohnrecht auf Lebenszeit. Tut mir leid, meine Liebe; mir ist klar, dass er für dich eine ebenso große Belastung darstellen wird wie für mich.« Sie bricht kurz ab und ihre Miene wird weich. »Aber ich weiß auch, dass du dich um ihn kümmern wirst. Sieh zu, dass für sein leibliches Wohl gesorgt ist und dass er nicht allzu viel Unsinn anstellt. Viel Glück, du wirst es brauchen. Und lass dich bloß nicht von ihm in den Wahnsinn treiben.«

Wieder legt sie eine kurze Pause ein und späht über den Rand ihrer Brille hinweg in die Kamera, gerade so, als säßen wir uns gegenüber. Als wollte sie meinen Gesichtsausdruck sehen. Ich stehe so unter Schock, dass ich nicht weiß, was ich tun soll. Bertie zwinkert mir zu. Himmelkreuzdonnerwetter, ich glaube, ich kippe gleich aus den Latschen, so flau ist mir nach dieser Enthüllung. Ein Glück, dass ich meine antike Teetasse vorhin abgestellt habe. Die läge jetzt garantiert in Scherben auf dem Boden.

Mum lässt zum x-ten Mal den Verschluss ihrer Handtasche auf- und zuschnappen und wirkt fast genauso geschockt wie ich.

»Marjorie, ich hoffe, du nimmst es mir nicht übel, aber ich hinterlasse Molly auch das Diamantcollier, damit sie es verkaufen kann. Ich selbst hab's ja nicht übers Herz gebracht. Sentimentaler Humbug natürlich, aber Molly, verkauf es. Du wirst das Geld dringend brauchen, um einige Renovierungen zu finanzieren. Ein paar sind weiß Gott längst überfällig. Allein die Heizkostenabrechnung wird dir die Tränen in die Augen treiben. Aber ich bin überzeugt, du wirst die vor dir liegenden Herausforderungen bravourös meistern. Tja, ihr habt bestimmt erwartet, dass Bertie das Haus bekommen würde, das ist mir klar, und ich bin sicher, Marjorie hätte ihn bei der Erhaltung von Harrington Hall nach Kräften unterstützt, schließlich ist sie seine Schwester, aber ich wusste auch, wenn ich das Anwesen an Bertie vererbe, dann treibt früher oder später dieser grässliche Mensch damit sein Unwesen.«

»Dieser grässliche Mensch« ist Helenas Bezeichnung für meinen Vater.

»Und so leid es mir tut, Marjorie, aber bei der Vorstellung, Henry und Roger könnten Harrington Hall in die Finger kriegen, insbesondere meinen Garten, kam mir das kalte Grausen. Sie sind herz- und gewissenlos und haben null Sinn für Geschichte. Der einzige Wermutstropfen war dein Armleuchter von Ehemann, Molly, aber den bist du ja jetzt zum Glück los. Somit hat sich nun alles perfekt gefügt. Mir ist absolut rätselhaft, warum du diesen aufgeblasenen Langweiler überhaupt geheiratet hast, wenn du mir die Bemerkung erlaubst. Er war weiß Gott nicht der Richtige für dich und ich fand es äußerst befremdlich, dass du dir ausgerechnet so eine Schlaftablette aufgehalst hast, meine Liebe. Lass künftig bloß die Finger von solchen Burschen. Ich verstehe auch nicht, wie deine Mutter es all die Jahre mit deinem Vater ausgehalten hat. Es wäre besser für alle Beteiligten, wenn sie ihn in den Wind schießen würde. Nur im übertragenen Sinne natürlich. Ja, mir ist bewusst, dass ich mal wieder schrecklich unhöflich bin, aber wenn man nicht einmal nach seinem Tod ein paar Leute beleidigen darf, wann dann? Und ich muss sagen, ich genieße es sehr. Es war durchaus ein Schock, als ich erfahren habe, dass demnächst der letzte Vorhang fällt, schließlich hatte ich immer angenommen, ich würde Bertie überleben. Tja, aber irgendwann erwischt es uns alle und ich war zumindest vorgewarnt und konnte noch meine Angelegenheiten in Ordnung bringen. Und seit ich mich an den Gedanken gewöhnt habe, finde ich ihn eigentlich sogar ganz befreiend. Gut, mein Garten wird mir fehlen, das lässt sich nicht ändern.«

Oh Gott, sie wusste, dass sie nicht mehr lange zu leben hatte? Das macht es irgendwie noch schlimmer. Wir dachten, sie wäre an einem Herzinfarkt gestorben. Dennis hat sie im Garten gefunden und in gewisser Weise war das der perfekte Abgang für Helena. Aber sie muss schon seit geraumer Zeit informiert gewesen sein.

Roger sitzt mit leicht geöffnetem Mund da und Dad ist über das Stadium der Entrüstung sichtlich weit hinaus und droht jeden Moment vor Wut zu platzen.

»Ich werde keine Minute länger hier sitzen und mir diesen Unsinn anhören. Schalten Sie das aus und lesen Sie uns das verdammte Testament vor. Es muss einen Weg geben, es anzufechten. Es ist lächerlich, ach, was sage ich, unverantwortlich, Molly eine derart wertvolle Immobilie anzuvertrauen. Harrington Hall sollte in den Besitz der gesamten Familie übergehen. Diesbezüglich waren wir uns alle einig. Helena war ganz offensichtlich schon etwas verwirrt.«

Mr Crouch hält das Video an.

»Meine Instruktionen waren glasklar. Ich darf Ihnen allen eine Fotokopie des Testaments aushändigen, nachdem wir das Band zu Ende angesehen haben, und, mit Verlaub, ich bin überzeugt, Sie werden keinerlei triftige Gründe finden, das Testament anzufechten.«

Er mustert Dad mit einem ziemlich strengen Blick.

»Also gut, dann machen Sie um Gottes willen weiter.«

Mr Crouch lässt das Video weiterlaufen.

»Ich zähle auf dich, Molly. Lass deinen Vater nicht übernehmen. Du hast ihm ja von jeher recht mutig die Stirn geboten und Bertie wird dir helfen. Er hat sich noch nie von anderen auf der Nase herumtanzen lassen. Nicht umsonst hat man ihm den Admiralstitel verliehen. Wobei der, glaube ich, nur an Bord eines Schiffes gilt ... Nun, ich bin sicher, das lässt sich bei Bedarf arrangieren. Aber sorg um Himmels willen dafür, dass diese lächerliche Kanone bleibt, wo sie ist. Es waren vier Männer und ein riesiger Laster vonnöten, um das vermaledeite Ding dort zu platzieren, wo es jetzt steht. Weiß der Himmel, was geschähe, wenn er versucht, es auf ein Schiff zu verfrachten. So, und jetzt muss ich weitermachen. Meine Stecklinge müssen in die Erde. Die Einzelheiten stehen in den Unterlagen, und sei gewarnt, Henry, ich habe bereits eine dieser ruinös teuren Firmen in London damit beauftragt, sie auf Herz und Nieren zu prüfen. Es ist alles absolut wasserdicht. Ach ja, eins noch: Ivy und Dennis dürfen mietfrei in ihrem Cottage wohnen, solange sie wollen. Die beiden kann man nicht mit Gold aufwiegen. Sollten sie es irgendwann nicht mehr benötigen, fällt es an Molly zurück. Ivy wird dich einarbeiten, Molly, aber lass dich von ihr nicht zu sehr rumkommandieren. Führ das B&B weiter, wenn du magst, es schwemmt ein bisschen Geld in die Haushaltskasse und bringt Leben in die Bude und Ivy erledigt den Großteil der anfallenden Arbeit. Aber sei streng mit den Gästen, ja? Wenn du einen guten Rat von mir hören willst, dann ignorier sie, so gut es geht. Ivy zeigt dir, was zu tun ist. Und Dennis hält den Garten in Schuss. Allerdings solltest du ihm bei der Planung der Pflanzenarrangements auf die Finger schauen. Er hat die Angewohnheit, sämtliche Pflanzen in schnurgeraden Reihen anzuordnen, sodass sie in Reih und Glied stehen wie Soldaten bei einer Militärparade. Schauderhaft. Diese Aufgabe überlasst ihr besser Celia, die kennt meine Aufzeichnungen und wird auf alles ein Auge haben. Ich werde ihr einiges hinterlassen, unter anderem meine Gartenschere, die sie sich ohnehin immer unter den Nagel zu reißen versucht. Ich bin sicher, sie wird dir gern mit Rat und Tat zur Seite stehen. Und was das Haus angeht, hast du freie Hand, Molly. Ich wünsche dir viel Glück; du wirst es, wie gesagt, sicher brauchen. So, ich glaube, das wäre dann alles. Schalten Sie dieses Ding aus.

Ich muss mich umziehen gehen. In diesem Aufzug kann ich unmöglich in den Garten.«

Der Bildschirm wird schwarz, es herrscht Schweigen.

»Gütiger Himmel.«

Damit hat Roger ausnahmsweise einmal genau die passenden Worte gefunden.

Auch während Mr Crouch allen Anwesenden eine Kopie des Testaments überreicht, herrscht betretenes Schweigen. Dad bringt vor Empörung kein Wort mehr heraus. Schließlich steht Roger auf und marschiert hinaus, gefolgt von Georgina. Gleich darauf legt er auf dem Platz vor dem Haus einen Kavaliersstart hin, bei dem ein Sprühregen aus Kieselsteinchen auf Dads Auto herniedergeht. Puh. Mr Crouch sagt, ich soll mir die ganze Gelegenheit gründlich durch den Kopf gehen lassen, bevor er sich dann mit mir in Verbindung setzt, um ein paar Details zu besprechen. Mum verabschiedet sich mit einem zaghaften Winken von mir, ehe sie zu Dad ins Auto steigt und dieser, noch immer vor Wut schäumend, davonbraust.

Ivy steht mit vor der Brust verschränkten Armen in der Tür. »Ein Glück, dass wir den los sind«, brummt sie, dreht sich um und begibt sich in die Küche.

»Danke für Ihre Hilfe heute, Ivy.«

»Gern geschehen, Miss Molly.«

»Ivy, bitte nennen Sie mich auch weiterhin einfach Molly, ja?«

»Mal sehen. Und, werden Sie's tun?«

»Was?«

»Werden Sie hierherziehen und sich um Mr Bertie kümmern? Ihre Tante hat fest mit Ihnen gerechnet. Sie werden natürlich alle Hände voll zu tun haben mit ihm, schon weil er bei Wind und Wetter draußen rumvagabundiert und darüber völlig die Zeit vergisst. Und dann sind da ja auch noch die B&B-Gäste. Nicht, dass wir so furchtbar viele hätten, schon gar nicht im Winter. Wie auch immer, es gibt jede Menge zu tun.«

»Ich habe mich noch nicht entschieden, Ivy. Ich muss mir das alles erst einmal gründlich durch den Kopf gehen lassen.«

»Nun, Sie können jedenfalls auf Dennis und mich zählen.«

»Ich weiß. Vielen Dank, Ivy.«

Sie nickt.

»So, ich muss wieder an die Arbeit, die Tassen spülen sich nicht von selbst. Sie hat immer gesagt, ich kann sie ruhig in die Spülmaschine stellen, aber ein so wertvolles Teeservice tut man nicht in den Geschirrspüler, jedenfalls nicht, wenn es noch eine Weile halten soll.«

»Ich gehe mich nur schnell von Bertie verabschieden.«

»Er ist in der Bibliothek und unterhält sich mit diesem albernen Vogel.«

Sie verdreht die Augen.

Bertie sitzt am Kamin und sieht aus, als wäre er im Begriff einzunicken.

»Ich muss los, Onkel Bertie, aber ich rufe dich nachher an.«

»Ist gut, meine Liebe. Das kam wohl ziemlich überraschend für dich, hm? Na ja, wir schaffen das schon irgendwie.«

»Natürlich. Ich muss mir nur überlegen, was für alle

Beteiligten das Beste ist. Aber ich werde schon bald wieder herkommen, vielleicht am Wochenende, damit wir alles besprechen können und alle Details in Betracht ziehen.«

»Mit Details hab ich's nicht so, dafür war von jeher Helena zuständig. Ich bin sicher, du wirst die richtige Entscheidung treffen, wie auch immer sie lauten mag. Und jetzt werde ich, glaube ich, einen kleinen Spaziergang machen. Ich war den ganzen Tag noch nicht in der Bucht. Wo ist eigentlich mein Mantel? Hab ihn vorhin schon gesucht, aber er ist wie vom Erdboden verschluckt.«

Ich schätze mal, den hat Ivy versteckt, weil sie nicht will, dass Bertie bei diesem Wetter draußen rumläuft. Es ist schon fast dunkel und eisig kalt.

»Keine Ahnung, Onkel Bertie. Ich hab ihn jedenfalls nicht gesehen. Ich rufe dich an, sobald ich zu Hause bin, ja?«

»Ja, mach das, meine Liebe. Wobei es gut sein kann, dass ich da gerade auf Patrouille bin.«

»Wiedersehen, Betty.«

»Verpiss dich. Dämlicher Vogel.«

Ganz meine Meinung.

Bis ich mich auf den Nachhauseweg mache, hat die Wirkung des Gins zum Glück nachgelassen, zumal ich vor Fahrtantritt bei Mum noch einen gefühlten Liter schwarzen Kaffee in mich reingekippt habe. Sie war reichlich wortkarg und Dad redet gar nicht mehr mit mir, als hätte ich mir irgendetwas zuschulden kommen lassen. Ich bin mehr als erschöpft und zudem so verwirrt, dass ich kaum einen klaren Gedanken fassen kann. Helena hat also beschlossen, dass ich nach Devon ziehen soll, schön und gut, aber was ist mit den Jungs? Was ist das Beste für sie? Und sollte ich

Helenas Wunsch nicht nachkommen, was passiert dann mit Harrington Hall? Roger und Dad würden gleich eine Flasche Schampus köpfen und überlegen, wie lange es wohl dauern wird, Bertie zum Verkauf zu bewegen. Das darf ich nicht zulassen. Es wäre nicht fair. Ein Umzug nach Devon wäre zugleich ein idealer Neuanfang für uns alle und damit wäre auch gleich die Frage, wo wir künftig wohnen sollen, geklärt. Bei Onkel Bertie gibt es zumindest genügend Zimmer für uns alle und es war schon immer mein Wunsch, den Jungs etwas mehr Platz zu bieten, eine Kindheit auf dem Land, in einem weniger von der Großstadthektik geprägten Umfeld. Aber was, wenn es ihnen dort nicht gefällt? Und wovon sollen wir leben? Helena hat das B&B nur betrieben, um sich neue Pflanzen leisten zu können. Drei heranwachsende Jungs kann man davon wohl kaum ernähren. Ich könnte mir natürlich vor Ort eine Stelle als Aushilfslehrerin suchen, aber es ist grauenhaft, immer nur als Vertretung für kranke Kollegen einzuspringen, und ich kann Ivy nicht die alleinige Verantwortung für Onkel Bertie und die Jungs übertragen, von diesem verfluchten Papagei ganz zu schweigen. Zugegeben, sie ist gut, aber sie ist nicht Superwoman. Oh Gott.

Ich halte an einer Autobahnraststätte, um mir einen Kaffee zu holen und das zu tun, was ich immer tue, wenn ich im Begriff bin, in Panik auszubrechen. Ich danke Gott für die Erfindung des Mobiltelefons.

»Lola?«

»Hallo, Molly. Na, wie war's? Wahrscheinlich grauenvoll, oder?«

»Ja, der reinste Horror. Wobei die Beerdigung noch ganz okay war. Die Kirche war wunderschön mit Blumen geschmückt und voll von Leuten, denen wirklich etwas an ihr lag. Danach war gleich die Testamentseröffnung. Helena hat ihren letzten Willen höchstpersönlich verkündet, per Videokassette.«

»Ist ja gruselig. Wobei mir die Idee irgendwie gefällt. Auf diese Weise hat man zumindest noch einmal das letzte Wort.«

»Allerdings. Und das hatte es echt in sich.«

»Cool. Was hat sie denn gesagt? Ich wette, sie hat dir ihr Diamantcollier hinterlassen, stimmt's? Die gute alte Helena.«

»Na ja ...«

»Klingt, als wärst du ganz schön durch den Wind, Süße. So schlimm kann es doch wohl nicht sein. Sie hat dich vergöttert, das war offensichtlich. Also, was hat sie dir vererbt? Bestimmt etwas, das dich an sie erinnern soll.«

»Bertie.«

»Was?«

»Sie hat mir Onkel Bertie vererbt.«

Ich heule schon wieder.

»Süße, bitte beruhige dich, du kriegst das schon irgendwie hin. Wobei ich beim besten Willen nicht wüsste, wo du ihn unterbringen sollst. Tja, eines ist dann wohl klar: Du wirst dich nach einem größeren Haus umsehen müssen. Hast du das Collier jetzt gekriegt oder nicht? Dafür bekommst du bestimmt einen ordentlichen Batzen Geld, wenn du es verkaufst. Und das Angebot, dass du dir von mir etwas borgen kannst, steht natürlich noch.«

»Nein, das hast du falsch verstanden. Neben Onkel Bertie hat sie mir auch Harrington Hall vermacht, das Haus und das ganze Anwesen. Weißt du noch, was du gestern gesagt hast, von wegen Käseproduktion und so? Würdest du mir erklären, wie man so etwas auf die Beine stellt? Ich habe von solchen Dingen nämlich keinen blassen Schimmer.«

»Ach, du Scheiße.«

»Das kannst du laut sagen.«

»Das ganze Haus? Du meine Güte, das ist bestimmt ein Vermögen wert. Ich wette, dein Dad ist fuchsteufelswild.«

»Das ist die Untertreibung des Jahrhunderts.«

»Ich danke dem Himmel, dass Helena auf diese glorreiche Idee gekommen ist. Es war höchste Zeit, dass du auch mal ein bisschen Glück hast. Ich wusste immer, dass sie genial ist, aber so viel Genialität hätte selbst ich ihr nicht zugetraut. Ha, und gerade fällt mir noch etwas absolut Geniales ein.«

»Was denn?«

»Stell dir mal Petes Gesicht vor, wenn ihm das zu Ohren kommt.«

»Daran habe ich noch gar nicht gedacht.«

»Er wird ausflippen. Kaum hat er dich und die Jungs verlassen und sich mit diesem Stepford-Klon als Stütze des Establishments etabliert, erbst du eine stattliche Villa auf dem Land und wirst Gutsherrin. Das ist fast zu schön, um wahr zu sein!«

»Von wegen stattlich – Harrington Hall befindet sich in einem Stadium fortgeschrittenen Zerfalls. Im Winter ist es in dieser Bude eiskalt, und wenn es regnet, muss man unter den Löchern im Dach der Mansarde Töpfe und Pfannen aufstellen. Ich bezweifle, dass das B&B genug für Bertie abwirft, ganz zu schweigen von den Jungs und mir.«

»Du Ärmste! Mir kommen gleich die Tränen. Du besitzt ab heute einen Privatstrand! Und dazu ein wunderschönes Haus, Helenas Garten, ein Wäldchen und eine Viehweide! Das Einzige, was du noch tun musst, ist ein bisschen Speck grillen.«

»Ich fürchte, damit ist es nicht getan, Lola. Und außerdem gehört es mir nicht, jedenfalls nicht richtig. Ich soll das Anwesen bloß verwalten.«

»Wenn sie es dir vererbt hat, dann gehört es dir auch, meine Liebe. Und außerdem wird dir doch diese Haushälterin zur Hand gehen, nicht?«

»Ivy? Ja, Gott sei Dank. Und Dennis ebenfalls. Aber auch das hat einen Haken: Ivy hat ihre eigenen Vorstellungen und sie wird nicht wollen, dass sich irgendetwas ändert.«

»Na ja, sie wird sich wohl oder übel damit abfinden müssen, oder? Schließlich bist du die neue Gutsherrin.«

»Bitte hör auf damit, Lola, das ist nicht hilfreich. Und was ist mit den Jungs? Was, zum Geier, soll ich denen sagen?«

»Du wolltest doch ohnehin raus aus der Stadt.«

»Schon, aber doch, verdammt noch mal, nicht gleich an die Küste von Devon, in ein Kaff am Arsch der Welt, in dem meine beknackten Eltern praktisch nebenan wohnen.«

»Kannst du mir noch mal schildern, wie wütend genau dein Dad war, sagen wir, auf einer Skala von eins bis zehn?«

»Dreihundertsechsundfünfzig.«

»Ausgezeichnet. Tja, da sieht man's mal wieder, man sollte sich immer gut überlegen, was man sich wünscht.«

»Das brauchst du mir nicht zu sagen. Ich wäre nie und nimmer auf die Idee gekommen, mir so etwas zu wünschen und ...«

»Und nichts, Süße. Hör gefälligst auf zu jammern. Das Schicksal hatte endlich ein Einsehen mit dir, also freu dich einfach drüber. Sieh das Ganze als ein Abenteuer. Im Grunde ist es genau das, was du brauchst. Und reservier mir ein Zimmer, als dein erster offizieller Gast.«

»Okay, ich überleg's mir.«

»Von wegen. Du wirst das gefälligst durchziehen, und

wenn ich dich höchstpersönlich hinfahren und in den Weinkeller sperren muss. Gibt es auf Harrington Hall überhaupt einen Weinkeller? Na, wie auch immer, es wird großartig.«

»Es gibt einen. Weißt du nicht mehr, wie sich Roger mal dort versteckt hat? Wir haben den Wein verkostet, betrunken Verstecken gespielt und so getan, als könnten wir ihn nicht finden.«

»Ach ja, richtig. Okay, also, ich schreibe gleich mal eine Liste.«

Herrje, wenn Lola erst anfängt, ihre Listen zu schreiben, gibt es kein Entkommen mehr.

»Ich schreibe mir meine Listen schon selbst, vielen Dank.«

»Kannst du gerne machen, wenn du willst, aber ich habe meine schon angefangen. Du brauchst ordentliche Bettwäsche für das B&B. Komm mir bloß nicht mit diesem Polyesterdreckszeug. Und eine ordentliche Ausstattung für die Bäder – Bioseife, schöne Kerzen und so weiter. Ein Glück, dass ich eine Expertin in Sachen Luxuskosmetika bin. Ich wusste doch, dass mir das eines Tages noch nützlich sein würde.«

»Hör sofort auf, sonst bekomme ich eine Panikattacke.«

»Nur zu, ich schreibe inzwischen weiter an meiner Liste. Ich maile sie dir dann. Ruf mich an, sobald du zu Hause bist.«

»Ich hasse dich, Lola. Ganz ehrlich.«

»Reservier mir ein Zimmer, Süße. Dein erster Gast.«

Verflixt und zugenäht. Als hätte ich nicht schon genügend Sorgen, habe ich jetzt auch noch Lola, den anspruchsvollsten Gast der Welt, an der Backe, dabei wusste ich bis vor fünf Stunden noch gar nicht, dass ich demnächst eine Frühstückspension führen würde.

»Ruf mich nachher an. Ach ja, noch etwas …«

»Was?«

»Ich will frisch gepressten Orangensaft, keinen ekelhaften Nektar aus dem Tetrapack, okay? Soll dir meine Sekretärin eine Liste faxen?«

»Lola, du bist mir wirklich alles andere als eine Hilfe.«

»Tief durchatmen, Süße.«

»Ich bin nicht sicher, ob das so eine gute Idee ist, weil ich nämlich bereits hyperventiliere.«

»Gut, dann eben flach atmen. Hast du eine Papiertüte zur Hand?«

»Nein, zufällig nicht. Tut's meine Handtasche auch?«

»Eher nicht. Die Gefahr, dass du etwas verschluckst, ist viel zu groß.«

»Das würde irgendwie zu diesem Tag passen.«

»Okay, dann hol einfach ein paar Mal ganz bewusst Luft und denk an etwas Entspannendes. Ich weiß auch schon was: Petes Gesicht, wenn er die frohe Kunde vernimmt.«

»Hm, das könnte tatsächlich helfen. Zumindest ein bisschen.«

»Ich wäre zu gern dabei, wenn er es erfährt. Sieh zu, dass du es ihm persönlich sagst, damit du seine Reaktion live miterleben kannst. Ich versichere dir, das ist die Mühe wert.«

Lächelnd kehre ich zum Auto zurück. Zugegeben, es ist die Art von Lächeln, die jederzeit in hysterisches Schluchzen umschlagen kann, aber immerhin.

## KAPITEL 2: Jingle Bells
Dezember

***Bourbonrosen***
*Diese Rosen, die von einer Insel im Indischen Ozean stammen, werden sowohl wegen ihrer Schönheit als auch wegen ihres Dufts geschätzt und oft als Kletterrosen an einem Bogen oder einer Pergola gezogen. Ihre Blütenblätter sind seidig und gekräuselt, ihr Duft weist Anklänge an Pfirsich, Melone und Jasmin auf. Namhafte Beispiele sind unter anderem Queen Victoria, eine süß duftende Rose mit rosa bis zartlila gefärbten Blüten, deren Aroma eine dezente Geißblattnote aufweist, Boule de Neige, die milchweiße Blüten mit gekräuselten Petalen hervorbringt, welche sich am Rand nach außen umrollen, des Weiteren Madame Isaac Pereire, eine Rose mit betörendem Himbeerduft und leuchtend rosaroten Blüten, sowie die weiß bis zartrosa gefärbte Souvenir de la Malmaison, deren Duft an Nektarinen, Zimt und Muskat erinnert.*

Es ist Freitagvormittag und ich stehe in der Küche und bin darum bemüht, nicht die Nerven zu verlieren. Ich könnte dringend ein paar hochprozentige Notfalltropfen zur Beruhigung gebrauchen. Vielleicht sollte ich mich auf den Boden legen und mir intravenös einen halben Liter Gin einverleiben. Zu dumm, dass ich nicht daran gedacht habe, eine Flasche von Helenas Schlehen-Gin mitgehen zu lassen – der würde seine Wirkung umgehend entfalten. Heute soll der Umzug über die Bühne gehen und ich habe meine Haupt-To-do-Liste verlegt und bin gerade damit beschäftigt, die Version 2.0 zu verfassen. Hätte ich zufällig noch eine Flasche Gin herumstehen, dann würde ich das mit der Infusion jetzt definitiv ausprobieren. Oder mir zumindest einen Kurzen genehmigen, zur Stärkung, wie Onkel Bertie immer sagt. In zwei Stunden bringt Pete die Jungs zurück und bis dahin gibt es noch Unmengen zu tun.

In den vergangenen Wochen war ich mehrfach in Devon, um mit Mr Crouch alle erforderlichen Unterlagen vorzubereiten, ein wenig nach Bertie zu sehen und Ivy zur Hand zu gehen, die seit der Beerdigung wie eine Bekloppte putzt und wäscht. Ich möchte wetten, ihre Großreinemachaktion ist auf eine Art Verdrängungstaktik zurückzuführen. Gott sei Dank war vorige Woche das Halbjahr zu Ende. Ich habe meinen Job gekündigt und eine neue Schule für die Jungs gefunden. Außerdem habe ich eine ganze Reihe zusehends unerquicklicher Gespräche mit Dad und Roger geführt, die offenbar glauben, wenn sie nur hartnäckig genug auf mich einreden, werde ich ihnen das Anwesen schon irgendwann verkaufen. Am Ende musste ich Mr Crouch bitten, Dad anzurufen und ihm zu erklären, dass ich an niemanden verkaufen kann außer an Bertie. Seither kommuniziert Dad nur noch über Mum mit mir, was mir im Grunde gar nicht unrecht ist. Ich kann nur hoffen, dass ich für uns alle die richtige Entscheidung getroffen habe. Das Gefühl, überrumpelt worden zu sein, hält sich genauso hartnäckig wie damals nach der Scheidung. Da werkelt man so vor sich hin und dann trifft es einen so plötzlich und unerwartet wie ein

Blitz und danach ist man erst einmal etwas benommen und fühlt sich seelisch angeschlagen. Mit Veränderungen klarzukommen gehört nicht gerade zu meinen Stärken. Ich werde erst aufatmen können, wenn ein bisschen Ruhe eingekehrt ist und alles wieder in einigermaßen geordneten Bahnen verläuft. Solange unser gesamtes Hab und Gut in Umzugskartons verpackt ist, kann ich davon nur träumen.

»Der hier soll nach Devon, richtig?«

Mick, der Chef des Möbelpackerteams, schwenkt einen Wäschekorb aus Plastik.

»Ja, bitte. Ich dachte, ich hätte alles beschriftet, tut mir leid.«

Obwohl ich seit Tagen alles mit Etiketten beklebe, stößt Mick immer wieder auf Gegenstände, die mir durch die Lappen gegangen sind. Am besten klebe ich einfach mir selbst ein Schild an die Stirn und setze mich auf die Ladefläche des Lieferwagens. Weiß der Himmel, wozu ein Wäschekorb mit nur einem Henkel gut sein soll, aber ich habe den dumpfen Verdacht, dass es kein Fehler ist, so viele Wäschekörbe wie nur irgend möglich anzuhäufen, schließlich muss ich künftig nicht nur die riesigen Berge schmutziger Klamotten waschen, die meine Jungs produzieren, sondern darüber hinaus auch noch die Bettwäsche und Handtücher der B&B-Gäste. So. Da ich keinen Gin zur Verfügung habe, werde ich mir jetzt eine Tasse Tee gönnen und dabei jegliche Gedanken an Weihnachten tunlichst verdrängen. Kommende Woche ist Heiligabend und die Mission Lametta ist noch nicht einmal ansatzweise angelaufen.

»Ich stelle dann mal Teewasser auf, Mick.«

»Hervorragend. Zwei Stück Zucker bitte. Und danach müssten Sie die letzten Sachen in Kartons verpacken, es sei denn, der Kram soll hierbleiben.«

Am liebsten wäre es mir ja, wenn jetzt einfach alle nach Devon abdampfen würden, dann könnte ich mich in einer Ecke meines herrlich stillen Hauses zusammenrollen und ein paar Stündchen schlafen. Ein verlockender Gedanke. Leider haben wir vor einer Stunde den Kaufvertrag für das Haus unterzeichnet und die neuen Besitzer wollen heute Nachmittag einziehen. Und sie wären wohl etwas überrascht, wenn sie in ihrem Wohnzimmer über eine ziemlich schmuddelige Person stolpern würden, die dort am helllichten Tag ein Nickerchen macht. Seit Wochen habe ich permanent das Gefühl, dass meine Haut von einer dünnen Schmutz- und Staubschicht überzogen ist. Kein Wunder, ich habe hier sämtliche Schränke ausgeräumt und geputzt und geschrubbt wie ein Weltmeister. Zur selben Zeit hat Ivy in Harrington Hall ihren bereits erwähnten verspäteten Frühjahrsputz veranstaltet. Im Rekordtempo hat sie alles gewaschen und poliert, was nicht schnell genug vor ihr davonlaufen konnte. Neulich hat sie sogar Betty gebadet, was ich ehrlich gesagt recht mutig fand. Angeblich soll man Papageien durchaus hin und wieder mit etwas lauwarmem Wasser aus einer Sprühflasche bespritzen, im vorliegenden Fall handelte es sich allerdings um ein Vollbad in einer vor Schaum überquellenden Spülschüssel. Im Zuge dieser Aktion fielen eine ganze Menge eindrucksvoller Schimpfwörter, insbesondere von Betty. Ich hätte übrigens nicht gedacht, dass ein triefend nasser, zerrupfter, schmollender Papagei einen derart bemitleidenswerten Anblick bieten kann. Natürlich waren auch Ivy und Bertie hinterher total durchnässt. Ich dagegen hatte zum Glück nur Beobachterstatus und versuchte wohlweislich, mir das Lachen zu verkneifen, während ich die Prozedur aus der hintersten Ecke der Waschküche verfolgte. Gott steh mir bei, wenn ich in naher Zukunft den Papageienbadedienst übernehmen muss. Dafür borge ich mir definitiv Dans Taucherbrille. Mit Schnorchel.

»Wo soll die Tasche hier hin? Ins Auto oder in den Lieferwagen?«

»Ins Auto, bitte, Mick. Da sind die Sachen drin, die wir heute Abend brauchen. Oder zumindest ein paar davon. Irgendwo sollte noch eine zweite Tasche rumstehen, eine blaue.«

»Alles klar. Der erste Lieferwagen ist schon fast voll. Gut, dass wir bereits gestern angefangen haben. Es dauert doch immer alles länger, als man denkt.«

Wir müssen unser Hab und Gut in drei kleinen Lastern nach Devon schaffen, denn für einen großen ist die mit Bäumen und Sträuchern förmlich zugewucherte Zufahrt zu schmal. Die Rhododendren entlang der Allee hätten über eine Länge von einem knappen Kilometer drastisch zurückgestutzt werden müssen und das stand definitiv nicht auf meiner To-do-Liste für heute. Wenn ich bloß wüsste, wo das vermaledeite Ding abgeblieben ist! Meiner Ansicht nach habe ich ja einen Orden dafür verdient, dass ich an das Problem mit der Zufahrt schon vorher gedacht habe. Anderenfalls hätten wir den LKW, den die Umzugsfirma normalerweise einsetzt, wohl vor dem Pferdestall abstellen und zum Ausladen eine Menschenkette bilden müssen. Wir nehmen den Großteil unserer Möbel mit. Der an die Küche angrenzende Raum soll als Multifunktionszimmer für unsere Familie dienen, in dem die Jungs fernsehen und ihre Hausaufgaben machen können, und außerdem ist er ideal als Spielzimmer für Alfie. Helena hatte hier ihr Büro; neben einem wackeligen alten Schreibtisch stehen bloß ein paar Stühle drin, auf denen sich ausgeblichene Samenpäckchen und Gärtnereizeitschriften stapeln. Jetzt, nachdem wir alles verladen haben, kann ich mir nicht vorstellen, wie wir unseren gesamten Krempel in Harrington Hall unterbringen sollen. Und es ist die Frage, wie viel davon wir die Treppe zum Dachgeschoss hochschleppen können. Gut möglich, dass wir einiges in den Stallungen unterbringen müssen, obwohl dort das Dach undicht ist. Wir könnten aber auch einfach ein großes Lagerfeuer machen – ein Möbelhändler würde den Großteil unserer Habseligkeiten wahrscheinlich ohnehin als alten Plunder bezeichnen.

Das Teewasser hat gerade angefangen zu kochen, als Pete in Begleitung der Jungs hereinschneit. Ich wette, das war pure Absicht. Eigentlich sollten sie erst in einer Stunde wieder da sein und ich hatte gehofft, wir würden bis dahin mit dem Verladen fertig sein. Dan, Ben und Alfie begeben sich der Kälte zum Trotz sogleich zum Fußballspielen in den Garten. Mist, und hinterher setzen sie sich in ihren total verdreckten Hosen ins Auto. So hatte ich mir das nicht vorgestellt.

»Kaffee?«

»Gern. Schwarz bitte. Ich hab sie schon etwas eher zurückgebracht, weil Janice und ich nachher shoppen gehen wollen. Ich hoffe, das ist in Ordnung.«

Soll ich jetzt etwa »Nein, ist es nicht, zieh gefälligst noch einmal mit ihnen los und komm erst zum vereinbarten Zeitpunkt zurück« sagen, oder was? Typisch Pete – wir sind von Möbelpackern und Umzugskartons umgeben und er denkt wieder einmal nur an sich.

»Ja, kein Problem. Keks?«

»Nein, danke. Janice und ich sind auf Diät.«

Ach, bitte.

»Wird das nicht etwas schwierig an Weihnachten?«

»Da gibt es pochierten Lachs. Man muss ja nicht immer so über die Stränge schlagen. Apropos, könntest du dafür sorgen, dass es eine leichte Mahlzeit gibt, wenn ich die Jungs am 26. besuchen komme?«

»Mach ich. Du kannst aber auch gern deinen eigenen Lachs mitbringen.«

Er hebt eine Augenbraue und mustert mich mit einem Blick, den er immer häufiger aufsetzt und der besagt: »Der Schuldirektor ist nicht amüsiert.« Den lässt er garantiert demnächst patentieren. Gott, wie kann man nur so nerven?

»Ach, du willst zum Essen bleiben? Ich dachte, du holst sie bloß ab und fährst gleich wieder.«

»Ich weiß es noch nicht genau. Gut möglich, dass ich einfach den Tag bei euch verbringe. Janice wird zu ihrer Mutter fahren und ich könnte mir vorstellen, dass die Jungs es seltsam finden, mich zu besuchen, wenn sie nicht da ist.«

Pfff. Er hat doch bloß keine Lust, allein für sie zu kochen und sie zu bespaßen! Na ja, die Jungs waren ohnehin nicht sehr erpicht darauf, zu ihm zu fahren. Im Laufe des vergangenen Jahres hat er sie bloß vier oder fünf Mal bei sich übernachten lassen. Allerdings fühlen sie sich auch nicht sonderlich wohl bei ihm, deshalb beschränken wir uns üblicherweise auf ein Treffen am Sonntagnachmittag. Okay, ich sollte wohl versuchen, einfach darüberzustehen. Schon wieder.

»Mum, dürfen wir uns einen heißen Johannisbeersaft machen?«

»Das geht nicht, Ben, die Flaschen sind schon alle im Lieferwagen. Ihr könnt Tee oder heiße Milch haben. Wir haben Unmengen Milch übrig.«

Über Milchknappheit können wir uns in der Tat nicht

beklagen. Ich habe extra zwei zusätzliche Packungen für die Möbelpacker besorgt und dann kam auch noch die Lieferung vom Milchmann, weil ich vergessen hatte, sie abzubestellen.

»Können wir uns dann Kakao machen?«

»Klar, wenn du das Pulver findest. Guck mal in der Schachtel dort drüben nach.«

Er beginnt in einem Umzugskarton zu kramen, der auf der Anrichte steht.

»Ta-daa!«

»Gut. Jetzt musst du mir nur noch einen Topf und fünf Minuten Zeit geben.«

»Danke, Mum.«

Pete wirkt irgendwie verstimmt.

»Möchtest du auch einen Kakao?«

»Nein danke. Wie gesagt, wir sind auf Diät.«

»Ach richtig. Tut mir leid.«

»Molly, ich weiß, wir haben schon darüber geredet, aber ich möchte trotzdem noch einmal in aller Deutlichkeit sagen, dass ich der Meinung bin, du hättest es erwähnen sollen.«

»Was?«

»Dass du im Begriff bist, ein so großes Haus zu erben, ganz zu schweigen von dem ganzen Land.«

»Das ganze Land? Es sind nicht einmal neun Hektar, Pete. Den Rest hat Helena im Laufe der Jahre verkauft, wie du weißt.«

»Schon, aber trotzdem ... Das Haus und die Stallungen ... Von Rechts wegen hättest du das alles angeben müssen.«

»Wie, angeben?«

»Na, du hättest mich während der Scheidung davon in

Kenntnis setzen müssen, dass du eine so wertvolle Immobilie erben wirst. Warum hast du das nie erwähnt? Ich habe mit Janice darüber gesprochen und wir sind uns einig, dass wir eigentlich einen Anspruch darauf haben.«

Wenn das in dem Stil weitergeht, muss ich mich stante pede auf die Suche nach einer Flasche Gin machen.

»Glaub mir, für mich kam das genauso unerwartet wie für dich. Wobei ich zugegebenermaßen mehr von dieser Überraschung profitiere als du.«

So. Das konnte ich mir nicht verkneifen.

»Hast du das Cottage auch geerbt?«

Das darf doch, verdammt noch mal, nicht wahr sein. Als Nächstes soll ich ihm wohl eine Liste der Möbel vorlegen.

»Ja, Pete, das Haus, das Land, den Pferdestall, den Schweinestall und das Cottage, in dem Ivy und Dennis wohnen dürfen, solange sie wollen. Und nicht zu vergessen das alte Pförtnerhaus, oder das, was davon übrig ist, des Weiteren der Garten, die Viehweide, die Bucht, Bertie, der Papagei, alles, Herrgott noch mal. Wenn du willst, bitte ich Mr Crouch, dir eine komplette Inventarliste zukommen zu lassen. Allerdings wirst du ihn dafür bezahlen müssen und er berechnet sein Honorar stundenweise.«

»Das ist nicht nötig, danke. Ich finde, du hättest zumindest mit mir reden können, ehe du dich entschieden hast. Schließlich sind es auch meine Kinder. Aber meine Meinung zählt wohl überhaupt nicht.«

Nicht zu fassen, wie viel Bockmist er labert. Wenn ich da weiter darüberstehen soll, schwebe ich demnächst zwanzig Zentimeter unter der Zimmerdecke.

»Nein, nicht mehr, Pete. Wir sind geschieden.«

»Kein Grund, so verbittert zu reagieren, Molly. Das wirkt äußerst unattraktiv.«

»Von verbittert kann keine Rede sein. Wir haben eine rosige Zukunft vor uns, im wahrsten Sinne des Wortes, wenn ich an Helenas berühmten Rosengarten denke. Diese Erbschaft ermöglicht uns genau das, was wir gebraucht haben – einen Neustart. Wie du weißt, habe ich mit den Jungs darüber geredet, und sie freuen sich auf den Umzug. Zumindest Ben und Alfie. Vor Ort gibt es gute Schulen – du hast ja die Berichte des Schulinspektors gelesen, die ich dir gezeigt habe, und außerdem haben sie dort bedeutend mehr Platz als hier.«

»Ja, in der Tat. Acht Hektar Land.«

Höchste Zeit für einen Konter à la Lola. Die verfehlen ihre Wirkung nie.

»Sei unbesorgt, Pete. Die Jungs dürfen dich besuchen, wann immer dir der Sinn danach steht. Und in den Sommerferien können sie ja mal zwei Wochen am Stück bei dir verbringen.«

Das Traurige ist: Ich weiß, er wird sich weigern oder erst zustimmen und dann später absagen, wie er es an den vergangenen beiden Wochenenden getan hat. Ich wage zu bezweifeln, dass er die Jungs in absehbarer Zeit für zwei volle Wochen zu sich nimmt.

»Mal sehen. Im Augenblick bin ich ziemlich eingespannt. Ich finde ja immer noch, du solltest verkaufen. Das wäre bestimmt die beste Lösung. Ich bin gern bereit, dir zu helfen. Natürlich braucht man für ein derart einzigartiges Bauwerk den passenden Makler. Das Anwesen muss ja ein Vermögen wert sein.«

Er setzt ein gezwungenes Lächeln auf.

Gott, es ist geradezu schockierend, wie durchschaubar er ist.

»Und sobald ich es verkauft habe, stellst du die Unterhaltszahlungen für die Jungs ein, hab ich recht?«

»Aber nein, darum geht es mir doch gar nicht. Wie auch immer, du solltest es dir durch den Kopf gehen lassen, Molly.«

»Das werde ich nicht tun, schon deshalb, weil ich laut den Bedingungen des Testaments gar nicht verkaufen kann. Und außerdem könnte ich das Bertie niemals antun. Ich werde das B&B weiterführen, und wenn sich erst einmal alles eingespielt hat, melde ich mich eventuell bei einer Vermittlungsagentur für Lehrer an. Irgendwie muss ich ja unseren Lebensunterhalt finanzieren, genau wie jetzt.«

Prompt ist ihm das Lächeln vergangen, jetzt wirkt er wieder verärgert.

»Wenn du zur richtigen Zeit losstartest, dauert die Fahrt keine sechs Stunden, Pete. Mit etwas Glück sogar bloß knappe fünf. Ich weiß, das ist kein Honiglecken, aber du bist uns jederzeit willkommen. Du kannst auch gern übernachten. Unsere Zimmerpreise sind absolut annehmbar, du wirst sehen.«

Er reißt empört die Augen auf.

»Das war ein Scherz, Pete.«

Eigentlich meine ich das durchaus ernst. Ich kann wirklich darauf verzichten, dass er sich regelmäßig übers Wochenende bei uns einnistet und sich von mir bedienen lässt. Ihm ist durchaus zuzutrauen, dass er Janice mitbringt. So weit kommt's noch, dass ich diesen beiden Fitnessfanatikern in ihren neuen Partnerlook-Jogginganzügen das Frühstück kredenze.

»Es gibt jede Menge Übernachtungsmöglichkeiten in der Nähe. Ich bin sicher, wir finden eine für alle Beteiligten zufriedenstellende Lösung.«

Insgeheim hatte ich irgendwie sogar gehofft, dass er ein Veto einlegen würde. Dass es ihm ein Dorn im Auge sein würde, wenn die Jungs künftig so weit weg wohnen. Dafür hätte ich durchaus Verständnis aufbringen können, auch wenn dadurch alles komplizierter geworden wäre. Aber in den vergangenen Wochen hat sich zusehends herauskristallisiert, dass ihn dieser Umstand nicht im Geringsten stört, was ich so unheimlich traurig und enttäuschend finde, dass ich den Gedanken daran am besten schleunigst verdränge.

»Ich schätze, du könntest zumindest einen Teil des Landes verkaufen.«

Herrgott noch mal, jetzt werde ich allmählich richtig sauer.

»Nicht ohne Berties Zustimmung, nein. Und außerdem will ich das nicht. Ich möchte es auch so schaffen. Klar wird das Geld knapp sein, aber ich werde es zumindest versuchen. Übrigens bist du mit den Unterhaltszahlungen schon wieder im Verzug. Könntest du dich bitte darum kümmern? Ich hatte ja kurz in Erwägung gezogen, mich über Helenas Bedingungen hinwegzusetzen, Bertie bei Roger im Hotel einzuquartieren und die Jungs ein paar Monate bei dir zu parken, während ich mit einem Luxuskreuzfahrtschiff um die Welt segle, aber ich habe mich dann doch dagegen entschieden.«

»Sei nicht albern.«

»Ich finde die Vorstellung einer Luxuskreuzfahrt äußerst verlockend. Wäre bestimmt sehr erholsam.«

»Also, ich kann mir beim besten Willen nicht vorstellen, wie das funktionieren soll. Schon weil du keine Ahnung hast, wie man ein B&B führt. Es wäre zweifellos viel besser, wenn du verkaufen würdest, damit würde allen Beteiligten eine Menge Ärger erspart bleiben.«

»Pete, ich bin praktisch in einem Hotel aufgewachsen und habe jahrelang in den Sommerferien dort gejobbt. Da sollte ich doch wohl in der Lage sein, mit den Gästen einer Frühstückspension fertigzuwerden.«

Ehrlich gesagt bin ich ziemlich nervös, was meine neue Laufbahn angeht, aber ich denke gar nicht daran, ihm das auf die Nase zu binden.

»Schon, aber ...«

»Sei bitte nicht immer so negativ, Pete. Das ist eine große Schwäche von dir und du sammelst damit eine Menge schlechtes Karma an.«

Das war auch eine Anregung von Lola und es scheint zu klappen, denn er verdreht genervt die Augen.

»Also, bist du sicher, dass du keinen Kakao willst? Ich habe wie gesagt noch literweise Milch da. Der für die Jungs ist schon fertig. Sei so gut und hol sie rein. Wir müssen jetzt echt mal in die Puschen kommen.«

»Gut, ich verabschiede mich nur schnell von ihnen, dann mache ich mich auf den Weg. Ich hab noch einiges zu tun heute.«

»Okay.«

Nun ist es aber wirklich Zeit, meine Liste zu suchen und eine letzte Kontrollrunde durch alle Zimmer zu drehen, nachdem ich mich von Pete verabschiedet habe. Auf Nimmerwiedersehen und sei froh, dass du ihn los bist, wie Lola sagen würde. Zu schade, dass sie nicht hier ist. Vielleicht sollte ich sicherheitshalber einen kurzen Notruf absetzen, bevor wir losstarten. Oder ich krame doch noch mal die Ginflasche hervor. Ein klitzekleines Schlückchen würde mir schon reichen; ich will ja nicht wegen Trunkenheit am Steuer hinter Gittern landen. Oder aber ich gebe einem der Möbelpacker meine Autoschlüssel und leere gleich die ganze Flasche ... Nein. Vorerst begnüge ich mich mit einer Tasse Kakao und dann sehen wir weiter.

Als wir endlich im Wagen sitzen und in Richtung Devon unterwegs sind, ist meine Liste wieder aufgetaucht und auch der Aufbruch ist einigermaßen gesittet vonstattengegangen.

»Wie lang fahren wir noch, Mum?«

»Schon noch ein Weilchen, Alfie. Hör dir deine Kassette an. Wir bleiben unterwegs mal stehen und gönnen uns einen Happen zu essen.«

Dan seufzt.

»In Zukunft werden wir uns wohl nur noch von Pasteten ernähren.«

»Die sind eine Spezialität aus Cornwall, du Hohlkopf. Cornish Pasties wurden für die Minenarbeiter erfunden, mit einem dicken Teigrand auf einer Seite, damit sie sie mit ihren dreckigen Fingern halten und nur die Füllung essen konnten.«

»Vielen Dank, Wikiben. Mum, Ben surft viel zu viel im Internet. Er ist schon ein richtiger Klugscheißer.«

»Halt den Mund, Dan. Ben, das ist ja hochinteressant. Hast du auch etwas über Devon in Erfahrung gebracht?«

»Devon ist berühmt für clotted Cream, eine Art klumpige Sahne aus Kuhmilch.«

Dan seufzt erneut.

»Viel besser.«

»Dan, bitte hör jetzt auf. Es wird dich niemand zwingen, clotted Cream zu essen.«

»Gut, weil ich nämlich wie gesagt überhaupt keinen Bock habe, in ein ödes Kaff in Devon zu ziehen.«

»Na, in London wolltest du doch auch nicht bleiben. Und auf etwas anderes hast du, soweit ich das beurteilen kann, auch keinen Bock. Also, hör auf zu motzen und dich über Devon zu mokieren. Wir haben das doch vorhin schon besprochen. Ich bitte dich nur darum, Devon eine faire Chance zu geben, mehr nicht. Wir hätten ohnehin umziehen müssen, weil wir das Haus verkaufen mussten.«

»Okay, okay. Ich hör ja schon auf. Aber du schuldest mir was, Mum.«

»Okay.«

»Kriege ich ein Motorrad, wenn ich sechzehn bin?«

»Nein, aber wenn es dir an deiner neuen Schule nicht gefällt, darfst du nach Hogwarts.«

Er grinst.

»Ist gut.«

Nach der Lektüre der ersten paar Bände hat Dan eine halbe Ewigkeit versucht, mir weiszumachen, dass Hogwarts tatsächlich existiert. Er war davon überzeugt, er hätte das Zeug zum nächsten Harry Potter, und wollte unbedingt, dass ich ihn dort anmelde.

»Ich setze eine weiße Eule auf meinen Wunschzettel für Weihnachten, nur dass du's weißt.«

»Danke für die Info, Dan, aber wie du weißt, bringt der Weihnachtsmann keine Haustiere.«

Ich danke Gott, dass ich früh genug die Geistesgegenwart besessen habe, diese Grundregel einzuführen, sonst hätten wir mittlerweile vermutlich einen regelrechten Zoo zu Hause.

»Vielleicht ist das in Devon ja anders.«

»Ich würde mir da keine allzu großen Hoffnungen machen, Schatz.«

Wir kehren in einem Café ein, das die Möbelpacker empfohlen haben, weil man dort für Würstchen, Eier, Pommes und mehrere große Tassen Tee weniger bezahlt als in einer Raststätte für einen Kaffee und einen Muffin. Das Essen ist hervorragend und die Tatsache, dass neben all den müde aussehenden Lkw-Fahrern sämtlicher Nationen eine Kleinfamilie hier angehalten hat, um sich zu stärken, scheint eine kleine Sensation zu sein, denn die Angestellte hinter dem Tresen schenkt den Jungs je einen Doughnut. Alfie beschmiert sich umfassend mit Zuckerglasur und ringt mir das Versprechen ab, hier künftig bei jeder Autofahrt einzukehren. Hm, das könnte den Schulweg unnötig verlängern. Trotzdem nicke ich, um des lieben Friedens willen, und sobald wir wieder im Wagen sitzen, nickt er ein, mit Zuckerschnute und klebrigen Fingern.

»Darf ich die Musik ein bisschen lauter drehen?«, fragt Ben, der jetzt vorne sitzen darf und sämtliche Vorzüge dieses Vorrechts nutzen will.

»Nein, Alfie ist doch gerade erst eingeschlafen. Er war heute Morgen schon sehr früh wach und wir haben noch einen langen Tag vor uns.«

»Der hat's gut. Ich würde auch lieber schlafen, dann müsste ich jetzt nicht Bens bescheuerte Mucke ertragen.«

»Wenn du vorn sitzt, darfst du bestimmen, was wir hören, okay, Dan? Oder wenn ihr wollt, kann ich zur Abwechslung ja auch mal eine CD aussuchen.«

»Na toll, dann läuft so was Beknacktes wie ›Die Räder am Bus drehn sich rundherum‹, bis wir endlich im Land der clotted Cream angekommen sind.«

»Halt lieber die Klappe, Dan, sonst übergießt sie dich wieder mit Apfelsaft.«

»Von Übergießen kann keine Rede sein. Ich hab die Packung zusammengedrückt und dabei sind ein paar Tropfen aus dem Strohhalm gespritzt. Und sag nicht ›sie‹.«

»Halt die Klappe, Dan, sonst übergießt dich Mum wieder mit Apfelsaft.«

Pfff. Drei längst getrocknete braune Tropfen zieren Dans blaues T-Shirt – sein bestes natürlich – und ich werde zweifellos meine liebe Mühe damit haben, das gute Stück wieder tadellos sauber zu kriegen, aber für die verdatterte Miene, die er vorhin gemacht hat, würde ich das jederzeit noch einmal in Kauf nehmen.

»Nun mach doch nicht so ein Theater, Dan. Als ich dir deine neue Jeans gekauft habe, wolltest du, dass ich dir ein T-Shirt kaufe, das voller brauner Flecken war.«

Die beiden schnalzen unisono mit der Zunge und Dan murmelt verhalten: »Wie kann man nur so verdammt ahnungslos sein.« Na toll. Zungenschnalzen im Duett. Das läuft ja wirklich hervorragend bis jetzt.

»Mum, Dan hat ›verdammt‹ gesagt und das ist ein schlimmes Wort, nicht? Wenn er das sagen darf, dann darf ich es auch, sonst ist es ungerecht. Kann ich einen Schluck Saft haben?«

Jetzt seufzen Ben und Dan unisono.

»Mum?«

»Ja, Dan?«

»Ich glaub, der Nervzwerg ist aufgewacht.«

»Danke für den Hinweis, Dan, das ist mir nicht entgangen.«

»Ich wollte dich bloß auf dem Laufenden halten. Sollen wir ihn mit Fiebersaft ruhigstellen? Wo ist das Fläschchen?«

Ich weiß, ohne mich umzudrehen, dass sich Alfie auf die Drohung seines Bruders hin aufrecht hinsetzt und die Augen aufreißt.

»Hör auf, ihn zu necken, und gibt ihm etwas zu trinken, Dan. In der Provianttasche ist noch eine Packung Apfelsaft. Sei vorsichtig, wenn du den Strohhalm reinsteckst.«

»Sind wir bald da?«

»Nein, noch nicht, Schatz.«

»Ich hab Hunger.«

»Obst ist auch noch in der Tasche.«

»Ich will aber kein Obst. Und keinen Fiebersaft.«

»Ich weiß, Schätzchen. Dan hat dich nur aufgezogen. Du kriegst nur Fiebersaft, wenn du krank bist, das weißt du doch.«

»Ja, weiß ich. Und ich will keinen Fiebersaft, ich will Wodka.«

»Ich war dir ein guter Lehrmeister, mein Junge. Geh und lass andere an deiner Weisheit teilhaben.«

»Hör auf, Dan. Du weißt doch, er fürchtet sich, wenn du Darth Vader imitierst. Seht ihr die Umzugslaster noch?«

Nach dem dritten oder vierten Kreisverkehr habe ich sie aus den Augen verloren. Mist.

»Na toll, Mum. Eine Kolonne, die aus einem einzigen Auto besteht, ist doch keine Kolonne.«

»Danke, Ben, darauf wäre ich ohne dich nie gekommen. Dan, ruf Mick an und frag ihn, ob sie irgendwo falsch abgebogen sind.«

»Wenn sie auch nur einen Funken Verstand haben, sind sie auf dem Weg zurück nach London.«

Alfie fängt an zu singen.

»Halt gefälligst die Luft an.«

Alfie singt unbeirrt weiter. Sekunden später verstummt er abrupt.

Ich höre ein gedämpftes »Hmpf!«, gefolgt von einem schrillen Schrei meines Jüngsten.

»Mum, Dan hat mir seine Socke in den Mund gestopft!«

»Dan, lass das.«

Dan hat seit frühester Kindheit die lästige Angewohnheit, sich ständig seiner Socken zu entledigen. Schon als er noch ganz klein war, habe ich bei jedem Einkauf eine halbe Ewigkeit damit zugebracht, denselben Weg noch einmal zurückzugehen und nach einem Paar winziger Babysocken Ausschau zu halten, die er in irgendeinem Regal deponiert hatte, während ich damit beschäftigt war, die Inhaltsstoffe der Babygläschen zu studieren. Weiß der Geier, wozu ich mir überhaupt die Mühe gemacht habe. Damals erschien es mir unheimlich wichtig, ihn mit Biokarotten zu füttern, weil er so zerbrechlich wirkte. Heute, da er fast eins achtzig groß ist und sein Körper genügend Testosteron für eine ganze Horde Teenager produziert, lege ich etwas weniger Wert darauf. Eben hat man noch Gemüse püriert und dann stehen plötzlich allerlei *Sex, Drugs and Rock 'n' Roll*-Aufklärungsgespräche an und man kann froh sein, wenn man es geschafft hat, zumindest einmal täglich alle zu einer gemeinsamen Mahlzeit zusammenzutrommeln. Vorausgesetzt, es ist niemand schmollend nach oben auf sein Zimmer gestürmt.

Die Tradition des gemeinsamen Essens möchte ich auch weiterhin aufrechterhalten, selbst wenn wir unsere Gewohnheiten künftig an Onkel Bertie und seinen durchgeknallten Papagei anpassen müssen. Gemeinsam eingenommene Mahlzeiten sind für mich die einzige Möglichkeit, den Überblick über die diversen Aktivitäten meiner Sprösslinge zu behalten. Als sie noch Windeln trugen, war alles bedeutend einfacher, wenngleich es mir damals nicht so vorkam. Dan war erst zwei, als Ben zur Welt kam, und der wollte partout nicht schlafen. In den ersten paar Monaten hatte er kaum je länger als eine Viertelstunde die Augen zu. Erst litt er unter schrecklichen Koliken, dann hatte er ein Ekzem, und gerade, als er endlich aus dem Schlimmsten heraus war und die beiden in der Schule waren, wurde Alfie geboren. Wenn ich es nicht besser wüsste, würde ich ja behaupten, dass Pete und Alfie gar nicht verwandt sind. Wir haben alle braune Haare und dunkelgrüne Augen, bis auf mich, meine sind haselnussbraun. Alfie dagegen ist blond und blauäugig, genau wie Petes Bruder Sam, der wohl auch der einzige Grund ist, dass ich von der familieninternen Rennleitung nicht ins Kreuzverhör genommen wurde. Sam ist, wie es sich für einen Außenseiter geziemt, schon früh fahnenflüchtig geworden, um in einer Band mitzupielen. Mittlerweile ist er ein recht bekannter Musikproduzent, weshalb wir ihn nur alle heiligen Zeiten sehen. Ich darf nicht vergessen, ihm unsere neue Adresse zu schicken. Er könnte uns mal übers Wochenende besuchen kommen, Platz genug haben wir jetzt ja. Wobei ich nicht ausschließen will, dass die Bude aus allen Nähten platzt, wenn wir erst unseren ganzen Kram hineingestopft haben. Oh Gott, mir graut jetzt schon vor dem Auspacken.

»Mum?«

»Ja, Alfie?«

»Es ist total ungerecht, dass ich nicht auch vorne sitzen darf.«

Das werde ich jetzt einfach mal ignorieren.

»Mum?«

»Ja, Alfie?«

»Es ist voll unhöflich, jemanden zu ignorieren.«

Ben seufzt.

»Gib's auf. Sie hat's gehört. Wir haben's alle gehört. Lässt sich ja nicht verhindern, nachdem wir die Musik nicht so laut aufdrehen dürfen, dass sie dein Gejammer übertönt.«

»Das wäre zu gefährlich, Ben. Bei lauter Musik kann ich mich nicht konzentrieren und außerdem wären wir alle taub, bis wir in Devon sind.«

»Wär doch cool. Ich frage mich, wie man ›Annie Rose‹ in Zeichensprache buchstabiert.«

Alfie reagiert umgehend auf die Provokation, indem er Dan einen Apfel an den Kopf wirft, der sein Ziel jedoch verfehlt und über die Kopfstütze des Beifahrersitzes hinweg auf das Armaturenbrett segelt.

»Alfie! Hör gefälligst auf, im Auto mit Äpfeln und dergleichen um dich zu werfen! Das ist saugefährlich. Ben, untersteh dich, den Apfel zurückzuwerfen! Warum musst du ihn immer ärgern, Dan? Schäm dich, Alfie. Nur Babys werfen mit Essen.«

Er hasst es, als Baby bezeichnet zu werden, aber ich habe keine Lust, die restliche Fahrt nach Devon herumfliegendem Obst auszuweichen.

Wenn wir mehr Geld hätten, säßen wir jetzt in einem dieser riesigen Geländewagen, in denen bei jedem Sitz hinten ein DVD-Player eingebaut ist. Tja, haben wir aber nicht, deshalb sind meine Jungs dazu verflucht, in diesem miefigen Kombi zu sitzen, in dem die Möglichkeiten der Kinderbespaßung recht beschränkt sind, mal abgesehen von lustigen Wurfspielen mit Obst. Ehrlich gesagt glaube ich ja, dass man mit einer Kindheit, in der man sich nie länger als fünf Minuten langweilt, nicht sonderlich gut auf das Leben vorbereitet ist. Ich bin überzeugt, es ist besser, sich damit abzufinden, dass man sich eben gelegentlich ein bisschen langweilt, als andauernd wie ein VIP behandelt zu werden, für dessen Unterhaltung rund um die Uhr gesorgt sein muss. Was ist, wenn so jemand seine erste Stelle antritt? Der Ärmste ist doch total hilflos, wenn er sich nie darüber Gedanken machen musste, wie man sich während einer öden Besprechung die Zeit vertreibt.

»Ben?«

»Ja?«

»Danke, dass du dich nicht gerächt hast.«

»Schon gut, Mum. Er kann ja nichts dafür, dass er so ein Flachwichser ist.«

Empörtes Gezeter von Alfie.

»Du bist jetzt sofort still, Alfie, sonst gibt's heute Abend keine Cartoons für dich.«

Zugegeben, ich sollte keine wie auch immer gearteten Versprechungen machen, weil ich keine Ahnung habe, welche Programme unser Fernseher in Devon empfangen kann, aber das erwähne ich lieber erst, wenn wir angekommen sind.

»Und Ben, wenn du nicht nett zu Alfie sein kannst, dann sag einfach gar nichts.«

Als sie auf die Welt kamen, hatte ich noch die Vision, dass ich die Art von Mutter sein würde, die ihren Kindern ruhig und mit kühlen Fingern die gerunzelte Stirn glatt streicht und sie zu kreativen Höchstleistungen anspornt, und das alles, während sie die perfekten Muffins zaubert. Ich konnte nicht ahnen, dass die Mutterschaft Nerven aus Stahl erfordert, wie man sie sonst eher bei Kampfjetpiloten vermuten würde. Auch die Bestimmung des richtigen Zeitpunkts für Gegenmaßnahmen kann lebenswichtig sein: Verpulvert man seine Munition zu früh, verfehlt man womöglich sein Ziel, ist man zu spät dran, besteht die Gefahr, dass der Schuss nach hinten losgeht.

Man muss den Horizont fixieren und zugleich stets das Armaturenbrett im Blick behalten, damit man rechtzeitig die rot blinkenden Lämpchen registriert und den Schleudersitz aktivieren kann, ehe der Motor in Flammen aufgeht. Nicht selten stellt man dann zu spät fest, dass der Rettungsfallschirm noch zu Hause unter einem Berg Jacken im Flur liegt. Ich bin ja schon lange der Ansicht, dass auch Familienautos über Schleudersitze verfügen sollten. Vergesst die DVD-Player, liebe Autohersteller. Mit einem Knöpfchen, das die lieben Kleinen in hohem Bogen auf den nächstbesten Acker befördert, ließen sich die Gewinne im Segment Großraumfahrzeuge garantiert um ein Vielfaches steigern.

Alfies Gekeife ist noch immer nicht verstummt und jetzt stimmen auch Dan und Ben mit ein.

»Allen Wageninsassen, die nicht auf der Stelle den Schnabel halten, sondern weiter ihre Brüder beleidigen, ist das Taschengeld für diese Woche gestrichen.«

Eine riskante Angelegenheit, denn es ist schon vorgekommen, dass Ben kurz überlegte und dann zu dem Schluss kam, dass er gern auf seine fünf Pfund verzichtet, nur um seinen Bruder noch ein paar Mal als Flachwichser zu bezeichnen.

Aber im Moment spart er auf ein Computerspiel, also stehen meine Chancen wohl nicht schlecht.

»Und ich könnte mich überreden lassen, allen, die besonders nett zu ihren Brüdern sind, ein bisschen Extrataschengeld zu spendieren.«

»Mum?«

»Ja, Ben?«

»Hast du nicht mal gesagt, man darf niemanden bestechen?«

»Schon, aber das gilt nur für Polizisten und Bankangestellte, nicht für Mütter.«

»Aber als uns damals der Polizist aufgehalten hat ...«

Das werden sie wohl nie vergessen. Ich wurde einmal angehalten, weil ich zu schnell dran war – siebzig Kilometer pro Stunde in einer Fünfzigerzone. Dafür kommt man jetzt nicht gerade als hochgradig gefährliche Verkehrsteilnehmerin in die Reality-TV-Serie *COPS*. Aber für Kinder ist es trotzdem aufregend, schon wegen der blinkenden Blaulichter.

»Ich wollte zu Hause sein, ehe Alfie aufwacht und vor Hunger anfängt zu weinen.«

»Ja, und dann hast du ihn dem Bullen in den Arm gedrückt.«

»Na ja, was hätte ich denn sonst tun sollen – euch alle drei heulend im Wagen sitzen lassen?«

»Ich hab nicht geheult und Dan auch nicht.«

»Aber ihr hättet bestimmt bald angefangen zu heulen, wenn ihr mit einem schreienden Säugling im Auto gesessen hättet.«

»Jedenfalls hat er dich weiterfahren lassen, stimmt's, Mum? Er hat sich von dir bestechen lassen. Du hast ein Baby benutzt, um einen Polizisten zu bestechen. Ich wette, das ist gegen die Vorschriften.«

»Unsinn. Die Straßenverkehrsordnung wurde von Männern verfasst. Da kommen keine Babys vor.«

Um genau zu sein, haben sich die beiden Polizisten damit begnügt, mich zu verwarnen, und als ich losgefahren bin, haben sie beide salutiert. Der Ältere hat von seinen zwei Töchtern erzählt, beide noch keine vier Jahre alt, weshalb er gelegentlich freiwillig eine Sonderschicht schiebe, wenn er ein bisschen Ruhe brauche.

»Babys können doch gar nicht fahren, warum sollten sie da in der Straßenverkehrsordnung erwähnt werden? So ein Quatsch.«

»Mitnichten, Ben. Babys sollten durchaus erwähnt werden, sie können nämlich ein beträchtliches Verkehrsrisiko darstellen. Eigentlich sollte es spezielle Schilder geben, die man von innen an der Windschutzscheibe befestigen kann, zum Beispiel, wenn man ein Baby an Bord hat, das gerade aufgewacht ist, oder ein kleines Kind, das im Begriff ist, auf die Rückbank zu pinkeln. In so einem Fall sollten Eltern wie Taxifahrer die Busspur benutzen dürfen, damit sie schneller vorwärtskommen. Und Leute, die nach Hause müssen, bevor ihre Kinder total ausflippen, sollten definitiv Vorrang haben.«

Jetzt schnalzen sie alle drei mit der Zunge. Zeit für einen Themenwechsel.

»Wie wär's mit einem Spiel? *Ich sehe was, was du nicht siehst*, zum Beispiel.«

»Ich sehe was, was du nicht siehst, und das fängt mit dem Buchstaben *F* an.«

»Ich will nicht hoffen, dass es sich auf Handmixer reimt, Dan.«

»Okay, warte, ich überleg mir etwas anderes.«

Bei unserer Ankunft steht Bertie schon an der Tür. Betty hockt auf seiner Schulter.

»Hallo, meine Lieben. Herzlich willkommen. Waren das etwa schon alle Lieferwagen? Kommt rein. Ich geb euch gleich mal einen aus. An so einem anstrengen Tag braucht man einen ordentlichen Drink zur Stärkung.«

»Danke, Bertie. Tee wäre wunderbar.«

»In Ordnung, Tee und dazu einen Kurzen zum Aufwärmen.«

Die Möbelpacker nicken.

»Lass uns vorerst beim Tee bleiben, Onkel Bertie. Hallo, Betty.«

»Verpiss dich.«

Dann kommt auch schon Dennis mit Tess, seiner Schäferhündin, die uns sogleich bellend umkreist, um uns ins Haus zu treiben. Die Jungs sind entzückt, vor allem Ben, der immer einen Hund haben wollte. Na toll. Ein hysterischer Schäferhund, ein Papagei, der selbigem befiehlt, sich zu verpissen, und dazwischen ein schrilles Pfeifen von sich gibt, und als Sahnehäubchen drei Jungs, die nach einer mehrstündigen Autofahrt endlich Dampf ablassen können. Besser geht's nicht.

Die darauffolgenden Stunden vergehen wie im Flug. »Wo soll das hin?«, wollen die Möbelpacker beim Kistenschleppen immer wieder wissen. Betty gehen sie wohlweislich aus dem Weg, mit Ausnahme von Mick, der sie offenbar ins Herz geschlossen hat. Zum Glück hat Bertie schließlich aufgehört, ihnen Hochprozentiges aufzudrängen, wobei ich den dumpfen Verdacht habe, dass Mick trotzdem heimlich den einen oder anderen Kurzen gekippt hat. Betty läuft zu Höchstform auf und erfreut uns mit ihrem gesamten Repertoire. Unter anderem imitiert sie mehrfach das Klingeln des Telefons – so täuschend echt, dass ich es immer erst merke, wenn ich rangehe, worüber sich Mick ein ums andere Mal köstlich amüsiert.

»Ein hübsches neues Zuhause haben Sie da, meine Liebe. Und dieser Papagei ist echt eine Nummer. So was mögen die Leute. Gute Frühstückspensionen sind rar; die Jungs und ich haben schon in ein paar richtig miesen Absteigen genächtigt. Und Betty wird dafür sorgen, dass sich Ihre Gäste an Harrington Hall erinnern.«

»Hm, ich schätze, so kann man es auch sehen.«

»Diese Ivy meinte, für Ihre Tante war das B&B-Geschäft eher nebensächlich.«

Mick hat Ivy vorhin beim Auspacken der Umzugskisten in der Küche geholfen.

»Stimmt. Der Garten war ihr ganzer Stolz.«

Die Versuchung, zwischendurch eine kurze Runde dort draußen zu drehen, ist groß. Da wäre es wenigstens angenehm ruhig.

»Ja, das sieht man, selbst um diese Jahreszeit. Ein wunderschönes Anwesen. Tja, langweilig wird Ihnen hier nicht werden.«

Das dürfte wohl die Untertreibung des Jahrhunderts sein. In einem Herrenhaus im spätgeorgianischen Stil mit geriffelten Säulen und Eierstab-Stuckleisten bis zum Abwinken kann es schon ein paar Stunden dauern, wenn man nur »mal eben schnell durchsaugt«, vom Abstauben ganz zu schweigen. Außerdem gibt es einen ein Meter zwanzig tiefen versenkten Grenzgraben, der im Fachjargon Ha-Ha heißt und Alfie beim Fußballspielen schon zwei Mal zum Verhängnis wurde. Offenbar haben die Jungs eine neue Definition für »Tor«, die da lautet: Ein Bruder muss im schlammigen Graben am Ende des Rasens verschwinden. Nein, langweilig wird mir hier definitiv nicht allzu bald.

»Also dann ... der letzte Lieferwagen entlädt sich nicht von allein.«

Wir passieren gerade die Eingangshalle auf dem Weg zur Tür, als plötzlich das Licht ausgeht.

Oh Mann.

»Da ist bestimmt die Sicherung rausgeflogen. Vermutlich waren zu viele Lichter an. Wo ist der Sicherungskasten?«

»Keine Ahnung.«

Im selben Augenblick erscheint zum Glück Ivy, gefolgt von Bertie, der eine Schiffslaterne trägt.

»Das alte Ding leistet mir doch immer wieder gute Dienste.«

»Keine Sorge, Miss Molly, das haben wir gleich. Dennis ist schon unten im Keller. Das Problem haben wir öfter.«

Mist, die Erneuerung der Sicherungen und Elektroleitungen gehört wohl ganz oben auf meine To-do-Liste, sonst tappen wir hier ständig im Dunkeln und müssen andauernd in den Keller rennen. Ich sollte mir gleich mal von Dennis zeigen lassen, wie man die Sicherung wieder reindreht, für den Fall, dass das einmal passiert, wenn sie nicht da sind.

»Mum?«

»Ja, Dan?«

»Bis jetzt läuft es doch ganz gut, oder? Wann gibt es Abendessen?«

Als sich die Möbelpacker endlich auf den Rückweg machen, hat das Haus unser gesamtes Hab und Gut verschluckt. Ich kann es noch gar nicht so richtig fassen. Es waren so viele Kisten, aber irgendwie haben wir alles untergebracht. Ivy und ich haben im Vorfeld eine halbe Ewigkeit herumgetüftelt, was die Unterbringung der Jungs anging, und versucht, eine einigermaßen vertraute Umgebung für sie zu schaffen, damit sie sich wohlfühlen. Dan wäre am liebsten gleich ins Dachgeschoss gezogen, aber ich muss erst die Heizung und das Dach in Schuss bringen lassen, bevor er Herr über seine eigene Etage werden kann. Insgesamt gibt es acht Schlafzimmer, vier rechts und vier links der Treppe, getrennt durch eine Tür am oberen Absatz, was mir sehr recht ist, denn auf diese Weise ist unser Privatbereich klar vom Gästebereich getrennt. Bertie bewohnt ein riesiges Zimmer gleich rechts von der Treppe, das über ein eigenes Bad und ein Ankleidezimmer verfügt. Dahinter kommen die drei B&B-Zimmer – zwei Doppelzimmer und ein Einzelzimmer. Eines der Doppelzimmer geht nach hinten hinaus, mit Blick aufs Meer und eigenem Badezimmer, das andere nach vorne, mit Blick auf den Vorplatz. Zweiteres teilt sich ein Durchgangsbadezimmer mit dem Einzelzimmer, was natürlich etwas unpraktisch ist. Wer will schon von einem – womöglich wildfremden – Zimmernachbarn gestört werden, wenn er gerade in der Badewanne sitzt? Wie auch immer, die Räume sind groß und recht elegant eingerichtet, wenngleich die Ausstattung schon bessere Zeiten gesehen hat. Sämtliche Fenster sind mit Fensterläden versehen und jedes Zimmer hat einen funktionierenden Kamin mit wunderschönen alten Fliesen und antikem Feuerrost. Das Potenzial ist enorm. Mit reichlich Kohle könnte ich im Handumdrehen richtige Luxusunterkünfte daraus machen. Da meine finanziellen Mittel beschränkt sind, wird es wohl eine Weile dauern, aber das Attribut »luxuriös« ist definitiv das anvisierte Ziel.

Die vier Zimmer auf der linken Seite der Treppe sind ähnlich ausgestattet. Eigentlich sind es ja fünf, wenn ich mein Ankleidezimmer dazuzähle. Ich versuche, nicht daran zu denken, dass hier mal Helena gewohnt hat. Wir haben die Betten umgestellt und ein paar alte Matratzen ins Dachgeschoss verbannt, wo ich übrigens ein altes Bettgestell aus Messing entdeckt habe, das mir ausnehmend gut gefällt. Mal sehen. Mein Bad ist riesig und verfügt über eine überdimensionale gusseiserne Wanne. Die Jungs teilen sich zu dritt das andere Badezimmer, das zum Glück nur über den Korridor zu erreichen ist und keine weiteren Türen hat. Neben der Treppe, die zum Dachgeschoss führt, befindet sich eine Wäschekammer, in die ich mich schon des Öfteren zurückgezogen habe, wenn mir alles zu viel wurde. Mit seinen zahllosen Wäschestapeln und dem getrockneten Lavendel ist der kleine Raum die perfekte Ruheoase, in der ich mich, wann immer mich die Hysterie zu überwältigen droht, guten Gewissens verkriechen kann mit dem Argument, ich müsste die Bettlaken zählen. Wenn der heutige Tag ein Maßstab ist, werde ich wohl recht viel Zeit dort verbringen. Ich sollte vorsichtshalber schon mal ausloten, ob ein Stuhl darin Platz hat. Die Wäschekammer könnte meine ganz persönliche Meditationszone werden, allerdings ohne die Sitzkissen und das nervtötende Gedudel. Okay, ich muss mich allmählich an die Zubereitung des Abendessens machen und meine Sprösslinge in die Badewanne stecken. Vor allem die, die beim Fußballspielen in den Ha-Ha gefallen sind.

Um neun liegen Ben und Alfie in ihren Betten, offiziell jedenfalls. Ich schätze mal, inoffiziell packen sie ihre Spielsachen aus und freuen sich über die Wiederentdeckung längst vergessener Schätze. Dan genießt seine wertvolle halbe Stunde, die er länger fernsehen darf. Dass wir uns heute Abend mit nur vier Kanälen begnügen mussten, hat für beträchtlichen Unmut gesorgt, aber Ivy hat für morgen bereits einen Fernsehtechniker herbestellt. Auf meiner To-do-Liste steht auch die Ausstattung der Gästezimmer mit Fernsehern, aber das dürfte noch dauern. Unser Multifunktionszimmer ist richtig gemütlich geworden; unsere Möbel wirken nicht halb so schäbig wie erwartet. Ich hatte befürchtet, die bunten Ikea-Billigmöbel könnten sich inmitten all der georgianischen Pracht reichlich armselig ausmachen, aber so schlimm ist es gar nicht. Wahrscheinlich, weil der

Raum zum ehemaligen Gesindetrakt gehört, in dem etwas sparsamer mit Stuckbordüren umgegangen wurde. Er befindet sich in unmittelbarer Nähe zur Küche und dem Haushaltsraum, in dem eine angeschlagene alte Emaillespüle und zwei Waschmaschinen stehen. Die Wände sollten neu getüncht werden und im Kamin rostet ein verbeulter alter Elektroofen vor sich hin, den ich schleunigst entsorgen werde, ehe jemand auf die Idee kommt, ihn einzuschalten, und damit das Haus abfackelt, aber ansonsten ist so weit alles wunderbar.

Ich geselle mich zu Ivy in die Küche.

»Haben Sie auch Lust auf eine Tasse Tee, Ivy?«

»Ich hab gerade Wasser aufgestellt.«

»Hervorragend.«

»Ich könnte auch etwas zu trinken vertragen, Mum. Haben wir Bier im Haus?«

»Das hättest du wohl gern, du Frechdachs.«

Ivy lächelt. »Ab ins Bett mir dir und sei so gut und nimm die hier mit rauf, ja? Eine für jeden von euch, damit ihr nicht erfriert.«

Dan zieht mit drei Wärmflaschen von dannen.

»Ivy, vielen Dank für Ihre Hilfe heute. Ohne Sie und Dennis hätte ich das alles niemals geschafft.«

»Ich spüle nur noch schnell die Tassen aus, dann gehe ich. Morgen fange ich um sieben an, wenn das in Ordnung ist.«

Puh. So früh schon?

»Ich glaube, morgen lassen wir es etwas gemütlicher angehen.«

Sie zieht die Nase kraus.

»Ich halte nicht viel davon, ewig im Bett zu bleiben. Ich stehe lieber zeitig auf.«

»Verstehe.«

»Und Mr Bertie frühstückt immer um halb acht.«

»Okay.«

»Ich wusste nicht, was die Jungs so essen, also habe ich ein bisschen mehr Speck als üblich gekauft, und Eier. Pilze hab ich allerdings keine genommen, die sahen mir nicht frisch genug aus.«

»Speck ist großartig, Ivy, aber Sie müssen nicht für uns kochen. Das hatten wir doch schon besprochen. Es wäre toll, wenn Sie sich weiter um Bertie kümmern, den Rest mache ich.«

»Mal sehen, wie wir zurechtkommen.«

Das sagt Ivy immer, wenn sie sich über die Wünsche ihres Gegenübers ungeniert hinwegsetzen wird.

»Was halten Sie davon, wenn ich das Frühstück für die Jungs mache, und dann planen wir den Rest des Tages?«

Sie nickt. Dann ertönt ein Klingeln.

»Was ist das? Ist das Betty?«

Ich werde auf jeden Fall eine neue Telefonanlage installieren lassen, am besten eine mit einem Schnurlostelefon, dessen Klingeltöne nicht von einem Papagei imitiert werden können.

Ivy steht auf und geht zur Tür. »Da hat jemand in einem der Zimmer oben auf die Dienstbotenklingel gedrückt. Vermutlich einer von den Jungs.«

Tatsächlich, eines der Lämpchen an dem Brett draußen an der Wand blinkt und dazu ertönt ein ohrenbetäubendes Bimmeln.

Oh Mann.

»Ich hätte nicht gedacht, dass die noch funktionieren.«

»Doch, doch. Wobei der närrische Papagei auch dieses Geräusch perfekt nachahmen kann, sodass man nie weiß, ob wirklich jemand geklingelt hat.«

»Na toll. Kann man das irgendwie abstellen? Das Klingeln, meine ich, nicht den Vogel. Wobei, wenn ich so drüber nachdenke ...«

Sie kichert. Das ist ein absolutes Novum für mich.

»Soll ich mal raufgehen und fragen, was los ist?«

»Auf gar keinen Fall, Ivy. Ich kümmere mich darum. Sie gehen jetzt nach Hause. Wir sehen uns dann morgen.«

»Sind Sie sicher?«

»Absolut.«

Es klingelt erneut.

»Alfie, du wirst nie wieder auf diesen Knopf drücken, verstanden?«

»Ich hab Durst und ich wusste nicht, wo du bist.«

»Ich war mit Ivy unten in der Küche. Aber darum geht's gar nicht.«

»Ich hab nach dir gerufen, aber du bist nicht gekommen, und da hat Dan gesagt, ich soll mal klingeln.«

»Den werde ich mir auch noch vorknöpfen. Wie auch immer, wenn du etwas von mir willst, dann mach dich auf die Suche nach mir.«

»Aber es ist dunkel.«

»Ist es nicht. Im Korridor brennt Licht und unten ebenfalls. Und außerdem wohnen wir jetzt hier, Alfie. Das ist unser neues Zuhause. Und was hast du in London gemacht, wenn du etwas von mir wolltest?«

»Ich hab dich gesucht.«

»Eben. Und genau das wirst du hier auch tun. Und zwar nur, wenn du auch wirklich Durst hast.«

»Ich bin voll am Verdursten. Ehrlich.«

»Gut, dann bekommst du jetzt ein Glas Wasser, ausnahmsweise. Und du weißt, wo das Klo ist, falls du nachts mal musst, oder?«

»Ja. Ich war schon auf dem Klo.«

»Ich weiß. Aber vielleicht musst du ja noch mal.«

»Ich bin kein Baby mehr, Mum.«

»Entschuldige.«

»Mum?«

»Ja, Schatz?«

»Ich hab auch voll Hunger. Krieg ich was zu essen?«

»Nein, und wenn du so weitermachst, gibt es auch kein Glas Wasser.«

Er seufzt.

Oh Mann. Ich sollte mich vorsehen, sonst kann ich gleich mal anfangen, das Knicksen zu üben, weil diese Rotzlöffel glauben, sie hätten einen Anspruch auf Zimmerservice.

Kaum bin ich wieder unten in der Küche und lasse Wasser in ein Glas laufen, da taucht Dan auf.

»Bringst du ihm jetzt echt etwas zu trinken, Mum?«

»Ja. Vielen Dank, dass du ihm gesagt hast, er soll nach mir klingeln. Sehr hilfreich. Nächstes Mal kommst du gefälligst runter und sagst mir Bescheid, haben wir uns verstanden?«

»Vergiss es. In diesem riesigen alten Kasten spukt es doch bestimmt.«

»Red keinen Unsinn.«

Er grinst.

»Ich dachte, wenn ich ihm das mit der Glocke zeige, nervt er Ben und mich nicht mit seinem Gejammer.«

»Gut, aber das wird dich teuer zu stehen kommen. Sagen wir mal, ich ziehe dir jedes Mal, wenn er klingelt, ein Pfund vom Taschengeld ab. Es sei denn, du spielst das Dienstmädchen für ihn.«

»Das ist total unfair.«

»Unfair ist, dass ich ständig treppauf, treppab rennen und euch bedienen soll. Außerdem nervt es mich schon genug, dass dieser vermaledeite Papagei ständig das klingelnde Telefon imitiert. Also, überleg es dir.«

Wieder ertönt die Diensbotenklingel.

»Das ist bestimmt dein Bruder. Gehst du oder soll ich?«

»Ich hasse dieses Haus.«

»Nein, tust du nicht. Und morgen reden wir über die Einrichtung deines Zimmers. Wir können die Wände streichen, wenn du möchtest, und dir einen ordentlichen Schreibtisch besorgen.«

»Und ich bekomme einen eigenen Computer? Nur für mich allein?«

»Jep.«

Bisher war ich ziemlich streng, was Fernseher und Computer in den Zimmern der Jungs anging, aber er wird einen Laptop brauchen, um seine Hausaufgaben zu erledigen, und ich möchte ihm einen Ansporn liefern.

»Du bekommst deinen Laptop, aber du wirst ihn jeden Abend um halb elf hier in die Küche auf den Tisch stellen.«

»Halb elf?«

»Ja, ganz recht, sonst siehst du dir die ganze Nacht irgendeinen Schrott an und hältst uns alle vom Schlafen ab.«

»Ich kann doch mit Kopfhörern fernsehen.«

»Darum geht es nicht und das weißt du auch. Halb elf oder du kannst es vergessen. Und ich werd's überprüfen. Friss oder stirb.«

»Und er wird echt nur mir gehören? Alfie und Ben dürfen ihn nicht anfassen?«

»Ja, Schatz.«

Er zögert.

»Okay. Danke, Mum.«

Es klingelt erneut.

»Dann mal los, Schatz, sonst gibt's womöglich kein Trinkgeld.«

»Keine Sorge, Mum, das werde ich ihm gleich wieder abgewöhnen.«

»Okay, aber mach ihm keine Angst, Dan. Denk daran, er ist noch klein.«

Er grinst.

»Und dann besorgen wir morgen eventuell deinen Laptop.«

Das trägt mir eine Umarmung ein.

»Gute Nacht, Schatz. Ich gehe auch bald schlafen.«

»Gute Nacht, Mum. Weißt du was? Ich hab das Gefühl, wir werden uns hier sehr wohlfühlen.«

»Das freut mich. Und ich bin ganz deiner Meinung.«

Es dauert dann doch noch bis zwei Uhr morgens, bis ich endlich im Bett liege, weil ich dummerweise eine allerletzte Umzugskiste öffne und dann anfange, Kleider auszupacken.

Danach bin ich so müde, dass ich mir den Zeh an der Badtür stoße. Würde mich nicht wundern, wenn er gebrochen wäre. Es ist kalt und das Rauschen des Meeres kommt mir seltsam vertraut vor. Es erinnert mich an früher, als wir noch in der Dienstwohnung im Hotel gewohnt haben. Fast erwarte ich, dass Mum hereinkommt und fragt, warum bei mir noch Licht brennt und ob sie mir eine warme Milch mit Honig machen soll. Hm, keine schlechte Idee eigentlich, aber ich verspüre nicht die geringste Lust, noch mal runter in die Küche zu humpeln, und außerdem habe ich keine Ahnung, wie dieses alte Herdungetüm funktioniert. Die Dinger sind zwar gerade total in, aber ich mache bestimmt den falschen Deckel auf und dann ist er morgen früh eiskalt und ich weiß, wie schwierig es ist, so einen Herd wieder zum Laufen zu bringen. Wir hatten vor Jahren auch einen, ehe Mum ihre neue Küche bekommen hat, und ich habe es oft genug miterlebt, dass sie eine halbe Ewigkeit vor diesem Monstrum kauern, hineinspähen und an den diversen Reglern herumfummeln musste, bis das dämliche Ding heiß genug war, um damit kochen zu können. Ich möchte es tunlichst vermeiden, morgen vor einem ähnlichen Problem zu stehen, wenn Ivy in die Küche kommt.

Und es ist nicht nur der Gedanke an den blöden Herd, der mich am Einschlafen hindert. Ich frage mich, was, in drei Teufels Namen, ich mir dabei gedacht habe, mit den Jungs hierherzuziehen. Ich werde kläglich scheitern. In London hatte ich wenigstens einen Job und – zumindest ansatzweise – ein Privatleben. Hier dagegen bin ich eine bessere Haushälterin und selbst das ist noch übertrieben, wenn ich mich nicht einmal dazu überwinden kann, mir nachts ein Glas Milch warm zu machen.

Und das Wiedersehen mit Pete heute Nachmittag hat mich auch ziemlich runtergezogen.

Als ich ihn geheiratet habe, war er noch nicht so ein Arsch mit Ohren. Da bin ich ganz sicher. Okay, gut möglich, dass er es doch war und ich einfach die Augen vor den Tatsachen verschlossen habe, zum Beispiel, weil ich so darauf erpicht war, von hier wegzukommen. Und jetzt hat es mich doch wieder hierher verschlagen, mit drei Söhnen und nur sehr wenig Geld. Ja, ich weiß, einem geschenkten Gaul schaut man nicht ins Maul, aber wie soll man denn bitteschön Dankbarkeit empfinden, wenn besagter Gaul unversehens in vollem Galopp auf einen zurast und dafür sorgt, dass man mit dem Allerwertesten im Matsch landet? Übrigens habe ich den Verdacht, dass ich hier auf dem Land ganz schön oft mit Matsch konfrontiert sein werde. Tja, und jetzt soll ich ein B&B führen und mich in den Dienst der englischen Bevölkerung stellen, die, wie jeder weiß, total einen an der Waffel hat. Ich werde mich jahrelang mit Gästen herumschlagen müssen, die mir die Ohren volljammern, weil ihr Frühstücksspeck nicht richtig gebraten ist und weil es dauernd regnet. Und ganz nebenbei sollte ich noch Onkel Bertie davon abhalten, seine Kanone zum falschen Zeitpunkt abzufeuern und damit womöglich einen Großeinsatz der Küstenwache auszulösen. Ganz zu schweigen von seinem vermaledeiten Papagei, der mir rund um die Uhr sagt, ich soll mich verpissen.

Oh Gott, was habe ich getan? Täte mir mein Zeh nicht so fürchterlich weh, ich würde sofort das Weite suchen.

Jetzt, auf der Stelle, im Schlafanzug. Es existieren doch bestimmt Einrichtungen, in denen Frauen am Rande des Nervenzusammenbruchs Zuflucht suchen können – und wenn nicht, dann sollte man, verdammt noch mal, welche schaffen. Für vom Schicksal gebeutelte Katzen und Hunde gibt es doch auch Auffangstationen und Heime. So was sollte es auch für Frauen geben, die drauf und dran sind, das Handtuch zu werfen. Oder vielmehr das Geschirrtuch. Oder das Staubtuch. Wie auch immer, vielleicht wäre das ja eine gute Marketingidee für das B&B: Ich spezialisiere mich auf Frauen, die dringend eine Pause von Ehemann, Lebensgefährte oder Kindern benötigen. Ein paar Tage Ruhe und Frieden fernab von Menschen, die ihnen Löcher in den Bauch fragen. Bei uns müssten sie nur eine einzige Frage pro Tag beantworten, nämlich, was sie frühstücken wollen. Es muss gar nicht sonderlich luxuriös sein. Ich hatte ohnehin vor, mich bei der Renovierung der Zimmer farblich an

Pastell- und Naturtönen zu orientieren, dazu dezente Streifen, das schafft ein beruhigendes Ambiente. Etwa so wie in den Genesungsheimen zur Zeit des Zweiten Weltkriegs, in denen zitternde Überlebende in Korbstühlen herumhockten und versuchten, sich von den Schrecken der Bombenangriffe zu erholen. Prompt fällt mir ein Song von damals ein: »Pack up your troubles in your old kit bag and smile, smile, smile ...« Ich summe leise vor mich hin. Hm. Wirkt seltsam beruhigend. Das ist immerhin ein Anfang, auch wenn meine Zweifel noch längst nicht alle ausgeräumt sind.

»Mum?«

»Ja, Alfie?«

»Ich kann nicht schlafen und meine Decke ist total verdreht.«

»Ich weiß genau, wie sich das anfühlt.«

»Darf ich heute bei dir im Bett schlafen, Mum? Bitte. Nur dieses eine Mal.«

»Ausnahmsweise.«

Er wälzt sich ein bisschen hin und her und ich halte so lange meine Decke mit eisernem Griff fest, weil ich aus Erfahrung weiß, dass er sich sonst darin einrollt wie ein Würstchen im Schlafrock, und ich wache dann morgens steif gefroren vor Kälte auf.

»Mum?«

»Nein.«

»Du weißt doch noch gar nicht, was ich sagen wollte!«

»Es ist sehr spät, Alfie. Entweder du sparst dir deine Fragen bis morgen und schläfst jetzt oder du verziehst dich wieder in dein Bett. Okay?«

»Okay.«

»Nacht, Schatz.«

»Nacht, Mum. Aber wenn ich einen Papagei kriege, dann darf der doch in meinem Zimmer schlafen, oder?«

Um Himmels willen! Noch ein Papagei? Nur über meine Leiche.

»Hier kriegt niemand einen Papagei, Alfie. Da ist Betty bestimmt dagegen, und ich übrigens auch. Und jetzt schlaf oder geh wieder in dein Zimmer. Ich zähle bis zehn.«

»Ich schlafe schon. Fast jedenfalls. Zähl langsam.«

Am darauffolgenden Morgen ist Alfie wie üblich bereits im Morgengrauen auf. Ich werde kurz wach, da er aber in seinem Zimmer zufrieden seine Spielsachen auspackt, gönne ich mir noch ein, zwei Stündchen Schlaf. Als ich gegen acht erwache, herrscht Ruhe. Offenbar sind die Jungs schon unten. Ich überlege, ob ich mich anziehen soll, ehe ich hinuntergehe. Es kommt mir unziemlich vor, im Morgenmantel zu erscheinen, aber andererseits wohnen wir jetzt hier und ich sollte mich allmählich an den Gedanken gewöhnen, dass Helena nicht mehr jederzeit vom Garten reinkommen und mich mit hochgezogener Augenbraue mustern kann. Trotzdem habe ich keine Lust, im Schlafanzug in der Küche aufzutauchen. Da käme ich mir bestimmt vor wie in einem dieser Albträume, in dem man in der Schule vor versammelter Mannschaft feststellt, dass man gar keine Hose anhat. Vielleicht sollte ich mir doch mal einen dieser pastellfarbenen Hausanzüge zulegen, die ja leider bei der Modepolizei auf dem Index stehen. Da ist man morgens schnell reingeschlüpft. Andererseits habe ich den Verdacht, dass die Frage »Was soll ich anziehen?« mein geringstes Problem sein wird, sollten wir früher oder später tatsächlich Gäste haben.

Ivy trägt jedenfalls eine geblümte Kittelschürze und serviert den Jungs gerade fröhlich vor sich hin summend das Frühstück, als ich in die Küche komme. Mist. Ab morgen muss ich früher aufstehen. Natürlich ist es praktisch für mich, wenn sie die Jungs verköstigt, aber sie sollen nicht den Eindruck bekommen, dass plötzlich alles anders ist und sie von Ivy jederzeit einen kleinen Imbiss verlangen können. Die Ärmste würde sich die Füße wund laufen.

»Danke, Ivy, das ist ja ein richtiges Festmahl. Normalerweise gibt es bei uns morgens bloß Haferflocken oder Cornflakes.«

»Soll ich noch ein paar Scheiben Toast machen?«

»Ja, bitte. Und Dan, du räumst den Tisch ab, wenn du fertig gegessen hast. Ben, Alfie, ihr kommt hinterher mit mir nach oben und helft mir beim Bettenmachen. Und dann packen wir weiter aus.«

»Nur zu, ich schaff das hier auch allein, Miss Molly.«

Herrje, jetzt fängt sie wieder mit ihrem »Miss Molly« an. Ich dachte, das hätten wir gestern ein für alle Mal ad acta gelegt.

»Ich weiß, Ivy, aber Dan hilft Ihnen wirklich gern, stimmt's, Dan?«

Er nickt, zum Glück. Ich hätte ihm auch nicht geraten, ausgerechnet jetzt mit einem aufmüpfigen »Wieso sollte ich?« zu antworten.

»Ich dachte, am späten Vormittag könnten wir dann nach Ilfracombe oder Barnstaple fahren und ein paar Weihnachtseinkäufe erledigen. Möchten Sie mitkommen, Ivy?«

»Schrecklich gern, aber könnten wir das auch heute Nachmittag machen? Ich hatte für das Mittagessen eine Hühnerpastete geplant und muss mich noch um das Gemüse kümmern. Ich mache genug für alle; Sie müssen nicht extra kochen, meine Liebe.«

Zum Glück sind wir wieder bei »meine Liebe« angelangt. Mit einem »Miss Molly« pro Tag kann ich leben.

»Wunderbar. Ben ist übrigens sehr geschickt im Gemüseschälen, stimmt's, Ben?«

Er nickt, wirft mir dabei aber einen vernichtenden Blick zu.

»Zu ein bisschen Hilfe sag ich nicht Nein. Vielleicht bist du so nett und gehst nach dem Frühstück gleich mal raus zu Dennis in den Garten. Mal sehen, was er noch zu bieten hat. Aber sorg dafür, dass er nicht wieder mit seinen dreckigen Stiefeln in die Vorratskammer geht, wenn er das Gemüse reinbringt. Magst du Steckrüben? Mr Bertie isst sie gern püriert, mit etwas weißem Pfeffer.«

Ben ist erst etwas verdattert, weil er um eine derart unchristliche Tageszeit schon in ein Gespräch über Gemüse verwickelt wird, aber schon bald entspinnt sich zwischen den beiden eine lebhafte Diskussion über diverse Kohlsorten, die Dan mit einem amüsierten Grinsen verfolgt, während er den Tisch abräumt.

»Und du, Daniel, bist du auch ein Fan von Speiserüben? Ich mag es nicht, wenn jemand sein Gemüse stehen lässt.«

»Äh, ja, schon.«

Sie tätschelt seine Hand.

Puh, Glück gehabt.

In den darauffolgenden Tagen wird meine Einkaufsliste für Weihnachten immer länger, aber nachdem wir endlich alle Kisten ausgepackt haben, fühlen wir uns zumindest schon einigermaßen zu Hause hier. Die Jungs verbringen nicht die ganze Zeit vor der Glotze, was nur zum Teil daran liegt, dass unser Fernseher nach wie vor einen eingeschränkten Empfang hat. Sie durchstöbern die Stallungen und sind viel an der frischen Luft, etwa, um Bertie auf seinem täglichen Kontrollgang zu begleiten, was zur Folge hat, dass sie bedeutend gesünder und rotwangiger aussehen als in London und abends immer hundemüde ins Bett fallen. Genau das hatte ich mir von unserem Umzug erhofft, wenngleich das Ausmaß an Matsch, mit dem sie in Berührung kommen, meine schlimmsten Befürchtungen um ein Vielfaches übertrifft.

Tess erfreut sich bei meinen Söhnen großer Beliebtheit und scheint ihrerseits sehr erfreut zu sein über die drei neuen Familienmitglieder, die stets gewillt sind, Gegenstände für sie zu werfen. Mittlerweile hat sie einen kleinen Vorrat an Stöckchen an der Hintertür deponiert, getreu dem Pfadfindermotto »Allzeit bereit«. Und vor Bettys Schnabel sind wir bislang auch verschont geblieben, sprich, was die diversen Haustiere angeht, ist alles wunderbar, wenn man von den dämlichen Hühnern absieht, die schon verschreckt aus der Wäsche gucken, sobald sich einer von uns auch nur in die Nähe ihres Stalls wagt. Wann immer ich den Verschlag öffne, um sie zu füttern, beginnen sie in heller Aufregung zu gackern und suchen heftig mit den Flügeln flatternd das Weite. Ich hoffe schwer, sie gewöhnen sich bald an uns, sonst lasse ich das mit der Geflügelzucht bleiben und besorge die Eier künftig ganz entspannt am Bauernmarkt. Soll sich doch jemand anderes mit diesem neurotischen Federvieh herumärgern.

Eben stehe ich mit Dennis im schönen alten Küchengarten, der von einem Mäuerchen umgeben und sein ganzer Stolz ist. Er liebt zwar auch die Rosen, doch das hier war von jeher seine Domäne. Um diese Jahreszeit sind viele der Beete leer, aber es gibt Rosenkohl, Grünkohl, Weißkohl und Karotten. Eben hat mir Dennis den Lauch und den Sellerie gezeigt und außerdem den »Winterspinat«, der für mich wie normaler Spinat aussieht, nur mit etwas dickeren Blättern.

Ich deute auf eine Reihe hoher Tontöpfe.

»Sind die für den Rhabarber?«

»Richtig. Kosten ein Heidengeld heutzutage. Die Dinger sind uralt. Stehen hier schon, solange ich denken kann, aber sie tun's noch. Man breitet eine Schicht Stroh über die Knospen und dank der Töpfe treibt er ein paar Wochen eher als sonst. Mr Bertie hat eine Vorliebe für Rhabarber.«

»Ah ja.«

Ivy gesellt sich zu uns. Sie trägt einen Mantel über der Schürze.

»Seid ihr dann hier fertig? Ich habe nämlich noch eine ganze Menge zu tun.«

»Entschuldigen Sie, Ivy, wir wollten gerade wieder reinkommen.«

Wir machen auf Ivys Betreiben einen Rundgang durch das Haus, damit mir Dennis zeigen kann, was alles repariert und renoviert werden muss. Theoretisch war das eine hervorragende Idee, praktisch würde ich viel lieber hier draußen bleiben und weiter das Gemüse begutachten, denn das ist weit weniger beunruhigend. Meine To-do-Liste gleicht inzwischen eher einem Heft. Vielleicht sollte ich mir einen Brandy genehmigen. Soweit ich weiß, ist das ein bewährtes Hausmittel zur Schockbekämpfung.

Als wir wenig später das Esszimmer passieren, deutet Dennis in die Ecke, in der vor ein paar Jahren der Heizstrahler explodiert ist.

»Eigentlich sollte man die alle ersetzen. Und die Fensterläden müssten auch mal wieder neu gestrichen und die Scharniere geölt werden. Immerhin sorgen sie dafür, dass die Wärme nicht entweichen kann, Miss Molly.«

»Okay, Mr Dennis.«

Er lächelt.

»Wie haben Sie Helena genannt?«

»Lady H.«

»Sie wollen mich wohl veräppeln.«

»Nein, nein, so hab ich sie wirklich manchmal angeredet. Oder mit Madam. Und hinter ihrem Rücken hatte ich noch ein paar andere Spitznamen für sie.« Er grinst. »Sie konnte recht kratzbürstig sein, wenn es mal nicht nach ihren Vorstellungen ging.«

Jetzt lächelt auch Ivy. »Wir werden uns Mühe geben, Miss Molly. Ach, jetzt hab ich's schon wieder gesagt. Es ist schwierig, sich sowas abzugewöhnen, nach all den Jahren.«

»Ich weiß, Ivy. Es geht mir auch nur darum, dass Sie mich vor den Kindern nicht so nennen. Wie Sie mich sonst ansprechen, ist mir egal.«

»Ist gut. Nette Jungs übrigens, alle drei. Dieser Alfie ist ein schlaues Kerlchen und der Vogel scheint ihn richtig zu mögen. So was hab ich bislang noch nie erlebt.«

»Ich weiß. Er redet schon davon, dass er einen eigenen Papagei haben will, aber meiner Meinung nach brauchen wir nicht unbedingt noch einen zweiten.«

Dennis grinst.

»Keine Sorge, bei Bedarf hole ich einfach mein Gewehr vom Speicher.«

Ivy schnalzt mit der Zunge.

»Dennis, ich hab dir doch gesagt, die Jungs dürfen die Waffe auf keinen Fall zu Gesicht bekommen.«

»Ja, Dennis. Es ist auch so schon schwer genug, die Jungs ins Bett zu kriegen. Wenn sie wüssten, dass du ein Gewehr besitzt und wo du es aufbewahrst, dann hätte ich keine Chance mehr.«

»Okay, okay, ich werd mich hüten, auch wenn es bloß ein Luftgewehr ist und nur schmerzhafte blaue Flecken macht.«

Wir erklimmen lächelnd die Treppe.

»Ich schlage vor, wir fangen mit dem Dachgeschoss an und arbeiten uns von dort nach unten.«

»Gute Idee.«

»Nicht erschrecken, Miss, ist ganz schön staubig da oben.«

Hm. Ich schätze, meine Nennen-Sie-mich-Molly-Kampagne ist noch nicht zu Ende.

»Gibt einiges zu tun da oben. Sie wollte partout nicht, dass ich hier mal klar Schiff mache.«

»Ich schreib's auf die Liste, Ivy.«

»Spinnweben, so groß wie ein Wagenrad. Und die Koffer sollte man auch mal ausmisten.«

Dennis ist sichtlich anderer Meinung.

»Jetzt geht es erst einmal um das Dach, Ivy, nicht um Koffer, Staub und Spinnweben.«

Wir beginnen am Ende des Korridors und inspizieren eine Reihe kleiner Zimmer mit winzigen Dachfenstern, deren Riegel festgerostet sind. An den Wänden lehnen einige demontierte Betten, einschließlich des Messinggestells, auf das ich ein Auge geworfen habe, sollte ich mich auf meiner To-do-Liste jemals so weit nach unten vorarbeiten. Es riecht modrig feucht, von den Wänden bröckelt der Verputz.

»Die Regenrinne muss repariert werden, aber das ist schnell gemacht, und ein paar neue Dachziegel bräuchten wir auch. Es regnet immer wieder rein.«

»Ich schreib's mir auf.«

»Ich bin mir auch nicht sicher, wie es um die elektrischen Leitungen hier oben bestellt ist.«

Wir lassen den Blick über die alten braunen Lichtschalter aus Bakelit schweifen. In der Ecke stapeln sich mehrere alte Emailleschüsseln neben einer großen Zinkwanne.

»Bei schlechtem Wetter nehme ich vorsichtshalber immer eine Taschenlampe mit hoch, nur für alle Fälle. Die Schalter sind ja aus grauer Vorzeit und man will ja schließlich nicht versehentlich an einen unter Strom stehenden Draht geraten, nicht?«

»Nicht, wenn es sich vermeiden lässt. Kennen Sie einen guten Elektriker, der dafür sorgen kann, dass hier alles sicher ist, bis ich mir überlegt habe, womit ich anfange?«

»Ich könnte den alten Ted anrufen. Anständiger Kerl, der keine Horrorpreise verlangt.«

»Danke, Dennis.«

»Wenn Sie wollen, kann er sich auch gleich das Pförtnerhäuschen vorknöpfen.«

»Das wäre super. Wie lange steht das jetzt schon leer?«

»Schon einige Jahre. Der alte Mr Parsons war früher der Chefgärtner. Das waren noch Zeiten ... Als wir vor weit über zwanzig Jahren hierhergezogen sind, war er schon nicht mehr da. Mr Bertie und ich haben den Dienst bei der Marine ungefähr zur selben Zeit quittiert, und da hat er uns die Stelle hier angeboten. Wir haben's nie bereut, stimmt's, Ivy?«

»Nein, haben wir nicht, obwohl es immer viel mehr zu tun gibt, als an einem Tag zu schaffen ist.«

Dennis nickt.

»Bei einer so riesigen alten Hütte braucht es eine kleine Armee an Personal, um drinnen und draußen alles in

Schuss zu halten. Mr Parsons hatte drei Gärtner und einen Gehilfen unter sich. In den alten Wirtschaftsbüchern in der Bibliothek kann man die Namen aller Angestellten nachlesen. Schöne Handschrift hatten die damals. Aber leicht hatte er es sicher nicht. Hat mit seiner Familie – vier Kinder hatte er, glaub ich – im Pförtnerhaus gewohnt und da gab es kein Bad, nur einen uralten Kupferdampfkessel. Im Grunde musste durchgehend das Feuer brennen, wenn man warmes Wasser haben wollte. Ich hatte über die Jahre ein Auge auf das Häuschen. Das Dach muss erneuert werden, sonst ist es nicht mehr zu retten. Vor ein paar Jahren gab es Pläne, es zu renovieren, aber es war zu teuer.«

»Wenn ich mir die Sanierung leisten kann, könnten wir es als Ferienhäuschen vermieten.«

Ivy nickt.

»Die arme Mrs Parsons konnte einem echt leidtun. Nur ein Dampfkessel zum Wäschewaschen, und dann musste sie ständig die alte Zinkwanne rumschleppen. Tja, so war das damals eben. Da haben die Leute, ohne zu jammern, ihre Arbeit verrichtet. Sie hatten ja gar keine andere Wahl. Wenn ich daran denke, was man heute hinblättern muss, wenn man so ein altes Cottage mieten will – eine winzige Wohnung mit Blick auf den Hafen kostet im Sommer fast fünfhundert Pfund die Woche! Und draußen vor dem Fenster laufen scharenweise Leute vorbei, die sich tütenweise Fish and Chips reinstopfen. Da greift man sich doch an den Kopf.«

Dennis nickt.

»Dann frage ich Mr Stebbings, ob er mal kommen und sich gründlich umsehen kann, ja? Wir fänden es schön, wenn das Pförtnerhäuschen ein bisschen auf Vordermann gebracht wird, nicht wahr, Ivy?«

»Allerdings. Nur eine Frage, Molly ...« Sie legt eine kurze Pause ein, damit wir auch ja registrieren, dass sie mich Molly genannt hat. »Müssten wir für die Gäste im Pförtnerhaus dann auch Frühstück machen?«

»Nein, die versorgen sich selbst. Das ist einer der Vorteile von Ferienwohnungen: mehr Geld für weniger Arbeit.«

»Dann ist ja gut. Mit den B&B-Gästen werden wir nämlich mehr als genug zu tun haben. Manche von denen sind ja richtig unverschämt. Voriges Jahr musste Dennis mal mit einem von ihnen ein ernstes Wörtchen reden, stimmt's, Dennis?«

»Allerdings. Der Bursche dachte doch ernsthaft, wenn er um halb zwölf erst runterkommt, muss er nur mit den Fingern schnippen und wir servieren ihm ein englisches Frühstück mit allem Drum und Dran. Aber dem hab ich den Kopf zurechtgerückt. Also, die Wassertanks sind nebenan. Die wurden vor gut zwanzig Jahren ausgetauscht, sie dürften es also noch eine Weile tun. Wenn in allen Bädern gleichzeitig das Wasser läuft, rattert und knattert es zuweilen in den Leitungen, aber abgesehen davon sollte alles in Ordnung sein.«

»Sind wir dann bald fertig hier oben? Ich muss nämlich noch den Teig kneten, und wenn du so weitermachst, weiß sie vor Sorge bald nicht mehr ein noch aus, Dennis. Wir wollten doch bloß eine kurze Runde durchs Haus drehen.«

»Na ja, sie muss doch über den Stand der Dinge informiert sein.«

»Schon, aber sie wird auch zu Mittag essen wollen. Ich mein ja nur.«

Es war jetzt schon öfter der Fall, dass sie über mich reden, als wäre ich gar nicht da. Ich interpretiere das dahingehend, dass sie sich bereits an mich gewöhnt haben, und hoffe, es ist ein gutes Zeichen. Vielleicht tun sie es aber auch aus pädagogischen Gründen, etwa so, wie Eltern über ein anwesendes Kind reden, um sicherzustellen, dass es nicht auf dumme Gedanken kommt.

»Die ist ja hübsch.«

In einer Ecke der letzten Dachkammer steht eine alte Kommode aus ausgebleichtem Kiefernholz. Sie ist ziemlich verstaubt, aber wenn man sie etwas aufpoliert, wäre sie bestimmt recht ansehnlich.

Ivy nickt.

»Irgendwo stehen hier auch noch ein paar schöne alte Schrankkoffer rum, die sollten Sie mal durchsehen. Jede Menge alte Ballkleider, wie man sie vor Jahrzehnten getragen hat. Vor hundert Jahren war Harrington Hall das Zentrum des gesellschaftlichen Lebens hier. Helena hatte dafür allerdings nicht viel übrig. Sie hat immer gesagt, sie hat schon genug gefeiert – Mr Bertie war ja ein Admiral in der Navy und sie waren oft zu irgendwelchen Bällen in London eingeladen. Aber Helenas Mutter hatte oft große Gesellschaften zu Gast.«

»Ja, davon habe ich gehört. Es klang, als wäre es damals recht glamourös hergegangen.«

»Helenas Großmutter hat sogar mit dem Prinz von Wales getanzt, müssen Sie wissen. Auf einem Ball in London. Sie sollten sich die Abendkleider wirklich mal ansehen. Viele sind mit wunderschönen Spitzen und Perlen besetzt. Hat bestimmt Tage gedauert, so was zu nähen. Die Schlüssel sind in dem großen Marmeladenglas unten in der Vorratskammer.«

Ivy und ich haben angefangen, uns durch die Schlüsselsammlung in besagtem Glas zu arbeiten, und konnten einige davon bereits diversen Türschlössen im Haus zuordnen.

Wir haben sie mit Schildchen versehen, und da Ivy von diesem Vorhaben sehr angetan ist, hat sie Dennis gebeten, ein Schlüsselbrett mit Haken aufzuhängen, an dem wir die Früchte unserer Arbeit stolz präsentieren können.

»Gern, falls wir die passenden Schlüssel finden.«

»Ein paar dieser Kleider sind bestimmt recht wertvoll. Gut, dass sie in den Schrankkoffern vor den Mäusen sicher sind.«

Dennis schnaubt belustigt.

»Eben hast du noch behauptet, sie wüsste vor Sorge bald nicht mehr ein noch aus, und jetzt fängst du mit den Mäusen an! Keine Sorge, Molly, es sind nur ein paar Feldmäuse, die im Winter Zuflucht vor der Kälte suchen. Aber ich lege Köder aus, dann ist das Problem meist schnell gelöst. Und Kofferschränke kriegen sie ohnehin nicht auf, jedenfalls nicht, soweit ich weiß. So, hier oben gibt's nur ein Badezimmer und das ist seit Jahren unbenutzt. Ich an Ihrer Stelle würde tunlichst die Finger von den Hähnen lassen.«

»Okey-dokey.«

Stöhn. Der nächste Punkt auf meiner Liste.

Unsere Tour durch das Haus dauert bis zum Einbruch der Dunkelheit, mit einer Pause gegen Mittag, und danach bin ich definitiv reif für einen Drink. Auf meiner Liste der anstehenden Reparaturen finden sich nebst gerissenen Gewichtsschnüren an diversen Schiebefenstern unter anderem verzogene Fensterläden, feuchter Verputz, gesprungene Fliesen, lose Bodendielen, Wasser- und Stromleitungen aus dem Jahre Schnee und nicht zuletzt Kamine, die bei Ostwind nicht richtig ziehen, und zwar schon seit dem Krieg. Ein Wunder, dass die alte Bude überhaupt noch steht. Und wir waren noch gar nicht in den Gästezimmern mit den verblassten Blümchentapeten und den von alten Wasserschäden herrührenden Flecken an der Decke. Sie sind in einem einigermaßen ordentlichen Zustand, aber die Einrichtung ist mehr als einfach. Die Modernisierung des B&B-Bereichs hat also ebenfalls oberste Priorität. Helena hatte nur im Sommer Gäste, aber wenn wir genügend Geld verdienen wollen, um den Laden am Laufen zu halten, werden wir die Zimmer das ganze Jahr über vermieten müssen. Den Großteil der Umgestaltung kann ich selbst übernehmen und Dennis kennt sämtliche Bauhandwerker im Ort. Ehe wir loslegen, möchte ich einen Fachmann konsultieren, um sicherzugehen, dass das Haus im Zuge der Renovierungsmaßnahmen nicht in sich zusammenfällt. Wenn ich es mir leisten kann, das Pförtnerhäuschen wieder bewohnbar zu machen, würde das finanziell einen riesigen Unterschied machen. Es ist winzig, aber es ließe sich richtig hübsch herrichten und würde bedeutend mehr Kohle einbringen als die B&B-Zimmer. Helena hat sich strikt geweigert, Inspektoren von irgendwelchen Reiseveranstaltern oder von der örtlichen Zimmervermittlung zu empfangen, und sich fast gänzlich auf Mundpropaganda verlassen, sprich, sie hatte ihre Stammgäste und nur dann und wann ein paar Neuzugänge. Ich will nichts überstürzen – ehe ich keine Recherchen angestellt habe, wird es keine großen Neuerungen geben –, aber das Potenzial ist unleugbar groß. Und es gibt unendlich viel zu tun.

Trotzdem empfinde ich neben blinder Panik auch eine Spur freudiger Erregung, als ich mich in die Bucht begebe, um Onkel Bertie und die Jungs zu holen. Immerhin sind wir heute von Berties bekloppten Kanonengeböller verschont geblieben. Ich habe deswegen nämlich schon zwei Tassen und einen Teller zerbrochen. Er verwendet zwar nur mit Schwarzpulver gefüllte Platzpatronen, aber der Krach ist trotzdem ohrenbetäubend. Er hat mir hoch und heilig versprochen, den Jungs niemals zu zeigen, wie das verdammte Ding funktioniert, und Dennis sorgt dafür, dass das Schwarzpulver immer sicher verwahrt ist, aber ich hätte trotzdem gute Lust, dieses Monstrum kurzerhand von der Klippe zu stoßen.

»Mum?«

»Ja, Alfie?«

»Guck mal, ich hab schon wieder einen Kiesel mit einem Loch gefunden, genau in der Mitte.«

»Der ist ja hübsch. Nimm ihn mit nach oben und leg ihn zu den anderen in dein Regal.«

Ben und Dan sammeln bereits fleißig Brennholz, weil ich ihnen versprochen habe, dass wir in der Silvesternacht ein großes Lagerfeuer machen werden, unter der Aufsicht von Bertie, der sehr genaue Vorstellungen davon hat, wie man so etwas macht.

»Seid so gut und legt die Abdeckplane wieder drüber, ja? Müssen die alte Dame trocken halten, heute Nacht wird es stürmisch, wenn ich nicht irre. Guten Abend, meine Liebe. Sie haben schon eine ganze Menge Brennmaterial beisammen und im Pferdestall lagern auch noch ein paar Äste zum Trocknen. Das gibt ein richtig schönes Feuerchen. Auch ein Schlückchen zum Aufwärmen?«

Er hält mir seinen Flachmann unter die Nase.

»Nein danke, Bertie. Wir sollten zurück zum Haus, es wird kalt, und außerdem gibt es gleich Tee und etwas zu essen.«

»Na dann. Strammgestanden, Jungs! Wir haben neue Befehle.«

Die Jungs spurten los, wir schlendern hinterher.

»Wie war die Besichtigungstour mit Dennis? Hast du alles gesehen?«

»Ich glaube, ja.«

»Kleine Schritte, meine Liebe. In einer so großen Hütte gibt es immer etwas zu tun. Davon darf man sich nicht verrückt machen lassen. Das alte Gemäuer hat schon so viel überdauert und ich wage mal zu behaupten, dass es uns alle überleben wird. Lass nicht zu, dass es dir schlaflose Nächte bereitet, das hätte Helena nicht gewollt. Dennis ist ein herzensguter Bursche, aber er übertreibt hin und wieder. Hat er von Ivy. Wir schaffen das schon, nicht?«

»Bestimmt.«

»So ist's recht, immer schön optimistisch bleiben. Deine Jungs finde ich übrigens äußerst erfrischend. Drei richtige Energiebündel. Werden beim Bau unseres Lagerfeuers garantiert einen Heidenspaß haben, wart's nur ab. Ich freu mich selbst schon drauf. Vielleicht bitte ich Dennis, noch ein paar Feuerwerkskörper zu besorgen, zur Feier des Tages.«

Yippie. Noch mehr Explosionen.

Am Nachmittag des 27. Dezember gönne ich mir eine halbe Stunde Ruhe vor dem Kamin. Weihnachten war schön, wenn auch recht nervenaufreibend. Mum und Dad waren zum Tee gekommen und ich hatte im Vorfeld die schlimmsten Befürchtungen, weil Ivy und Mum einen kleinen Backwettbewerb am Laufen hatten. Beide haben Unmengen süße Weihnachtstörtchen gebacken, mit viel Liebe zum Detail. Mum hatte sich mit einer Blätterteigvariante samt Gitterdeckel so richtig ins Zeug gelegt, Ivys Mince Pies waren aus Mürbeteig und mit liebevoll ausgestochenen Teigblättern dekoriert. Die Atmosphäre war etwas angespannt, bis sich die beiden auf ein Unentschieden geeinigt haben. Danach waren sie plötzlich die besten Freundinnen und tauschten sich ausführlich über die Tücken des Kochens und Backens mit ihrem jeweiligen Herd aus. Zum Glück hat Ivy den traditionellen Weihnachtsgewürzkuchen schon vor Monaten gebacken, sonst würden sie wohl heute noch über das beste Rezept dafür diskutieren.

Ich habe lange überlegt, was ich Ivy und Dennis zu Weihnachten schenken soll. Am Ende habe ich Ivy versprochen, ihr im Ausverkauf nach Neujahr eine neue Waschmaschine zu kaufen. Kein sonderlich aufregendes Geschenk, aber die Waschmaschine, die sie bis jetzt benutzt haben, hätte hervorragend in die Fernsehsendung *Kunst und Krempel* gepasst, ehe sie vor ein paar Monaten endgültig den Geist aufgegeben hat. Seither transportiert Ivy ihre Schmutzwäsche in einem Einkaufstrolley hierher und karrt sie hinterher in feuchtem Zustand wieder zurück, um sie zu Hause zu bügeln. Ohne Bügeln geht bei Ivy gar nichts. Am liebsten hätte sie ja eine dieser Furcht einflößend aussehenden Heißmangeln, weil sich die Bettwäsche damit angeblich ganz von allein plättet. Sie hat an mehreren strategischen Stellen Prospekte für mich deponiert, was bedeutet, dass ich bei meiner großen Shoppingtour im Januar auch gleich so ein Ungetüm besorgen werde. Wobei ich gern ein Modell hätte, mit dem man sich nicht versehentlich den Unterarm zerquetscht, wenn man nicht aufpasst. Der Preis für das erfolgreichste Geschenk aller Zeiten geht an den Aufsitzrasenmäher, den wir für Dennis besorgt haben. Dennis hatte richtig feuchte Augen vor Rührung. Die Anschaffungskosten haben mir ehrlich gesagt ebenfalls Tränen in die Augen getrieben, aber Dennis ist zu alt, um sich weiterhin mit dem zentnerschweren alten Rasenmäher abzumühen, der laut Bertie schon zig Jahre auf dem Buckel hat und ohnehin andauernd Mucken macht. Da traf es sich gut, dass einer der Veteranen aus Berties Marineclub seinen verkaufen wollte und uns das Ding sogar geliefert hat. Dennis hat ihn an Weihnachten gleich frühmorgens getestet und war total von den Socken. Selbstredend hat auch Bertie eine Proberunde damit gedreht, mit Betty auf der Schulter, wobei ich ehrlich gesagt gut darauf hätte verzichten können, dass er wie ein wild gewordener Gartenpirat über das Anwesen kurvt. Ich muss Dennis unbedingt noch einmal einschärfen, dass er den Schlüssel vor den Jungs gut verstecken soll, sonst fährt Alfie demnächst auf der Karre zur Schule.

Pete kam wie vereinbart gestern zu Besuch und er war ziemlich miesepetrig. Janice und er haben Weihnachten bei ihrer Mutter verbracht, die in der Nähe von Salisbury wohnt, also nur knappe zwei Autostunden von uns entfernt. Allerdings hatte ich den Eindruck, dass er den Aufenthalt bei der Familie seiner zweiten Frau genauso wenig genossen hat wie das Essen bei uns. Ivy hatte den Tisch im Speisezimmer mit unserem besten Porzellan gedeckt und ließ es sich nicht nehmen, mich bei jeder Gelegenheit mit »Miss Molly« anzureden. Es fehlte nicht viel und sie hätte beim Servieren geknickst. Betty befahl sämtlichen Anwesenden, sich zu verpissen, und bedachte meinen Ex mit immer noch feindseligeren Blicken, während Onkel Bertie ihn aus unerfindlichen Gründen mit einer langen Schilderung der Skagerrakschlacht unterhielt.

Mein Ältester, der ebenfalls vor dem Kamin sitzt und liest, wirkt irgendwie kleiner und jünger als vor Petes Besuch.

»Schade, dass Dad gestern so früh wieder losmusste.

Aber es war schön, dass er uns einen Weihnachtsbesuch abgestattet hat, nicht?«

»Er ist ein Vollkoffer, Mum.«

»Dan!«

»Na, ist doch wahr.«

»Sei nicht ungerecht, Dan. Er hat extra den ganzen weiten Weg hierher auf sich genommen, um euch drei zu sehen. Und außerdem hat er euch tolle Geschenke mitgebracht.«

Und jedes einzelne war sehr liebevoll ausgesucht und eingepackt. Zugegeben, ich hatte ihm eine Liste der Spiele, Bücher und DVDs geschickt, die sie sich wünschten. Und soweit ich mich erinnern kann, hat Pete in seinem ganzen Leben noch nicht ein einziges Geschenk für seine Söhne besorgt oder verpackt, deshalb gehe ich davon aus, dass er die Liste direkt an Janice weitergegeben hat. Manches ändert sich nie.

»Ja, schon gut, Mum. Ist doch keine große Sache, ehrlich. Kann ich mir eine Orange nehmen?«

»Meinetwegen, aber nur, wenn du die Schale nicht auf dem Tisch liegen lässt, sondern ins Feuer wirfst. Im Übrigen finde ich deine Aussage sehr unfair. Euer Vater liebt euch alle sehr und es hat ihn bestimmt einige Überwindung gekostet, herzukommen und sich Betty zu stellen. Aber das hat ihn nicht abgehalten, weil er euch liebt.«

Ein Lächeln huscht über Dans Gesicht, als er sich eine Orange greift. Ich halte es für äußerst wichtig, Pete nicht zu kritisieren. Das ist eine Grenze, die ich unter keinen Umständen überschreiten will. Eine Art Maginot-Linie der Erziehung sozusagen, wobei die den Franzosen auch nichts genützt hat, nachdem die Deutschen es geschafft hatten, sie zu umgehen und am Ende auf Umwegen doch ins Land zu gelangen. Wie auch immer, ich will eine Art Sicherheitszone schaffen und den dreien das Gefühl geben, dass sich zwischen ihnen und dem Chaos eine unüberwindbare Mauer befindet. Ein Kind, das live miterleben muss, dass sich seine Eltern eine Schlammschlacht liefern, gerät gerne mal in Versuchung, komplett durchzudrehen. Das habe ich selbst schon mehrfach an meiner alten Schule miterlebt und ich bin wild entschlossen, auch weiterhin die Fahne der Moral hochzuhalten und Wert auf Manieren und Hausarbeiten zu legen, obwohl sich ein Elternteil verdünnisiert hat und ein »Vollkoffer« ist, wie Dan es so treffend formuliert hat. Oft sind es gerade solche Kleinigkeiten, die unheimlich viel ausmachen. Schuluniformen zum Beispiel. Wir hatten stundenlange Diskussionen zu diesem Thema an meiner alten Schule, aber wenn wir nicht endlos darauf bestanden hätten, dass Hemden und Blusen in Hosen und Röcke gesteckt werden müssen und Krawatten ordentlich gebunden gehören, dann wären manche dieser kleinen Racker garantiert in einem Aufzug aufgekreuzt, den man eher in einem Rotlichtbezirk von Berlin vermuten würde. Und zwar nicht nur die Jungs. Mir ist nach wie vor schleierhaft, wie Mrs Trent auf die Idee verfallen konnte, dass *Cabaret* ein passendes Stück fürs Schultheater ist, aber Gareth Finch hat nach seiner Debütvorstellung quasi permanent versucht, Eyeliner zu tragen. Seinetwegen hatte ich immer eine Packung Abschminktücher in meiner Schreibtischschublade. Aber immerhin wurde durch das Stück sein Interesse an der Weimarer Republik geweckt und in der Prüfung hat er hervorragend abgeschnitten.

»Ist noch was vom Gewürzkuchen übrig, Mum?«

»Ich glaube schon. Sei so gut und bring mir auch ein Stück, ja, Schatz?«

Seit er weiß, dass Ivy einen ordentlichen Schuss Brandy

in den Teig gekippt hat, steht Dan total auf Weihnachtskuchen.

»Gegen eine Tasse Tee hätte ich auch nichts einzuwenden.«

»Woran ist noch mal dein letzter Diener gestorben?«

»Der ist an seiner Frechheit erstickt.«

Ich blättere gerade in dem Rosenbuch, das mir Dennis und Ivy zu Weihnachten geschenkt haben. Wahrscheinlich hofft Dennis, damit eine tief in mir schlummernde Leidenschaft fürs Gärtnern wecken zu können. Aber bei meinem Glück kann es auch gut sein, dass mir Bertie eine Leidenschaft für Papageien vererbt hat. Wenn ich die Wahl hätte, wären mir Rosen eindeutig lieber. Die Abbildungen sind wunderschön, aber ich musste bereits mehrfach feststellen, dass die faszinierende Welt der Rosen bedeutend vielschichtiger ist, als ich angenommen hatte. So habe ich, wenn ich mit Dennis über den Garten sprach, ohne es zu wollen, schon mehrfach verwirrende Ausführungen über Helenas tiefe Abneigung gegen moderne Hybride ausgelöst. Ich versuche mich zu konzentrieren. Vielleicht sollte ich mir Notizen machen. Es gibt so viele verschiedene Sorten, jede davon mit allen nur erdenklichen Blütenformen: rosettenartig, geviertelt, rund, flach oder kelchförmig – schon die Beschreibungen klingen toll, und mir ist, als könnte ich die verschiedenen Duftnoten förmlich riechen. Da ist von einer Rose die Rede, deren Blüten aprikosengelb bis elfenbeinweiß sind und einen klassischen Rosenduft verströmen, eine andere ist pfirsichfarben oder korallenrot mit fruchtigem Aroma und remontiert fleißig, was auch immer das bedeuten mag. Ganz besonders hat es mir *Marie Louise* angetan, eine prächtige Rose von kräftigem Pink, die Joséphine de Beauharnais, die erste Ehefrau von Napoléon Bonaparte, im Garten ihres Château de Malmaison züchtete. Ich sehe mich bereits duftende Rosenblätter zum Trocknen im ganzen Haus deponieren, da kommt Dan mit einem Tablett herein.

»Onkel Bertie lässt fragen, ob du vielleicht mit ein paar trockenen Klamotten in die Bucht runterkommen könntest. Alfie ist klatschnass, weil er beim Steinesammeln schon wieder ins Wasser gefallen ist. Ich finde ja, du solltest es bleiben lassen. Das macht er doch mit Absicht, dieser Schnippi.«

Hmpf. Wie es aussieht, müssen die Rosenblätter warten.

# KAPITEL 3:
# Hör mal, wer da hämmert
Januar bis März

***Kohlrosen***

*Diese Ende des 16. Jahrhunderts entstandenen Rosen sind auch bekannt unter dem Namen Zentifolien oder Provencerosen. Sie tragen dicht gefüllte, volle Blüten mit hübschen, seidig glänzenden Petalen, deren Farbspektrum von Weiß über Rosa bis Dunkelrot reicht, und weisen eine breite Palette an verführerischen Aromen mit Anklängen an Birne, Apfel, Pfirsich und Vanille auf. Da sie robust und winterhart sind, erfreuen sie sich (verständlicherweise) großer Beliebtheit und sind insbesondere in Bauerngärten häufig anzutreffen. Besonders erwähnenswert sind die Sorten Cottage Maid, die zahlreiche Blüten von cremig weißer Farbe mit dezenten blassrosa Streifen hervorbringen, The Bishop, deren magenta- bis purpurrote Blüten sich im Verblühen violett verfärben, sowie Chapeau de Napoléon, deren große, reinrosa Blüten einen betörenden, würzigen Duft verströmen.*

»Frohes neues Jahr, Süße. Ich hab Prickelwasser und Geschenke dabei.«

Lola trägt mehrere Schals und einen blütenweißen Mantel, wie ihn eine Frau mit Kindern niemals kaufen würde.

»Wie war die Fahrt?«

»Schön, nachdem ich mich an die arktisch anmutende Landschaft gewöhnt hatte. Hätte mich nicht überrascht, wenn mir ein Eisbär über den Weg gelaufen wäre. Warum ist es so kalt?«

»Weil Winter ist?«

»In der Stadt ist er nur halb so schlimm.«

»Liegt bestimmt an der Wärme, die aus all den zentralgeheizten Wohnungen aufsteigt. So etwas haben wir hier nicht, oder jedenfalls nicht in diesem Haus. Du hast doch hoffentlich deine Thermounterwäsche dabei?«

»Ja, Süße, ich hab sogar eine Mütze eingepackt, aber ich hoffe sehr, dass ich die zum Schlafen nicht brauchen werde.«

»Ich glaube nicht. Ich hab vorhin im Kamin in deinem Zimmer Feuer gemacht.«

»Ein echtes Kaminfeuer, was für ein Luxus. Da bist du ja, Alfie. Komm her und gib deiner Patentante einen Kuss. Hallo, Bertie. Schön, Sie zu sehen.«

Sie reicht ihm eine Flasche Sekt.

»Herzlich willkommen, meine Liebe. Das hab ich gern, eine Frau, die ihren eigenen Proviant mitbringt. Das Mädel sieht mal wieder aus wie das blühende Leben, Molly. Bloß nichts anbrennen lassen, wie?«

Lola zwinkert ihm zu.

»Tja, man tut, was man kann, und nimmt, was man kriegt, Onkel Bertie.«

»Das ist die richtige Einstellung. Wundert mich ja, dass ein Mädel, das sich seine Getränke selbst mitbringt, noch immer solo ist. Da müssten die Männer doch eigentlich Schlange stehen.«

Sie gibt ihm einen Kuss.

»Bis jetzt ist mir nichts dergleichen aufgefallen, aber der

Denkansatz gefällt mir. Wo ist denn der Papagei? Sagt bloß, ihr habt ihn ausstopfen lassen und in ein Regal gestellt. Ich hatte mich schon so darauf gefreut, mal wieder ordentlich beleidigt zu werden.«

»Betty ist in der Bibliothek. Ist in Ungnade gefallen, weil sie mal wieder eine Fernbedienung zerlegt hat. Die liebt sie heiß und innig. Jetzt muss ich immer einen der Jungs bitten, für mich umzuschalten. Höchst unpraktisch. Also, nicht vergessen: den Vogel niemals mit einer Fernbedienung oder anderen Kleingeräten allein lassen.«

»Ich hab die Fernbedienung für meinen Fernseher nicht dabei, Bertie, aber trotzdem danke für den Tipp.«

»Sie macht auch diesen kleinen Telefonen den Garaus, die heutzutage jeder mit sich rumträgt. Vor allem die mit Bildschirm. Die findet sie unwiderstehlich.«

»Das stimmt, Lola. Wir haben uns angewöhnt, niemals unsere Handys irgendwo rumliegen zu lassen. Ist eigentlich ganz entspannend.«

»Na, vielen Dank auch. Wenn einer meiner Klienten einen Nervenzusammenbruch hat und mich nicht erreichen kann, ist es mit der Entspannung vorbei. Bertie, schönen Gruß an Betty – wenn sie mein Handy anknabbert, sorge ich dafür, dass sie ausgestopft wird.«

»Ich werd's ihr bestellen, aber ich kann nichts versprechen, meine Liebe.«

Bertie schenkt Sekt aus, während wir die hübsch verpackten Präsente öffnen, die Lola mitgebracht hat. Sie hat immer großartige Geschenkideen und Bertie freut sich riesig über seine neue Strickjacke mit den beiden Totenköpfen und den gekreuzten Knochen auf den Taschen.

»Ich dachte, das Piratenmotiv passt perfekt. Molly hat mir

erzählt, dass Sie in der Navy den Spitznamen Roter Admiral hatten, Bertie. Wie kommt's?«

»Keine Ahnung. Hab mich nie groß um Regeln und Vorschriften geschert und um den ganzen Pomp und Protz, auf den die da oben so viel Wert legen. Ein Roter war ich jedenfalls nie. Hab allerdings ein paar bemerkenswerte Russen kennengelernt. Sehr unterhaltsam, wenn es was zu feiern gab. Gelegentlich haben wir an Bord Cocktailpartys veranstaltet, die konnten schon mal mehrere Tage dauern.«

»Darauf trinke ich.«

Dan und Ben sind total hin und weg von ihren trendigen Kapuzenpullis und den diversen japanischen Comics und Filmen, die Lola ihnen von ihrer letzten Reise nach Tokio mitgebracht hat. Sehr gespannt war ich ja auf ihre Reaktion auf die Mützen mit Ohrenklappen, die sie ihnen außerdem gekauft hat. Ich kann mir lebhaft vorstellen, was für Blicke *ich* ernten würde, wenn ich versuchen würde, sie zum Tragen von Mützen mit Ohrenklappen zu bewegen. Oder auch Mützen ohne Ohrenklappen, wenn ich es mir recht überlege. Interessanterweise finden die beiden sie »total cool« und Dan behält seine Mütze den restlichen Nachmittag auf. Alfie ist in eine Art Lego-Trance verfallen. Ich habe ihm zu Weihnachten eine neue Lego-Burg geschenkt und Lola hat ihm sämtliche dafür erhältlichen Erweiterungssets besorgt, einschließlich Pferden, Rittern und zusätzlichen Kanonen, deren winzige Kugeln schon bald im ganzen Salon herumliegen. Netterweise hat sie so viele Ersatzkugeln gekauft, dass er damit locker bis zum kommenden Weihnachtsfest herumballern kann, weshalb ich jetzt ständig auf kleine Kügelchen trete, wenn ich mich an den Kamin setzen will, um mir die Füße zu wärmen. Eines der verflixten Dinger hat sich sogar in meine Socke verirrt und die Jungs finden es zum Piepen, mitanzusehen, wie ich damit herumhumple und dabei krampfhaft versuche, nicht laut zu fluchen.

Lola hat von uns ein Teeservice bekommen, das wir in mühevoller Kleinarbeit gemeinsam dekoriert haben. Alfie hat die Kuchenteller angemalt, Dan und Ben waren für die Tassen, Untertassen und das Milchkännchen zuständig. Neben den Werken der Jungs nimmt sich meine weiß und rosarot geblümte Teekanne zwar eher dezent aus, aber Lola war voll des Lobes. Ich hatte die Kanne mit allerlei kleinen Päckchen gefüllt, die bunte Glasperlenketten, kleine Nagellackfläschchen und Pralinen enthielten, und sie hat sich die Ketten gleich um den Hals gehängt. Auch die Fingernägel bemalt sie sich sofort mit Glitzerlack, während ich das wunderschöne fliederfarbene Kaschmir-Twinset auspacke, das sie mir mitgebracht hat.

»Wow. Die Farbe sucht man bei Marks & Spencer vergeblich, weil sie ständig ausverkauft ist.«

»Versprich mir, dass du es ausschließlich mit Dunkellila oder Grün kombinierst.«

»Versprochen.«

»Hast du irgendetwas in Dunkellila?«

»Klar. Einen Morgenmantel und ein paar Handtücher.«

»Das dachte ich mir. Mach das Päckchen da drüben auf.«

Selbiges enthält einen traumhaften langen Samtrock in einem satten Brombeerton, den ich ihn am liebsten sofort anprobieren würde. Und dann entdecke ich zwischen den Bergen von Seidenpapier auch noch ein winziges wollenes Etwas in Dunkelgrün. Hm. Soll das jetzt ein Rock sein oder ein breiter Gürtel?

»Bevor du irgendetwas dazu sagst: Den trägt man mit Wollstrumpfhose und Stiefeln.«

»Ich werde aussehen wie Robin Hood.«

»Unsinn. Du wirst aussehen wie eine postmoderne Landhausbesitzerin. Wir können uns nachher noch ein bisschen online umsehen. Du wirst noch einiges benötigen und ich bin wild entschlossen, dir den richtigen Look zu verpassen. Du kannst nicht ewig in diesen scheußlichen Jeans rumschlurfen.«

»Kann ich doch, aber trotzdem danke. Jedes einzelne Stück ist ein Traum.«

»Du solltest dir unbedingt noch ein paar Basics zulegen, solange ich hier bin und dir beim Aussuchen helfen kann.«

»Mal sehen.«

Ich wage zu bezweifeln, dass ich das tatsächlich tun werde, denn was Lola unter »ein paar Basics zulegen« versteht, würden die meisten Menschen wohl eher als Kaufrausch bezeichnen. Aber wenn ich dieses grüne Etwas anziehen will, das sich »Rock« nennt, brauche ich zumindest eine Wollstrumpfhose. »Vielleicht bestelle ich mir diese Leggings oder wie die heißen …«

»Jeggings? Ich bitte dich, Süße. Das ist doch einer dieser Scherze der boshaften Modezaren. So was kann man nur tragen, wenn man fünfzehn oder magersüchtig ist. An allen anderen Frauen sehen sie fürchterlich aus. Glaub mir, mit einer Wollstrumpfhose bist du am besten beraten.«

Das Mittagessen ist ein voller Erfolg, zumal Lola Knallbonbons mitgebracht hat. Ihre kommen bedeutend besser an als meine, weil sie schicker aussehen und die interessanteren Geschenke enthalten. Sogar Betty bekommt eines. Als sie es aufreißt, kommt ein kleiner Spiegel zum Vorschein, in dem sie sich immer wieder beäugt, während sie daran herumknabbert. Alfie ist hin und weg, weil er eine Trillerpfeife bekommen hat, sehr zum Leidwesen aller anderen Anwesenden. Aber jetzt wissen wir zumindest immer, in welcher Ecke des Hauses er sich gerade aufhält.

»Kaffee am Kamin, Lola?«

»Gern, Süße.«

»Jungs, ihr dürft einen Film gucken oder nach oben gehen und spielen. Aber wehe, ich höre euch rumtoben. Spart euch eure Energie für den Spaziergang auf, den wir nachher machen, ja?«

Alfie bläst statt einer Antwort in seine Pfeife, beschließt dann aber, Betty zu ärgern, unterstützt von Onkel Bertie. Hervorragend. Bin gespannt, wie lange der Vogel braucht, um eine Trillerpfeife zu zerlegen. Wenn wir Glück haben, geht das ratzfatz.

»Der Kaffee ist ein Genuss. Viel besser als das Gebräu, das du mir sonst servierst. Und, wie war Weihnachten, Süße?«

»Ganz okay, obwohl wir erst um Viertel vor sechs essen konnten, weil es ewig gedauert hat, bis der Truthahn gar war. Ich hatte Ivy und Dennis überredet, sich den 25. Dezember freizunehmen, was gar nicht so einfach war, und dann habe ich es bitter bereut.«

»Und, wie war deine Erzeugerfraktion drauf? War dieses Jahr wohl nichts mit dem Weihnachtsfrieden, hm?«

»Dad ist immer noch beleidigt, ja, aber mit Mum gibt es keinerlei Probleme. Sie war ein paar Mal zu Besuch da. Am Weihnachtsabend war Dad auch mit von der Partie und an Silvester haben wir uns alle bei Roger im Hotel getroffen und mit Sherry angestoßen. Da war die Stimmung dann allerdings recht angespannt. Roger hat sich wieder mal aufgeführt wie der große Zampano und Dad hat mir andauernd böse Blicke zugeworfen. Aber ansonsten haben sich alle einigermaßen manierlich benommen, mal abgesehen von Bertie. Wie war es bei dir und deiner Mum?«

»Ach, ganz nett, glaube ich. Ich hatte so viel Wodka intus, dass ich mich nicht genau erinnern kann, aber ohne hätte ich es nicht durchgestanden.«

»Bertie hat es ähnlich gehandhabt. Sally hat sich an Silvester köstlich mit ihm amüsiert – er hat sich mit ihr im Büro verschanzt und sie mit allerlei unanständigen Anekdoten aus seiner Zeit bei der Navy unterhalten. Am Ende saß die halbe Belegschaft bei den beiden drin. Ein durchschlagender Erfolg für seine kleine One-Man-Show.«

»Ich wette, Roger war begeistert.«

»Absolut. Er war entzückt.«

»Okay. Und jetzt zeig mir das Haus. Tu so, als wäre ich ein Gast.«

»Du bist ein Gast, Lola.«

»Ein B&B-Gast, meine ich. Stell dir vor, ich wäre eben erst angekommen und jetzt will ich einchecken.«

»Du bist nicht gerade der typische B&B-Gast, oder?«

»Keine Sorge, ich kann mich durchaus in Mr und Mrs Stinknormal mit Anoraks im Partnerlook hineinversetzen und den Proleten in mir rauslassen.«

»Sehr charmant.«

»Halt die Klappe und leg los. Ich will alles sehen. Ich möchte einen Eindruck davon bekommen, wie es ist, hier zu Gast zu sein.«

»Alles klar. Bitte hier entlang, Madam.«

»Hübsche Eingangshalle übrigens. Die riesige Tür, die altmodische Klingel mit Klingelschnur, das Glockenspiel … da wird man schon mal perfekt eingestimmt.«

»Betty kann die Klingel übrigens täuschend echt nachmachen, das solltest du im Hinterkopf behalten. Sie kann auch Telefonklingeltöne imitieren, aber das Problem ist gelöst, seit wir das neue Telefon haben. Ben und Dan haben sich stundenlang damit abgemüht, jedem Anrufer einen eigenen Klingelton zuzuweisen.«

»Clever.«

»Fand ich am Anfang auch, aber nach den ganzen Diskussionen, die wir deshalb schon hatten, bin ich mir nicht mehr so sicher. Bei Pete kam immer das Darth-Vader-Leitmotiv, da musste ich natürlich ein Machtwort sprechen.«

»Na ja, passt doch irgendwie, nicht? Was hat er jetzt?«

»Yoda. Und für mein Handy hatten sie irgendein nerviges singendes Huhn eingespeichert. Auch da habe ich protestiert und dann haben sie sich auf James Bond verlegt. Wenn du anrufst, kommt jetzt *Diamonds are forever* und bei mir *Skyfall*, und dann halten sie sich jedes Mal die Bäuche vor Lachen, wegen der Hühner-Connection.«

»Was bitte schön hat der heiße 007 von Daniel Craig mit Hühnern am Hut?«

»Du erinnerst dich wohl nicht mehr an den Zeichentrickfilm *Himmel und Huhn*, in dem Hühnchen junior fürchtet, dass ihm der Himmel auf den Kopf fällt, wie? Sie halten sich für unheimlich schlau und ich lasse ihnen vorerst den Spaß. Wer weiß, was ihnen sonst noch einfällt. Für Alfie hatten sie *The Sun will Come Out Tomorrow* aus dem Musical *Annie* ausgewählt, aber das habe ich gelöscht.«

»Hat Alfie denn schon ein Handy?«

»Nein, aber sie konnten nicht widerstehen, die kleinen Teufel, und dann haben sie ständig die Klingeltöne abgespielt, um ihn zu ärgern. Das Gute daran ist, dass Betty inzwischen völlig verwirrt ist. Wenn jetzt das Telefon klingelt, plustert sie sich bloß noch beleidigt auf. Es ist echt zum Schießen. Wahrscheinlich ist sie deshalb in letzter Zeit noch wilder auf Fernbedienungen und dergleichen. Das ist ihre Revanche.«

Wir durchqueren den großen Saal im Erdgeschoss und begeben uns in die Eingangshalle.

»Wann wurde Harrington Hall eigentlich erbaut?«

»Ende des 17. Jahrhunderts.«

»Wunderschönes Treppengeländer übrigens. Ist das Eiche?«

»Schätze schon.«

»Du bist echt ein hoffnungsloser Fall. Ich will interessante Details à la ›handgeschnitztes Eichenholz aus einem berühmten Segelschiff‹. Frag Bertie, der kann dir bestimmt ein paar brauchbare Ideen liefern.«

»Ich wage zu bezweifeln, dass ich mir einfach irgendetwas aus den Fingern saugen darf, Lola. Es ist ein schlichtes Eichenholzgeländer, gezimmert von Schreinern aus der Gegend, vermute ich. Dafür kann ich dir einiges über den Fußboden erzählen: Es handelt sich um blaugrün gemusterte Mosaikfliesen aus der viktorianischen Ära. Ich hab ein bisschen rumrecherchiert, weil ich die gesprungenen Fliesen gern ersetzen lassen würde. Sie kosten ein Vermögen.«

»Das glaub ich gern. Sie sind wunderschön. Okay, fang an. Du machst die Tür auf und sagst: ›Guten Tag, haben Sie reserviert?‹«

»Hör auf. Du machst mich nervös.«

»Reiß dich zusammen, Molly.«

»Guten Tag, die Dame. Warum tragen Sie denn so viele Schals? Kommen Sie gerade vom Nordpol?«

»Hohoho, der Weihnachtsmann lässt grüßen. Ich habe reserviert. Holen Sie doch schon mal mein Gepäck aus dem Wagen, meine Liebe.«

»Sie sind hier in einer Frühstückspension, Gnädigste. Wir haben keinen Gepäckträger.«

»Ich seh schon, ein echtes Fünf-Sterne-Etablissement. Nur zu, sei ruhig unverschämt zu den Gästen. Wenn die Sternerestaurants im Michelin-Guide damit Erfolg haben, warum dann nicht auch ein B&B? Gefällt mir, dein Denkansatz. Also, soll ich mich irgendwo eintragen oder so?«

»Ja, da in dem Buch dort drüben auf dem Tisch. Name und Adresse genügen. Im Frühstücksraum liegt sogar ein Gästebuch mit allerlei Lobhudeleien. Wenn jemand etwas schreibt, das Ivy nicht in den Kram passt, reißt sie die Seiten einfach raus.«

»Benötigen Sie meine Kreditkarte?«

»Nein, weil du gratis hier nächtigen wirst. Außerdem ist die Bezahlung mit Kreditkarte zurzeit noch nicht möglich. Steht auf meiner To-do-Liste, die mittlerweile eher einem Tolkien-Roman gleicht.«

»Kann ich mir vorstellen. Wie auch immer, ich werde auf jeden Fall bezahlen, weil ich dein erster offizieller Gast sein möchte. Nein, keine Widerrede. Wann bezahlen die Gäste denn normalerweise, nach dem Frühstück?«

»Ja, vorausgesetzt, wir haben geöffnet. Im Augenblick haben wir aber noch geschlossen. Helena hat die Saison immer erst an Ostern eröffnet und daran werde ich mich halten, bis die Renovierung abgeschlossen ist. Und du wirst keinen Pfennig bezahlen, und damit basta.«

»Ich muss sagen, dein Einfluss hier ist schon jetzt unverkennbar, Molly – die Zweige mit den Beeren in der Vase, der Weihnachtsbaum und die Stechpalmenblätter und Bänder überall ... ganz reizend.«

»Bis jetzt habe ich lediglich da und dort ein bisschen auf- und umgeräumt. Ich würde gern ein paar Möbel umstellen, aber ich will es langsam angehen lassen, um Ivy nicht zu viel zuzumuten.«

»Wir sind hier nicht in einem Remake von *Rebecca*, Molly, auch wenn Harrington Hall es durchaus mit dem Anwesen aus dem Film aufnehmen könnte. Aber eure Haushälterin ist ganz anders als die fiese Mrs Danvers, die nur darauf wartet, die Bude abzufackeln.«

»Dein Wort in Gottes Ohr.«

»Es könnte richtig glamourös werden. Am besten nimmst du einen Geschäftskredit auf und denkst nicht an die Kosten, sondern konzentrierst deine ganze Energie darauf, das Haus zu verschönern.«

»Genau, Lola. Die Banken werden sich sicher darum reißen, mir einen Kredit zu gewähren, wenn ich ihnen einen so detaillierten Businessplan vorlege.«

»Bei den Vermögenswerten, die du hier vorweisen kannst, ist es garantiert total egal, was du sagst. Du wirst sehen, diese Schweine werden sich förmlich überschlagen in dem Bemühen, dir einen Kredit aufzuschwatzen, schließlich musst du hinterher Unmengen an Zinsen an sie abdrücken.«

Ich zeige ihr den Aufenthaltsraum für die B&B-Gäste, der rechter Hand von der Eingangshalle abgeht und auch als Frühstückszimmer dient.

»Hier wurden früher vormittags Besucher empfangen, weil schon morgens die Sonne hereinscheint.«

»Ich wollte schon immer ein großes Haus mit einem Zimmer, das nur dazu dient, tagsüber Besucher zu empfangen. Ich sehe mich förmlich hier sitzen und den Hausangestellten Anweisungen erteilen: ›Heute dinieren wir zu sechst. Drei, vier Fasane sollten reichen.‹«

»Du kannst es gern versuchen, wenn du willst. Ivy und ich treten dann in unseren besten Schürzen an.«

»Die französischen Fenster sind eine Wucht.«

»Ja, toll, nicht? Georgianischer Stil, und die Fensterläden sind noch funktionstüchtig. Ich zeig's dir. Die gibt es in den meisten Räumen des Hauses, und im Speisezimmer sogar richtige Fensternischen mit kleinen Bänken. Als Kind habe ich mich oft in eine davon verkrochen und die Vorhänge zugezogen. Es war großartig – ich konnte in Ruhe ein Buch lesen und Helena hat mir dann und wann einen Happen zu essen gebracht. Komm mit, ich zeig dir dein Zimmer.«

Wir gehen nach oben.

»Ich hab dich im großen Doppelzimmer untergebracht.«

»Es ist der Hammer, Süße. Danke fürs Einheizen übrigens. Das nenn ich Landhausstil.«

»Na ja, ohne Kaminfeuer würdest du erfrieren. Ich hätte ja gute Lust, auf der Stelle mit der Umgestaltung hier drin anzufangen, aber ich möchte erst mit einem Profi Rücksprache halten. Nicht dass uns demnächst die Decke auf den Kopf fällt.«

»Diese Tapeten sind ja echt schauderhaft.«

»Jep. William Morris mit Anklängen an die Siebziger. Aber ich glaube, die Vorhänge könnte ich drinlassen. Vorausgesetzt, ich ... äh ... ›de-floriere‹ den Rest der Einrichtung und halte mich an Ecru und Blassblau.«

Lola betrachtet die Damastvorhänge, die mit einem Paisleymuster in Silber und Kobaltblau bedruckt sind. Sie wirkt nicht überzeugt.

»Wenn du meinst …«

»Die Bäder sind alt, aber zumindest weiß gefliest. Die scheußlichen alten Teppiche müssen natürlich raus. Die Dielen darunter sind in guter Verfassung, die muss ich bloß abschleifen, kalken und versiegeln. Dann besorge ich noch neue Handtücher und streiche die Fensterläden, und fertig ist die Oase Bad.«

»Klingt super. Und die Proportionen sind perfekt, nicht zuletzt dank der Fenster und Fensterläden. Das Grundgerüst ist vorhanden und die Aussicht ist atemberaubend. Du könntest dir eine goldene Nase verdienen, wenn du das ganze Haus in ein Landhotel umfunktionierst.«

»Dann wären wir obdachlos, und Bertie ebenfalls.«

»Zeig mir dein Zimmer, und dann das Dachgeschoss.«

»Bist du sicher? Es ist ziemlich frisch dort oben.«

»Ich will alles sehen.«

»Okay. Dann wirst du jetzt gleich grün vor Neid, wetten?«

»Warum denn das? Nun sag schon, du weißt doch, dass ich Überraschungen hasse.«

»Ich habe mein eigenes Ankleidezimmer. Es ist gleich neben meinem Schlafzimmer und riesengroß.«

»Oh Mann, welche Ironie! Das ist ja total an dich verschwendet. Nicht zu fassen. Du weißt, ich wollte immer ein Ankleidezimmer.«

»Ich dachte, ich mache vielleicht ein Nähzimmer draus.«

»Hast du etwa vor, nähen zu lernen?«

»Eigentlich nicht, aber es klingt gut.«

»Du könntest doch auch einfach mehr Klamotten kaufen.«

»Du hast noch nicht gesehen, wie groß es ist.«

»Halt die Klappe.«

»Meine Güte, ist das kalt hier oben.«

»Ich weiß. Es gibt nur eine Handvoll Radiatoren hier, gerade so viele, dass die Leitungen nicht einfrieren. Weiß der Geier, wie die Angestellten es ausgehalten haben. Es gibt zwar Kamine, aber die sind winzig, und ich wette, sie durften erst ein Feuer machen, wenn sie schon an der Schwelle des Todes waren.«

»Kein Wunder, dass sie so früh aufgestanden sind. Das war vermutlich die einzige Möglichkeit, um sich aufzuwärmen. Was ist da drin?«

Ich knipse das Licht an, um Lola die Wassertanks zu zeigen. Prompt wird es stockfinster.

»Ach, du liebe Zeit. Gehört das zur Besichtigungstour dazu?«

»Nein, die Sicherung ist rausgeflogen. Das passiert ständig. Warte, ich habe überall im Haus Taschenlampen verteilt. Auf dem Schrank da drüben neben der Treppe sollte auch eine stehen.«

»Beeil dich. Ich will nicht hoffen, dass hier der Geist eines Zimmermädchens umgeht, das morgens an seinem Waschtisch festgefroren ist. Mein Bedarf an schockierenden Erlebnissen ist gedeckt. Ich kann noch immer nicht fassen, dass ausgerechnet du ein Ankleidezimmer hast.«

»Ah, da ist sie ja. Lass uns nach unten gehen, ich muss die Sicherung wieder reindrehen. Wir hatten wohl zu viele Lichter an. Das ist jedenfalls normalerweise der Grund dafür, dass der Strom ausfällt.«

»Okay. Bei der Gelegenheit könnten wir uns gleich mal einen schönen Drink gönnen. Wie klingt das?«

»Klingt nach einer hervorragenden Idee.«

Als ich Lola am darauffolgenden Morgen das Frühstück ans Bett bringe, verkündet sie, sie habe hervorragend geschlafen. Sie sieht erfrischt und erholt aus und kein bisschen verkatert. Ich wünschte, ich könnte dasselbe von mir behaupten. Hinterher gehe ich mit den Jungs nach draußen, um die bescheuerte Hühnerschar zu versorgen, die bei dieser Gelegenheit wie üblich ein Riesentheater veranstaltet. Im Fernsehen erwecken Hennen ja immer einen ausgesprochen friedlichen Eindruck, wenn sie so vor sich hin glucksen, picken und scharren. Unsere sind das genaue Gegenteil. Sobald ich das Gatter öffne, um sie zu füttern, geht das Geflatter und Gegacker los, und wenn ich nicht höllisch aufpasse, dann entwischt mir garantiert eine in den Obstgarten. Vorige Woche bin ich einigen fast eine Stunde nachgejagt, unterstützt von Ben und Alfie. Zugegeben, die beiden könnten mit ein Grund dafür gewesen sein, dass sich die Aktion so in die Länge gezogen hat. Irgendwann habe ich schließlich das Handtuch geworfen, und siehe da, kaum war ich auf dem Weg zum Haus, sind die Viecher praktisch im Gänsemarsch freiwillig wieder in ihr Gehege stolziert. Ich wette, das haben sie absichtlich gemacht, um mich zu ärgern. Falls Hühner Schadenfreude empfinden können, dann haben sich die Biester dabei ordentlich ins Fäustchen gelacht.

Während die Jungs draußen herumtollen und Stöckchen für Tess werfen, zermartere ich mir das Hirn, wie ich beim Verlassen des Verschlags eine weitere Folge von *Chicken run* am ehesten verhindern kann. Ich sehe Ivy aus dem Haus kommen, gefolgt von Dennis, der einen Eimer trägt.

»Bei diesem Wetter mögen sie gern ein bisschen warmes Wasser.«

»Sie mögen es auch, wenn man ein bisschen Apfelessig ins Wasser tut, Ivy. Hab ich bei Google gelesen.«

Ben hat neulich beschlossen, mich bei der Erschließung der wunderbaren Welt der Hühnerhaltung zu unterstützen.

»Googly? Ich dachte, das ist ein spezieller Wurf beim Cricket.«

Dennis schüttelt den Kopf.

»Nicht Googly, sondern Google, du unbedarftes Frauenzimmer. Der Junge redet übers Interweb. Da kann man alles Mögliche nachlesen.«

»Und wenn man das Gemüse für sie an einer Schnur befestigt, können sie es runterpicken, damit sie sich nicht langweilen.«

Pfff. Das wäre ja schrecklich, wenn sich unsere Hühner langweilen würden.

Ivy ist beeindruckt.

»Nun hör dir das an, Dennis. Du sollst das Gemüse an einer Schnur befestigen. Meinst du, du schaffst das, oder bist du zu sehr damit beschäftigt, dich über mich lustig zu machen?«

Ben ist sichtlich erfreut darüber, dass endlich jemand seine Internetrecherchen zu schätzen weiß.

»Ihr könnt auch alte CDs aufhängen, damit sie danach picken können. Und wenn sie Gras fressen, wird das Eigelb dunkler. Und rohe Kartoffeln sind giftig für Hühner, darum darf man ihnen keine Kartoffelschalen geben. Und außerdem brauchen sie viel Wasser, weil Eier zu fünfundsiebzig Prozent aus Wasser bestehen.«

»Also, das ist ja ... Respekt, mein Junge, was du alles weißt.«

Ich stecke noch immer im Hühnerverschlag fest und überlege, wie ich hier rauskomme.

»Danke, Sohnemann. Du hast nicht zufällig irgendwo gelesen, wie man verhindert, dass die blöden Biester abhauen, wenn man das Gatter öffnet?«

Er grinst. »Nein, Mum, tut mir leid.«

»Sie müssen sich eben erst an Sie gewöhnen, Molly. Das kann noch ein Weilchen dauern. Bald fangen sie wieder an zu legen, dann wird es besser.«

»Das freut mich zu hören, Ivy.«

Und falls sich ihre Prophezeiung nicht bewahrheiten sollte, werde ich eben in einem unbeobachteten Moment ein paar Kartoffeln schälen.

»Guten Morgen, allerseits. Was treibt ihr denn hier draußen? Machen die Viecher immer so einen Krach, Molly?«

Lola hat sich zu uns gesellt. Sie ist in Kaschmir gehüllt und wirkt so frisch wie der viel zitierte junge Morgen.

»Immer wenn ich in der Nähe bin, ja. Ich dachte, du wolltest noch ein bisschen liegen bleiben?«

»Mir war langweilig. Also, die weißen Hennen sind ja allerliebst. Sonst sieht man ja fast nur diese hässlichen Schlammbraunen, aber eure wirken richtig distinguiert.«

Dennis nickt.

»Das sind Vita und Gertie, unsere beiden Ixworth-Hennen. Eine recht seltene Rasse. Die schwarz-weiß gefleckten da drüben sind Dorking-Hühner und heißen Connie und Beth. Angenehm ruhig und friedlich.«

Er bricht ab, weil Beth gackernd an mir vorbeirast.

»Na ja, normalerweise jedenfalls. Die anderen drei – Penny, Rosie und die Herzogin – sind Sussex-Hühner. Eine Zeit lang hatten wir über dreißig Stück zum Züchten, einige davon sehr seltene Rassen. Inzwischen halten wir sie nur noch wegen der Eier. Sie legen allesamt recht fleißig.«

»Lauter Hennen? Braucht man nicht auch einen Hahn?«

»Nein, Tante Lola«, meldet sich unser frischgebackener Hühnerexperte zu Wort. »Hühner legen die ganze Zeit Eier.

Einen Hahn braucht man nur, wenn man will, dass sie sich paaren. Das heißt dann vögeln, und danach bekommen sie Küken.«

Ivys Miene lässt darauf schließen, dass sie etwas irritiert ist, weil sich mein Sohn bereits mit dem Thema Fortpflanzung auseinandersetzt, doch Dennis nickt.

»Stimmt. Hähne machen zu viel Krach, deshalb haben wir keinen.«

Lola ist sichtlich darum bemüht, sich das Lachen zu verbeißen; ich selbst habe es inzwischen mittels eines raffinierten Schachzugs tatsächlich geschafft, den Hühnerverschlag ohne eine einzige Henne im Gefolge zu verlassen, wenngleich ich dabei erneut für hysterisches Gegacker gesorgt habe. Das ist eine Premiere, deshalb bin ich ziemlich stolz auf mich. Dumm nur, dass der Eimer noch drinnen steht.

Als Dennis nun kurzerhand ins Gehege marschiert, sich den Eimer schnappt und wieder kehrtmacht, wird er von Vita, Gertie und Co. keines Blickes gewürdigt. Okay, jetzt steht es fest: Das Theater veranstalten sie nur, um mich zu ärgern.

»Tolle Namen haben sie. Wer hat sie ausgesucht?«, will Lola wissen, die noch immer ein Grinsen unterdrückt.

»Helena. Sie sind nach berühmten Gärtnerinnen benannt – Gertrude Jekyll, Vita Sackville-West, Penelope Hobhouse, Beth Chatto und so weiter. Eine faszinierende Truppe, soweit ich das bisher überblicken kann. In der Bibliothek stehen reihenweise Bücher über sie. Constance Spry hat quasi den Grundstein für die moderne Kunst des Blumenarrangierens gelegt. Die Herzogin ist nach Deborah Cavendish, der Herzogin von Devonshire, benannt – das war die, die verrückt nach Hühnern war. Angeblich hat sie sie zuhauf im Schlossgarten von Chatsworth House rumspazieren lassen.

Helena war in ihrer Jugend mit der Herzogin befreundet, die beiden haben gemeinsam debütiert.«

»Wie, debütiert? Haben die beiden Theater gespielt?«

»Nein, so nannte man das, wenn eine aristokratische junge Dame im Rahmen eines festlichen Balls förmlich in die Gesellschaft eingeführt wurde.«

»So, so. Tja, das war schon ganz andere Welt, was? Und, legen eure Hühner viele schöne Eier?«

»Seit wir hier wohnen, nicht, nein.«

»Hm, vielleicht brauchen sie etwas Aufmunterung. Lasst sie doch mal eine Runde ›vögeln‹.«

»Danke, Lola, ich behalt's im Hinterkopf.«

Dennis lacht.

»Im Winter werden sie immer ein bisschen faul, aber sie fangen bald wieder an, keine Sorge. So, ich gehe jetzt rein, Zeit fürs zweite Frühstück. Soll ich Teewasser aufstellen?«

Alfie hopst auf und ab.

»Ich brauche unbedingt ein Sandwich mit gebratenem Speck, Dennis. Ehrlich. Nie kriege ich Speck!«

»Komm morgen einfach gleich runter, wenn ich dich zum Frühstück rufe, dann kriegst du eines. Sonst gibt es wieder nur Cornflakes. Ich habe jetzt keine Zeit, um Speck zu braten.«

Ivy legt ihm eine Hand auf die Schulter.

»Ich hab vorhin ein paar Streifen Speck in der Warmhalteschublade deponiert, für den Fall, dass die Jungs Appetit bekommen. Ich hoffe, das geht in Ordnung.«

Alfie umarmt sie, vor Begeisterung johlend.

»Danke, Ivy! Du bist die allerbeste Ivy auf der ganzen Welt.«

Dennis grinst.

»Es gibt nichts Besseres als ein Specksandwich, um an

einem kalten Morgen wieder zu Kräften zu kommen. Sieht aus, als könnte es bald regnen, wenn nicht gar schneien. Lasst uns reingehen, ehe womöglich der ganz Speck weg ist.«

»Jetzt mach aber mal halblang, Dennis. Auf Schnee können wir getrost verzichten und an meinem Speck vergreift sich ohne meine Erlaubnis niemand. Außerdem musst du mir noch Lauch fürs Mittagessen bringen und ein paar Stangen Rhabarber. Ich will nämlich einen Rhabarber-Crumble machen.«

Ich schiele zu Lola, doch die verzieht nicht wie erwartet vor Ekel das Gesicht. Offenbar erstreckt sich ihre neu erworbene Abneigung gegenüber allem, was Rhabarber enthält, nicht auf mit Butterstreusel überbackenen Rhabarber.

Dennis schnalzt mit der Zunge.

»Pass bloß auf, Alfie, sonst wirst du demnächst auch bei strömendem Regen zum Gemüseausgraben in den Garten geschickt.«

»Ihr solltet Tess abrichten, die kann super graben.«

»Ich kann's ja mal versuchen, mein Junge. Auf diese Weise könnte ich mir eine Menge Arbeit ersparen.«

Dan schubst Alfie, da es aber ein einigermaßen sanfter Schubs ist, tue ich, als hätte ich es nicht bemerkt.

»Interessante Idee, Alf, aber ich glaube, es wäre uns allen lieber, wenn unser Mittagessen nicht von einem Schäferhund ausgegraben wird.«

Er trägt noch immer seine neue Mütze mit den Ohrenklappen, was mir sehr entgegenkommt, da die Temperaturen merklich gesunken sind.

Vielleicht können wir jetzt alle ein Sandwich mit gebratenen Speckstreifen vertragen.

Am Nachmittag setze ich mich mit Lola an den Kamin im Salon. Die Jungs haben sich zum Spielen nach oben verzogen oder »helfen« Dennis draußen im Garten bei der Lauchernte.

»Okay, dann erzähl mal, wie es um deine Finanzen bestellt ist, Süße.«

»Welche Finanzen? Warum glauben eigentlich alle, ich wäre irgendwie zu Geld gekommen?«

»Wer glaubt das?«

»In erster Linie Pete.«

»Tja, wie gesagt, das Schöne an einer Scheidung ist, dass es dir schnurzpiepegal sein kann, was er denkt. Also, wie umfangreich ist dein Budget für die Umgestaltung und die Renovierungsarbeiten?«

»Na ja, ein paar Äcker sind an Bauern aus der Umgebung verpachtet, da kommen jährlich knapp fünfhundert Pfund rein.«

»Soll das ein Witz sein?«

»Nein. Aber die Schafe sehen hübsch aus und stören nicht und Helena wollte an niemanden sonst verpachten. Mr Crouch hat mir alles genauestens erklärt. Es gibt sogar ein Geschäftskonto dafür. Helena hat sich um alles gekümmert. Ich bin die einzige Zeichnungsberechtigte. Sie meinte wohl, wenn Bertie ebenfalls zeichnungsberechtigt ist, muss ich mich bloß rumärgern, weil er das Geld für allerlei unnützen Kram ausgibt.«

»Gute Entscheidung.«

»Du sagst es.«

»Und wie viel Zaster kommt sonst noch so rein, mal abgesehen von diesen fünfhundert Pfund?«

»Das B&B hat voriges Jahr knapp viertausend Pfund eingebracht und außerdem hat Helena etwas Geld auf einem

Spezialkonto geparkt, damit die Löhne für Dennis und Ivy für das kommende Jahr gesichert sind. Weiß der Geier, woher sie das Geld hatte. Allerdings sollte ich die Gehälter der beiden dringend erhöhen, auch wenn sie im Cottage mietfrei wohnen. Jedenfalls hat Helena das alles bereits im Vorfeld arrangiert, damit ich mir darüber vorerst nicht den Kopf zerbrechen muss. Natürlich kostet die Erhaltung des Hauses weit mehr, als es einbringt, und das schon seit Jahren. Aber Helena hat sich nur für ihre Pflanzen interessiert, und wenn mal das Geld knapp wurde, hat sie etwas verkauft.«

»Ist denn noch irgendetwas übrig, das man verkaufen kann?«

»Nur, wenn jemand an einem vorlauten Papagei interessiert ist. Helena hat Bertie ein bisschen Geld hinterlassen und er versucht andauernd, mir Schecks unterzujubeln, aber im Moment kommen wir über die Runden. Noch. Ich habe einen guten Preis für unser altes Haus bekommen, wobei es vor ein paar Jahren noch weit mehr wert war. Nach Abzahlung sämtlicher Kredite habe ich über hundertfünfzigtausend Pfund dafür gekriegt – genauer gesagt hundertdreiundfünfzigtausendvierhundertsiebenundsechzig Pfund. Und zwar nachdem ich meine Hälfte des Anwaltshonorars beglichen hatte.«

»Du meine Güte, ist das alles?«

»Das ist ein Riesenbatzen Geld, Lola.«

»Zugegeben, bei einer Bonuszahlung in dieser Höhe würdest du zweifellos vor Freude Purzelbäume schlagen. Aber du musst von diesem Geld nicht nur die gesamten Lebenshaltungskosten für dich selbst und deine Söhne bestreiten, sondern auch noch Harrington Hall renovieren!«

»Okay, aber Pete zahlt doch auch Unterhalt für die Jungs.

Er überweist das Geld zwar meistens zu spät, aber über kurz oder lang kommt es dann doch irgendwann. Wenn ich sparsam bin, wird es schon reichen.«

»Ich wäre gewillt zu investieren.«

»Das haben wir doch alles schon durchgekaut, Lola. Ich will es allein schaffen, wenn man die finanzielle Unterstützung durch Helena und Bertie mal außer Acht lässt. Und ganz nebenbei bemerkt habe ich den Verdacht, dass du eine äußerst Angst einflößende Geschäftspartnerin wärst.«

»Stimmt. Aber sag Bescheid, wenn es eng wird, ja? Dann rede ich mit meiner Bank. Wobei doch eigentlich dein bescheuerter Vater mit der Hausbank eures Hotels reden könnte, nicht?«

»Schon, aber dann mischt er sich andauernd ein, und Roger fängt garantiert an, mich rumzukommandieren. Wenn es irgendwie geht, würde ich auf die ›Hilfe‹ der beiden lieber verzichten.«

»Okay, also kein Notgroschen und kein finanzielles Polster, nur eine tolle Bude mit unglaublich viel Potenzial. Irgendwelche Langzeitpläne? Ach, ich weiß was: ein Nobelbordell. Ausschließlich adlige Kundschaft. Setz ihnen irgendeinen schauderhaften Fraß vor und sorg dafür, dass man ihnen mit einer Reitgerte den Arsch versohlt, dann fühlen sie sich hier wie zu Hause. Du wirst im Nu steinreich sein.«

»Klingt verlockend, aber trotzdem: nein. Wenn ich in ernsthafte finanzielle Schwierigkeiten gerate, kann ich mir immer noch eine Stelle als Lehrerin suchen, obwohl mir von meinem Gehalt wohl nicht viel übrig bleiben wird, weil der Großteil davon für die Kinderbetreuung draufgehen wird. Und außerdem werde ich mit dem B&B und so weiter ziemlich eingespannt sein und kaum Zeit erübrigen können. Aber ich habe da noch ein paar Ideen. Komm mit.«

»Mist, wir müssen noch mal raus, nachdem ich eben erst diese gottverdammten Gummistiefel ausgezogen habe? Du könntest hier ein hübsches Sümmchen dazuverdienen, wenn du eine Gerätschaft erfindest, die deinen Wochenendgästen aus den Gummistiefeln hilft.«

»Ich hab etwas viel Besseres: Alfie.«

Wir spazieren hinüber zu den Stallungen, wo wir von Tess bellend begrüßt werden, während Alfie mit einem Stock gegen einen imaginären Lichtschwertgegner kämpft.

Lola ist beeindruckt, als ich sie auf das schöne Gebälk hinweise.

»Sehr hübsch. Schade nur, dass hier so ein eisiger Wind durchpfeift, bei all den Löchern im Dach.«

»Die kann man reparieren, und wenn man ein paar Wände versetzt und eine Zwischendecke einzieht, könnte man das Gebäude zu zwei, wenn nicht sogar drei tollen Ferienwohnungen umfunktionieren, mit Schlafzimmern und Bädern im Obergeschoss. Das machen jetzt viele und man kann das ganze Jahr über vermieten – in der Nebensaison nur an den Wochenenden, im Sommer wochenweise. Da käme dann richtig Zaster rein. Ich muss erst mit ein paar Fachleuten und der Bank reden und die nötigen Genehmigungen einholen, und bis das alles über die Bühne ist, werde ich mich auf die wichtigsten Reparaturen im Haupthaus beschränken und das Pförtnerhäuschen wieder instand setzen. Damit kann ich schon mal testen, wie das Geschäft mit den Ferienwohnungen läuft. Trotzdem werde ich ein bisschen Geld beiseitelegen, für Notfälle. Aber es könnte richtig schön werden. Verglichen mit dem Pferdestall ist das Pförtnerhäuschen weit weniger baufällig. Oder sagen wir mal, ein bisschen weniger. Ich zeige es dir; dafür müssten wir allerdings noch ein paar Schritte gehen. Wie sieht's aus?«

»Mir ist viel zu kalt, um eine solche Entscheidung zu treffen. Meine Finger sind schon ganz taub. Das sind bestimmt die ersten Anzeichen einer Unterkühlung.«

»Es ist nicht allzu weit und eine ernst zu nehmende Unterkühlung erkennst du daran, dass du dich anfängst auszuziehen, weil du dir einbildest, dir wäre zu warm. Solange du deine Kleider anbehältst, ist also alles okay.«

»Versprochen?«

Als wir am Ende der Auffahrt angelangt sind, geht bereits die Sonne unter und taucht das Dach der Stallungen in ein warmes orangefarbenes Licht.

»Es gibt doch irgendeine Bauernregel zum Thema Abendrot. Wie geht die noch gleich?«

»Abendrot Gutwetterbot. Morgenrot Schlechtwetter droht.«

»Und, ist darauf Verlass?«

»Keine Ahnung. Wenn du wissen willst, wie das Wetter wird, musst du Bertie fragen. Der hat allerlei Theorien auf Lager, was die Wetterentwicklung angeht.«

»Stimmen seine Vorhersagen denn?«

»Selten. Wenn du das Gebäude jetzt mit halb geschlossenen Augen betrachtest, kannst du dir schon lebhaft vorstellen, was für geniale Ferienunterkünfte das mal werden.«

Lola dreht sich um und späht zu den Stallungen hinüber.

»Dafür muss ich die Augen wohl ganz zumachen.«

Alfie winkt uns und schreit: »Es schneit! Es schneit!«

Tatsächlich. Zwar nur ein paar vereinzelte Flöckchen, aber die sind deutlich zu erkennen.

»Verflixt und zugenäht, ich muss morgen unbedingt wieder in London sein, Schneegestöber hin oder her.«

»Wir haben einen alten Traktor, an dem Dennis schon

seit Jahren rumbastelt. Er hat ihn bestimmt im Handumdrehen fahrbereit gemacht. Erst kürzlich hat er damit die Wiese gemäht. Oder er fährt dich mit seinem nagelneuen Aufsitzrasenmäher.«

»Nach London?«

»Aber nein, zum Bahnhof. Wenn alle Stricke reißen, kannst du immer noch den Zug nehmen.«

»Danke, Molly. Ich glaube, ich ziehe mich einfach gleich splitternackt aus und lege mich in den Schnee. Das spart Zeit.«

Morgen ist der 31. Januar und ich hoffe sehr, dass zum Monatsende das Wetter endlich wieder besser wird. Wir hatten Sturmböen und sturzbachartige Regenfälle, nach denen die Straße ins Dorf unter Wasser stand, und außerdem mehrere Wochen Schnee. Zu Neujahr war alles nur weiß angezuckert, aber dann schneite es drei Tage lang so heftig, dass die Schulen geschlossen blieben. Und vorige Woche gab es einen Stromausfall. Nachdem ich eine halbe Stunde im Keller gestanden und mich mit den Sicherungen abgemüht hatte, kam Dennis angeradelt, um mir mitzuteilen, sowohl im Dorf als auch entlang der Küste sei überall der Strom ausgefallen. Somit kamen wieder einmal die Campingtaschenlampen zum Einsatz, denn auch ohne eine Haushälterin namens Mrs Danvers ist mir bei der Kombination von drei schulpflichtigen Jungs und unzähligen brennenden Kerzen nicht ganz wohl. Wir ließen ein batteriebetriebenes Radio laufen und ich musste ständig mit Kienspänen und Holzscheiten von einem Zimmer zum nächsten ziehen und zusehen, dass das Feuer in den diversen Kaminen nicht ausging, aber so konnte uns zumindest nicht kalt werden, und ich glaube, die Jungs fanden es ganz lustig. Der große Vorteil von kalten Fliesenböden ist, dass man sich freiwillig das Tragen von Hausschuhen angewöhnt. Alfie hat jetzt immer seine Batman-Pantoffeln mit Ohren an und auch Dan und Ben tragen praktisch rund um die Uhr ihre karierten Schlappen mit Fleecefutter, auch wenn sie so tun, als fänden sie die Dinger unmöglich. Wie auch immer, seither sind ihre Socken bedeutend weniger dreckig. Ich habe darauf geachtet, dass auch die Hausschuhe waschbar sind, weil ich aus Erfahrung weiß, dass es keinen Sinn hat, den Jungs Bekleidung zu kaufen, die man nicht zumindest bei vierzig Grad waschen kann. Wahrscheinlich gilt das auch für Mädchen, aber ich gehe mal davon aus, dass deren Klamotten tendenziell weniger matschverkrustet und mit Grasflecken übersät sind. Schließlich haben nur wenige Mädchen die Angewohnheit, sich beim Fußballspielen gegenseitig in einen schlammigen Grenzgraben zu schubsen, um Bonuspunkte zu erwerben.

Die vergangenen paar Tage waren extrem stürmisch und Bertie, der in letzter Zeit noch mehr in seiner Rolle als Marineveteran aufgeht als sonst, murmelt ständig etwas von wegen »die Rettungsboote sind wieder unterwegs« und behauptet, das Wetter würde noch übler werden. Heute früh hat er verkündet, vergangene Nacht habe es zwei Rettungsaktionen gegeben, aber zum Glück seien alle Beteiligten wieder heil an Land gelangt, weshalb nachher zur Feier des Tages mal wieder seine Kanone zum Einsatz kommen werde. Im Grunde ist ihm jedes noch so fadenscheinige Argument recht. Es ist gerade so, als würden wir mit diesem verdammten Admiral Boom aus *Mary Poppins* unter einem Dach wohnen. Bertie behauptet, in der Schifffahrt habe das Abfeuern von Kanonen schon lange Tradition, sei es nun im Rahmen irgendwelcher Feierlichkeiten oder beispielsweise um kundzutun, dass man keine feindlichen Absichten hegt. Ich glaube ja, er steht einfach darauf, Krach zu machen.

»Mum?«

»Ja, Alfie? Such deine Schultasche und Ben, bitte beeil dich, ja?«

»Wegen Onkel Berties Kanone ...«

»Was ist denn damit? Du sollst hier nicht tatenlos rumstehen, sondern deine Schultasche suchen. Nein, nicht da drüben, im Kühlschrank ist sie sicher nicht.«

»Hast du gewusst, dass er nur mit Platzpatronen schießt, damit niemand verletzt wird?«

»Ja.«

Sonst wären wir garantiert nicht hierhergezogen. Ich bin schließlich nicht total übergeschnappt.

»Können wir ihm nicht eine echte besorgen, mit richtigen Kanonenkugeln?«

Ben seufzt.

»Nein, können wir nicht, du Hasenhirn. Die sind verboten. Niemand darf einfach rumböllern, wo und wie es ihm passt. Da könnten Menschen sterben. Mum, hast du auch gewusst, dass man immer eine ungerade Anzahl an Kanonenschüssen abfeuert? Hat mir Bertie erzählt. Eine gerade Anzahl bedeutet Tod oder so. Bei der Königin sind es deswegen einundzwanzig Schüsse, nicht zweiundzwanzig. Und bei unwichtigeren Leuten eben weniger.«

»Na, ein Glück. Ein einziger Kanonenschuss ist für meinen Geschmack schon laut genug. Bei einundzwanzig würde womöglich das Haus in sich zusammenstürzen.«

Noch ein Grund, froh zu sein, dass wir nicht adliger Abstammung sind.

»So, und jetzt legt mal einen Zahn zu, sonst kommen wir zu spät. Dan ist schon vor einer Ewigkeit zum Bus gegangen.«

Wenigstens kriechen heute keine Traktoren vor uns her und die Straße ist zur Abwechslung auch nicht von einer Herde panisch blökender Schafe verstopft, die von einem Feld zum nächsten getrieben werden, sodass wir gerade noch rechtzeitig kommen. Ben und Alfie haben sich an der kleinen Dorfschule sehr schnell eingewöhnt, wobei der Umstand, dass gut die Hälfte der Kinder nicht aus dem Ort, sondern aus den umliegenden Dörfern stammt, definitiv hilfreich war. Außerdem genießt Alfie es, einen Bruder in der obersten Klasse zu haben. Meine alte Grundschule wurde geschlossen und zu Wohnungen umfunktioniert und es ist seltsam, meinen ehemaligen Mitschülern mit ihren Kindern auf dem Schulhof zu begegnen. Claire Denman heißt inzwischen Claire Prentice und hat sich seit ihrem siebten Lebensjahr nicht sonderlich verändert – ganz im Gegensatz zu Belinda Trent, die früher schüchtern und zappelig war, sich mittlerweile Bella nennt und sich laut Sally in ihrer Funktion als Wirtin der Dorfkneipe hervorragend darauf versteht, Betrunkene vor die Tür zu setzen. Ihr Sohn Arthur geht in Alfies Klasse, genau wie Sallys Sprössling Tom. Die drei haben sich schnell angefreundet und Miss Cooper wird noch alle Hände voll zu tun haben mit diesem Trio, das immer neue Mittel und Wege ersinnt, um die Schulstunden möglichst kurzweilig zu gestalten. Mrs Dent, die Bens Klasse leitet, erweckt einen bedeutend strengeren Eindruck, was ich nicht weiter verwunderlich finde. Schließlich weiß jeder, dass man ganz schön auf Draht sein muss, wenn man die ältesten Kinder an der Schule unterrichtet, sonst kommen diese Bengel sehr bald auf die Idee, den Stuhl am Lehrerpult mit Superkleber zu bestreichen, weil sie Lust auf eine verlängerte Mittagspause haben.

Sally steht mit Toms Schultasche in der Hand am Zaun.

»Ich könnte mich ohrfeigen. Ich habe ihm versprochen zu warten, bis sie reingehen müssen, und jetzt komme ich zu spät zur Arbeit, ich Depp.«

Ich hebe demonstrativ die diversen Büchertaschen und Lunchpakete meiner Jungs hoch und sie lächelt.

»Ich bin also nicht der einzige Depp hier.«

»Nö. Wenigstens ist das Wetter wieder besser. Unser ganzes Dachgeschoss steht voller Töpfe und Eimer, weil es ständig reingeregnet hat. Ich bin völlig verzweifelt. Ich hab doch so gehofft, dass ich unter dem ganzen Krempel dort oben doch noch edles Porzellan von Spode oder so entdecke. Leider Fehlanzeige. Gott sei Dank kommt Mr Stebbings bald und fängt mit den Reparaturen und Umbauarbeiten an. Und das stürmische Wetter haben wir laut Bertie jetzt erst mal auch hinter uns. Was er natürlich zum Anlass nimmt, zur Feier des Tages nachher wieder einen Kanonenschuss abzufeuern.«

»Ich hoffe, Alfie erzählt Tom nichts davon, der kann es nämlich kaum erwarten, das Ungetüm zu besichtigen, und ich muss diese Woche immer bis sechs arbeiten, was bedeutet, dass Patrick ihn abholen muss. Sofern er es nicht wieder vergisst.«

Sallys Ehemann Patrick ist zurzeit ziemlich beschäftigt, weil er kürzlich ins Biofleischgeschäft eingestiegen ist und eine Reihe von Ständen auf diversen Bauernmärkten mit seiner Ware beliefert.

»Ist doch bisher bloß einmal vorgekommen, oder?«

»Ja, aber das reicht mir vollauf. Miss Cooper hat mich im

Hotel angerufen und mich total zur Schnecke gemacht. Du weißt ja, wie Lehrer sind. Ach, entschuldige …«

»Schon okay, Sally. Die Eltern möglichst herablassend zu behandeln war das Allererste, was man uns auf dem College beigebracht hat.«

»Das glaub ich dir sofort. Guck mal, da drüben steht Dylans Mum Karen mit dem Baby.«

»Du meine Güte, sieht die fertig aus.«

»Man möchte meinen, sie ist für alles gewappnet, schließlich war sie Hebamme am Krankenhaus in Barnstaple. Tja, da sieht man's mal wieder, bei den eigenen ist eben alles anders. Sie hat sich selbstständig gemacht als alternativmedizinische Geburtshelferin, was auch immer das bedeuten mag.«

»Himbeerblättertee und Kirschkernkissen?«

»Vermutlich. Aber für einen Hipster ist sie eigentlich ganz in Ordnung. Ihr Baby heißt Sky.«

Wir lächeln. Seit unserer Schulzeit hat sich in dieser Gegend einiges getan. Damals gab es im Dorf fast nur Leute, deren Familien schon seit Generationen hier lebten. Inzwischen sind unter den Eltern der Schulkinder nicht nur Ortsansässige, sondern so einige Neureiche und Hipster, wie Sally sie nennt. Viele der Leute aus dem Dorf arbeiten im Tourismus oder im Dienstleistungssektor und legen zuweilen eine abweisende Haltung gegenüber Zuzüglern an den Tag, die die Immobilienpreise in die Höhe treiben und einen Tobsuchtsanfall bekommen, wenn es im Dorfladen keine Oliven gibt. Doch die meisten der Alteingesessenen sind relativ tolerant, zumal sie oft einer Tätigkeit nachgehen, bei der sie irgendwie mit Urlaubern oder Neuzugängen zu tun haben.

Die Neureichen wohnen in den größten Häusern, meistens Neubauten mit Fassaden im pseudogeorgianischen Stil und drei Garagen. Die dieser Gruppe angehörenden Frauen sind zum überwiegenden Teil damit beschäftigt, eine Dinnerparty nach der anderen zu organisieren, während ihre Ehemänner ein paar Tage die Woche pendeln oder von zu Hause aus arbeiten. Nur die wenigsten dieser Schnepfen sind berufstätig, die meisten sind richtige Luxusweibchen und kurven mit riesigen Geländewagen durch die Gegend, ohne je die asphaltierten Straßen zu verlassen. Ihre Kinder schicken sie aus Kostengründen erst einmal auf die Dorfschule, ehe sie sie in ein Internat verfrachten, und wenn sie ihre Sprösslinge zur Schule bringen, sind sie entweder wie meine Schwägerin komplett geschminkt, total aufgetakelt und mit sorgfältig aufeinander abgestimmten Accessoires ausgestattet, oder sie sehen aus, als wären sie eben erst vom Pferd gestiegen, was nicht selten tatsächlich der Fall ist. Bei den anderen Müttern sind die Mitglieder dieser Schickimicki-Country-Clique eher unbeliebt, weil sie sich abschotten und auf dem Schulhof tendenziell etwas arrogant und herablassend auftreten. Und dann gibt es wie gesagt noch die Hipster: Künstler, Surfer und Selbstversorger, die hergezogen sind, um ein nachhaltigeres Leben zu führen und – meist im Schneckentempo – ein Cottage renovieren. Da das Geld knapp ist, sind sie häufig Fans des Tauschhandels, und viele der Männer tragen Sandalen.

Heute befinden sich unter den Müttern am Schulhof zwei Aromatherapeutinnen, eine Kristalltherapeutin, eine Reiki-Heilerin sowie mehrere Yogalehrerinnen, von denen eine sogar Yoga auf Surfbrettern anbietet. Allerdings nur im Sommer, weil man im Winter dafür einen Ganzkörperneoprenanzug tragen müsste, der jedoch die Bewegungsfreiheit zu sehr einschränken würde. Und wenn man ohne selbigen ins Wasser fiele, wäre wohl die einzige Position, die man dann noch einnehmen könnte, »Steif gefrorene Kursteilnehmerin im Badeanzug«. Sally hat es ausprobiert und sagt, es ist klasse, solange man es schafft, auf dem Brett stehen zu bleiben. Wir haben auch eine ehemalige Tänzerin, die früher am *Royal Ballet* war und jetzt Pilates unterrichtet, alles in allem also eine recht gelenkige Mischung.

Sally zählt zweifellos zu den Ortsansässigen, ich dagegen bin nicht ganz sicher, welcher Gruppe ich angehöre, und wenn man in einer derart kleinen Dorfgemeinschaft mal in eine Schublade gesteckt wurde, ist es verflucht schwer, da wieder rauszukommen, deshalb muss ich darauf achten, von Anfang an mit den richtigen Leuten zu verkehren. Ich bin weder eine Alteingesessene noch ein Hipster, und selbst wenn ich wollte, habe ich nicht das Zeug dazu, als Gutsherrin in Erscheinung zu treten. Genauso wenig bin ich scharf darauf, allein eine neue Kategorie zu gründen – die der geschiedenen Frauen beispielsweise, ganz zu schweigen von der Kategorie der Eltern, die von Beruf Lehrer sind. Deshalb bin ich im Augenblick darum bemüht, mich tunlichst in Zurückhaltung zu üben, wenn es um etwaige freiwillige schulbegleitende Aktivitäten geht. Da ich weiß, wie die Lehrer über Eltern lästern, die sich nicht genügend einbringen, bin ich im Elternbeirat, aber abgesehen davon werde ich nur dann in der Schulbücherei oder bei der Betreuung langsamer Leser helfen, wenn man mich stundenweise dafür bezahlt. Mit meinen unzähligen Überstunden habe ich nämlich eindeutig schon einen mehr als ausreichenden Beitrag zu unserem Bildungssystem geleistet.

Somit bin ich jetzt quasi vom Wilddieb zum Jäger mutiert. Wobei der Spruch umgekehrt eigentlich mehr Sinn ergeben würde, weil die Arbeit eines Jägers normalerweise bezahlt und allgemein geschätzt wird und außerdem wird einem Jäger üblicherweise eine Waffe und spezielle Berufsbekleidung zur Verfügung gestellt, und von alldem können Mütter ja nur träumen.

Tom rennt an uns vorbei, um sich davon zu überzeugen, dass Sally noch wartet, und sie versucht ihn bei dieser Gelegenheit dazu zu bewegen, den Reißverschluss seiner Jacke zuzuziehen. Ich für meinen Teil habe das bei meinen Jungs längst aufgegeben, weil es ein mysteriöses Gen zu geben scheint, das dafür sorgt, dass Jungs nicht in der Lage sind, die Reißverschlüsse ihrer Jacken zuzumachen, es sei denn, sie versinken bis zur Halskrause im Schnee. Und außerdem habe ich es gründlich satt, immer wieder dieselben Ermahnungen zu wiederholen und total ignoriert zu werden. Ein Papagei pro Haushalt genügt vollauf.

Eben ist Mrs Williams, die Direktorin, mit einer Glocke in der Hand auf den Schulhof getreten und wird im Nu von Kindern umringt, die darum betteln, die Glocke klingeln zu lassen. Die Auserwählte, eine sehr kleine Schülerin mit Zöpfen, veranstaltet damit einen Heidenlärm, bis es Mrs Williams gelingt, ihr das Ding wieder zu entwinden. Die anderen Kinder haben sich inzwischen in einer Reihe aufgestellt.

»Diese Mrs Langdon sieht ständig zu uns rüber.«

»Wer?«

»Die mit dem silbernen Mercedes.«

»Ach, die.«

Lucinda Langdon-Hill parkt ihren Wagen für gewöhnlich direkt vor der Schule, in dem mit gelben Querstreifen deutlich markierten PARKEN-VERBOTEN-Bereich, und tut, als würde sie die bösen Blicke der anderen Mütter auf dem Schulhof nicht bemerken. Sie muss Nerven aus Stahl haben.

»Sieh dich vor, sie kommt rüber.«

»Mehr schlecht als recht. Die Bauarbeiter haben mit der Renovierung angefangen und machen einen Riesensaustall, was Ivy total auf die Palme bringt. Und so wackelig, wie der alte Mr Stebbings auf den Beinen ist, sollte er nicht einmal allein die Treppe ins Obergeschoss erklimmen, geschweige denn auf eine Leiter steigen oder auf dem Dach herumturnen. Ich rechne ja so halb damit, dass jemand vom Sozialamt vorbeikommt und mir deswegen die Leviten liest. Und allein die allerwichtigsten Reparaturen in Harrington Hall und am Pförtnerhaus werden Unsummen kosten. Die einzig gute Nachricht ist, dass es Mr Stebbings tatsächlich gelungen ist, sämtliche Genehmigungen für den Umbau des Pförtnerhauses vom zuständigen Amt einzuholen. Das ist immerhin etwas.«

»Klingt, als wäre er sein Geld wert.«

»Ist er auch. Ich hatte nur vergessen, wie unglaublich kräftezehrend die Phase ist, in der alles schlimmer wird, bevor es besser wird.«

»Wenn es denn besser wird.«

»Vielen Dank, Lola. Sehr ermutigend.«

»Ich habe dir einen ganzen Stapel Zeitschriften geschickt, um dich zu inspirieren.«

»Die sind gestern angekommen. Entschuldige, ich wollte dich eigentlich anrufen, um mich zu bedanken. Sie sind toll.«

»Auf den eingemerkten Seiten sind die Sachen, die ich mir für mein Zimmer wünsche.«

»Ist mir aufgefallen.«

Lola bezeichnet das große Doppelzimmer mittlerweile als »ihr« Zimmer.

»Du willst für das Sofa also wirklich einen mit Häschen und Kohlköpfen bedruckten Vintagebezug?«

»Ja, will ich. Das ist total Country-House-Chic.«

»Wohl eher total behämmert, vor allem bei einem Preis von fast fünfzehn Pfund pro Meter. Und mit den Vorhängen bin ich auch noch kein bisschen weiter. Offenbar verzichtet man zurzeit ganz auf Vorhänge, aber ich fürchte, das wirkt dann etwas kahl. Im Moment werden die Fensterläden repariert und neu gestrichen und die halten die Kälte ab, vorausgesetzt, unsere Gäste denken daran, sie zu schließen. Sobald das erledigt ist, werde ich, glaube ich, einfache Holzstangen montieren lassen und schlichte Baumwollvorhänge aufhängen. Mum hat versprochen, mit ihrer Nähmaschine anzurücken, dann können wir sie selbst nähen.«

»Du weihst also endlich dein Nähzimmer ein, das den Namen Ankleidezimmer definitiv nicht verdient hat?«

»Sieht ganz danach aus, ja. Ich habe in dem Laden, von dem ich dir erzählt habe, ein paar tolle Stoffe gesehen. Sehr 1940er-Stil – blassblau und weiß, mit Muscheln und kleinen Segelbooten.«

»Klingt gut, aber ich bleibe bei meinen Hasen. Du solltest ohnehin auf Mustermix setzen, sonst wirkt es so kitschig wie diese grauenhaften Kreationen von Cath Kidston. Ein Wohnraum verträgt nun mal nur eine begrenzte Anzahl an Rosenmuster.«

»Du wirst noch feststellen, dass da hier bei uns auf dem Land andere Maßstäbe gelten. Aber mit geblümten Stoffen möchte ich mich ohnehin zurückhalten – schließlich haben wir genügend Blumen im Garten.«

»Was hältst du von den Ideen für die Bäder, die ich dir geschickt habe? Sind die nicht klasse?«

»Absolut. Die kommen in meinen Ordner für die Bäder, für Phase zwei. Im Augenblick muss ich aus Kostengründen noch alles ganz schlicht halten. Seit wir die scheußlichen alten Teppiche rausgerissen und die Böden abgeschliffen haben, ist es schon viel besser. Und wenn wir erst die neuen Armaturen und Handtücher bekommen haben, wirst du die Bäder nicht wiedererkennen.«

»Wetten, doch? Eine frei stehende antike Badewanne mitten im Zimmer ist genau die Art von Luxus, die sich die Leute heutzutage wünschen.«

»Aber nur, wenn sie vor ihrem Reisegefährten gerne splitternackt rumlaufen. Ich könnte mir allerdings vorstellen, dass der Großteil unserer Gäste da Hemmungen hat.«

»Tja, dann ist es an der Zeit, dass sie ein paar neue Erfahrungen machen, an die sie noch lange denken werden.«

»Oh ja. Der Anblick von Petes frei schwippenden Kronjuwelen, wenn er frühmorgens in die Wanne steigt, der wäre mir bestimmt auch in lebhafter Erinnerung geblieben – nur leider hätte er mir gründlich den Appetit aufs Frühstück verdorben. Und außerdem würde Ivy das bestimmt nicht gutheißen.«

»Schnalzt sie immer noch bei jeder Gelegenheit mit der Zunge?«

»Jep. Und seit Mum mit schöner Regelmäßigkeit vorbeikommt, um zu helfen – wofür ich ihr natürlich sehr dankbar bin –, haben die beiden eine Art Wettstreit eröffnet, bei dem es darum geht, wer mich am meisten rumkommandieren kann.«

»In welcher Hinsicht?«

»In jeder Hinsicht. Gestern ging es darum, wie man Alfies Schuluniformhose am besten von Schlammspuren befreit. Ich habe total unterschätzt, mit wie viel Schlamm man in Berührung kommt, wenn man auf dem Land lebt.«

»Sag ihnen einfach, sie sollen sich verpissen.«

»Das überlasse ich Betty und dir. Wie sieht es aus, kommst du dieses Wochenende?«

»Ja. Ich muss doch sicherstellen, dass mein Zimmer ordentlich renoviert wird.«

»Na dann. Du wirst diesmal im Einzelzimmer nächtigen müssen. Vorausgesetzt, das bleibt bis zum Wochenende vom Renovierungschaos verschont. Wenn nicht, kannst du mein Zimmer haben und ich schlafe im ...«

»Sag's nicht.«

»Im Nähzimmer. Wir stellen eins von den Einzelbetten rein.«

»Alles klar, Süße. Ich kann's kaum erwarten.«

»Dann kannst du auch mein Brot probieren. Ich habe wieder angefangen zu backen. Die oberste Schiene im Ofen ist ideal, um den Teig aufgehen zu lassen. Sally hat mich mit ihrem Freund Dave bekannt gemacht, der auf diversen Märkten in der Gegend einen Brotstand hat, und er will mir was von seiner Sauerteig-Starterkultur abgeben.«

»Wovon?«

»Von der Hefe, die man zum Backen von Sauerteigbrot braucht. Eine sehr ernste Angelegenheit. Manche Hefen sind schon Hunderte von Jahren in Verwendung. Es gibt Leute, die nehmen das Zeug sogar mit in den Urlaub, um den Kreislauf nicht zu unterbrechen.«

»Sehr appetitanregend.«

»Das wird es in der Tat, wenn ich unseren Gästen frisches Brot servieren kann. Ich experimentiere mit Dinkel- und Vollkornmehl. Man kann richtig süchtig danach werden.«

»Klingt, als wäre es hoch an der Zeit, dass ich mal wieder vorbeikomme, bevor du endgültig ein Fall für die Klapse bist.«

Sobald ich von der Schule zurück bin, lasse ich mich von Mr Stebbings auf den neuesten Stand der Dinge bringen.

Wir begeben uns ins Speisezimmer und spähen hinauf zur Stuckdecke.

»Soweit ich mich erinnere, hab ich in meiner Werkstatt noch ein paar Schablonen für genau solche Stuckleisten. Damit kann ich alle nötigen Ausbesserungsarbeiten erledigen. Sie werden sehen, wenn wir fertig sind, ist die Decke wieder wie neu. Die Leute damals haben halt noch etwas von ihrer Arbeit verstanden. So eine Qualität, das findet man heute nicht mehr. Wird ein richtiges Vergnügen, sich an so 'ner Decke zu schaffen zu machen.«

»Ich nehme mal an, die Behausungen der Arbeiter waren eher schlicht gestaltet.«

»Allerdings. Wenn irgendetwas reparaturbedürftig war, musste man das selbst erledigen oder vor dem Gutsherrn katzbuckeln. Für die Arbeiter waren das damals nicht die ›guten alten Zeiten‹, so viel steht fest.«

»Und für die Arbeiterinnen genauso wenig. Ivy hat mir das alte Waschbrett und den Dampfkessel gezeigt, mit dem im Pförtnerhaus früher die Wäsche gewaschen wurde – für die ganze Großfamilie. Sie meinte, sie kann sich noch gut daran erinnern, was für eine Schufterei das früher war.«

Er lächelt.

»Am Waschtag sind meine Brüder und ich unserer Mutter wohlweislich aus dem Weg gegangen, sonst hat man sich gerne mal eine gefangen, ehe man sich's versah. Wir waren zu siebt, da musste sie sich ganz schön ranhalten, wenn sie dafür sorgen wollte, dass wir präsentabel aussehen.«

»Das glaub ich gern. Ich weiß ja, wie viel Wäsche schon bei meinen drei Jungs anfällt – und die sehen weiß Gott nicht immer präsentabel aus. Möchten Sie eine Tasse Tee? Ich wollte gerade welchen machen.«

»Nein danke, Miss. Ivy hat uns bereits mit Tee und selbst gemachtem Kuchen versorgt. Sehr lecker.«

»Von den Jam Tarts würde ich an Ihrer Stelle lieber die Finger lassen. Bei denen hat ihr Alfie gestern geholfen und der hatte ziemlich dreckige Finger.«

»Alles klar, danke. Aber Jim erzähle ich das trotzdem nicht. Der ist hart im Nehmen. Ein bisschen Dreck im Teig stört ihn sicher nicht.«

Damit klettert er glucksend die Leiter hinauf, um sich die Stuckleisten aus der Nähe anzusehen.

Die Nachricht, dass die Dampfbügelpresse bestellt ist, wurde von Ivy mit so viel Begeisterung aufgenommen, dass meine nächste Ankündigung (dass wir die alten Tupperdosen abschaffen und die Gäste ihre Frühstückszerealien künftig in Minipackungen erhalten werden) vollkommen unterging. So weit, so gut. Jetzt muss ich nur noch sicherstellen, dass die neue Dampfbügelpresse ausschließlich von Personen bedient wird, die über achtzehn sind – und am besten mich selbst ebenfalls davon fernhalten. Ich beschließe, die Gunst der Stunde zu nutzen und in der Vorratskammer Inventur zu machen. Als ich im untersten Regal angelangt bin, kommt Ivy herein.

»Ich suche gerade den Badreiniger.«

»Sie müssen mir nur Bescheid sagen, dann kümmere ich mich um alles.«

»Wir haben das doch schon besprochen, Ivy. Es leben jetzt vier weitere Personen in diesem Haushalt und die Jungs machen so viel Dreck – das können Sie beim besten Willen nicht alles allein bewältigen.«

Ich lächle, aber sie hat die Arme vor der Brust verschränkt und mustert mich pikiert.

»Also, bislang hat es deshalb nie irgendwelche Beschwerden gegeben.«

Ich glaube, es ist an der Zeit, dass ich mal meinen Mann stehe, auch wenn das für eine auf dem Boden kniende Frau nicht ganz einfach ist. Aber ich muss es zumindest versuchen.

»Ich beschwere mich nicht, Ivy. Weit gefehlt. Aber ich werde nicht wie Helena den ganzen Tag im Garten sein. Ich möchte mich im Haus nützlich machen und Sie tatkräftig unterstützen. Wenn es sein muss, auch auf allen vieren, wie Sie sehen.«

Sie zögert.

»Sie waren wie Pech und Schwefel. Dennis und Helena, meine ich. Jedes Pfund, das wir eingenommen haben, ging gleich wieder für den Garten drauf.«

»Ich weiß, Ivy, und wir werden uns selbstverständlich auch weiterhin um den Garten kümmern. Aber deswegen darf das Haus nicht vernachlässigt werden.«

»Das müssen Sie mir nicht sagen. Ich hab immer wieder versucht, ihr das klarzumachen.«

»Und, wie lief das dann? Gab es ein Budget für Haushaltsreiniger und dergleichen?«

Sie schüttelt den Kopf.

»Nicht dass ich wüsste.«

»Okay, Sie haben die Sachen also in Eigeninitiative besorgt und sich von Helena dafür das Geld geben lassen?«

Sie tritt verlegen von einem Fuß auf den anderen, dann öffnet sie den Schrank neben der Tür.

»Da drin steht eine Flasche Bleichmittel, soweit ich weiß.«

Ach herrje, allmählich wird mir klar, warum es in diesem Haushalt kaum Putzmittel gibt – Ivy musste alles selbst kaufen.

»Ivy, wie viel haben Sie über die Jahre ausgegeben?«

»Es war nur ein bisschen was dann und wann. Sie hatte keine Ahnung, was das Zeug kostet, und ich wollte es ihr nicht unter die Nase reiben.«

»Okay, das wird sich auf jeden Fall ändern, und zwar ab sofort. Wir fahren gleich mal zum Großmarkt in der Industriezone und decken uns mit dem Nötigsten ein. Und Sie werden nichts mehr aus der eigenen Tasche bezahlen, einverstanden?«

»Ich dachte, für den Großmarkt braucht man einen Berechtigungsausweis.«

»Sally hat mir die Karte vom Hotel geliehen. Es wird keiner erfahren, solange ich unsere Einkäufe bar bezahle. Sollen wir eine Liste schreiben? Ich hätte gern zwei komplette Garnituren, eine für hier unten und eine zweite für das Obergeschoss, das spart Zeit beim Reinigen der Gästezimmer. Was halten Sie davon?«

»Na ja, ein neuer Mopp wäre ganz praktisch. Der alte ist echt hinüber. Kann ich Mr Bertie vorher noch sein Mittagessen bringen? Haben wir dann genügend Zeit, bis die Jungs aus der Schule abgeholt werden müssen, oder sollen wir sie mitnehmen? Sie könnten ja den Einkaufswagen schieben. Das würde ihnen doch bestimmt Spaß machen, nicht?«

Das bezweifle ich zwar, aber es ist offensichtlich, dass Ivy für den Einkauf gern etwas mehr Zeit hätte.

»Gute Idee. Wir holen sie ab und fahren direkt zum Großmarkt. Dan kommt auch allein zurecht, bis wir wieder da sind. Ich hinterlasse ihm eine Nachricht, damit er Bescheid weiß. Fangen Sie schon mal an, Ihre Liste zu schreiben, Ivy.«

Wie es scheint, habe ich mit diesen Worten, ohne es zu ahnen, eine Art Büchse der Pandora geöffnet. Ivy ist wie ein Derwisch durch den Großmarkt gefegt und hat sich sämtliche lang gehegten Putzzubehörträume erfüllt. Wehe, wenn sie losgelassen ... Ich musste Ben und Alfie mit ein paar Dosen Cola bestechen, während Ivy unzählige Wischmoppmodelle miteinander verglich, die für mich alle gleich aussahen. In unserem Wagen stapeln sich Dutzende Flaschen und Dosen Haushaltsreiniger sowie genügend Bürsten, Schwämme und Lappen für die kommenden paar Jahre. Außerdem haben wir einen neuen Putzeimer auf Rollen erstanden, mit dem das Wischen des Küchenfußbodens das reinste Vergnügen wird, jedenfalls nach Ivys Demonstration zu urteilen. Sie ist so happy, dass sie förmlich zur Kasse schwebt. Die Jungs ebenfalls, denn denen musste ich versprechen, dass sie heute länger fernsehen dürfen, sonst hätte es wohl einen Eklat gegeben, als ich vorhin bei ihrem Pseudoschwertkampf mit den Spülbürsten dazwischengegangen bin.

Puh. Die Rechnung beläuft sich auf knapp zweihundertvierzig Pfund – und das nur für Sachen, die man weder essen noch anziehen kann. Als die Frau an der Kasse die Gesamtsumme nennt, fällt die arme Ivy beinahe in Ohnmacht und ist drauf und dran, die Hälfte unserer Neuerwerbungen wieder zurückzubringen. Es bedarf all meiner Überredungskünste, um sie am Ende doch noch aus dem Laden zu locken. Auf dem Weg zum Auto läuft sie wie in Trance neben mir her und umklammert dabei aus unerfindlichen Gründen ein Set bestehend aus Kehrschaufel und Besen. Ben und Alfie schieben den rollbaren Putzeimer im Zickzack über den Parkplatz, bis ich interveniere.

»Wozu hat er denn Rollen, wenn wir nicht damit rumfahren dürfen?«

»Die Rollen sollen das Putzen erleichtern, Ben, aber damit ist es Essig, wenn ihr zwei hier den Eimer durch den Dreck schiebt. Und jetzt steig bitte ein, Liebes.«

»Was gibt's zum Abendessen?«

»Nudelauflauf?«

Er nickt. Nudeln sind sein Leibgericht, in welcher Form auch immer.

»Ich hasse Nudeln.«

»Tust du nicht, Alfie. Und jetzt steig bitte ein, ja?«

Ivy studiert noch immer die Rechnung.

»Hm. Es hat alles seine Richtigkeit, Molly. Und wenn man sich die einzelnen Preise ansieht, haben wir saftig gespart. Tja, Kleinvieh macht auch Mist, aber ich hätte wirklich nicht erwartet, dass so viel zusammenkommt.«

»Schon gut, Ivy. Es war dringend nötig, mal unsere Vorräte aufzustocken, und jetzt sind wir versorgt. Alfie, du steigst jetzt sofort ein, sonst kannst du dir die Cartoons abschminken.«

Dennis ist entsetzt, als er uns beim Ausladen hilft, und macht Ivy so lange Vorhaltungen, bis sie sichtlich das schlechte Gewissen plagt.

»Die Hälfte von diesem ganzen Kram brauchen wir doch gar nicht. Wozu sollen die hier gut sein?«

Er hält eine Reihe unterschiedlich großer, an einem Plastikring hängender Rundbürstchen in die Höhe.

»Damit reinigt man Teekannenschnäbel. Das ist eine lästige Fummelarbeit und mit einem Geschirrtuch werden sie einfach nicht richtig sauber.«

»Du liebe Zeit, ich bin gespannt, was die sich noch so alles ausdenken.«

Allmählich tut mir Ivy leid, zumal Dennis noch nie vor

dem Problem stand, einen Teekannenschnabel reinigen zu müssen. Ich habe mir bislang auch noch nicht allzu oft den Kopf über derlei Herausforderungen zerbrochen, aber ich bin sicher, die Bürstchen werden sich als äußerst praktisch erweisen.

»Wir brauchen die richtige Ausrüstung für unsere Arbeit, Dennis, genau wie Sie Ihre Gartengeräte brauchen. Und es war höchste Zeit, dass mal ein paar Sachen fürs Haus angeschafft werden, finden Sie nicht auch?«

Ivy nickt.

»Genau, und jetzt hältst du besser die Luft an, Dennis, sonst kannst du dir dein Abendessen nämlich selber kochen. Es war sehr nett von ihr, mir das ganze Zeug zu besorgen, das ich seit Jahren haben will, also untersteh dich, mir die Freude daran zu verderben, ja?«

»Ich mein ja nur ...«

»Behalt's für dich, und jetzt sei so gut und verzieh dich mit deinen dreckigen Stiefeln aus meiner Küche, ja? Nur weil ich einen neuen Putzeimer habe, heißt das noch lange nicht, dass er alle fünf Minuten zum Einsatz kommen muss. Ich hab dir schon x-mal gesagt, du sollst die Stiefel ausziehen, bevor du reinkommst, oder draußen bleiben. Miss Molly, eine Tasse Tee und ein Stück Kuchen? Ich habe vorhin einen gefüllten Biskuit gemacht.«

»Danke, Ivy, das wäre himmlisch, und dann sollte ich wohl mit dem Abendessen anfangen.«

»Was ist mit dir, Dennis? Gehst du oder bleibst du? Aber glaub nicht, dass du ein Stück von meinem Kuchen kriegst. Den hast du dir nämlich nicht verdient. Der ist für die Familie und nicht für Leute wie dich, die nur rumstänkern.«

»Ich muss wieder raus in den Schuppen. Da hab ich wenigstens meine Ruhe.«

»Mum, Onkel Bertie hat gesagt, er feuert nachher die Kanone ab. Darf ich ihm helfen?«

Na toll.

»Nein, Alfie, du darfst Onkel Bertie nicht helfen und das weißt du auch. Kanonen sind sehr gefährlich, damit dürfen nur Erwachsene hantieren.«

Sowohl Alfie als auch Dennis schnalzen indigniert mit der Zunge und trollen sich, um Bertie zu suchen.

Ivy und ich lächeln uns an.

»Keine Sorge, Dennis sorgt schon dafür, dass nichts passiert. Er tut zwar so, als würde ihm das Geböllere auf die Nerven gehen, aber in Wahrheit findet er es mindestens genauso toll wie Mr Bertie.«

»Ich glaube, das tun sie alle, Ivy.«

Inzwischen hat es sich eingebürgert, dass die Jungs in sicherer Entfernung in einer Reihe Aufstellung nehmen, gerade so, als würden sie in Habtachtstellung stehen, und nach jeder Explosion johlen sie vor Begeisterung, während im ganzen Haus das Geschirr klappert. Das einzig Gute daran ist, dass uns der Krach die Möwen vom Leib hält. Im Dorf attackieren die Biester jeden, der sich zum Essen vor dem Café oder der Fish-and-Chips-Bude niedergelassen hat. Hm. Ich sollte Bertie samt seiner dämlichen Kanone als Möwenschreck vermieten. Das wäre eine Aufgabe nach seinem Geschmack – und eine lukrative Nebenerwerbsquelle obendrein. Könnte nicht schaden, vor allem, wenn wir künftig regelmäßig den Großmarkt leer kaufen.

»Im Kühlschrank steht ein Rhabarber-Crumble, als Nachtisch zum Abendessen. Hat sich Ihr Alfie gewünscht. Sie müssen ihn nur noch zwanzig Minuten ins Rohr stellen.«

»Danke, Ivy. Haben Sie auch einen für Dennis und sich selbst gemacht?«

»Hab ich. Ich bezweifle allerdings, dass ich heute Abend Lust habe zu kochen. Mal sehen. Wenn nicht, muss er sich eben mit Käse und Crackern begnügen.«

Von wegen. Eher friert die Hölle zu, als dass Ivy ihren Mann bei Käse und Crackern darben lässt. Andererseits kann man bei ihr nie wissen. Es hat den Anschein, als sei sie noch sauer auf Dennis.

»Für Mr Bertie gibt es Ochsenschwanzsuppe, weil er die so gern isst. Ich bringe Ihnen gleich Ihren Tee. Gehen Sie doch schon mal rüber und erholen Sie sich ein bisschen. Sie hatten einen anstrengenden Tag.«

Ich glaube, ich werde ihre Dankbarkeit noch eine Weile gebührend genießen.

»Danke. Ich könnte tatsächlich fünf Minuten Pause gebrauchen, ehe ich mit dem Abendessen anfange. Und sobald der Nudelauflauf im Rohr steht, wärme ich die Suppe für Bertie.«

Ich mache eine frische Tomatensoße, teils, weil ich im Tiefkühlschrank keine mehr aufstöbern kann, teils in der Hoffnung, dass eine ausgiebige Schnippel- und Rührsession nach dem hektischen Nachmittag beruhigend auf mich wirken wird. Die Jungs haben sich noch ein Stück Kuchen einverleibt, ehe sie mit Bertie und Dennis nach draußen verschwanden, es hat also noch etwas Zeit, ehe das Essen auf den Tisch muss. Ich schneide Karotten, Sellerie und Zwiebeln und kehre mehrfach zurück in die Vorratskammer, die nach der Wäschekammer meine zweite Lieblingsruheoase im Haus darstellt. Beim Anblick der prall gefüllten Steinregale würde das Herz jeder Hausfrau auf der Stelle höherschlagen. Neben Marmeladen und eingelegtem Obst und Gemüse sind hier allerlei große Behältnisse mit Mehl und Reis und haufenweise Konserven ordentlich nebeneinander aufgereiht, und nicht zu vergessen Ivys beeindruckende Sammlung an leeren Weckgläsern und Flaschen. Es ist stets kühl und dunkel hier drin und sollten wir je ein Bankett veranstalten müssen, so sind wir dafür mit all den Schüsseln, Kasserollen, Kochtöpfen, Fischkesseln und doppelwandigen Warmhaltewannen, die sich in den unteren Regalen türmen, bestens ausgerüstet. Die kleineren Schüsseln und Teller stehen im Geschirrschrank, aber die Soufflé-förmchen und die großen Servierplatten und Terrinen werden in der Vorratskammer aufbewahrt. Sie sind Überreste von längst drastisch dezimierten Sets – mit blauweißem asiatischen Muster oder mit Goldrand, Blumen und Früchten, und dazwischen unser schlichtes weißes Porzellan und das blauweiß gestreifte Cornishware-Steingutgeschirr, das ich über die Jahre gesammelt habe. Alles in allem ein recht kunterbuntes Sammelsurium. Der Rest des Hauses mag ein paar Verschönerungsmaßnahmen dringend nötig haben, aber die Speisekammer ist schon jetzt perfekt, so wie sie ist.

Ich fische ein Lorbeerblatt aus einem der Gläser, in denen Ivy allerlei getrocknete Kräuter vom vergangenen Jahr verwahrt, und denke dabei an all die tollen Marmeladen, die ich im kommenden Sommer mit den Jungs einkochen werde, als Dan hereinkommt.

»Na toll, schon wieder Nudelauflauf. Yippie.«

»Warum bist du nicht draußen bei Onkel Bertie?«

»Weil mir langweilig war. Gibt's wenigstens Bolognesesoße?«

»Nein, Tomatensoße. Du kannst dir Thunfisch reintun, wenn du magst. Eigentlich könntest du dich überhaupt ein bisschen nützlich machen und den Parmesan reiben.«

»Mit der Küchenmaschine?«

»Meinetwegen, wenn du sie hinterher sauber machst. Der Geschirrspüler ist schon fast voll. Sonst musst du die Käsereibe nehmen.«

Er beginnt etwas lustlos den Käse zu reiben, während ich zwei Dosen Tomaten öffne, um sie mit dem Handmixer zu zerkleinern. Dabei lässt mich das plötzliche Krachen der verdammten Kanone heftig zusammenfahren.

»Mum?«

»Ja, Dan?«

Mein Sohn deutet auf die Anrichte und die Wand dahinter, die nun von Tomatenspritzern überzogen sind.

»Du hast die Tomaten über die halbe Küche verteilt.«

»Halt den Mund und gibt mir einen von den neuen Lappen, ja? Und die Flasche mit dem Universalreiniger von unter der Spüle.«

Er verdreht die Augen.

»Wenn du ein Abendessen willst, dann mach. Zum Nachtisch gibt's übrigens Rhabarber-Crumble.«

Ivys Rhabarber-Crumble liebt er fast genauso heiß und innig wie Alfie. Und eigentlich auch jede andere Sorte Crumble.

»Mit Vanillesoße?«

»Möglicherweise. Und jetzt fang an zu putzen, oder soll ich der Vanillesoße eine dezente Tomatennote verpassen?«

Ich glaube, ich ziehe mich noch einmal kurz in die Vorratskammer zurück, um die Dose mit dem Puddingpulver zu holen und mich noch einmal am Anblick der prall gefüllten Regale zu erfreuen, damit ich wieder die fröhliche Hausfrau geben kann, ehe Admiral Boom mit den Jungs zum

Essen reinkommt. Und hinterher blättere ich noch ein bisschen in Lolas Zeitschriften und tue so, als könnte ich es mir leisten, achtundneunzig Pfund für eine einzelne Tapetenrolle zu berappen.

»Mum?«

»Ja, Dan?«

»Kannst du bitte ganz viel Vanillesoße machen, damit ausnahmsweise mal genug für alle da ist?«

»Gut, aber dann reicht die Milch nicht mehr für die Cornflakes morgen.«

Ich backe einfach noch etwas mehr Brot, fürs Frühstück und die Pausenbrote der Jungs. Lolas Zeitschriften werden wohl noch etwas warten müssen.

Als ich endlich im Bett liege, bin ich erschöpft, kann aber nicht einschlafen, weil ich spüre, wie sich allmählich eine weitere Panikattacke meiner bemächtigt. Was, wenn ich es verbocke und wir verkaufen müssen? Wo sollen wir dann hin? Und wie soll ich je mit der Schande fertigwerden, dass ich Helena enttäuscht habe? Oh Gott. Und was soll ich machen, wenn bei Bertie demnächst endgültig die Sicherungen durchbrennen? Heute Abend war er wieder in seinen Pantoffeln auf Patrouille und kam halb erfroren zurück. Zum Glück war Ivy da bereits nach Hause gegangen. Ich habe die schlammigen Pantoffeln von Hand in der Waschküche gesäubert und sie zum Trocknen auf den Boiler gestellt. Hmpf. Es besteht ein Unterschied zwischen den Geisteszuständen »liebenswert exzentrisch« und »ein Fall für die Klapse«, wie Lola es nannte, und es wäre mir wirklich bedeutend lieber, wenn er bei Ersterem bleiben würde.

Ich beschließe, noch einmal aufzustehen, Tee zu machen und meine Listen zu aktualisieren. Das hat immer eine beruhigende Wirkung auf mich. Und falls das nicht nützt, stopfe ich mich mit Ivys Biskuit voll und schiebe den Jungs die Schuld in die Schuhe, jawoll.

»Was ist denn das für ein grauenhafter Lärm?«

»Das sind die Bauarbeiter, die das Dach reparieren. Ich bin oben und sortiere Bens alte Klamotten aus. Alfie hatte schon wieder einen Wachstumsschub und seine Jeans sehen allesamt wie Hochwasserhosen aus.«

»Die sind jetzt wieder in.«

»Aber nicht bei sechsjährigen Jungs.«

»Wie geht's denn meinem kleinen Liebling?«

»Gut, mal abgesehen von seinem Hosenproblem.«

»Und wie läuft's mit dem Haus?«

»Wir befinden uns noch immer in der Phase, in der man sich fragt, ob es das alles wert ist, aber zumindest droht uns keine Gefahr mehr durch defekte Stromkabel oder bröckelnde Stuckdeckenleisten.«

»Hat diese Lucinda inzwischen aufgegeben?«

»Nein. Sie hat schon zwei Mal angerufen und am Montag stand sie doch glatt hier auf der Matte. Ich hab mich im Haus verschanzt. Ivy hat sie abgewimmelt.«

»Sehr beeindruckend, dein Durchsetzungsvermögen.«

»Mir wollte partout keine höfliche Ausrede mehr einfallen und ich habe nun mal keine Lust auf ihre grauenhafte Lunchpartygesellschaft. Und außerdem ruft Mum dreimal täglich hier an und nervt mich wegen diesem blöden Valentinsdinner, das Teil von Rogers Kampagne ist. Er hat den derzeitigen Captain eingeladen und will ein Riesending daraus machen. Kannst du dir etwas Langweiligeres vorstellen?«

»Zieh doch das Collier an, wenn er so darauf erpicht ist anzugeben.«

»Welches Collier?«

»Na, das mit den Diamanten und Smaragden, das Helena dir vererbt hat, oder besitzt du noch andere Colliers?«

»Das gehört mir doch eigentlich gar nicht und außerdem würden Roger und Georgina das garantiert als Provokation empfinden. Sie sind immer noch sauer deswegen. Und ganz abgesehen davon liegt es in einem Schließfach der Bank.«

»Es gehört sehr wohl dir, es sei denn, du verkaufst es irgendwann, um die neue Bädereinrichtung zu finanzieren. Zieh es an, das wird bestimmt lustig. Wer weiß, vielleicht lernst du ja einen Mann kennen. Einen geheimnisvollen attraktiven Hünen.«

»Das wage ich zu bezweifeln. Man muss schon gehirnamputiert sein, um freiwillig zu einem Valentinsdinner im Sands Hotel zu gehen, bei dem alle Anwesenden bis auf die Kellner paarweise in Erscheinung treten.«

»Man kann nie wissen, Süße. Vielleicht wird es ja gar nicht so schlimm, wie du denkst.«

»Oh doch, das wird es. Und ich kann noch nicht einmal eine Hose anziehen, weil Dad sonst wieder den ganzen Abend schmollt. Und wenn ich mein schwarzes Cocktailkleid anziehe, halten mich alle für eine Angestellte.«

»Wenn du willst, schicke ich dir per Kurierdienst irgendeinen schicken Fummel.«

»In deine Klamotten passe ich doch nie und nimmer rein. Mir sind meine Hosen auch schon alle zu kurz, genau wie bei Alfie, aber in meinem Fall liegt das eher an Ivys Kuchen.«

»Mein Issey-Miyake-Kleid könnte dir passen. Es ist bodenlang, plissierte silberne Seide, du brauchst nur noch passende Stöckelschuhe.«

»Darin sehe ich bestimmt aus, als hätte ich mich in einen Fallschirm gewickelt.«

»Hm, gut möglich. Ich trage es auch nur, wenn ich in der richtigen Stimmung bin. Es erinnert an diese Sperrballons, die man im Zweiten Weltkrieg zur Abwehr von Luftangriffen eingesetzt hat. Ach, übrigens, neulich habe ich das perfekte Kleid für dich gesehen. Ich bestelle es gleich mal. Ein Wickelkleid aus Stretchstoff, dunkle Pflaume mit aufgeflockten Blüten. Sieht ein bisschen aus wie eine beflockte Tapete. Ich wollte es dir zum Geburtstag schenken.«

»Klingt vielversprechend. Aber der Stoff muss schon sehr dehnbar sein.«

»Wickelkleider sind ein Traum, die lassen sich endlos dehnen, Süße. Man wird gelegentlich einen Blick auf deinen BH erhaschen. Wenn dir das zu gewagt ist, dann trag ein Unterkleid drunter. Aber eins mit Spitzeneinsatz am Dekolleté. Deal?«

»Deal. Dann sehe ich wenigstens nicht aus wie eine Angestellte. Ewiger Dank soll dir nachschleichen.«

»Gern geschehen, Süße. Okay, ich mach mich dann mal auf die Suche nach einem Kürbis für dich. Und dann ab auf den Ball, Cinderella.«

Der gefürchtete Valentinstag rückt unaufhaltsam näher und ich ziehe ernsthaft in Erwägung, mich wegen einer imaginären Krankheit vor dem Essen zu drücken. Doch am Morgen des besagten Tages wird Lolas Kleid geliefert und es ist umwerfend, was ich mindestens genauso hilfreich finde wie Bertie, der mich mit Komplimenten überschüttet, als ich mich auf den Weg mache.

»Na, heute wird mal ordentlich auf die Pauke gehauen, wie? Du siehst ... wie war noch gleich dieser Ausdruck, den die Jungs neulich verwendet haben?«

Herrje, ich hoffe, sie haben ihm nicht erklärt, was MILF bedeutet. Dan hat vorige Woche irgendeine Schauspielerin als MILF bezeichnet, aber ich habe so getan, als hätte ich es nicht gehört.

»Äh, ich weiß nicht, was du meinst, Onkel Bertie.«

»Übelkeit erregend heiß, das war's.«

»Ich glaube, es heißt bloß übelst heiß, es sei denn, du willst andeuten, dass ich einen Monsterpickel am Kinn habe.«

»Schon recht merkwürdig, wie sich das Jungvolk heutzutage ausdrückt. Ich käme ja nie auf die Idee, ein junges Mädel als übelst heiß zu bezeichnen. Wie dem auch sei, du bist die reinste Augenweide. Eine flotte Biene. So haben wir das früher genannt.«

»Danke.«

»Tu nichts, was ich nicht auch tun würde, meine Liebe. Das sollte dir reichlich Spielraum lassen. Ivy, wie stehen die Chancen auf einen Happen zu essen? Ich komme gerade von der Patrouille und habe ordentlich Kohldampf.«

»Ich bringe Ihnen gleich Ihr Abendessen, Mr Bertie. Ich mache nur noch schnell den Kakao für die Jungs.«

»Kakao? Gute Idee. Den gab es immer, wenn wir Nachtwache schieben mussten. Könnte eigentlich auch gut ein Tässchen vertragen.«

»Wie wär's mit einem Sandwich dazu? Dauert nur eine Minute. Viel Spaß heute Abend, Molly. Sie sehen prima aus.«

»Danke, Ivy.«

»Polly, stell mal Wasser auf!«

»Danke, Betty.«

Beim Betreten des Speisesaals bekommt jeder weibliche Gast von einem Kellner eine rote Rose überreicht. Puh.

Georgina trägt ein mit Pailletten besetztes Cocktailkleid und unzählige glitzernde Armreifen, die bei jeder ihrer Bewegungen klimpern. Selbst ihr Lidschatten glitzert. Sie ist wild entschlossen, mich dazu zu bringen, dass ich einen Lunch für ihr Damengolfteam organisiere, aber ich denke gar nicht daran. Das wäre der sprichwörtliche kleine Finger, wie Bertie es nennen würde: Wenn ich auch nur einem einzigen Lunch zustimme, wird sie mich früher oder später dazu drängen, ihr Harrington Hall als Location für alle ihre Veranstaltungen zur Verfügung zu stellen. Es dauert ewig, bis ich ihr klargemacht habe, dass ich im Augenblick vollauf mit den Renovierungs- und Umgestaltungsmaßnahmen beschäftigt bin. Ganz ehrlich: Eher ziehe ich mir selbst eins mit dem Neunereisen über, als sie und ihre versnobten Golferfreundinnen regelmäßig bei uns zu Hause zu bewirten.

Roger überschlägt sich förmlich in seinen Bemühungen, als bester Gastgeber aller Zeiten in die Geschichte einzugehen. Er scharwenzelt um Mr und Mrs Vizecaptain herum, lacht zu laut und nervt mal wieder ungemein.

Zum Glück ist wenigstens das Essen gut. Dad hat die Angewohnheit, Speisen zurückgehen zu lassen und sich zu beschweren, aber der neue Koch ist definitiv besser als der letzte. Und dann legt im Foyer auch schon die Band los – eine Komikertruppe, die regelmäßig im Hotel auftritt und *Nice 'n' Easy* heißt, von den Angestellten aber nur *Dean and the Martins* genannt wird und Big-Band-Sound spielt, obwohl bei zwei Martins und einem Dean von einer Big Band nun wirklich keine Rede sein kann. Trotzdem machen die drei einen ganz erstaunlichen Radau beim Aufbau und Soundcheck. So viel zum Thema *Nice 'n' Easy*. Dann beginnt sich Dean (der eigentlich Dave heißt, sehr weiße Zähne hat und ein goldenes Sakko trägt) durch sein Dean-Martin-/Frank-Sinatra-Songbuch zu arbeiten. Dad klopft mit der Gabel den Takt zu *Strangers in the Night* mit und ich frage mich, ob ihm eigentlich klar ist, dass es darin um genau die Sorte von Begegnung geht, die er gar nicht gutheißen würde. Fehlt nur noch, dass die besungene Lady eine Hose trägt.

Zu den Klängen von *Some Enchanted Evening* begeben wir uns in den Salon, wo wir den Kaffee einnehmen. Ich zerre zum wiederholten Male unauffällig an meinem Kleid, das sich in der Tat als äußerst dehnbar erweist und bedeutend mehr Blick auf mein spitzenbesetztes Unterkleid freigibt als beabsichtigt, als Roger einem Bekannten winkt und bedeutet, sich zu uns zu gesellen.

»Du erinnerst dich doch noch an Stephen, Molly?«

Ach, du grüne Neune. Ist das etwa Stephen Jackson, in den ich mit siebzehn, also vor einem halben Leben, ungefähr drei Wochen lang unsterblich verliebt war?

Tatsächlich. Ein Glück, dass Sally heute Abend nicht im Dienst ist, sonst würde sie jetzt garantiert einen Lachanfall kriegen. Stephen war nämlich früher mal ein Steve und trug Lederjacke und sorgfältig ausgefranste Jeans, aber mittlerweile hat er sich offenbar umbenannt und trägt schicke Anzüge. Er ist beeindruckend gebräunt und er lächelt mich an. Mein lieber Schwan, das nenn ich ja mal einen Blitztrip in die Vergangenheit.

»Wie schön, dich zu sehen, Molly. Roger hat schon erzählt, dass du kürzlich wieder hergezogen bist.«

Georgina hat ein Lächeln aufgesetzt, mit dem sie Grinsekatze Konkurrenz machen könnte.

»Stephen ist der neue Stern am hiesigen Architektenhimmel, Molly. Ein sehr gefragter Mann. Er hat schon so viele

Auszeichnungen erhalten, dass wir alle den Überblick verloren haben. Setz dich doch zu uns, Stephen – vorausgesetzt, deine Tischgesellschaft kann ein paar Minuten auf dich verzichten.«

»Warum nicht, ich könnte eine Tasse Kaffee vertragen. Wir haben neulich ein Großprojekt an Land gezogen und zum Dank habe ich mein Team heute zum Essen ausgeführt.«

Roger ordert mit den Fingern schnipsend mehr Kaffee und einen weiteren Stuhl, während Stephen mit Dad und Mr und Mrs Vizecaptain plaudert. Draußen geht eben die Tombolaziehung über die Bühne, weshalb Dean und die Martins fünf Minuten Pause machen. Die Kellner reichen kleine Teller mit Schokoladetäfelchen herum, und als mir Ted Forwich, der heute als Oberkellner im Einsatz ist, ermutigend zublinzelt, wird mir bewusst, dass ich viel lieber kleine Teller mit Schokolade herumreichen würde, als hier zu sitzen wie ein Ladenhüter im Regal, der einzige Single unter lauter Paaren. Dafür ist Roger mal wieder ganz in seinem Element als Gastgeber und bestellt Brandy und Likörchen.

»Molly, du solltest Stephen von deinen Plänen erzählen. Die Renovierung eines so bedeutenden Gebäudes bedarf der Aufsicht eines Experten.« Er dreht sich zum Vizecaptain um. »Kennen Sie Harrington Hall? Seit Generationen im Familienbesitz.«

Der Vize guckt gebührend beeindruckt aus der Wäsche.

Oh Mann, hoffentlich rutscht mir heute Abend nicht noch etwas heraus, das ich hinterher bereuen werde.

»Es sind eigentlich keine allzu großen Veränderungen geplant. Jedenfalls nicht in absehbarer Zeit.«

Roger mustert mich irritiert und stößt ein gekünsteltes Lachen hervor.

»Das aus dem Mund einer Frau, die noch nie umfangreiche Instandsetzungsmaßnahmen leiten musste.«

»Na ja, Roger, ich habe immerhin unser Haus in London im Alleingang renoviert, habe stundenlang auf der Leiter balanciert, Tapeten von den Wänden gekratzt und alles neu gestrichen. Ich weiß also durchaus, wie viel Arbeit so ein Projekt mit sich bringt. Und diesmal bin ich nicht allein – Bertie, Dennis und Ivy haben bereits ein paar Ideen beigesteuert.«

Ehrlich gesagt ist die einzige Idee, die von Bertie kommen könnte, die Anschaffung größerer Artillerie, aber egal.

»Schluss mit der falschen Bescheidenheit, Molly. Du renovierst immerhin auch das Pförtnerhaus und die Stallungen haben ein enormes Potenzial, nicht wahr, Stephen? Sie hat den alten Stebbings mit der Instandsetzung des Pförtnerhauses beauftragt und wir wissen doch alle, was für ein Schneckentempo der bei der Arbeit vorlegt.«

»Ich mag ihn.«

Stephen greift lächelnd zu seinem Weinglas.

»Ja, er ist ganz in Ordnung. Etwas altmodisch und langsam vielleicht. Aber es gibt bestimmt mehrere tolle Möglichkeiten, die Sache anzupacken. Die gibt es immer. Ich komme gern mal vorbei und seh's mir an. Im Augenblick hab ich zwar recht viel um die Ohren, aber für eine alte Freundin schaufle ich mir gern ein bisschen Zeit frei.«

Mist. Ich habe das dumpfe Gefühl, in eine Falle getappt zu sein. Ich weiß zwar nicht genau inwiefern, aber Roger wirkt sehr zufrieden, und das ist immer ein schlechtes Zeichen.

»Danke, Stephen, aber nur, wenn es wirklich keine Mühe macht. Im Augenblick habe ich wie gesagt nicht vor, irgendwelche weitreichenden Entscheidungen zu treffen.«

»Ach, hört mal, die Band hat wieder angefangen zu spielen. Sollten wir nicht alle das Tanzbein schwingen? Roger, du möchtest doch sicher mit deiner glamourösen Gattin eine kesse Sohle aufs Parkett legen. Molly, hast du Lust?«

Er steht auf und streckt mir die Hand hin.

Ach herrje.

»Ich bin nicht sicher, ob ich zu *You make me feel so young* tanzen kann.«

»Ich auch nicht, aber wir können ja mal einen Versuch wagen, oder?«

Er marschiert in Richtung Tanzfläche, wo sich bereits mehrere Paare in Abendkleidung vergnügen – einschließlich eines Paares, das aussieht, als würde es einen Tango tanzen.

»Kannst du Tango?«

»Nicht dass ich wüsste. Du?«

Er grinst.

»Nicht so richtig, nein. Wie wär's, wenn wir uns auf der Terrasse noch eine Tasse Kaffee genehmigen? Es ist nicht allzu windig heute Abend und die Heizstrahler leisten ganze Arbeit. Oder willst du lieber tanzen?«

»Noch ein Kaffee wäre schön.«

Wir lächeln uns an.

»Erzähl mir von Harrington Hall. Aber nur, wenn dir danach ist. Ich möchte dir nicht den Eindruck vermitteln, dass ich auf Akquise bin, auch wenn dein Bruder sich sehr bemüht hat, mir einen Auftrag zu vermitteln. Du weißt ja selbst, was für ein Dickkopf er sein kann. Es hat Wochen gedauert, ihn von einigen seiner ... nennen wir es mal weniger originellen Ideen für die Apartments des Hotels abzubringen.«

»Ach, da steckte deine Firma dahinter? Wusste ich gar nicht. Sie sind toll geworden.«

Sind sie wirklich. Viel helles Holz, neue Fenster und schöne Bäder. Ein bisschen zu modern und zu viel Hochglanz für meinen Geschmack, aber definitiv besser als die hässlichen alten mit ihren scheußlichen Teppichen und dem Plastik überall.

»Ja, das waren wir. Ich hätte ja am liebsten alles plattgemacht und noch mal ganz von vorn angefangen, aber ich glaube, sie sind auch so ganz schön geworden.«

»Absolut.«

»Und, gefällt es dir, wieder hier zu leben?«

»Sehr. Es ist ein Neuanfang für uns alle.«

»Ja, ich hab gehört, dass du geschieden bist. Tut mir leid. Portia und ich haben uns vor drei Jahren auch getrennt. Es war grauenhaft, obwohl die Entscheidung im gegenseitigen Einvernehmen gefallen ist.«

»Aber Finn scheint es ganz gut zu verkraften und das ist die Hauptsache. Du hast auch Kinder, nicht?«

»Ja, drei Jungs.«

»Puh, da hätte ich keine Chance. Ich komme schon bei Finn kaum hinterher. Er geht an die King's Park, ich glaube, dein Sohn Dan ist in seiner Klasse. Er hat etwas von einer Kanone erzählt ...«

»Äh, ja. Die gehört Onkel Bertie.«

»Ach so, natürlich. Der Gute ist also quicklebendig wie eh und je, hm?«

»Ja, wobei ich versuche, die Sache mit der Kanone möglichst nicht an die große Glocke zu hängen, sonst bekommen wir bald täglich Besuch von ganzen Horden von Kindern, die eine Show verlangen, und glaub mir, die würde er ihnen nur zu gern liefern.«

Ein junger Mann kommt zögernd auf uns zu. Stephen wirkt nicht gerade erfreut über sein Erscheinen.

»Tut mir leid, aber wir wollten demnächst aufbrechen, wenn das für Sie okay ist.«

»Ich komme sofort. Tut mir leid, Molly ... Ich rufe dich an und dann machen wir einen Termin aus. Ich würde mir Harrington Hall gern näher ansehen.«

»Okay.«

Er reicht mir sein Handy.

»Am besten speicherst du deine Nummer gleich hier ein, dann verliere ich sie nicht.«

Ich tippe meine Nummer ein und gebe ihm sein Telefon zurück.

»War schön, dich mal wieder zu sehen, Molly.«

Er zwinkert mir zu und macht sich dann auf den Weg zurück zu seinem Tisch.

Na, sieh mal einer an. Offenbar wirke ich doch noch einigermaßen attraktiv, wenn ich mich ein bisschen zurechtmache und ein von Lola genehmigtes Outfit trage. Etwas benommen kehre ich zurück ins Foyer. Steve Jackson, zu einem ernst zu nehmenden Mann herangereift. Er war mir zwar fast eine Spur zu geschniegelt, aber, hey, er hat mir zugeblinzelt! Ein Glück, Roger und Georgina tanzen noch. Wenn ich mich beeile, kann ich noch fünf Minuten mit Mum und Dad plaudern und mich dann vom Acker machen, ohne zur Musik von Dean und den Martins getanzt zu haben. Eine Win-win-Situation auf der ganzen Linie, und das kann ich von Rogers Veranstaltungen nur höchst selten behaupten, sofern nicht zufällig eine Hubschrauberlandung auf dem Programm steht.

»Ach, da bist du ja, Liebes. Dein Vater wartet schon die ganze Zeit auf eine Gelegenheit, mit dir zu tanzen.«

Mist.

Die Nachricht von meiner Begegnung mit Stephen verbreitet sich dank der hoteleigenen Gerüchteküche in Windeseile. Tags darauf ruft mich Sally an, um sich nach den Details zu erkundigen.

»Du weißt, dass er geschieden ist?«

»Ja, hat er erwähnt.«

»Tatsächlich? Dann muss er an dir interessiert sein. Es heißt, er sei stets in Begleitung einer glamourösen Frau anzutreffen.«

»Dann bin ich ohnehin schon aus dem Rennen.«

»Red keinen Unsinn, du bist doch sehr attraktiv. Er hat bestimmt gehört, dass du Harrington Hall geerbt hast. Ach, entschuldige, so war es nicht gemeint. Du warst auch ohne das Haus schon sehr attraktiv und bist es nach wie vor.«

»Keine Sorge, Sally, ich weiß, wie es gemeint war, und er war definitiv ziemlich scharf darauf, vorbeizukommen und mir ein paar Top-Architekten-Tipps zu geben. Aber das kann auch auf Roger zurückzuführen sein. Du weißt ja, wie er ist.«

»Solange er dir nur Tipps gibt ... Oje, das kam jetzt auch wieder falsch rüber.«

Jetzt kichern wir beide.

»Na, vielen Dank auch. Ich hab's nicht vergessen.«

»Dass er dich wegen Susan Prentice abserviert hat? Aber das ist doch schon Jahre her. Und sie war eben das Mädchen mit dem größten Busen an unserer Schule. Damit konnte niemand konkurrieren.«

»Stimmt.«

»Er hatte vor einer Weile noch einen Pferdeschwanz, aber die Zeiten sind vorbei.«

»Noch nicht ganz; das dazugehörige Auftreten legt er nach wie vor an den Tag. Ehrlich gesagt ist er mir ein bisschen zu eingebildet: Er findet sich wohl ziemlich hip und cool.«

»Na ja, aber wenigstens macht er optisch so richtig was her, im Gegensatz zu diesen ganzen Typen in Sportsakkos und Freizeithosen.«

»Wie Roger zum Beispiel?«

»Kein Kommentar. Also, wie reagierst du, wenn er anruft?«

»Ich glaube, es geht ihm in erster Linie um das Haus. Meinetwegen kann er gern auf eine Tasse Tee vorbeikommen. Mal sehen, wie er sich mit Betty verträgt. Und überhaupt habe ich nicht die Zeit, mir über derlei Gedanken zu machen. Alfie hat kommendes Wochenende Geburtstag und ich muss noch die Party organisieren. Ich weiß, es war das Einfachste, alle Kinder aus seiner Klasse einzuladen, Platz genug haben wir ja schließlich. Dummerweise haben sie alle zugesagt, was bedeutet, dass hier fünfundzwanzig kleine Monster antanzen werden.«

»Ich hatte dich gewarnt. Wenn du willst, kann ich versuchen, meine Schicht zu verschieben.«

»Danke, aber es wird schon irgendwie gehen. Mum kommt vorbei und Ivy ist ja auch noch da. Bertie hat damit gedroht, uns ebenfalls seine Aufwartung zu machen, aber ich hoffe, das lässt sich vermeiden.«

»Vielleicht kann er dir ja ein paar brauchbare Anregungen für Harrington Hall liefern. Stephen, meine ich. Die neuen Wohnungen am Uferdamm gehen auch auf sein Konto. Patrick und ich haben sie uns angeschaut, aus reiner Neugier – so was können wir uns nie und nimmer leisten, bei den Preisen …«

»Wie waren die Wohnungen denn so?«

»Sehr schick. Treppenhäuser aus Glas und Leuchten im Boden.«

»Hm, das ist nicht ganz das, was mir vorschwebt.«

»Schon möglich, aber es sah toll aus. Hör zu, ich muss aufhören. Tom und Patrick machen Frühstück und der Rauchmelder wird jeden Moment anfangen zu piepsen. Viel Glück mit der Party, und gib Bescheid, falls du mich doch brauchst, dann komme ich und helfe dir.«

»Danke, Sally.«

Am Samstagvormittag bereue ich es bitterlich, dass ich mich nicht mit einem ordentlichen Batzen Geld freigekauft und für Alfie nur ein Essen im engsten Familienkreis organisiert habe. Nachdem ich tagelang Tapeten von den Wänden der Gästezimmer gekratzt und Bodendielen abgeschmirgelt habe, ist mir, als wäre ich dazu verdammt, bis ans Ende meiner Tage von einer Staubschicht überzogen und mit Tapetenresten an den Schuhsohlen herumzulaufen. Dank Mr Stebbings sind, was das Pförtnerhäuschen angeht, große Fortschritte zu verzeichnen, was ich etwas beängstigend finde, weil ich noch keinen blassen Schimmer habe, wie es innen aussehen soll und wie ich das zeitlich alles unter einen Hut bekommen soll. Ich habe immerhin schon mal angefangen, Designzeitschriften nach Ideen zu durchforsten, und den Rest verdränge ich vorerst. Auch an Stephen, der einen Tag nach unserer Begegnung im Hotel angerufen hat, versuche ich vorerst nicht zu denken. Er musste zu einer Konferenz in Madrid und will vorbeikommen, sobald er wieder da ist.

Mum und Ivy haben wieder einmal einen ihrer Backwettbewerbe eröffnet und treffen beide eifrig Vorbereitungen für Alfies Party. Einerseits finde ich das natürlich super, aber andererseits würde ich gern auf eine Art Pausenknopf drücken – wenn ich ein paar Stunden Zeit hätte, würde ich vielleicht das Gefühl los, dass ich allem nur noch hinterherhetze. Mum zeichnet für den Geburtstagskuchen verantwortlich und hat schon mehrfach angerufen, um mich über den neuesten Stand zu informieren. Überhaupt klingelt in einer Tour das vermaledeite Telefon. Immer dann, wenn ich am wenigsten damit rechne, ertönt eines von den James-Bond-Leitmotiven oder Yoda mit seinem »An's Telefon du gehen musst«, wenn Pete anruft. Aber immerhin hat er sich mittlerweile angewöhnt, sich alle paar Tage bei den Jungs zu melden. Er hat sogar an Alfies Geburtstag gedacht und sich vorhin nach seiner Party erkundigt, wobei ich ziemlich sicher bin, dass das nur Janice zu verdanken war. Egal, Alfie hat sich gefreut, und das ist die Hauptsache. Gestern hatte ich Lola an der Strippe, die gerade in einem Wellnesshotel in Italien weilt, weil einer der Regisseure, die sie betreut, eine Drehkrise durchmacht. Den Job möchte ich auch mal haben. Der Peeling-Effekt des Gipsstaubs ist die einzige auch nur annähernd wellnessähnliche Behandlung, die mir zurzeit vergönnt ist.

Ich betrete gerade das Bad, als erneut *Diamonds are forever* erklingt. Wenn ich nicht wüsste, dass das Lola ist, würde ich den Anruf ignorieren.

»Tag, Süße. Na, alles bereit?«

»Ich glaube schon. Kannst du noch kurz warten? Ich wollte gerade in die Badewanne.«

»Ah, ein bisschen chillen vor der Party?«

»Nein, ich muss mir die Farbe aus den Haaren waschen. Ich habe heute Vormittag die Decken gestrichen, um Ivy aus dem Weg zu gehen.«

»Für wann hat sich der Architekt angesagt?«

»Für morgen Nachmittag.«

»Sonntagnachmittag? Eine noch unpraktischere Zeit konntest du dir wohl nicht aussuchen, wie?«

»Wieso denn unpraktisch?«

»Man kann nie wissen – könnte durchaus Spaß machen, ein bisschen mit ihm zu flirten.«

»Er muss am Montag nach Dubai, Lola. Und außerdem kommt er, um sich das Haus anzusehen, und nicht, um mit mir zu flirten.«

»Sieh zu, dass du keine Farbe im Haar hast, wenn er kommt. Und zieh deinen neuen Rock an.«

»Den ziehe ich heute schon an. Ich muss mich doch schick machen, wenn die Eltern von Alfies Mitschülern hier antanzen. Obwohl es vielleicht nicht besonders clever ist, einen Samtrock zu einem Kindergeburtstag anzuziehen. Aber Ivy und Mum haben sich ja für das Catering zuständig erklärt. Also gut möglich, dass der Rock den Tag unbeschadet übersteht.«

»Du könntest morgen auch den grünen anziehen, mit Wollstrumpfhose und Stiefeln.«

»Das ist vielleicht keine so gute Idee, in Robin-Hood-Verkleidung eine Hausführung zu machen. Ich dachte da eher an Jeans und ein sauberes T-Shirt. Es ist schließlich kein Date, Lola.«

»Nein, wenn du aussiehst wie ein Bauarbeiter, sicher nicht.«

»Lola?«

»Ja?«

»Halt den Mund.«

»Du könntest schon ein bisschen dankbarer sein, wenn du Tipps von der Expertin bekommst.«

»Entschuldige.«

»Versprich mir, dass du einen Rock anziehst.«

»Meine Güte, du klingst echt schon wie Dad.«

»Versprich es mir.«

»Okay, ich versprech's.«

Von wegen. Ich überkreuze Zeige- und Mittelfinger.

»Und glaub nicht, du müsstest dein Versprechen nicht halten, nur weil du die Finger überkreuzt hast. Ich werd's überprüfen. Ich rufe Alfie an.«

»Das wirst du nicht tun.«

»Und ob. Da kannst du Gift drauf nehmen. Ich wünsche euch eine schöne Party, Süße. Ruf mich morgen an, sobald du den Rock abgelegt hast. Es sei denn, du legst den Rock im Beisein des Architekten ab. In diesem Fall darfst du dir mit dem Anruf noch reichlich Zeit lassen. Ach, übrigens, ist Quentin schon da?«

»Ja, der ist schon im Gemeindesaal. Danke, dass du das arrangiert hast. Das wäre wirklich nicht nötig gewesen.«

»Wenn ich schon nicht persönlich dabei sein kann, wollte ich zumindest eine tolle Überraschung für meinen kleinen Liebling organisieren.«

Ich bin nicht sicher, ob sich Alfie über den Auftritt eines Puppenspielers namens Quentin freuen wird, aber Lola schwört, der Knabe sei der Hammer. Ich kann nur hoffen, sie hat recht, sonst gehen womöglich fünfundzwanzig meuternde Sechs- bis Siebenjährige mit Kuchen und Wackelpudding auf ihn los.

»Alfie besteht darauf, dass Bertie und sein dämlicher Papagei dabei sind. Die Kinder werden also nicht nur ihre Partygeschenke mit nach Hause nehmen, sondern auch ein paar neue Schimpfwörter.«

»Klingt doch vielversprechend.«

Lola liegt wie üblich richtig. Wir spielen das Eselschwanzspiel, allerdings mit dem Bild eines Papageis, in der Hoffnung, dass eins der Kinder irrtümlich Betty erwischt. Das war Dans Idee. Als Nächstes wird um Schokolade gewürfelt, dann folgt eine Abart von *Reise nach Jerusalem*, bei der sich die Teilnehmer nicht auf einen Stuhl setzen, sondern zur Statue erstarren sollen, sobald die Musik endet. Ich weiß aus Erfahrung, dass das weniger gefährlich ist als die ursprüngliche Variante, weil keine Kinder von Stühlen geschubst werden. Aber das Highlight des Nachmittags ist unbestritten der Puppenspieler. Quentin präsentiert den Kindern eine Art postmodernes Kasperltheater, das im Gegensatz zu den üblichen Aufführungen ganz ohne die bedenkliche Nebenhandlung der häuslichen Gewalt auskommt, dafür aber mit Zauberern und Drachen aufwarten kann. Unter reger Publikumsbeteiligung werden jede Menge Monster verdroschen und am Schluss gibt es ein von lauter Musik begleitetes Finale samt Explosionen, Minifeuerwerk und reichlich rotem und violettem Rauch. Zu guter Letzt wirft Quentin seine Seifenblasenmaschine an und verkündet: »Je mehr magische Seifenblasen ihr zerplatzen lasst, desto besser könnt ihr zaubern«, worauf alle Kinder aufspringen und zu den Klängen von *Puff the Magic Dragon* durch den Raum toben. Dann kommen auch schon die ersten Eltern. Ein paar Angehörige der Hipster-Fraktion summen grinsend mit, während sie versuchen, ihre Sprösslinge einzusammeln. Betty hat sich in die Dachsparren verschanzt und kreischt in einer Tour »Verpiss dich«, doch ihre Befehle verhallen ungehört, weshalb ich Quentin schließlich bitten muss, die Musik abzuschalten, weil sonst die Party noch bis Mitternacht dauert. Ben und Dan verteilen die Süßigkeiten-Tütchen und beim Abschied sieht es ganz danach aus, als hätten sich alle Anwesenden blendend amüsiert.

Auch Bertie ist sehr von Quentin angetan.

»Großartige Show. Die kleinen Quälgeister waren ja total fasziniert, nicht? Hat was auf dem Kasten, der Bursche. Sollte wohl mal ein paar Worte mit ihm wechseln. Der wär genau der Richtige, um die trostlosen Dinnerveranstaltungen bei uns im Club ein bisschen aufzupeppen.«

Dennis verzieht den Mund.

»Halten Sie das wirklich für eine gute Idee? Der Großteil der Mitglieder ist doch schon zwischen achtzig und scheintot.«

»Eben deshalb. Dann kommt endlich mal wieder Leben in die Bude! Wird ihnen guttun.«

»Oder er gibt ihnen endgültig den Rest und dann müssen wir den Krankenwagen rufen, genau wie damals, als Sie Ihre Spezialcocktails gemischt und behauptet haben, es wäre bloß Früchtepunsch. Der alte Bob wusste nicht mehr, wo oben und unten ist, und auch die anderen konnten kaum noch geradeaus laufen, geschweige denn selbst nach Hause fahren. Und ich durfte dann die halbe Nacht Taxi spielen.«

»Ja, ein Glück, dass Sie da waren, Dennis. Auf Sie ist eben Verlass, wenn's mal brennt. Hab ich schon immer gesagt. Wüsste nicht, was wir ohne Sie täten. Hab ich nicht recht, meine Liebe?«

»Doch, Onkel Bertie.«

Ich schätze mal, ohne Dennis gäbe es bei uns jeden Tag ein Besäufnis mit Indoor-Feuerwerk, aber ich kann mich auch täuschen.

»Danke Dan.«

»Wofür?«

»Dafür, dass du so viel mitgeholfen hast. Alfie hatte einen

Riesenspaß. Was hast du eigentlich zu dem einen Mitschüler von ihm gesagt?«

»Zu diesem Jake? Ach, nur, dass ich weiß, wo er wohnt und dass er eins auf die Rübe kriegt, wenn er meinen kleinen Bruder nicht in Ruhe lässt.«

»Dan! Er ist doch noch ein kleiner Junge.«

»Er ist ein Jahr älter als Alfie. Ja, ja, ich weiß – Kinder, die andere Kinder schikanieren, sind unglücklich und tun das nur, weil sie nicht anders können. Komm mir jetzt nicht mit ›Gewalt ist keine Lösung‹ und diesem ganzen Gedöns. Das hab ich alles schon mal gehört. Aber er soll nicht glauben, dass er auf einem meiner Brüder herumhacken kann, ohne Probleme zu kriegen. Ben und ich haben darüber geredet: Er kann nichts machen, weil er auf dieselbe Schule geht wie Alfie und weil es voll uncool ist, den Kleinen Angst einzujagen, also musste ich es tun.«

»Ich dachte, Alfie macht sich nichts daraus? Soweit ich weiß, hat ihm dieser Jake doch bloß ein paar Spitznamen verpasst, oder ist etwa noch mehr vorgefallen?«

Oh Gott. Bin ich eine schlechte Mutter? Ist es meiner Aufmerksamkeit entgangen, dass mein Jüngster an der Schule ernsthaften Repressalien ausgesetzt ist? Ich bin drauf und dran auszuflippen, aber Dan kann mich schlussendlich doch noch davon überzeugen, dass Alfie keine bleibenden Schäden davontragen wird.

»Beruhige dich. Wenn niemand eingreift, machen Kinder wie dieser Jake einfach immer weiter, aber jetzt, wo ich ihm mal Manieren beigebracht habe, wird er Alfie in Ruhe lassen.«

»Bist du sicher?«

»Ja. Seine Sprüche gingen nicht bloß gegen Alfie. Er hatte es auch auf Tom und Arthur abgesehen. Dann ist das also okay für dich?«

»Ja, aber nur solange du nicht handgreiflich wirst, Dan.«

Er grinst.

»Das weiß ich, Jake aber nicht.«

Sobald wir wieder zu Hause sind, setzt sich Alfie hin, um eine Medaille für Dan zu basteln. Als ich später zu Dan reingehe, um ihm eine gute Nacht zu wünschen, fällt mir auf, dass er die Medaille an seine Pinnwand gehängt hat.

»Sehr hübsch, Liebes.«

»Ja.«

»Willst du sie nicht tragen?«

»Nein danke. Ich lauf doch nicht rum wie ein Schnippi.«

»Dan.«

»Ich mach mich doch nicht zum Affen.«

»Trotzdem war es eine nette Geste von ihm.«

»Ja, hin und wieder ist er ganz okay.«

Mehr ist von Dan in dieser Hinsicht nicht zu erwarten.

»Nacht, Liebes.«

»Nacht, Mum. Ach ja, Mum?«

»Ja, Dan?«

»Versprich mir, dass an meinem Geburtstag kein Puppenspieler auftritt.«

»Okay. Soll ich stattdessen einen Zauberer organisieren? Sally kennt da einen, der ist angeblich richtig gut. Ich glaube, sie bucht ihn für Toms Geburtstagsparty.«

»Okay, aber nur, wenn er mit seinem Zauberstab die Eltern verschwinden lässt und stattdessen jede Menge Alk und hübsche Mädels herzaubert.«

»Träum weiter, Liebes. Mach nicht mehr so lang und vergiss nicht, den Laptop runterzubringen, ehe du ins Bett gehst.«

Als ich es riskiere, ihm einen Kuss auf den Scheitel zu geben, blickt er kurz zu mir hoch.

»War ein schöner Tag, nicht, Mum?«

»Sehr schön.«

»Vielleicht gefällt es mir ja doch ganz gut hier. Ich hab mich noch nicht entschieden.«

Von draußen dringt *Diamonds are forever* an mein Ohr.

Na toll, das ist Lola. Wahrscheinlich mit weiteren Modetipps.

»Möchtest du noch Tee, Stephen?«

»Nein danke, aber zu einem weiteren Stück Kuchen sag ich nicht Nein. Hast du den gemacht?«

»Nein, der geht auf Ivys Konto. Sie hat für Alfies Party alle Geschütze aufgefahren. Meine Kuchen sind ... na ja, nicht wie die von Ivy. Dafür habe ich angefangen, Brot zu backen, für das B&B.«

»Gute Idee, wobei man aus Harrington Hall wie gesagt weit mehr machen könnte als nur eine Frühstückspension.«

»Das Pförtnerhaus vermieten wir ja auch als Ferienwohnung, wenn es fertig ist.«

»Stimmt. Und ich muss zugeben, Mr Stebbings leistet in dieser Hinsicht ganze Arbeit. Was gute Qualität angeht, war auf ihn schon immer Verlass. Aber da, wo jetzt die Stallungen sind, könnte man etwas ganz Besonderes machen. Man könnte den vorhandenen Platz mehr als verdoppeln und einen Pool und eine kleine Thermenlandschaft bauen. Dazu ein paar Luxussuiten hier im Haus, mit Küche und Haushaltstrakt natürlich ... Es wäre bestimmt kein Problem, die Genehmigung dafür zu bekommen. Wenn du es richtig anpackst, könntest du auf diese Weise richtig Geld scheffeln.«

»Das wäre auch nötig, weil wir dann nämlich obdachlos wären.«

Er lächelt, wirkt aber leicht irritiert.

»Ich habe Helena versprochen, den Betrieb am Laufen zu halten, wenn es geht. Okay, ›versprochen‹ ist der falsche Ausdruck, aber du weißt, was ich meine. Sie hat mir vertraut.«

»Natürlich, wenn du das willst ... Trotzdem solltest du keine endgültigen Entscheidungen treffen, ehe du nicht alle Möglichkeiten ausgelotet hast.«

»Aber falls ich mich für die einfachere Variante entscheide und den Pferdestall zu Ferienwohnungen ausbauen lasse, wäre das etwas, das deine Firma übernehmen könnte? Ich würde nämlich definitiv professionelle Hilfe bei der Planung und Umsetzung benötigen.«

»Selbstverständlich. Ich konzentriere mich zwar eher auf Großprojekte, aber ich könnte einen meiner Geschäftspartner damit betrauen. Bea könnte dafür genau die Richtige sein. Sie hat ein gutes Auge und kann in puncto Renovierungen einiges an Erfahrung vorweisen. Aber wie gesagt, warte lieber noch ab, ehe du eine Entscheidung triffst. Wenn du willst, sage ich ihr, sie soll dich anrufen.«

»Das wäre toll.«

Es ist offensichtlich, dass er nicht so schnell die Flinte ins Korn werfen wird, was seine Vorstellungen von einer luxuriösen Apartmentanlage im Landhausstil angeht.

»Wie lange bleibst du in Dubai?«

»Eine Woche, vielleicht auch zehn Tage. Wir haben ein recht anständiges Hotel, ich kann mich also nicht beschweren. Und danach steht eine Preisverleihung in Madrid an, das heißt, ich werde die nächsten zwei, drei Wochen kaum zu Hause sein, was mir ziemlich gegen den Strich geht, weil ich Finn dann kaum zu Gesicht bekommen werde.«

»Mum?«

»Ja, Dan?«

»Alfie liegt mal wieder im Grenzgraben – Verzeihung, im Ha-Ha.«

»Na, dann holt ihn raus.«

»Ich dachte nur, es interessiert dich vielleicht.«

Er wirft uns beiden einen giftigen Blick zu und zieht von dannen.

Stephen lächelt.

»Ich sollte mich dann wohl auf den Weg machen. Im Büro gibt es noch einiges zu tun vor meiner Abreise morgen. Soll ich noch zu Bertie Auf Wiedersehen sagen gehen?«

»Der ist bestimmt gerade draußen auf Patrouille. Er glaubt, er muss unseren Strandabschnitt überwachen.«

»Wieso das denn?«

»Weiß der Geier. Wohl um zu verhindern, dass wir noch mal von den Franzosen angegriffen werden. Keine Ahnung.«

Er lacht.

»Wenn du magst, kannst du dich von Betty verabschieden.«

»Wenn ich ein ›Verpiss dich‹ hören will, dann rufe ich Finn an und erkundige mich nach seinen Hausaufgaben.«

»Mum?«

»Ja, Ben?«

»Alfie ist ein bisschen nass geworden. Aber es ist nicht seine Schuld. Er stand im Tor.«

»Nicht schon wieder. Wie oft muss ich euch noch sagen, ihr sollt woanders Fußball spielen?«

»Aber dort ist der Rasen am flachsten.«

»Ich komme gleich. Lass ihn mit seinen dreckigen Klamotten bloß nicht ins Haus, sonst muss ich schon wieder den Boden wischen.«

»Okay.«

Ich begleite Stephen zur Tür. Im Foyer bleibt er noch einmal stehen, um die Bodenfliesen zu betrachten.

»Die gesprungenen lasse ich ersetzen. Mr Stebbings besorgt sie für mich.«

»Gut. Da muss ein Fachmann ran. Diese Patina ist schwer zu imitieren, aber wenn es einer kann, dann er. Danke für den Tee und fürs Rumführen.«

»Gern geschehen.«

Er tritt näher, um mich auf die Wange zu küssen. Selbstverständlich ist es ganz anders als beim letzten Mal vor all den Jahren in der Schuldisco, als ich versucht habe, mir das in Erinnerung zu rufen, was Sally und ich auf der Basis unserer beschränkten, aber eifrigen Recherche zur »optimalen Kusshaltung« erklärt hatten. Natürlich ist es anders und das ist auch gut so. Trotzdem kommt es mir so vor, als wäre das mehr als ein unschuldiger Abschiedskuss zwischen alten Bekannten.

»Ich melde mich aus Dubai. Wir könnten doch mal essen gehen, wenn ich wieder da bin?«

Er steigt in seinen Wagen und winkt, während er davonfährt.

Wow. Gut möglich, dass das nur beruflich bedingt war und rein auf seine Hoffnung zurückzuführen, dass ich ihm doch noch die Umgestaltung von Harrington Hall zu einem Luxusresort überantworte. Wenn ich ganz ehrlich sein soll, weiß ich gar nicht, ob ich überhaupt mit ihm essen gehen will. So was wird schnell kompliziert und darauf kann ich weiß Gott verzichten. Trotzdem schön, dass er gefragt hat. Ich kann's kaum erwarten, es Sally zu erzählen.

# KAPITEL 4:
# Ran an den Speck
März bis April

***China-Rosen***

*Mit der Einfuhr von Rosen aus China gelangten erstmals Rosen nach Europa, die zuverlässig mit der Eigenschaft der Nachblüte aufwarten konnten. Sie sind empfindlicher als andere Sorten; der Strauch trägt nur wenig und ganz zartes Laub, die Blüten duften dezent, aber süß. Herausragende Beispiele sind Perle d'Or, eine lachsrosa Rose, die im Verblühen zu Apricotrosa verblasst, des Weiteren Irene Watts, deren zartrosa Blüten sich elfenbeinweiß verfärben, und Old Blush China, eine frische Rose von kräftigem Pink, deren Duft an Veilchen und Wicken gemahnt.*

Ich stehe auf der mittleren Stufe einer Trittleiter und streiche die mit frischen Stuckleisten versehene Decke des Frühstückszimmers für die B&B-Gäste. Die Farbe nennt sich laut Hersteller *Fossil* (tatsächlich ist es ein gedecktes, helles Wollweiß) und ich habe mehr als nur ein paar Spritzer davon im Haar und beträchtliche Mengen im rechten Ärmel, aber im Grunde läuft es ganz gut, seit ich mit der neuen Malerrolle endlich den Dreh raushabe.

»Mrs Denton hat angerufen«, verkündet Ivy, die gerade hereingekommen ist. »Sie wollte für übernächstes Wochenende reservieren. Ich weiß, wir eröffnen erst zu Ostern, aber die Dentons sind ein ganz reizendes Ehepaar, überaus pflegeleicht. Ich hab gesagt, ich rufe zurück. Was meinen Sie, sind wir bis dahin fertig?«

Du liebe Zeit. Unsere ersten Gäste.

»Ich habe keine Ahnung. Ich schätze mal, wir könnten es schaffen ...«

»Also gut, dann sage ich Mrs Denton Bescheid. Der Raum wirkt schon viel wohnlicher. Sie werden sehr beeindruckt sein. Mittagessen in einer halben Stunde?«

»Ich muss hier fertig streichen, Ivy.«

»Nein, Sie müssen von dieser Trittleiter runter und etwas essen. Sie werden sich noch zu Tode schuften, wenn wir nicht einschreiten, genau das hab ich neulich auch schon zu Dennis gesagt. Sie sollten dringend mal einen Gang zurückschalten. Rom wurde auch nicht an einem Tag erbaut.«

»Rom wurde von Sklaven gebaut und die hatten garantiert keine Mittagspausen.«

Sie schnalzt mit der Zunge und verschränkt die Arme vor der Brust.

»Mr Bertie isst gern mit Ihnen. Ich bin ja heilfroh, dass er nicht mutterseelenallein hier in dieser riesigen Bude haust. Er braucht ein bisschen Gesellschaft, sonst kommt er bloß auf dumme Gedanken. Er ist wie ausgewechselt, seit Sie da sind und mit ihm die Mahlzeiten einnehmen, und er weiß das sehr zu schätzen.«

»Danke, Ivy.«

»Nichts zu danken. Und seien Sie bloß vorsichtig auf diesem wackeligen alten Ding. Nicht, dass Sie runterfallen und sich ein Bein brechen. Ich finde ja, Frauen haben auf Leitern nichts zu suchen. Wenn der Herrgott gewollt hätte, dass wir den lieben langen Tag auf einer Leiter rumstehen, hätte er dafür gesorgt, dass sich die Männer bei der Hausarbeit weniger ungeschickt anstellen.«

»Manche stellen sich im Haushalt gar nicht so ungeschickt an.«

»Aber nicht in diesem Haushalt. Ich sag nur so viel: Es ist ein Wunder, dass ich keine Beruhigungstabletten schlucken muss bei all der Arbeit, die mir Dennis und Mr Bertie machen. Dazu die Jungs, die ständig mit ihren dreckigen Stiefeln reinkommen, und Sie tragen mir auch den Staub und die Tapetenfetzen in jedes Zimmer. So, wollen Sie Karotten oder Erbsen zum Mittagessen? Ich glaube, ich mache beides. Heute ist Celia da und kümmert sich um den Garten, die isst bestimmt auch mit. Ich hab Sheperd's Pie gemacht, eins ihrer Leibgerichte. Sie isst ohnehin wie ein Vögelchen. Hat sie immer schon getan. Sie hat ja auch niemanden, für den sie kochen muss, und ich glaube, für sich allein ist es ihr zu mühsam.«

»Verstehe.«

»Helena war genau gleich. Hat nie gelernt, ein anständiges Essen auf den Tisch zu bringen, oder das, was ich unter einem anständigen Essen verstehe. Gut, sie konnte ein hartes Ei oder einen Toast machen, aber das war's auch schon. Hatte sie ja auch nicht nötig. Als sie jung war, hatten alle eine Köchin.«

»Nicht alle, Ivy.«

Sie lächelt.

»Stimmt, nicht alle. Also, denken Sie dran: Wenn ich Sie zu Tisch rufe, lassen Sie alles liegen und stehen, ja? Sonst muss ich ein Machtwort sprechen.«

»Ist gut, Ivy. Danke, Ivy.«

Ich zögere, dann schiebe ich ein verhaltenes »Zu Befehl, Ivy« hinterher.

»Das hab ich gehört.«

»So war das auch beabsichtigt.«

Okay. In zwei Wochen muss also alles bereit sein. Super. Mr Stebbings ist zwar mittlerweile hier fertig und jetzt im Pförtnerhaus beschäftigt, aber ich brauche für den Feinschliff viel länger als erwartet. Eigentlich sollten die Malerarbeiten längst beendet sein. Zumindest die Gästezimmer sind fast bezugsbereit und die Bäder sehen bedeutend hübscher aus als vorher. Auch in dieser Hinsicht gab es Verzögerungen. Die Schleifmaschine hat einen Höllenlärm gemacht und der Lack wollte ewig nicht trocknen. Aber ich bin froh, dass ich es trotzdem durchgezogen habe, auch wenn ich mir dabei selbst ein Ei gelegt hatte, weil ich nämlich beim Lackieren der Bodendielen im Familienbad am Ende in der hintersten Ecke neben dem Waschbecken festsaß.

Zwanzig Minuten später ist mir auch in den linken Ärmel Farbe gelaufen, aber immerhin sollte die Angelegenheit nach einem weiteren Durchgang erledigt sein.

»Molly? Ivy meinte, das Essen ist gleich fertig.«

»Danke, Celia.«

»Sie summt vor sich hin, ich an Ihrer Stelle würde also nicht rumtrödeln. Helena hat immer gesagt, wenn Ivy anfängt zu summen, dann ist das ein Frühwarnsignal, das man auf eigene Gefahr ignoriert. Obwohl sie im Grunde eine herzensgute Frau ist.«

»Ist sie, ja.«

»Aber wenn man es sich mit ihr verscherzt, dann ist erst einmal das Ende der Fahnenstange erreicht, wie bei allen herzensguten Frauen. Ich glaube, es gibt Sheperd's Pie. Wird bestimmt ein Genuss.«

»Sehr gut. Sagen Sie Ivy, ich bin in einer Minute da. Ich streiche nur noch schnell die Ecke dahinten, dann muss ohnehin die Farbe trocknen, ehe ich die letzte Schicht auftrage.«

Gestern haben Ivy und ich eine halbe Ewigkeit damit zugebracht, die neue Bettwäsche auszupacken und jeweils an einer Ecke mit roten, grünen und blauen Etiketten zu versehen. Auf diese Weise erkennt man auf einen Blick die Größe, ohne die Laken auseinanderfalten zu müssen. Ich habe einen gehörigen Schreck gekriegt, als sich aus dem obersten Regal in der Wäschekammer eine wahre Lawine an Bettzeug und Decken löste und auf mich niederging. Bettwäsche ist verblüffend schwer, wenn man unter einem ganzen Stoß begraben wird. Aber der Anblick der ordentlichen weißen und hellblauen Stapel war die Mühe wert, und weil ich noch ein paar Lavendelbeutelchen gemacht habe, duftet auch noch alles himmlisch. Mum hat mir geholfen, die neuen Vorhänge aufzuhängen, sodass ich wieder etwas von der Liste streichen kann. Sie hat auch den Großteil der Näharbeiten übernommen, denn selbst das Nähen einfacher Baumwollvorhänge kann recht tückisch sein, zum Beispiel, wenn man irrtümlich seinen eigenen Rock mitnäht. Das wahre Highlight sind allerdings die Fensterläden. Wir haben sie abgeschliffen und neu gestrichen, in einem pudrigen Ecru, das das Licht reflektiert und warm und elegant zugleich wirkt. Ich musste eine ganze Reihe verschiedener Farben ausprobieren, bis ich die richtige gefunden hatte. Mr Stebbings hat mir bei der Entscheidung geholfen. Am Schluss hat *Eselsritt* vor *Friedenstaube* das Rennen gemacht, dem hirnrissigen Namen zum Trotz, und Bill, der Fensterputzer (noch so ein rüstiger Rentner aus dem Dorf, der sich gerne etwas dazuverdient), war voll des Lobes deswegen. Seine anschauliche Schilderung der möglichen Verletzungen, die man sich zuziehen kann, wenn an Schiebefenstern die Gewichtsschnüre reißen, hat mich dazu veranlasst, Mr Stebbings von seinem Frühstück loszueisen, um eine Notfallüberprüfung sämtlicher Schiebefenster vorzunehmen. Zum Glück sind sie alle in Ordnung, sodass mir zumindest die Vorstellung, unsere armen Gäste könnten versehentlich von einem der Fenster guillotiniert werden, nachts nicht mehr den Schlaf rauben kann. Ich habe keine Ahnung, was ich ohne Mr Stebbings tun würde, der ständig mit irgendwelchen Kleinteilen ankommt, die er in seiner Werkstatt gehortet hat. Solange Ivy ihn mit Tee und Kuchen versorgt, ist er gern bereit, ein paar kostenlose Extrareparaturen vorzunehmen. »Bin ja froh, wenn der ganze Krempel zum Einsatz kommt. Wusste immer, dass sich der Plunder irgendwann noch mal als nützlich erweisen würde«, sagt er dann.

»Was ist denn nun, kommen Sie oder nicht? Ich trage gleich das Essen auf.«

»Entschuldigen Sie, Ivy. Bin in einer Minute da. Versprochen.«

»Sputen Sie sich, sonst sage ich Mr Bertie, er soll Sie holen kommen. Mit Betty.«

»Mum?«

»Ja, Alfie? Iss deinen Teller leer, Liebes.«

»Jetzt ist doch bald das Frühlingsfest im Dorf und da werde ich singen. Mit der ganzen Klasse.«

»Toll.«

»Du hast seine Klasse wohl noch nicht singen gehört, Mum.«

»Ben.«

»Wenn's wahr ist.«

»Singt deine Klasse auch etwas?«

»Nein, wir basteln alles mögliche Zeugs zum Thema Francis Drake, weil er aus Devon stammt. Er ist auf einem Schiff namens *The Golden Hinde* – das bedeutet Goldene Hirschkuh – um die Welt gesegelt.«

»Klingt auch interessant.«

»Als die Spanische Armada angegriffen hat, war er angeblich gerade an der Küste von Plymouth mitten in einer Partie Bowls, und die hat er in aller Ruhe fertig gespielt, weil noch jede Menge Zeit war. Sie haben gewonnen. Gegen die Armada, meine ich. Ob er das Spiel auch gewonnen hat, weiß ich nicht. Jedenfalls bastelt meine Gruppe eine Fahne. Voll albern. Ich würde viel lieber die Schlacht nachstellen. Verkleiden müssen wir uns nicht, aber wir sollen trotzdem in der Parade mitmarschieren.«

»Das wird bestimmt toll. Die Parade zieht an der Uferpromenade entlang und alle Gruppen aus dem Ort nehmen daran teil – die Schule, die Rettungsschwimmer ... Es ist jedes Jahr ein richtiges Ereignis, vorausgesetzt, es regnet nicht.«

»Dann sollten wir um Regen beten.«

»Danke, Dan. Räum den Tisch ab, wenn du fertig gegessen hast, und stell die Teller in den Geschirrspüler.«

»Mum?«

»Ja, Alfie?«

»Wir singen Piratenlieder und wir sollen uns verkleiden. Wir basteln sogar Hüte.«

Yippie. Endlich mal wieder basteln für schulbegleitende Aktivitäten.

»Aus Pappmische oder wie das heißt.«

Dan grinst.

»Wenn ihr Hüte aus Pappmaschee tragt, bete ich definitiv um Regen. Mit etwas Glück marschiert dann eure ganze Truppe mit nassen Zeitungspapierfetzen auf dem Kopf durch das Dorf.«

»Wolltest du nicht den Tisch abräumen, Dan?«

»Ja, ja, immer mit der Ruhe.«

»Mum?«

»Ja, Alfie?«

»Ich nehme Betty mit. Als Pirat braucht man nämlich einen Papagei. Das wird voll super, nicht, Mum?«

Gott bewahre.

»Ich weiß nicht recht, Alfie. Ehrlich gesagt bezweifle ich, dass Betty das gut finden würde.«

»Ach, bestimmt! Onkel Bertie hab ich schon gefragt und er hat es mir erlaubt.«

»Das kann ich mir kaum vorstellen, Alfie.«

Und selbst wenn, dann wird er seine Meinung gefälligst noch mal ändern, und zwar ein bisschen plötzlich. Wenn es irgendwie geht, möchte ich es tunlichst vermeiden, meinem Jüngsten dabei zuzusehen, wie er mit einem lauthals fluchenden Papagei auf der Schulter durch das Dorf marschiert. Zumal meist das halbe County anreist, um sich die Parade anzusehen, denn sie stellt für viele Leute hier in der Gegend ein echtes Highlight im Kalender dar, ehe die hektische Sommersaison losgeht. In der Bucht werden Bootsrennen veranstaltet und am Ufer stehen jede Menge Stände – sogar wenn es in Strömen regnet, was eigentlich fast immer der Fall ist. Aber dann setzt man einfach seine Kapuze auf und lässt sich nicht den Spaß verderben, genau wie in all den Jahren zuvor.

»Lass ihn doch, Mum. Es wird sicher lustig. Vielleicht beißt sie ja ein paar Leute.«

»Ben, wenn du nichts Besseres zu tun hast, als dumme Bemerkungen vom Stapel zu lassen, dann hilf Dan beim Tischabräumen.«

»Kommt Onkel Roger auch zur Parade, Mum?«

»Davon gehe ich aus.«

Dan grinst schon wieder.

»Na also. Dann sollte Betty auf jeden Fall mit von der Partie sein.«

Als ich ein paar Stunden später im Bett liegend meine To-do-Liste auf den neuesten Stand bringe und mir Strategien für die Mission »papageienfreie Parade« durch den Kopf gehen lasse, überkommt mich wieder einmal das inzwischen bereits vertraute Gefühl der Panik. Stöhn. Mein Bedarf an Angstattacken ist längst hinreichend gedeckt. Ich überlege gerade, ob ich nach unten gehen und mir zur Nervenberuhigung ein Stück Kuchen genehmigen soll, da dudelt mein Handy *Diamonds are forever*. Wie sich herausstellt, ist auch Lola gerade schwer genervt. Einer ihrer Klienten hat sein Drehbuch an ein großes Filmstudio verkauft und beschwert sich nun bitterlich, weil sein Werk so oft umgeschrieben wurde, dass es kaum noch wiederzuerkennen ist.

»Als gäbe es auch nur ein einziges Filmstudio, das sagt: ›Vielen Dank, das übernehmen wir eins zu eins.‹«

»Warum kaufen sie es denn, wenn sie es unbedingt ändern wollen?«

»Unter anderem deshalb, weil ich den Zuständigen weisgemacht habe, dass sich die Konkurrenz darauf stürzen wird, wenn sie nicht zuschlagen. Aber vor allem, weil sie sich alle für kreative Genies halten. Außerdem müssen sie zwanghaft überall reinpfuschen, damit sie selbst und ihre Kumpels ihre gut bezahlten Jobs behalten können. Dabei hatte wahrscheinlich kein Einziger von denen in seinem ganzen Leben auch nur eine einzige originelle Idee.«

»Dann hast du also Verständnis für den Drehbuchautor?«

»Nein, hab ich nicht. Natürlich ist das Ganze superärgerlich für ihn, aber ich hatte ihn gewarnt und er hat sich trotzdem schier überschlagen in dem Bemühen, das Ding an den Mann zu bringen, weil er scharf auf die Knete war. Ich habe, verdammt noch mal, nicht die Zeit, mir sein Gejammer anzuhören. Gott, Manchmal frage ich mich echt, warum ich mir das überhaupt noch antue. Ich sollte mir einen vernünftigen Job suchen.«

»Zum Beispiel?«

»Einen, bei dem man sich nicht mit jammernden Klienten rumschlagen muss. Gibt es noch Leuchtturmwärter? Das könnte mir gefallen.«

»Wie stellst du dir das vor, Lola? Du bekommst doch schon Entzugserscheinungen, wenn du nicht mindestens einmal wöchentlich shoppen gehen kannst. Und manchmal sogar einmal täglich.«

»Shoppen kann man auch im Internet, Süße. Mit 24-Stunden-Lieferservice.«

»Und wie willst du dir den ganzen Kram liefern lassen? Mit dem Hubschrauber? Das kannst du bei Windstärke zehn fett vergessen. Außerdem hättest du vermutlich gar keine Verwendung für ständig neue Klamotten, mal abgesehen von Regenmänteln und Regenhosen.«

»Skandinavische Strickwaren sind gerade total in. Ich könnte mir jede Menge Norwegerpullis zulegen.«

»Ja, und wenn die mal nass werden, sind sie so schwer,

dass du darin nicht mehr die Treppe hochkommst, um das Licht anzuknipsen. Wobei das inzwischen ohnehin automatisch gemacht wird, soweit ich weiß, womit die Leuchtturmwächter leider überflüssig geworden sind.«

»Mist. Okay, dann überlege ich mir eben etwas anderes. Und, wie geht es dir, Süße? Sollen wir zusammen durchbrennen?«

»Gern. Alfies Klasse singt bei der Parade zum Frühlingsfest Piratenlieder und er will Betty mitnehmen. Wenn er das tut, muss ich eine neue Schule für ihn suchen, und falls sie jemanden beißt und mit unflätigen Ausdrücken um sich wirft, sogar ein neues Zuhause für uns alle. Und dann kam heute auch noch die erste Zimmerbuchung rein und die Vorstellung, dass in zwei Wochen bereits unsere ersten Gäste anrücken, beschert mir zusätzlich Albträume.«

»Meinen Glückwunsch, Süße.«

»Mal sehen, ob ich rechtzeitig fertig werde. Im Moment stecke ich quasi bis über beide Ellbogen in Malerfarbe. Der Schornsteinfeger, der am Montag da war, hat mich auch wieder fast einen ganzen Tag gekostet. Ich wäre echt beinahe an die Decke gegangen.«

»Bei Schornsteinfeger muss ich gleich an *Mary Poppins* denken.«

»Ja, das passt. Er hat nämlich in einer Tour gepfiffen, während er seine Besen und Bürsten durch die Kamine gejagt hat. Dennis und Mr Stebbings sind von Zimmer zu Zimmer gerannt, um zu überprüfen, ob alles in Ordnung ist, und Betty hat ständig ›Verpiss dich‹ gekreischt und dazwischen mit dem Kaminkehrer um die Wette gepfiffen. Es hätte mich nicht gewundert, wenn plötzlich alle den Refrain von *Chim Chim Cheree* angestimmt hätten oder draußen ein paar Frauenrechtlerinnen vorbeimarschiert wären.«

»Was hab ich diesen Film geliebt! Vor allem die Mutter. ›Wir sind die Kämpfer fürs Frauenrecht, sind furchtlose Streiter für unser Geschlecht ...‹ Schicke Kleider hatte die, aber sie hätte ihren Mann zum Teufel jagen und ihre Kinder auf ihre Protestmärsche mitnehmen sollen, dann hätte sie sich das Kindermädchen sparen können. Und diese unerträgliche Mary Poppins hätte zu Hause bleiben und ihren Regenschirm zutexten können. Die ging mir echt auf die Eier. So gut wie vollkommen, pah! Eingebildetes Weibsbild.«

»Ich mochte am liebsten die Köchin, die sich den Topf aufsetzt. Oder war das in *Jeden Morgen hält derselbe Zug*?«

»Hach, das war auch ein toller Film! Und, was hat Bertie getrieben, während dieser Kaminkehrer zugange war? Hat er die Kanone abgefeuert?«

»Ist der Papst katholisch? Der Typ hat sich dermaßen erschreckt, dass sich eine seiner Stangen im Kamin im Speisezimmer verkeilt hat. Er hat sie nur mit Mühe und Not wieder rausgekriegt.«

»Der gute alte Bertie.«

»Der irre alte Bertie, meinst du wohl. Celia hat mir erzählt, Helena hätte ihm oft damit gedroht, dass sie die Kanone von der Klippe stürzt, wenn er nicht damit aufhört.«

»Das könntest du ja auch mal versuchen.«

»Nur, wenn ich Unterstützung von einem Rugby-Team bekomme. Dieses Ungetüm wiegt mehrere Tonnen.«

»Kann man so ein Rugby-Team nicht stundenweise mieten? Das müsste doch rauszufinden sein. Vielleicht sollte ich mir einen neuen Kundenstamm aufbauen. Ich wette, Sportler jammern weit weniger als diese ganzen ach so kreativen Köpfe. Apropos, hat sich der Architekt gemeldet?«

»Nein. Der ist, glaube ich, noch in Dubai.«

»Dann ruft er bestimmt an, wenn er wieder zurück ist.«

»Das glaube ich kaum, aber das ist auch okay, Lola. Ich hatte wie gesagt den Eindruck, dass er ein bisschen eingeschnappt war, weil ich nicht gleich Feuer und Flamme war, als er mir neulich seine Vorschläge unterbreitet hat. Eigentlich mehr als bloß ein bisschen.«

»Das gibt sich schon wieder.«

»Mal sehen. Ach ja, und Betty hat versucht, ihn zu beißen, aber es kann gut sein, dass Bertie sie dazu angestiftet hat. Vielleicht hat er mitgekriegt, dass Stephen versucht hat, mich zum Verkauf zu überreden und das Haus zu einem Luxusresort mit Pool umzufunktionieren.«

»Was an sich keine schlechte Idee ist, Süße. Da käme wenigstens ordentlich Geld rein.«

»Aber dann müssten wir uns und unserem verrückten Papagei eine neue Bleibe suchen.«

»Okay, aber du kannst Stephen nicht zum Vorwurf machen, dass er große Pläne schmiedet. So sind Architekten eben. Er wird dich anrufen und dann kannst du an der romantischen Front endlich mal wieder ein neues Kapitel eröffnen. Oder hast du irgendwelche anderen potenziellen Kandidaten zur Hand?«

»Nein, habe ich nicht, und ich verspüre auch gar nicht das Bedürfnis …«

»Ach, komm schon, es ist höchste Zeit für eine neue Kerbe an deinem …«

»Bitte sag jetzt nicht Bettpfosten.«

»Dann willst du jetzt also Nonne werden, oder wie? Das ist mir neu. Ganz im Ernst: Es ist höchste Zeit, dass du wieder in den Sattel steigst.«

»Bloß nicht. Du weißt, als ich das letzte Mal auf einem Pferd saß, wurde ich abgeworfen. Zugegeben, wir hatten den Stall noch nicht einmal verlassen und ich bin auf einem Haufen Stroh gelandet, aber es ist trotzdem keine sonderlich verlockende Vorstellung, vielen Dank.«

Wir kichern.

»Dann setz dich eben auf eine Schaukel. Oder lieber in eine Hängematte, auf einer Schaukel ist man bewegungstechnisch etwas eingeschränkt. Wobei so eine Hängematte auch ihre Tücken hat. Wir hatten voriges Jahr eine in dieser Villa und wir sind ständig rausgefallen. Hat nach einer Weile echt genervt.«

»Hast du ihn mal wieder gesehen?«

»Neal? Nein. Dafür habe ich neulich bei einem Lunch seine neue Göttergattin kennengelernt. Hat eine Taille wie eine Heuschrecke und den IQ eines Hamsters.«

»Mit anderen Worten, die perfekte Partnerin für ihn.«

»Ideal. Gott, warum tun wir uns das alles überhaupt an?«

»Keine Ahnung.«

»Gute Nacht, Süße.«

»Nacht, Lola.«

Ich bin schon fast eingenickt, als erneut mein Handy klingelt. Kein Bond-Leitmotiv diesmal. Wenn das wieder einer von diesen Fuzzis ist, die versuchen, mir mit dem Argument, mein Computer müsste dringend überholt werden und meine Internetverbindung könnte viel schneller sein, die Kreditkartennummer zu entlocken, dann wird das ein sehr kurzes Gespräch.

»Hi, Molly, hier ist Stephen. Ich hoffe, es ist noch nicht zu spät. Ich hab total die Zeit übersehen.«

Ehrlich gesagt finde ich halb zwölf für einen Anruf in der Tat recht spät, aber ich richte mich noch einmal im Bett auf und versuche, nicht zu klingen wie jemand, der schon halb in Morpheus' Armen ruht.

»Hallo, Stephen. Bist du noch in Dubai?«

»Ja. Ich sollte zwar laut Plan schon wieder zu Hause sein, aber es dauert jetzt doch länger. Wie läuft's bei dir?«

»Es wird allmählich. Heute haben wir die erste B&B-Reservierung erhalten, sprich, ich habe alle Hände voll zu tun, damit wir zu Ostern fertig sind.«

»Wie ich höre, kommt Bea morgen vorbei?«

»Ja, mit Vicky und ihrer Tochter. Vicky ist im gleichen Buchclub wie meine Freundin Sally. Ich hoffe, sie wird mir ein paar Anregungen für das Pförtnerhäuschen liefern. Sally hat erzählt, dass Bea Innenarchitektin ist und, ihrem Haus nach zu urteilen, eine Menge kreativer Einfälle hat.«

»Ja, die beiden sind sehr talentiert. Und Sally arbeitet nach wie vor im Hotel?«

»Richtig.«

»Du wirst Bea bestimmt mögen. Sie ist schon etwa fünf Jahre bei uns und hat immer wieder interessante Ideen. Vielleicht kann sie dich ja dazu inspirieren, den Umbau im größeren Stil anzugehen. Sie hat einen untrüglichen Instinkt. Aber davon kannst du dich ja morgen selbst überzeugen. Und sobald ich zurück bin, sollten wir uns auf einen Drink treffen. Oder vielleicht darf ich dich sogar zum Essen ausführen.«

»Gern.«

»Ich melde mich, sobald ich weiß, wie mein Zeitplan für die nächsten Tage aussieht. Wir könnten dieses neue Fischrestaurant ausprobieren. Es hat ganz gute Kritiken bekommen.«

»Gern.«

Oh Mann, warum sage ich das ständig? Stephen muss mich ja für total unterbelichtet halten.

»Nacht, Molly.«

»Gute Nacht und danke für den Anruf.«

Ich könnte mich ohrfeigen. Danke für den Anruf? Das klingt ja, als würde ich in einem Callcenter arbeiten. Was, zum Henker, ist nur mit mir los?

»Gern geschehen. Bis bald und grüß Bea von mir.«

Zum Glück legt er auf, ehe ich mich noch weiter blamieren kann. Aber ich bin froh, dass er angerufen hat. Als er neulich da war, hatte ich hinterher irgendwie das Gefühl, bei einer imaginären Prüfung durchgefallen zu sein. So beeindruckt er von Harrington Hall, vom Pförtnerhaus und den Stallungen war, so enttäuscht wirkte er von meinen Plänen. Ich darf auf keinen Fall vergessen, Betty wegzusperren. Oder ich verpasse ihr einen Pappmaché-Hut. Eine Spezialanfertigung für bissige Papageien.

Ich stehe mit Sally auf dem Schulhof und warte auf das Klingeln der Glocke, als Lucinda Langdon-Hill ankommt und mir fröhlich zuwinkt, obwohl ich sie schon so oft habe abblitzen lassen. Diese Frau ist so dickhäutig wie ein Rhinozeros. Oder aber sie ist nicht sonderlich helle und hat tatsächlich noch immer nicht kapiert, dass ich keinen gesteigerten Wert darauf lege, mit ihren hochnäsigen Freundinnen zu Mittag zu essen. Wahrscheinlich beides. Gestern hat sie mir ausführlich von ihrer Geschäftspartnerin erzählt, die Urlaubsdomizile vermietet und mir furchtbar gern einen Prospekt vorbeibringen würde. Sally findet das alles zum Piepen.

»Sie winkt schon wieder.«

»Halt den Mund, Sally.«

»Falls du künftig lieber bei den vornehmen Leuten stehst, hätte ich vollstes Verständnis dafür. Schließlich lebst du in einem der markantesten Häuser hier in der Gegend. Achtung, da kommen Mutter und Tochter Osborne, hoch zu Ross.«

»Püh.«

Felicity hält die Zügel fest, während ihre Tochter Charlotte vom Pony steigt, dann passiert sie uns mit einem überheblichen Nicken und klappert von dannen. Das Pony trottet neben ihr und ihrem Pferd her.

Lucinda winkt erneut, womit sie Sally ein Lachen entlockt.

»Meine Güte, die Gute legt sich aber mächtig ins Zeug. Wenn sie erst hört, dass ihr einen riesigen Pferdestall habt, wird sie versuchen, dich dazu zu überreden, dass du deine Pläne änderst, und ehe du weißt, wie dir geschieht, lieferst du deine Jungs ebenfalls hoch zu Ross hier ab, mit einem Reithelm aus Samt, genau wie sie.«

»Alfie und ein Pferd? Nein danke. Mir reicht schon dieser verdammte Papagei.«

»Guten Morgen, Mrs Taylor.«

Großartig. Mrs Williams, die Direktorin, hat mich soeben dabei erwischt, wie ich auf dem Schulhof geflucht habe. Das bringt mir bestimmt einen negativen Vermerk im Elternregister ein.

»Morgen, Mrs Williams.«

»Alfie hat erzählt, dass Sie in London auch als Lehrerin gearbeitet haben.«

Sie nimmt wohl an, dass ich deshalb fluche wie ein Kesselflicker.

»Richtig. Ich habe an der Mittelschule Geschichte unterrichtet.«

Sie mustert mich mit einem entschlossenen Blick, den ich nach Kräften zu erwidern versuche, um ihr zu signalisieren, dass ich nicht bereit bin, mit einem Haufen Schüler im Alter von sechs bis zehn Jahren ein Geschichtsprojekt zum Thema Francis Drake oder was auch immer zu machen.

»Alfie hat erzählt, Sie haben eine ganze Hühnerschar.«

Grrr. Ich muss es Alfie dringend abgewöhnen, Details aus unserem Privatleben auszuplaudern. Die verrückten Hühner haben wieder angefangen zu legen, allerdings sind Vita und Gertie zurzeit wild entschlossen, ihre Eier auszubrüten, weshalb ich neuerdings vor dem Betreten des Verschlags ein Paar lange Handschuhe aus Schafsleder anziehe, um mich vor ihren Schnäbeln zu schützen.

»Äh, ja, richtig.«

Worauf will sie hinaus? Soll ich ein Omelett für die ganze Schule backen?

»Miss Cooper und ich sind zu dem Schluss gekommen, dass Sie damit für den Eierstand beim Frühlingsfest prädestiniert sind. Eine ganz einfache Aufgabe, die auch noch Spaß macht. Miss Cooper erläutert Ihnen die Einzelheiten. Sie gehen Mrs Taylor bestimmt gern zur Hand, nicht wahr, Mrs Elston?«

Damit hat sie Sally total überrumpelt.

»Äh, ja, natürlich, es ist bloß so ...«

»Hervorragend. Ah, da ist Miss Cooper. Ich werde ihr die freudige Nachricht gleich mal überbringen. Übrigens beteiligen sich natürlich auch die Eltern der anderen Kinder. Wir wollen ja nicht, dass Ihre Hühner Überstunden machen müssen, nicht? Einen schönen Tag.«

Verflixt und zugenäht.

Sally guckt noch immer reichlich bedröppelt aus der Wäsche.

»Wow, die hat's echt drauf. Was hat es mit diesem Eierstand auf sich, Sally?«

»Ich glaube, sie meinte die Eiertombola.«

»Die was?«

»Am Eierstand kann man sich gegen eine kleine Spende ein bunt bemaltes Ei aussuchen, von denen einige an der Unterseite eine Nummer haben. Wenn es mit einer Nummer versehen ist, hat man etwas gewonnen, wenn nicht, dann darf man zumindest das Ei behalten.«

»Ist das dein Ernst?«

»Es ist eine alte Tradition. Ich glaube, sie geht zurück auf die Zeit nach dem Krieg, als gekochte Eier noch etwas Besonderes waren.«

»Ach herrje.«

»Das kannst du laut sagen. Wir werden Unmengen an Eiern färben müssen. Mindestens zweihundert Stück, schätze ich mal. Wenn die Wetterprognosen gut sind, noch mehr. Eigentlich sollten alle Kinder am Tag vor dem Fest gekochte Eier in die Schule mitbringen, aber die meisten Eltern vergessen es. Brenda Thomas war letztes Jahr deswegen bis halb vier Uhr morgens auf den Beinen.«

»Du willst mir doch nicht ernsthaft weismachen, dass wir Hunderte von gekochten Eiern einfärben und dann auch noch den ganzen Tag an einem Stand stehen müssen, wo wir vermutlich bis zu den Knöcheln in Eierschalen versinken. Ich nehme mal an, die Leute, die nichts gewonnen haben, verdrücken zum Trost auf der Stelle ihr Nieten-Ei.«

»Du hast es erfasst.«

»Lieber Himmel. Da könnte man glatt einen Film drüber drehen. *In einem Land vor unserer Zeit* Teil zwei.«

»Ich weiß. Genau deshalb ist der Stand ja so beliebt. Bei den meisten jedenfalls.«

»Können wir nicht einfach im Supermarkt einen Berg Schokoladeneier kaufen? Die gibt es doch bestimmt auch in

Großpackungen. Und auf diese Weise haben wir gleich mal eine Spende fürs Schulbudget abgedrückt.«

»Klasse Idee. Wobei die Leute schon sehr auf die gefärbten Eier stehen. Aber wer weiß, vielleicht sind ihnen Schokoeier sogar noch lieber.«

»Gut, dann hätten wir das geklärt. Es gibt eine Schokoladeneiertombola, und wer gekochte Eier haben will, kann gern selbst den Stand betreuen. Okay?«

»Okay, aber du sagst es Miss Cooper.«

»Danke, Sally. Du bist mir wirklich eine große Stütze.«

»Ich habe schlechte Karten, weil ich letzte Woche schon wieder zu spät dran war, als ich Tom abholen sollte. Wie soll ich ihr da auch noch beibringen, dass wir statt echten, gekochten Eiern Schokoeier besorgen? Wenn du das für uns deichselst, werde ich mich erkenntlich zeigen, versprochen. Und ich glaube echt, dass die Schokoeier gut ankommen werden. Du bist ein Genie.«

»Sally?«

»Ja?«

»Halt einfach den Mund.«

Zum Glück hat Miss Cooper nichts gegen unseren Schokoladeneierplan einzuwenden. Ich habe den Eindruck, solange sie wieder etwas von ihrer Liste streichen kann, ist sie mit allem einverstanden. Wir müssen ihr lediglich versprechen, darauf zu achten, dass die Schokolade keine Spuren von Nüssen enthält, weil einige Kinder an der Schule ziemlich heftige Allergien haben. Und sollte sich irgendjemand erdreisten, von uns zu verlangen, dass wir uns als Hühner verkleiden, werde ich Betty zitieren.

Ich fahre nach Hause und genehmige mir einen schnellen Kaffee mit Ivy, dann kommt auch schon Mum vorbei, die einen vorübergehenden Wettback-Waffenstillstand mit Ivy vereinbart hat, damit sie sich auf den großen Frühjahrsputz konzentrieren können. Die beiden haben sich mit Feuereifer in diese neue Aufgabe gestürzt und zunächst eine halbe Ewigkeit damit zugebracht, einen Aktionsplan auszuarbeiten, mit Rücksicht auf meine letzten hektischen Umgestaltungsmaßnahmen, damit zu Ostern alles blitzt und glänzt, wie es Ivys Vorstellungen entspricht. Als sie erwähnte, dass sie »fürs Grobe« schon seit Jahren ein paar »Mädels« aus dem Ort kommen lässt, stellte ich mir die Art von Frauen vor, die im Falle einer Schlägerei im Dorfpub kräftig mitmischen können, aber wie sich dann herausstellte, meinte sie ihre Freundinnen Florrie und May. Florrie steht auf der Warteliste für eine künstliche Hüfte und bei May muss demnächst der graue Star operiert werden, weshalb Ivy sie keine zerbrechlichen Sachen putzen lässt, aber schon nach einem halben Tag muss ich zugeben, dass ein achtköpfiges Team von Frauen, die nur halb so alt wie sie sind, garantiert auch nicht hätte schneller sein können als die drei. Und da auch Mum mithilft, werden sie in Rekordzeit fertig sein, sagt Ivy. Die Fußböden glänzen und sind so glatt, dass man im Korridor, wenn man nicht auf der Hut ist, ohne es zu wollen, ein paar Dreifachpirouetten dreht, die einer Audition für *Dancing on Ice* würdig wären. Bis jetzt bin ich von unfreiwilligen akrobatischen Auftritten verschont geblieben, aber die Jungs nutzen es leidlich aus, dass sie sich nun seitwärts auf einem Bein schlitternd fortbewegen können. Alfie schafft es in seinen Schulsocken sogar einmal quer durch das Speisezimmer.

»Kaffee, Mum?«

»Gern. Ich habe übrigens die alten Brokatvorhänge aus Bens Zimmer dabei. Ich hab sie fünfzehn Zentimeter gekürzt und gewaschen. Drei Durchgänge in der Maschine, aber dafür sind sie jetzt wieder bedeutend ansehnlicher. Wenn Sie Zeit haben, könnten wir die nachher aufhängen, Ivy.«

Ivy nickt nur; sie hat sich eben einen Bissen Bakewell Tart in den Mund geschoben. Ich überlasse die beiden sich selbst und dem Schmieden weiterer Putzpläne und schlüpfe wieder in mein Maleroutfit. Kaum habe ich Farbe in die Farbwanne gekippt und bin im Begriff, die Leiter zu erklimmen, da klingelt es.

Mist.

Vor der Tür steht eine schick angezogene Frau, die mich kritisch mustert.

»Mrs Pargeter. Ich bin mit Millie verabredet.«

»Wie bitte?«

Sie seufzt und sieht mich an, als wäre ich ein bisschen schwer von Begriff.

»Ich bin Mrs Pargeter und ich habe einen Termin mit der Besitzerin. Es geht um das Thema Urlaubsdomizile. Lucinda Langdon-Hill hat alles arrangiert, und da ich heute äußerst beschäftigt bin, wäre ich Ihnen sehr verbunden, wenn Sie Millie umgehend holen könnten.«

Sie hält mich wohl für eine geistig minderbemittelte Malergesellin. Ich hätte gute Lust, die Farbrolle zu schwenken und zu behaupten, es sei niemand zu Hause.

»Ach so, verstehe. Das bin ich.«

»Wer?«

»Millie. Äh, Molly, meine ich. Verzeihung. Ich bin Molly, aber ich kann mich nicht entsinnen, dass Lucinda einen konkreten Termin mit mir vereinbart hätte.«

Sie ignoriert die Tatsache, dass unser Gespräch einen etwas unglücklichen Start hatte, einfach geflissentlich und schaltet sogleich in einen enthusiastischen Plaudermodus.

»Kompliment, meine Liebe. Ich finde es sehr wichtig und überaus erfreulich, dass eines der alten Anwesen hier in der Gegend wieder in Schuss gebracht wird. Ich betreue eine ganze Reihe bemerkenswerter Immobilien vor Ort und Ihr hübsches Pförtnerhäuschen passt hervorragend in mein Portfolio. Ich habe meine Kamera dabei, ich könnte also gleich mal ein paar Fotos schießen, wenn es Ihnen recht ist.«

Wow, ist diese Tussi aufdringlich. Und ihrer entschlossenen Miene nach zu urteilen erwartet sie ernsthaft, dass ich sie hereinbitte und ihr einen Kaffee anbiete, damit wir gleich die Formalitäten erledigen können.

»Für Fotos ist es noch etwas zu früh.«

Ich schwenke die Malerrolle. Sie tut, als würde sie es nicht bemerken.

Dann eilt mir zum Glück die Kavallerie in Gestalt von Ivy zu Hilfe.

»Ach, hier sind Sie, Miss Molly. Sie werden am Telefon verlangt«, sagt sie und mustert Mrs Pargeter reichlich ungehalten.

»Oh. Tja, da sollte ich wohl rangehen, und dann muss ich mich wieder ans Werk machen. War schön, Sie kennenzulernen, Mrs Pargeter. Deponieren Sie doch bitte einfach sämtliche Informationen bei Ivy.«

Ivy macht einen Schritt auf unsere Besucherin zu. Ha. Wenn jemand dieser Mrs Pargeter Paroli bieten kann, dann sie. Ich verkrümle mich erleichtert. An meinem Auftreten als Gutsherrin muss ich eindeutig noch arbeiten. Ich wette, Helena wurde nie für eine Gärtner- oder Malergesellin gehalten, obwohl sie meist eine verschlissene, dreckige Hose und ihre scheußliche alte Gartenjacke trug.

Ich bin gerade wieder auf meine Leiter geklettert, als Ivy hereinkommt.

»Unverschämtes Frauenzimmer. War ganz schön eingeschnappt, weil sie nicht reinkommen durfte. Ich hoffe, Sie verzeihen mir die kleine Notlüge mit dem Anruf, aber anders wird man Leute wie die nicht los. Impertinent bis dorthinaus, wenn Sie mich fragen. Über die könnte ich Ihnen ein paar Geschichten erzählen ... Florrie hat nämlich vor Jahren für ihre Mutter geputzt.«

»Ist sie weg?«

»Ja. Sie hat ihre Visitenkarte dagelassen und die kann meinetwegen gleich in die Tonne wandern. Hält sich für etwas Besseres, genau wie ihre Mutter, dabei war die vor ihrer Ehe Kneipenwirtin, und zwar in einer ziemlich heruntergekommenen Kaschemme. Waren schon immer zwei richtige Flittchen, die beiden. Außen hui, innen pfui.«

»Bringen Sie mich nicht zum Lachen, Ivy, sonst falle ich von der Leiter.«

»Seien Sie bloß vorsichtig. So, ich geh dann mal wieder rauf und helfe Ihrer Mutter mit den Vorhängen. Die werden sich großartig machen, Sie werden sehen. Da hat sie wirklich ganze Arbeit geleistet. Und hinterher gibt es eine schöne Tasse Tee.«

»Hervorragend.« Mit etwas Glück habe ich noch eine gute Stunde Zeit, ehe es so weit ist.

»Danke, Mum, die Vorhänge sehen toll aus. Noch eine Tasse Kaffee, ehe du gehst?«

»Nein danke, Liebes. Ich sollte mich auf den Weg machen, ich muss noch einkaufen. Aber ich wollte noch kurz mit dir reden. Georgina lässt fragen, ob du dir ihren Vorschlag schon durch den Kopf gehen hast lassen.«

»Was für einen Vorschlag?«

»Na, du weißt schon. Sie wollte doch hier einen Lunch für ihre Freundinnen vom Golfclub organisieren, jetzt, wo die Renovierungsarbeiten abgeschlossen sind. Das wäre bestimmt auch gut fürs Geschäft.«

»Inwiefern?«

»Was meinst du, Liebes?«

»Inwiefern sollte das gut fürs Geschäft sein? Ich habe nicht den Eindruck, dass ihre Freundinnen zu den Leuten gehören, die in einem B&B nächtigen, und das Pförtnerhäuschen ist noch lange nicht fertig. Also, nein, ich habe keine Lust, hier einen Haufen von Georginas eingebildeten Freundinnen zu bewirten, vielen Dank. Tut mir leid, Mum, aber ich habe ihr bereits klipp und klar gesagt, dass ich nicht will, und es hat überhaupt keinen Sinn, wenn sie dich jetzt zum Vermitteln anstiftet.«

Schweigen.

»Wahrscheinlich hast du recht.«

Wow. Mum gibt mir zur Abwechslung mal recht?

Sie lächelt.

»Du hast dich hier echt reingekniet und es ist richtig toll geworden, Liebes. Ivy ist auch äußerst angetan.«

»Danke, Mum.«

»Dann soll ich Georgina also ausrichten, dass du kein Interesse hast?«

»Bitte.«

»Ich sollte es vielleicht nicht sagen, aber es würde ihr gar nicht schaden, wenn sie öfter mal ein Nein zu hören bekommt. Und wie sie immer auf Äußerlichkeiten fixiert ist! Erst gestern hat sie versucht, mich zum Kauf eines neuen Mantels zu überreden, dabei ist mein alter noch gut. Aber du hättest sie hören sollen. So, ich mache mich jetzt auf die

Socken, aber wir sehen uns am Freitag, da räumen Ivy und ich mal alles aus dem großen Geschirrschrank. Höchste Zeit, dass das Zeug mal wieder gespült wird. Sie sagt, manche Stücke waren seit Jahren nicht mehr in Verwendung.«

»Ist gut, Mum, und danke.«

Sie drückt mir im Hinausgehen einen Kuss auf die Wange.

Sieh mal einer an. Die magische Wirkung von Harrington Hall macht offenbar auch vor Mum nicht halt.

Nachmittags ist es nach wie vor frisch, deshalb heize ich im Salon den Kamin ein, als Sally, Bea und Vicky tags darauf zum Tee kommen. Ich zeige ihnen kurz das Pförtnerhaus und den Pferdestall, dann gehen wir wieder nach drinnen. Die Kinder sind oben und spielen mit dem Legoschloss und ich hoffe, sie sind noch eine Weile damit beschäftigt. Vickys Tochter Daisy, die in dieselbe Klasse wie Alfie und Tom geht, hat nämlich von der Kanone gehört und wollte sie unbedingt sehen. Zum Glück ist Bertie heute Nachmittag mit Dennis bei irgendeiner Zusammenkunft der Royal Navy.

»Wenn das Pförtnerhaus – und nach dem Umbau auch die Stallungen – vermietet werden, haben eure Gäste dann eigentlich überall in Haus und Garten Zutritt?«, will Sally wissen.

»Auf keinen Fall. Sie dürfen die Wiese und den Weg zur Bucht nutzen, aber der Rest ist privat.«

»Gute Idee, sonst herrscht hier ein ständiges Kommen und Gehen. Bei einer Frühstückspension ist das was anderes, aber wenn ihr Gäste habt, die eine ganze Woche hier sind, darfst du ihnen nicht den Eindruck vermitteln, dass du ihnen Tag und Nacht auf Abruf zur Verfügung stehst, sonst treiben sie dich in den Wahnsinn.«

»Du sagst es. Das kenne ich von früher noch zur Genüge, dass wir zu den Hotelgästen immer höflich sein mussten. Bertie und die Jungs sollen sich hier wirklich wie zu Hause fühlen.«

Vicky schenkt sich Tee nach.

»Welche Zielgruppe willst du denn ansprechen? Es könnte ganz hilfreich sein, die Sache von dieser Seite aus anzugehen.«

»Leute, die mit den Nerven am Ende sind und ein bisschen Erholung brauchen.«

Bea lächelt.

»Eine Ruheoase für Leute, die neue Energie tanken wollen. Dafür gibt es einen riesengroßen Markt. Wir haben jede Menge Freunde in London, die gleich Feuer und Flamme wären.«

»Das Interieur soll einfach, aber gemütlich sein, ohne technische Spielereien, ohne Wasserhähne mit Bewegungsmelder, aber auch ohne pseudoviktorianischen Schnickschnack. Keine Schnörkel, kein Fichtenimitat.«

Vicky nickt.

»Okay, also kein Männerspielzeug, keine Badschränke ohne Türgriffe, keine winzigen Mülleimer, die man alle fünf Minuten leeren muss, und keine glänzenden Oberflächen, die mit einem Spezialtuch abgewischt werden müssen, damit man nicht jeden Fingerabdruck sieht.«

»Genau. Unsere Gäste sollen nicht ständig von Glas und Spiegeln umgeben sein. Wenn an der Wand gegenüber der Badewanne oder Dusche ein Spiegel hängt, ist man ja schon vor dem Frühstück deprimiert.«

»Alles klar. Einer meiner Klienten hat vor Kurzem sein

Bad komplett renovieren lassen. Er hat nicht nur an allen Wänden, sondern sogar an der Decke Spiegelfliesen verlegen lassen.«

»Du meine Güte. Wie sieht es aus?«

»Schauderhaft. Seine Frau war entsetzt.«

»Kann ich mir lebhaft vorstellen. Du solltest ihr einen Prospekt schicken, sobald wir mit unserem ›Raus aus dem Alltag‹-Programm den Betrieb aufgenommen haben.«

»Ehrlich gesagt fallen mir da noch so einige potenzielle Kandidatinnen ein. Zurzeit baue ich für einen Yuppie aus der Stadt eine Farm zum Wochenenddomizil um. Er will überall rostfreien Edelstahl und Marmor. Die Küche wird im Winter der reinste Eisschrank sein. Kann aber gut sein, dass seine Frau ohnehin nicht oft kocht, sie ist erst dreiundzwanzig. Seine zweite. Geschieht ihr recht.«

Ich finde Bea von Minute zu Minute sympathischer.

»Ich sollte wohl noch erwähnen, dass mein Boss mich instruiert hat, unbedingt noch einmal zu betonen, welch ungeheures Potenzial dieses Anwesen hat. Er hat recht, man könnte das alles richtig groß aufziehen.«

»Ich weiß, Bea, aber wir wohnen hier und damit steht und fällt alles andere.«

»Ich wollte es bloß gesagt haben. Ganz im Vertrauen: Ich bin total deiner Meinung. Harrington Hall ist etwas Besonderes und es wäre schade, wenn man es komplett umkrempelt. Aber das bleibt bitte unter uns.«

»Natürlich.«

Sie lächelt und Vicky schenkt auch ihr Tee nach.

»Schon mal von ›Glamping‹ gehört? Vielleicht wäre das ja was für euch.«

»Du meinst dieses ›Glamour-Camping‹, wie in Glastonbury?«

»Ja. Du könntest auf der Wiese hinter dem Pferdestall ein paar Jurten oder schicke Zelte aufstellen und dir auf diese Weise ein kleines Zusatzeinkommen über den Sommer sichern. Das ist zurzeit äußerst populär und die Leute sind gewillt, mehr als allgemein üblich dafür auszugeben. Ich stelle dir eine Infomappe zusammen und bringe sie dir vorbei, zusammen mit den Prospekten. Könnte eine Überlegung wert sein.«

Vicky ist Innenarchitektin und will als zweites Standbein zusammen mit Bea und einer Freundin aus London ein Onlineportal für Urlaubsdomizile auf die Beine stellen. Die beiden erwecken den Anschein, als hätten sie den totalen Durchblick, und sind eine unbezahlbare Informationsquelle.

»Danke, Vicky, das wäre super.«

»Unsere Webseite geht in Kürze online. Sie soll den Nutzern das Gefühl vermitteln, dass sie bei uns aufgrund persönlicher Erfahrungen an Geheimtipps kommen, quasi via Mundpropaganda. Es wäre super, wenn du das Pförtnerhäuschen bei uns einstellen würdest, aber fühl dich zu nichts verpflichtet, okay? Wir werden weit weniger Vermittlungsgebühr verlangen als die großen Agenturen. Belinda Pargeter wird toben vor Wut, wenn du dich für uns entscheidest. Sie bildet sich ein, dass sie alle exklusiven Immobilien hier in der Gegend betreut. Ich wette, sie wird dir demnächst ihre Aufwartung machen.«

»Sie war bereits gestern da. Sie hatte keine Ahnung, wen sie vor sich hat.«

Nachdem ich den beiden von der Begegnung berichtet habe, muss ich Sally auf den Rücken klopfen, weil sie sich vor Lachen an ihrem Kuchen verschluckt hat.

»Schönen Nachmittag allerseits. Klingt, als würden sich die Damen blendend amüsieren.«

Na toll. Bertie ist früher als geplant zurück und lässt es sich natürlich nicht nehmen, uns zu begrüßen. Mit Betty.

»Möchtest du eine Tasse Tee, Onkel Bertie?«

»Nein, danke. Auf Tee war ich noch nie sonderlich scharf.«

Prompt pfeift Betty wie ein altmodischer Teekessel.

»Ignoriert sie einfach. Dämlicher Vogel. Muss mal wieder angeben.«

»Onkel Bertie, das sind Bea und Vicky. Sally kennst du, glaube ich, schon und Bea ist Architektin und wird mir hoffentlich beim Ausbau der Stallungen helfen, wenn wir mit dem Pförtnerhaus fertig sind.«

»Hervorragend. Ist auch höchste Zeit, dass das alte Gemäuer wieder genutzt wird. Ich hätte den Pferdestall ja gern zu einer Voliere umfunktioniert ...«

Um Himmels willen. Noch mehr Papageien.

»... aber Helena war dagegen und das war's dann. Schade, aber es hatte keinen Sinn, lange mit ihr darüber zu diskutieren. So, wem steht der Sinn nach einem richtigen Drink? Ein Sherry vielleicht? Ich selber lasse ja lieber die Finger von diesem Fusel. Ich könnte uns aber auch ein paar Cocktails zusammenbrauen.«

Ich bin nicht sicher, ob eine Runde von Onkel Berties Killercocktails an einem Schultag um halb fünf eine gute Idee ist.

»Lieber nicht, Onkel Bertie, aber danke.«

»Na dann ... War mir ein Vergnügen, die Damen kennenzulernen.«

Er zwinkert Bea zu.

»Verpiss dich.«

»Halt den Schnabel, dämlicher Vogel.«

Bea unterdrückt ein Lachen.

»Mag sie Walnüsse?«

»Mögen ist gar kein Ausdruck.«

»Meine Tante hatte einen Papagei, der hat Walnüsse auch für sein Leben gern gefressen. Darf ich …?«

»Nur zu.«

Sie klaubt eine der Walnüsse vom Kuchen und hält sie Betty hin. Diese lässt sich auf der Rückenlehne des Stuhls nieder, hüpft zu ihr rüber und verputzt die Nuss.

»Also, das hab ich ja noch nie erlebt. Sonst dauert es eine halbe Ewigkeit, bis sie so zutraulich wird. Sie haben ein gutes Händchen für Papageien, meine Liebe. Wollen Sie nicht doch einen richtigen Drink?«

Eine Architektin, die mit Betty umzugehen weiß. Das wird ja immer besser.

»Mum?«

»Ja, Alfie?«

»Dürfen wir die Kanone abfeuern, jetzt wo Onkel Bertie ja wieder da ist?«

Mist.

Es ist halb sechs Uhr morgens und ich bin bereits wach – teils vor Aufregung wegen der Ankunft von Mr und Mrs Denton, teils, weil draußen die verfluchten Vögel ihren morgendlichen Chorgesang angestimmt haben. Wenn ich es nicht besser wüsste, würde ich schwören, dass sich diese Biester absichtlich in Scharen vor meinem Schlafzimmerfenster einfinden, um schon frühmorgens aus vollem Halse zu zwitschern und zu zirpen. An Schlaf ist jetzt ohnehin nicht mehr zu denken, also stehe ich auf, mache eine Kanne Tee und drehe einen letzten Kontrollgang durchs Haus. In den Gästebadezimmern rücke ich zum wiederholten Male die Handtücherstapel und die handgemachten Seifen zurecht, die ich auf dem Bauernmarkt erstanden habe. Neben Rosen- und Lavendelseifen habe ich für Gäste, die nicht so auf blumige Odeurs stehen, auch welche mit Zitronenduft besorgt. Ivy hält nicht viel von hübscher Badezimmerdeko. Sie hat es noch immer nicht verwunden, dass vor Jahren mal jemand einen Badewannenstöpsel mitgehen ließ. Am liebsten würde sie, glaube ich, einen dieser Flughafenscanner anschaffen, mit denen man die Leute im Adamskostüm sieht und überprüfen kann, was sich in ihren Taschen befindet. Da ich selbst jahrelang im Hotelgewerbe tätig war, weiß ich nur zu gut, dass so mancher Angehörige der britischen Bevölkerung sämtliche Regeln des Anstands vergisst, sobald er für sein Zimmer bezahlen muss, und alles einpackt, was nicht niet- und nagelfest ist. Trotzdem hoffe ich, dass sich der Großteil unserer Gäste an den schönen Seifen und den hübschen alten Flaschen aus blauem Glas auf den frisch gestrichenen Fensterbänken erfreut und sie stehen lässt. Und falls nicht, bekommt Ivy eben ihren Scanner.

Vergangene Nacht hat es zwar geregnet, aber die Temperaturen steigen merklich. Ich hatte ganz vergessen, wie viel früher hier der Frühling anbricht. Die Lenzrosen mit ihren rosaroten, zartlila und cremeweißen Blüten sprießen schon seit einer ganzen Weile allenthalben. Laut Celia werden sie auch Nieswurz genannt. Seltsamer Name für eine so hübsche Pflanze. Außerdem hatten wir massenhaft Schneeglöckchen, Krokusse und Märzenbecher, und inzwischen zeigen sich sogar schon die ersten fröhlichen Narzissen. Das Wintergeißblatt blüht bereits seit Anfang des Jahres und die zarten sternförmigen Blüten der Magnolienzweige, die ich in einer großen Vase im Korridor aufgestellt habe, sehen nicht nur äußerst anmutig aus, sondern verbreiten zudem einen köstlichen Duft, genau wie die Rhododendren und Azaleen in der Auffahrt übrigens. Vor allem die gelben riechen ungemein aromatisch. Selbst an der Rose am Hintereingang zeigen sich bereits die ersten Knospen. Dennis sagt, sie fängt schon früh zu blühen an, sodass der über der Tür gespannte Bogen hoffentlich bald mit duftenden Rosen gespickt sein wird. Das ist eines der Dinge, die mir am meisten aufgefallen sind, seit wir hier wohnen: all diese wunderbaren Düfte, sei es Kaminfeuer oder Bienenwachs, sei es getrockneter Lavendel oder die salzige Meeresluft ... Man könnte ein Vermögen verdienen, wenn man sie in Flaschen füllen könnte.

Um halb acht ruft Lola an, um mir Glück zu wünschen.

»Na, alles bereit, Süße?«

»Ich glaube schon. Du bist ja schon früh wach.«

»Ich bin auf dem Weg zu einem Meeting in Frankfurt. Wir können gern tauschen, wenn du magst.«

»Nein danke, es wird schon alles klappen, auch wenn ich noch Bedenken wegen des Frühstücks habe. In allen schicken Frühstückspensionen wird den Gästen neuerdings Räucherhering serviert, aber Ivy hat keine Lust, jeden Morgen Fisch zu räuchern.«

»Kein Problem, ich hasse Räucherhering.«

»Na, ein Glück. Ich konnte ihr auch nur mit Mühe und Not austreiben, dass sie die Gäste zwingt, bereits bei der Ankunft ihr Frühstück zu bestellen.«

»Das ist ja wie im Krankenhaus. Da kann es einem auch passieren, dass man das Mittagessen bekommt, das der Patient bestellt hat, der vor einem das Bett belegt hat.«

»Genau. Das haben wir abgeschafft. Außerdem gibt es jetzt hausgemachtes Brot und Bioschinken von Sallys Ehemann Patrick, aber von fünf Sternen sind wir trotzdem noch weit entfernt.«

»Strebst du die denn an? Ich dachte, Helena hat sich geweigert, die dafür zuständigen Inspektoren zu empfangen.«

»Stimmt, und ich habe ebenfalls keine Ambitionen in dieser Richtung. Bei mehr als der Hälfte dieser Leute muss man ein Vermögen dafür bezahlen, dass sie einen in ihrem Führer nennen, und je mehr Geld man hinblättert, desto mehr Sterne bekommt man. Es ist die totale Verarsche. Wenn wir nicht mehr als sechs Gäste auf einmal haben, müssen wir uns bei keiner offiziellen Stelle registrieren und uns auch keinen Umwelt- oder Gesundheitsprüfungen unterziehen. Aber ich möchte mir einen guten Ruf erarbeiten. Unsere Gäste sollen nur Gutes über uns verbreiten.«

»Ich werde viel Gutes über euch verbreiten, Süße, und nächstes Mal bringe ich Tre mit, dann kann er auch Gutes über euch verbreiten.«

»Tre? So wie uno, due, tre?«

»Genau, oder wie très bon. Er unterrichtet nämlich Yoga und ist sehr flexibel.«

»Das muss er wohl auch sein, bei diesem Namen.«

»Er ist Veganer.«

»Du meine Güte. Dann sollte ich wohl noch Frühstücksflocken besorgen. Wie willst du das Ivy beibringen?«

»Ich dachte, das überlasse ich einfach dir.«

»Na, vielen Dank auch.«

Mr und Mrs Denton treffen um halb fünf in einem uralten, aber auf Hochglanz polierten Mini ein. Ivy hat heute Nachmittag frei, deshalb habe ich bei der Ankunft meiner allerersten Gäste kein Publikum. Ich traue Ivy allerdings zu, dass sie irgendwann vorbeikommt, um sich davon zu überzeugen, ob ich auch alles richtig mache. Die Dentons tragen sich in unserem neuen Gästebuch ein, dann zeige ich ihnen den frisch renovierten Aufenthaltsraum und führe sie nach oben. Sie sind beeindruckt und ich biete an, ihnen eine Kanne Tee zu machen, obwohl Ivy nicht viel davon hält, unseren Gästen tagsüber Tee, Kaffee oder gar ein Essen zu servieren. »Es heißt nicht umsonst Frühstückspension«, betont sie regelmäßig, völlig zu Recht. Ich habe auch so schon alle Hände voll zu tun, da sollte ich mich lieber nicht auch noch zur Ganztagsköchin ernennen, aber ich finde, für meine allerersten Gäste kann ich schon mal eine Ausnahme machen.

»Danke, meine Liebe, das wäre wunderbar nach der langen Fahrt.«

»Ich bringe ihn in zehn Minuten in den Aufenthaltsraum im Erdgeschoss.«

Ich habe im Kamin Feuer gemacht, damit sie es ein bisschen gemütlicher haben, aber mir ist vorhin aufgefallen, dass die beiden es in dem neu gestalteten Raum nicht gewagt haben, den Teppich zu betreten, gerade so, als wäre er mit einem unsichtbaren Seil umspannt wie in einem Privatmuseum. Ich hoffe mal, nach dem Tee sind sie etwas lockerer.

Als ich mit dem Tablett zurückkomme, ist Mr Denton noch mal schnell nach draußen gegangen, um nach dem Auto zu sehen und es mit einem Lappen abzuwischen.

»Denken Sie sich nichts dabei, meine Liebe. Er werkelt oft stundenlang an diesem dummen Wagen rum. Hat ihn damals neu gekauft und er ist sein ganzer Stolz. Er würde wohl den lieben langen Tag nur das Auto putzen, wenn ich nicht intervenieren würde. Hat sich ja ganz schön was getan hier. Heimelig war es zwar auch vorher schon, aber jetzt ist es richtig schick geworden.«

»Danke. Eigentlich haben wir bloß ein paar Möbel umgestellt und neue Bezüge für das Sofa und die Polstersessel besorgt.«

»Also, es sieht alles ganz toll aus. Wir machen uns gleich auf den Weg zu unserer Tochter, aber bis zehn sind wir wieder da, damit Sie unseretwegen nicht bis in die Puppen aufbleiben müssen.«

»Geben Sie Bescheid, falls Sie noch etwas brauchen.«

»Wird gemacht, meine Liebe. Und vielen Dank für den Tee. Es gibt einfach nichts Besseres nach so einer Fahrt.«

»Mum?«

»Ja, Alfie?«

»Ich hab einen Bärenhunger. Wann gibt es Abendessen?«

»Erst wenn Dan nach Hause kommt.«

»So lange kann ich aber nicht warten! Ehrlich nicht!«

Mrs Denton lächelt.

»Du kannst dir gern einen von den Keksen hier nehmen, sofern deine Mum einverstanden ist.«

Ehe ich reagieren kann, ist er auch schon quer durchs Zimmer gehopst, um sich einen Keks zu holen, und sie fragt ihn, auf welche Schule er geht, und er erzählt ihr von dem Lied, das seine Klasse beim Frühlingsfest singen wird. Wenn das so weitergeht, kommt die Ärmste noch in den Genuss einer kleinen Soloeinlage.

»Alfie, wie wär's, wenn wir Mrs Denton jetzt in Ruhe ihren Tee trinken lassen?«

Ich werfe ihm einen strengen Keine-Widerrede-Blick zu, den er einfach ignoriert.

»Dein Zeichentrickfilm ist, glaube ich, bald zu Ende, Alfie.«

Er galoppiert erneut durch den Raum, bleibt an der Tür aber noch einmal stehen, um sich bei Mrs Denton für den Keks zu bedanken, ehe er sich wieder vor den Fernseher setzt.

»Entschuldigen Sie. Ich sollte Sie wohl warnen, ich habe insgesamt drei Söhne. Die anderen beiden sind allerdings schon etwas älter und werden Sie nicht um Kekse anbetteln. Hoffe ich zumindest.«

Sie lächelt.

»Es ist schön, mal ein paar junge Leute in diesem Haus zu sehen. Mein Harry und ich fanden schon immer, dass es ideal für Kinder wäre. War bestimmt eine ziemliche Umstellung für Sie, als Sie hergezogen sind. Haben Sie schon vorher in der Gegend gewohnt?«

»Nein, in London, aber ich bin hier aufgewachsen.«

»Meine Schwester hat ein paar Jahre in London gelebt, aber sonderlich wohlgefühlt hat sie sich dort nicht. Zu viele Leute, und alle andauernd gestresst. Und erst der Verkehr! So was hat man ja noch nicht gesehen. Ah, da bist du ja, Harry. Komm und trink deinen Tee, und dann sollten wir uns auf die Socken machen. Wir müssen noch die Geschenke von oben holen. Sie sind in der blauen Tasche.«

»Alles klar. Ich wasche mir nur schnell die Hände.«

»Ja. Sieh zu, dass du das Waschbecken nicht schmutzig hinterlässt. Sie will bestimmt keinen Ölring darin vorfinden, wo doch alles so blitzblank und sauber ist. Verzeihen Sie, meine Liebe, aber man muss es ihnen einfach sagen, nicht?«

»Glaub mir, ich bin durchaus in der Lage, das Waschbecken sauber zu hinterlassen, schließlich habe ich ein jahrelanges Training hinter mir. Ist es in Ordnung, wenn ich die Toilette im Erdgeschoss benutze? Sie ist auf der anderen Seite des Korridors, richtig?«

»Genau, gleich hinter der Treppe.«

Wie gut, dass ich daran gedacht habe, auch dort frische Seife und neue Handtücher zu deponieren.

»Wenn du willst, kannst du ja hinterher das Waschbecken inspizieren und dich davon überzeugen, dass ich alles zu deiner Zufriedenheit hinterlassen habe, Mary.«

»Nun sei nicht albern, Harry, und beeil dich, dein Tee wird kalt.«

»Ich habe nur eben die Auflaufform zurückgebracht, Miss Molly. Ich hab sie in die Küche gestellt. Ach, Mrs Denton, schön, Sie wiederzusehen. Wie war die Fahrt?«

Ivy hat wie erwartet einen Vorwand gefunden, um kurz vorbeizuschauen.

»Ganz annehmbar diesmal. Es war weit weniger Verkehr als im Sommer. Sie haben übrigens alle ganz hervorragende Arbeit geleistet. Man sieht deutlich, wie sehr Sie sich ins Zeug gelegt haben, damit Harrington Hall in neuem Glanz erstrahlt. Es ist noch Tee da. Wollen Sie sich nicht kurz zu mir setzen, damit wir ein bisschen plaudern können?«

Ivy zögert und streift die Teekanne mit einem missbilligenden Blick, kann aber der Einladung zu einem Plausch mit Mrs Denton dann doch nicht widerstehen. Im Nu dreht sich das Gespräch um Vorhänge und ich lasse die beiden allein und gehe zu Alfie rüber, der noch immer fernsieht und sich beschwert, weil ihm der Magen knurrt.

»Es dauert nicht mehr lang. Dan ist sicher bald zu Hause.«

»Kannst du Roastbeef mit Yorkshire Pudding und Soße machen? Das ist nämlich mein absolutes Lieblingsessen.«

»Wie wär's mit Pasta und ganz viel Käse?«

Er schnalzt mit der Zunge.

Am nächsten Morgen wache ich erneut um halb sechs Uhr morgens auf. Diesmal ist es der Gedanke an die Zubereitung der pochierten Eier für mein erstes offizielles B&B-Frühstück, der mich am Wiedereinschlafen hindert. Ivy hat mir gezeigt, wie es geht, aber bei mir werden sie einfach nicht so schön wie bei ihr, obwohl ich die Spezialpfanne verwende und die Temperatur niedrig halte. Zum Glück verlangen die Dentons nichts Pochiertes. Ich habe zwar so meine Probleme mit dem Frühstücksspeck, weil der dämliche Herd so langsam ist, aber ich schaffe es dann doch, Toast, Rühreier, Pilze, Speck und Würstchen auf den Tisch zu bringen, die einigermaßen respektabel aussehen. Die Jungs geben bei dieser Gelegenheit auch gleich mal ihre Bestellungen auf, und Dan verkündet sogar, er sei sehr für das B&B, wenn es bedeutet, dass sie täglich ein ordentliches Frühstück erhalten. Seine Begeisterung schwindet allerdings, als ich ihn zu meinem neuen Küchengehilfen ernenne und ihn mit einem Tablett mit Berties Frühstück nach oben schicke.

In einen neuen Toaster zu investieren war definitiv eine glorreiche Idee. Bei unserem alten sprang das Brot nicht mehr heraus, und wenn man für Leute, die einen dafür bezahlen, das Frühstück macht, hat man nicht den Nerv, die Brotscheiben mit der Gabel herauszupfriemeln. Außerdem ist nicht ausgeschlossen, dass man sich bei dieser Gelegenheit eine Elektroschock induzierte neue Frisur zulegt, vor allem, wenn man zeitgleich versucht, irgendetwas zu pochieren.

»Wir machen uns dann mal auf den Weg, meine Liebe. Vielen Dank für alles. Wir haben den Aufenthalt hier sehr genossen und wir sind uns einig, dass das Frühstück erstklassig war, nicht wahr, Harry? Würde mich nicht wundern, wenn Sie bald die Preise anheben. Wobei es in einem Hotel bestimmt doppelt so teuer wäre und nicht halb so nett.«

»Vielen Dank.«

»Ihre Tante wäre sicher sehr stolz auf Sie.«

Herrje, wenn sie so weitermacht, breche ich gleich in Tränen aus. »Lass gut sein, Mary, siehst du nicht, dass du die Ärmste ganz aus der Fassung bringst? Wir kommen auf jeden Fall wieder, noch dieses Jahr, aber jetzt müssen wir los. Ich habe meinem Enkel versprochen, dass wir angeln gehen. Ich bezweifle ja, dass wir etwas fangen werden, aber das scheint ihn nicht zu stören. Im Sommer würde ich gern mal auf einem dieser Boote mit ihm rausfahren. Mal sehen, ob wir ein paar Makrelen erwischen.«

»Das wirst du nicht tun! Er ist noch viel zu klein, um mit dir stundenlang in einem stinkenden alten Boot rumzuschippern.«

»Das werden wir ja sehen.«

Er zwinkert mir zu.

»Grüßen Sie Mr Bertie von uns.«

Sie setzen die Makrelendiskussion fort, bis sie beim Auto angelangt sind, dann winken sie mir ein letztes Mal zu, hupen zum Abschied und fahren davon.

Wenn all meine Gäste so nett sind, könnte ich es schaffen. Sie haben bar bezahlt und es war ein tolles Gefühl, die Scheine entgegenzunehmen. Es waren zwar nur siebzig Pfund, aber das ist immerhin ein Anfang. Und es hätte wirklich nicht besser laufen können, zumal sie keine pochierten Eier wollten. Wenn ich mich jetzt wieder ins Bett legen und den Rest des Tages verschlafen könnte, wäre ich wunschlos glücklich.

»Mum?«

»Ja, Ben?«

»Bertie hat gesagt, wir dürfen nachher am Strand ein Lagerfeuer machen und Würstchen grillen. Sind noch welche da?«

»Nein.«

»Könntest du dann welche besorgen? Das wird super. Und kauf bitte auch ein paar vegetarische, ich habe nämlich beschlossen, kein Fleisch mehr zu essen. Es ist einfach schlecht für die Umwelt.«

Ach herrje. Er hat schon verschiedentlich erwähnt, dass er Vegetarier werden will. Bisher habe ich stets versucht, es einfach zu ignorieren.

»Verstehe.«

»Vielleicht esse ich noch Fisch, aber nur, wenn er nicht mit einem dieser riesigen Netze gefangen wurde. Die zerstören nämlich den Meeresboden und gefährden vom Aussterben bedrohte Arten wie Haie.«

»Zu dumm, ich wollte doch zum Abendessen Haifischflossensuppe machen.«

»Ich mein's ernst, Mum. Wenn wir so weitermachen, gibt es irgendwann keine Fische mehr.«

»Entschuldige. Okay, wenn du dich entschieden hast, dann nur zu. Es ist gut, wenn man mutig für seine Überzeugungen einsteht.«

Er nickt.

»Danke, Mum. Sagst du es Ivy?«

Pfff.

Es ist Montagnachmittag und ich stehe in der Waschküche und sortiere die Bettlaken, als Celia anruft. Sie klingt ziemlich aufgelöst, denn sie kam gerade von einem Wochenendausflug zurück und musste feststellen, dass ihr Boiler explodiert ist, weshalb nun offenbar der Großteil ihres Hauses unter Wasser steht.

»Sie können sich gar nicht vorstellen, wie es hier aussieht. Es ist fürchterlich. Ich muss ausziehen und ich habe mir überlegt, ob ich vielleicht eine Weile bei Ihnen wohnen könnte? Gegen Bezahlung natürlich. Ich weiß, Helena hat so was nicht gemacht, sie wollte die Gäste nicht den ganzen Tag am Hals habe. Das ist der Vorteil an einem B&B, dass man nach dem Frühstück seine Ruhe hat. Aber ich würde Ihnen keine große Mühe machen und ich gehe auch gern bei der Arbeit zur Hand, wobei ich zugeben muss, dass meine Fähigkeiten im Haushalt eher beschränkt sind. Und sobald ich mein Haus wieder auf Vordermann gebracht habe, werde ich es wohl verkaufen. Ich trage mich schon länger mit dem Gedanken, ich hab's bloß immer wieder aufgeschoben. Aber es ist einfach viel zu groß für mich. Schon das Abstauben ist die reinste Sisyphusarbeit. Kaum ist man fertig, muss man wieder von vorn anfangen.«

»Ich weiß genau, was Sie meinen.«

»Das glaub ich gern. Wie auch immer, ich will keine zusätzliche Belastung sein und ich hoffe, Sie nehmen es mir nicht übel, dass ich Sie mit meiner Bitte so überfalle, aber ich sitze ganz schön in der Klemme. Ich hoffe mal, dass ich bis in ein paar Wochen das Schlimmste hinter mir habe. Aber wenn es Ihnen nicht recht ist, dann sagen Sie's mir bitte, ja?«

»Natürlich werden Sie bei uns wohnen – und zwar kostenlos, schließlich tun Sie so viel für unseren Garten!«

»Auf gar keinen Fall. Die Kosten übernimmt ohnehin die Versicherung, und der habe ich im Laufe der Jahre genug Geld in den Rachen gesteckt. Höchste Zeit, dass ich mal eine

Gegenleistung bekomme. Und es wäre mir weit lieber, wenn das Geld nach Harrington Hall fließt als in irgendeine andere Unterkunft. Ich habe auch schon ein Cottage gesehen, das für mich infrage käme. Man müsste ein bisschen Arbeit reinstecken und der Garten ist klein, aber immer noch so groß, dass man noch halbwegs etwas damit anfangen kann. Schon unglaublich, die Immobilienpreise heutzutage. Selbst für die potthässlichen neuen Wohnungen in dieser sogenannten Seniorenwohnanlage, die eher aussieht wie ein Gefängnis, wenn Sie mich fragen. Wundert mich, dass die Bewohner noch keine Tunnel gegraben haben, um auszubrechen. Das ist doch ein regelrechter Geriatrie-Gulag. So was Grauenhaftes hab ich in meinem ganzen Leben noch nicht gesehen. Lauter jammernde alte Leute, auf engstem Raum zusammengepfercht. Da erschieße ich mich lieber. Also, wo war ich stehen geblieben? Ach ja, ich dachte, ich nehme am besten das Einzelzimmer, und es macht mir auch nichts aus, das Gemeinschaftsbad zu benutzen, wenn im Doppelzimmer Gäste sind. Auf diese Weise nehme ich Ihnen nicht so viel Platz weg. Das einzige Problem ist Jasper. Ich könnte ihn natürlich vorübergehend in einem Tierheim unterbringen, aber er würde eingehen vor Kummer.«

»Verstehe.«

Oh Gott, Betty wird ausflippen, wenn Celia hier mit diesem Terrier einzieht, der ständig wie ein Gummiball auf und ab hopst.

»Ich weiß, es ist viel verlangt, aber er ist absolut stubenrein, dafür lege ich meine Hand ins Feuer. Und Sie werden ihn gar nicht bemerken. Ich weiß, es ist lästig, und albern obendrein, aber er ist mir doch recht ans Herz gewachsen.«

»Was halten Sie davon, wenn Sie das Doppelzimmer nehmen? Wir könnten die Möbel ein bisschen umräumen und ein Beistelltischchen und ein Fauteuil reinstellen, dann hätten Sie quasi eine Wohnzimmerecke und Platz für Jaspers Körbchen.«

Schweigen. Herrje, habe ich sie mit meinem Vorschlag etwa beleidigt? Vielleicht hätte ich ihr anbieten sollen, dass Jasper unten in der Küche schläft, aber darauf bin ich nun wirklich nicht sonderlich scharf.

»Ich kann Ihnen gar nicht sagen, wie fabelhaft ich das fände. Vielen Dank, meine Liebe. Helena hatte recht, Sie sind wirklich etwas Besonderes.«

Ivy ist völlig von der Rolle, als ich es ihr erzähle, und macht sich sofort daran, eine Pastete vorzubereiten.

»Sie ist sicher hungrig und bis auf die Haut durchnässt. Überschwemmungen können ein fürchterliches Chaos anrichten. Ich werde eine Hühnerpastete machen, die mag sie. Und eine kleine Quiche mit Käse und Zwiebeln für Ben, ja?«

»Das wäre großartig. Vielen Dank, Ivy.«

»Muss doch zusehen, dass er bei Kräften bleibt, bis er wieder zur Besinnung kommt.«

Ich kann mir nicht vorstellen, dass mein frischgebackener Öko-Krieger seine Meinung allzu bald wieder ändern wird, vor allem, wenn er von Ivy weiterhin mit Quiche verwöhnt wird. Pete reagierte wie erwartet mit Sarkasmus, als ich es ihm erzählte. Er hat versucht, Ben einen Vortrag zum Thema Proteine zu halten, aber der Schuss ging nach hinten los, weil Ben schon eine ganze Weile faszinierende Tatsachen aus der wunderbaren Welt der Vegetarier sammelt und mit allerlei Statistiken über Linsen, Quinoa und die

Vorteile von Kürbiskernen gegenüber Pistazien aufwarten konnte. Apropos, ich sollte Quinoa auf meine Einkaufsliste schreiben. Das Zeug wird wie Reis gekocht und ist angeblich ein richtiges Superfood. Probieren können wir's ja mal. Ich habe bereits unsere Vorräte an Thunfisch aufgestockt – natürlich die Sorte, bei der ein Delfin deutlich sichtbar auf dem Dosenetikett aufgedruckt ist, damit gleich klar ist, dass niemand in Hungerstreik treten muss, weil beim Fang womöglich Schleppnetze eingesetzt worden sein könnten.

»Gehen Sie rauf und sagen Sie Mr Bertie Bescheid, und dann beziehen wir das Bett und bereiten das Zimmer vor. Sie könnten ihr auch eine von Ihren hübschen Seifen ins Bad legen, da freut sie sich bestimmt. Und, bringt sie auch diese alberne kleine Töle mit?«

»Ja. Jasper wird bei ihr im Zimmer schlafen.«

Sie schnalzt mit der Zunge.

Bertie ist in der Bibliothek und späht mit dem Teleskop aufs Meer hinaus.

»Ich habe ihr gesagt, sie kann gratis hier wohnen, aber sie meinte, die Versicherung übernimmt die Kosten, und wenn wir sie nicht bezahlen lassen, dann sucht sie sich etwas anderes.«

»Tja, wenn das so ist, dann nur zu. Keine Ahnung, was Helena ohne sie getan hätte. Waren oft stundenlang im Garten beschäftigt, ganz in ihre eigene Welt versunken. Wird bestimmt recht unterhaltsam mit ihr. Celia ist ein schräger Vogel.«

Hmpf. Typischer Fall von »Wer im Glashaus sitzt, soll nicht mit Steinen werfen«.

Er reicht mir einen Gin Tonic mit sehr wenig Tonic. Jetzt geht das wieder los. Ich darf auf keinen Fall gleich das ganze

Glas auf einmal kippen, so wie vorige Woche, als er mir vor dem Mittagessen einen Drink angeboten hat, sonst muss ich wieder Sally bitten, Alfie und Ben von der Schule abzuholen.

»Die gute alte Celia. Hatte sie schon immer gern. Ich mag es, wenn sie hier rumwerkelt. Erinnert mich an Helena. Ständig heckt sie etwas Neues aus, um Dennis zu ärgern. Pflanzt alles Mögliche um, plant neue Beete und was weiß ich noch alles. Haben den armen Kerl ganz schön auf Trab gehalten, die beiden, dabei leistet er ganze Arbeit, das muss auch mal gesagt werden. Heute Vormittag hab ich eine ganze Weile meine Brille gesucht, bis er mich darauf aufmerksam gemacht hat, dass ich sie aufhabe. Peinlich, peinlich. Anständiger Bursche. Wäre vollkommen hilflos ohne ihn. Ohne Ivy natürlich ebenfalls, auch wenn sie ihn manchmal ganz schön rumkommandiert und ihm das Leben schwer macht. Aber sie hat das Herz am rechten Fleck.«

»Ja, das hat sie.«

»Wusste immer, dass Dennis ein anständiger Bursche ist. Hatten unseren Spaß in der Navy. Man sieht es ihm nicht an, aber er weiß sich zu amüsieren. Ivy ist da anders, aber auch die ist auf ihre Weise ein wahres Goldstück. Ja, wir hatten großes Glück mit den beiden. Und auch sonst natürlich. Haben uns nicht ein einziges Mal gestritten. Sie hatte ja eine Vorliebe für die Oper – ich konnte mit diesem Krawall zwar nicht viel anfangen, aber Helena hat es geliebt. Und ob du's glaubst oder nicht, mittlerweile fehlt es mir.«

»Kann ich mir vorstellen.«

»Das ist das Allerwichtigste, musst du wissen. Man braucht im Leben etwas, an das man glaubt und für das man sich begeistern kann. Allerdings darf man den anderen damit nicht ständig in den Ohren liegen oder sie bekehren wollen.

Gott bewahre. Nein, ich meine einfach etwas, das einem am Herzen liegt und einen Grund liefert, morgens aufzustehen. Natürlich darf es auch am Grundlegenden nicht fehlen – Herzensgüte, Anstand, Hilfsbereitschaft ... Wird allgemein unterschätzt. Haben damit den Krieg gewonnen, und wir würden zweifellos auch den nächsten damit gewinnen. Und nicht zu vergessen die Liebe, selbstverständlich. Und damit meine ich nicht Sex, meine Liebe.«

Er grinst, weil ich mich vor Schreck verschluckt habe.

»Ein kleines erotisches Handgemenge auf dem Sofa ist ja gut und schön, aber mit den Jahren verliert das alles seinen Reiz und auch die behagliche Harmonie im Ehebett wird zuweilen überschätzt. Vor allem, wenn man mit einem Idioten wie deinem Exmann verheiratet ist – ich hoffe, du nimmst es mir nicht krumm, meine Liebe. War bestimmt kein Honiglecken für dich. Wie auch immer, ich meinte Liebe im Sinne von Nächstenliebe und so weiter. Nicht, dass ich je besonders religiös gewesen wäre. Hatten ein paar ganz Heilige bei der Navy. Haben mich aber nie damit behelligt. Jeder nach seiner Fasson. Trotzdem sollte man den Menschen um sich rum mit Respekt begegnen, vor allem denen, die einem am Herzen liegen und einen nicht total in den Wahnsinn treiben. Kinder sind natürlich auch wichtig, sofern man es schafft, welche in die Welt zu setzen. Wir hätten gern welche gehabt, Helena und ich. Zwei Mal wär's uns fast gelungen. Eine Zeit lang sah es ganz danach aus, als würde ich sie verlieren. Hat mir eine Heidenangst eingejagt damals. Tja, so ist das nun mal. So was passiert. Wir haben uns davon nicht unterkriegen lassen, haben einfach das Beste daraus gemacht, und ich bereue keine Minute. Ich kann nur hoffen, dass sie das ähnlich sah.«

»Ganz bestimmt, Bertie.«

»Ich muss sagen, ich finde es schön, deine Jungs um mich zu haben. Anständige Burschen. Gibt einem das Gefühl, dass alles irgendwie weitergeht. Helena hat mir prophezeit, dass es mir gefallen würde. Meinte, die drei hätten genau das richtige Alter für mich, weil ich ja im Grunde meines Herzens auch noch ein kleiner Junge bin, und sie hatte wie immer recht. Sie hat für ihre Rosen gelebt. Sie konnte mich gut leiden, das weiß ich, sehr gut sogar, aber es waren die Rosen, die ihr Leben mehr als alles andere bereichert haben. Und bei dir sind es deine Jungs.«

»Sie hat dich sehr geliebt, Bertie, das war offensichtlich.«

»Sie fehlt mir, jeden Tag. Manchmal ist mir, als hätte ich sie gesehen – meistens im Garten –, und dann bleibt mir fast das Herz stehen. Aber ich kann mich nicht beklagen; in meinem Alter ist jeder Tag ein Segen. Da sollte man das Leben gebührend genießen. Und was ist mit dir, meine Liebe? Wirst du hierbleiben, wenn deine Jungs erwachsen sind und ihrer Wege gehen?«

»Wo soll ich denn hin, Bertie? Ich fühle mich unheimlich wohl hier.«

Er lächelt.

»Das freut mich für dich. Und sollte irgendein Knabe dein Herz erobern, dann ist das gut und schön, aber ich an deiner Stelle würde trotzdem nichts überstürzen. Es ist ungemein wichtig, für sich und seine Familie ein Zuhause zu haben, das man liebt. Andererseits ist er ja vielleicht auch gar nicht der Mann fürs Leben.«

»Wie meinst du das?«

»Na ja, vielleicht willst du dich ja bloß ein bisschen amüsieren. Dagegen ist auch nichts einzuwenden, solange man keine Gefühle verletzt oder hinterher womöglich eine Klage am Hals hat. Ein kleines Techtelmechtel hat noch niemandem geschadet. War selber lange ein glühender Verfechter dieser Theorie. Vor Helena natürlich.«

»Ich glaube kaum, dass ich die nötige Zeit für ein Techtelmechtel haben werde, Bertie.«

»Dann solltest du sie dir nehmen. Ein kleines Abenteuer kann äußerst belebend wirken.«

Betty hüpft auf der Sofalehne entlang.

»Pretty Polly, Pretty Polly. Schenk ein, aber nicht zu knapp.«

»Redet nicht immer nur dummes Zeug, der Vogel. Meistens, aber nicht immer. Soll ich dir nachschenken?«

»Nein danke, Bertie. Ich muss jetzt das Zimmer für Celia herrichten und die Jungs aus der Schule abholen.«

»Alles klar. Wenn ich irgendwie behilflich sein kann, sag Bescheid. Lass dein Glas hier, du kannst den Rest auch später trinken. Celia wird uns sicher Gesellschaft leisten, sie ist einem Gläschen dann und wann nicht abgeneigt. Macht auch einen ganz anständigen Martini, aber erzähl ihr nicht, dass ich das gesagt habe.«

»Wie läuft's mit Celia?«

»Bestens, mal abgesehen davon, dass ihr dämlicher Köter ständig den dämlichen Papagei ankläfft. Sie ist meistens draußen im Garten und die Jungs mögen sie. Sie sparen sich die besten Anekdoten aus der Schule auf und erzählen sie ihr und Bertie beim Abendessen.«

»Ich hab mir überlegt, dass ich mir vielleicht tatsächlich ein eigenes Zimmer bei euch sichern sollte. Dauerhaft, meine ich.«

»Aber du willst doch nicht ernsthaft hier leben, oder?«

Hoffentlich sagt sie Nein. Ich weiß nicht, ob ich es ertragen kann, Lola sieben Tage die Woche rund um die Uhr um mich zu haben.

»Nein, aber ich ziehe in Erwägung, dir für das Pförtnerhäuschen ein Angebot zu unterbreiten, das du nicht ablehnen kannst. Dann könnte ich mich auf meinen kleinen Landsitz rückziehen, wenn mir der Umgang mit dem gemeinen Pöbel in der Stadt zu sehr zusetzt. Allerdings wäre es mir lieber, wenn sich mein Refugium irgendwo befände, wo es nicht andauernd regnet.«

»Hier hat es seit Tagen nicht geregnet.«

»Die Wettergötter sparen sich die Wassermassen wohl für meinen nächsten Besuch bei euch auf. Apropos, lass uns mal überlegen, an welchen Wochenenden ich euch beehren könnte, bevor du noch mehr Obdachlose und Streuner aufnimmst.«

»Keine Sorge, für dich finden wir immer ein Plätzchen. Du kannst jederzeit kommen. Wenn es hart auf hart kommt, können die Jungs oben im Dachgeschoss schlafen. Darauf ist Dan ohnehin schon die ganze Zeit scharf und Ben hätte auch nichts dagegen.«

»Du könntest das Dachgeschoss aber auch zur Deluxe-Suite umbauen, speziell für meine Wenigkeit. Ein hervorragender Einfall, wie ich finde.«

»Lass mich doch erst einmal das Pförtnerhaus fertigstellen! Und danach brauche ich eine Bauarbeiter-Pause. Ich bin noch immer damit beschäftigt, die restlichen Wände und Decken im Haupthaus zu tünchen. Außerdem wird Ivy zum Berserker, wenn hier gleich das nächste Renovierungsprojekt startet. Und ich ehrlich gesagt auch.«

»Ich habe Tre erzählt, wie wunderschön es bei euch ist. Er ist übrigens kein Veganer mehr, sondern nur noch Vegetarier.«

»Das beruhigt mich ungemein. Nicht, dass Ben womöglich auf irgendwelche dummen Ideen kommt. Ich habe keine Ahnung, wie ein veganes Lunchpaket aussieht.«

»Ich wusste, du würdest dich freuen. Du wirst ihn mögen. Er macht täglich mehrere Stunden Yoga, sprich, da ist er beschäftigt und wir haben jede Menge Zeit zum Plaudern. Oder wir sehen ihm einfach dabei zu. Das ist nämlich sehr erholsam – fast so wirkungsvoll, wie wenn man selbst diese albernen Verrenkungen macht.«

»Es könnte sein, dass er es hier etwas schwieriger findet, sich auf seine Übungen zu konzentrieren, wenn Jasper ständig kläfft und Betty in einer Tour ›Verpiss dich‹ kreischt.«

»Das kann ihn nicht aus der Ruhe bringen, Süße. Er ist in einer Kommune aufgewachsen. Seine Mum hatte Hippie-Tendenzen. Er war ihr drittes Kind – daher der Name –, und bis sie in die Wechseljahre kam, hatte er haufenweise weitere Geschwister.«

»Gibt es dann auch einen Quattro, so wie bei Audi?«

»Falls es ihn gibt, bringe ich ihn dir mit. Einen muskelbepackten Hünen von eins neunzig stößt keine Frau von der Bettkante.«

»Wohl wahr.«

»Genau. Da wir schon beim Thema Männer sind, was ziehst du zu deinem Date mit Stephen heute Abend an?«

»Weiß ich noch nicht, und ich will auch nicht darüber reden. Und es ist kein Date, wir gehen bloß miteinander essen. Wahrscheinlich will er sowieso bloß über den Umbau des Pferdestalls reden. Bea hat sich nämlich jetzt an die Planung gesetzt.«

»Lass dich überraschen, Süße. Wer nicht wagt, gewinnt nicht.«

»Eigentlich habe ich gar keine große Lust auf das Date.

Ich fühle mich bloß geschmeichelt, dass er mit mir essen gehen will, weil es mir nach der Scheidung einfach guttut.«

»Ach, Süße.«

»Ich weiß, aber ich habe irgendwie das Gefühl, ich müsste jemandem – zumindest mir selbst – etwas beweisen. Ich bin gar nicht so sicher, ob er mir überhaupt sympathisch ist. Stephen, meine ich. Pete ist mir inzwischen definitiv unsympathisch.«

»Zieh trotzdem deinen Samtrock an, zur Feier des Tages. Wer weiß, vielleicht wird es ja ganz unterhaltsam. Trefft ihr euch im Restaurant?«

»Nein, er holt mich zu Hause ab.«

»Umso besser. Soll ich dir gegen neun eine SMS schicken, für den Fall, dass du dich zu Tode langweilst? Dann kannst du behaupten, du müsstest dringend weg?«

»Lass mal. Ich komm schon zurecht. Erstens ist er kein Fremder und zweitens gehen wir bloß in Launton essen. Aber danke.«

Das neue Fischrestaurant ist brechend voll, aber nachdem ich mich daran gewöhnt habe, dass ich zur Abwechslung mal wieder kinderlos unterwegs bin und nicht ständig um Pommes angebettelt werde, entspanne ich mich und genieße den Abend. Das Essen ist köstlich und Stephen entpuppt sich als angenehmer Gesprächspartner, der jede Menge amüsanter Anekdoten über seine Klienten und deren unerfüllbare Wünsche auf Lager hat. Wir unterhalten uns über das Frühlingsfest am Sonntag und er verspricht, Sally und mir einen Besuch an unserem Stand abzustatten. Dann reden wir über unsere Scheidungen und darüber, wie schrecklich sie waren, aber selbst das kann meine Laune nicht dämpfen. Er berichtet sichtlich angesäuert, seine

Exfrau Portia, eine Keramikerin, lasse ihren jugendlichen Lover im ehemals gemeinsamen Haus wohnen. Der Lover ist neunundzwanzig und stellt Teller her und es ist nicht ganz klar, an welchem dieser Umstände sich Stephen mehr stört.

»Jedes Mal, wenn ich Finn abhole, stehen wieder ein paar neue Kreationen herum. Aber ich muss zugeben, ich finde es lustig, ihn Tony zu nennen.«

»Wieso?«

»Weil er will, dass man Anthony zu ihm sagt. Er hasst es, Tony genannt zu werden. Und dann überall dieses protzige Geschirr. Dabei ist es weiß Gott schon schlimm genug, dass ich meinen Sohn in dem Haus abholen muss, das ich selbst entworfen und bezahlt habe, wie du dir sicher vorstellen kannst. Hat dein Ex auch eine neue Lebensgefährtin?«

»Eine neue Ehefrau sogar. Sie heißt Janice, und wenn sie wüsste, welche Namen ich ihr in den vergangenen paar Jahren insgeheim verpasst habe, würde sie sich bestimmt gern freiwillig Tony nennen lassen.«

Er lacht.

»Okay, du hast gewonnen. Eine neue Ehefrau, das ist eindeutig schlimmer als ein drittklassiger Keramiker. Im Grunde geht es mir vor allem um Finn. Natürlich hat jeder von uns ein Recht auf ein Privatleben, aber ich verstehe echt nicht, warum sie ihn gleich bei sich einziehen lassen musste.«

»Hatte sie schon vor eurer Trennung was mit ihm?«

Er wendet verlegen den Blick ab.

»Entschuldige. Du musst natürlich nicht darüber reden, wenn du nicht willst.«

»Nein, nein, es ist nur ... Nein, sie hatte keinen anderen während der Scheidung. Wir hatten beide ein paar Abenteuer hinter uns. Nichts Ernstes. Wir haben in vielerlei Hinsicht eine offene Ehe geführt. Wie dem auch sei, irgendwann haben wir uns trotzdem auseinandergelebt. Eine Tatsache, die es fast noch schlimmer macht. Wenn es einen anderen gegeben hätte, wäre es wohl leichter zu ertragen gewesen ... Ach, entschuldige.«

»Kein Problem. Ich weiß, was du meinst. Ich konnte zumindest die ganze Schuld Janice in die Schuhe schieben, was natürlich total kindisch ist.«

Er lächelt.

»Aber verlockend, hm?«

»Sehr, vor allem weil ich sie echt seltsam finde. Wobei ich Pete inzwischen auch ziemlich seltsam finde, wenn ich ehrlich sein soll.«

»Das war alles irgendwie einfacher, als wir jünger waren, nicht?«

Er zwinkert mir zu und lächelt, nicht zum ersten Mal. Schon den ganzen Abend flirtet er recht ungeniert mit mir. Unsere Kellnerin ist sichtlich beeindruckt.

»Manches, ja.«

»Auf das einfache Leben.«

Er prostet mir zu.

»Nachtisch?«

»Gern.«

»Gut. Ich traue nämlich keiner Frau über den Weg, die so tut, als würde sie kein Dessert wollen. Wer weiß, was sie sonst noch zu verbergen hat.«

Er dreht sich um und die Kellnerin erscheint und schenkt uns ihr künstliches Lächeln.

»Was können Sie uns empfehlen?«

»Also, das Zitronensoufflé ist sehr lecker. Und die Schokoladenmousse. Wir haben auch hausgemachtes Eis, das ist auch toll.«

»Wie wär's, wenn Sie uns eine kleine Auswahl von allem bringen? Und dazu zwei Löffel. Geht das?«

»Selbstverständlich.«

Auf dem Nachhauseweg bin ich recht angeheitert und angenehm müde. Ich lausche Nina Simone und genieße es, chauffiert zu werden. Wenn Pete und ich mal abends ausgegangen sind, was höchst selten vorkam, dann musste hinterher immer ich fahren. Ich bin so entspannt, dass ich beinahe eingenickt bin, als Stephen in die Zufahrt zum Haus einbiegt. Mist. Die Verabschiedung hatte ich ganz vergessen. Ich kann mich nicht erinnern, wie man sich in solchen Situationen verhält. Soll ich ihn hereinbitten und ihm einen Kaffee anbieten? Das wäre wohl etwas albern, weil wir gerade einen Kaffee getrunken haben. Herrje ... Er stellt den Motor ab und steigt aus. Okay, das bedeutet dann wohl doch Kaffee. Ich schicke mich gerade an auszusteigen, da öffnet er mir die Tür und hält mir die Hand hin.

Ach, du grüne Neune.

»Vielen Dank für den schönen Abend, Molly. Das war schon ganz etwas anderes als bei unserer letzten Begegnung nach Einbruch der Dunkelheit, nicht?«

»Oh ja.«

Hm, wenn ich mich recht entsinne, hat er mir bei unserem letzten Date eröffnet, dass er mich wegen der vollbusigen Susan Prentice verlässt. Aber ich schätze mal, er spielt nicht darauf an, sondern auf die Abende, an denen wir uns mit einer Chipstüte auf die Kaimauer gesetzt haben. Zumindest hoffe ich das. Aber vielleicht wollte er mich ja bloß möglichst schnell zu Hause abladen, damit er zum Restaurant zurückfahren und die Kellnerin abschleppen kann.

»Das sollten wir bald wiederholen.«

Er beugt sich zu mir rüber und statt des erwarteten Abschiedskusses auf die Wange bekomme ich das, was wir als Teenager – oder jedenfalls damals, als er mich das letzte Mal geküsst hat – »einen richtigen Kuss« nannten. Damit sind die Karten binnen zehn Sekunden neu gemischt und mein dürftiger Beitrag dazu war, wie angewurzelt dazustehen. Dabei bin ich, verdammt noch mal, gar nicht sicher, ob ich überhaupt knutschen will, wie meine Söhne es wohl nennen würden. Ich kann nur inständig hoffen, dass gerade keiner von ihnen aus dem Fenster sieht.

»Gute Nacht, Molly.«

»Gute Nacht.«

Er lächelt, steigt in den Wagen und winkt, ehe er davonfährt, während ich immer noch wie zur Salzsäule erstarrt dastehe und ihm nachsehe. Ich sollte wohl besser reingehen, statt hier draußen Wurzeln zu schlagen. Oh Mann. Ich bin nicht sicher, ob ich Lust auf weitere teenagermäßige Knutschsessions habe, sei es nun vor meiner Haustür oder sonst wo, mit Stephen oder sonst wem. Wobei es eigentlich ganz schön war, geküsst zu werden, auch wenn es etwas überfallartig geschah und sich angefühlt hat, als würde er das regelmäßig tun. Na ja, ist vielleicht ganz gut so. Auf etwas Ernstes oder Kompliziertes bin ich nun wirklich nicht aus. Und schmeichelhaft ist es allemal. Bleibt nur zu hoffen, dass ich beim nächsten Mal – sofern es ein nächstes Mal geben sollte – nicht wieder so bedröppelt dastehe, sondern den Kuss erwidere. Oder es erst gar nicht so weit kommen lasse. Das weiß ich noch nicht so genau. Jedenfalls werde ich mich nicht wieder verhalten wie ein unerfahrener Teenager. Hoffe ich zumindest. Ach, verdammt.

Es ist Sonntagnachmittag und Sally und ich stehen seit einer gefühlten Ewigkeit an unserem Stand, verkaufen Tombolaeier aus Schokolade und händigen den Gewinnern kleine Tütchen mit Süßigkeiten und dergleichen mehr aus. Es ist jetzt halb vier und wir haben bereits mehr als zweihundert Pfund eingenommen und kaum noch Wechselgeld. Manche der Eltern haben beim Anblick der Schokoeier etwas von wegen Traditionsverfall gemurmelt, sind aber umgehend verstummt, wenn sie von Miss Cooper daran erinnert wurden, dass wir gern auch echte, handbemalte Eier verteilt hätten, wenn alle Kinder wie vereinbart am Freitagmorgen ein paar hart gekochte Eier in der Schule abgeliefert hätten.

Pete ist zur Feier des Tages – in Begleitung von Janice – angereist und versucht, möglichst wenig Geld auszugeben, während er mit den Jungs von Stand zu Stand schlendert. Unser Stand befindet sich direkt an der Kaimauer, die gerade die richtige Höhe hat, sodass man bequem darauf sitzen kann. Sally hat außerdem einen Campingstuhl und eine Thermoskanne Tee mitgebracht, die wir schon in der ersten halben Stunde geleert haben, weil wir vom Auspacken so durstig waren. Unseren Hauptpreis – ein riesiges Osterei, gestiftet vom Zeitungskiosk am Pier – hat bis jetzt niemand gewonnen, aber es sind bereits so einige Flaschen Schaumbad und zwei kleine Schachteln Lego über den Tresen gegangen.

»Wie viele Schachteln Schokoeier haben wir noch, Sally?«

»Unter dem Tisch stehen noch vier, und drei sind noch bei dir im Auto, oder? Das sollte reichen.«

»Hervorragend.«

Wir heben zeitgleich den Blick zum Himmel. Wir hatten

auf Regen gehofft und es war fast den ganzen Tag bedeckt, aber bis jetzt ist es trocken geblieben.

Patrick bringt Tom und Alfie zurück, die sich in der Hüpfburg ausgetobt haben.

»Es war super, Mum! Ich will gleich noch mal. Ich hab auch genug Geld, aber ich brauche bitte noch ein Pfund, Tom und ich wollen nämlich ein Lotterielos kaufen.«

»Warte lieber bis nach der Parade, Schatz.«

»Nein, wir müssen es jetzt kaufen.«

Pete erscheint mit Janice, Dan und Ben. Letzterer wirkt zappelig.

»Miss Cooper hat gesagt, wir sollen in fünf Minuten am Parkplatz sein.«

»Okay, Liebes. Pete, könntest du Ben und Alfie zum großen Parkplatz bringen, wo die Parade losgeht? Und Dan, hol mir doch bitte die letzten Kartons aus dem Auto, ja?«

Pete denkt gar nicht daran, meiner Bitte nachzukommen.

»Ich wollte mich erst ein bisschen hinsetzen. Ich habe gerade Kaffee und Sandwiches besorgt.«

»Verstehe.«

Er lässt sich auf der Kaimauer nieder. Janice hält ihm einen Styroporbecher hin und kramt dann zwei Sandwiches aus der Handtasche.

Ich bin nicht die Einzige, der auffällt, dass er weder Sally oder mir noch den Jungs etwas gekauft hat. Wie nett.

Dan mustert ihn vorwurfsvoll.

»Kommt mit, Jungs, ich bringe euch hin. Mum, soll ich dir etwas zu trinken holen oder so?«

»Danke, Dan. Tee wäre eine Wucht. Hast du Hunger?«

Er grinst.

»Weißt du was? Bring die Schachteln mit den Ostereiern mit, dann gebe ich dir Geld für Tee und Snacks.«

»Okey-dokey.«

»Tag, Molly! Na, wie läuft's? Bist du schon viele Eier losgeworden?«

Das ist Stephen, der eben mit seinem Sohn Finn aufgetaucht ist.

»So einige, ja, danke.«

»Hallo, Sally, schön dich wiederzusehen. Finn, wie viele sollen wir kaufen? Oder stehst du gar nicht mehr auf gefüllte Schokoladeneier?«

Finn wirft seinem Vater den für Teenager typischen »Hilfe mein Vater ist ein Depp«-Blick zu, was Stephen jedoch ignoriert. Er reicht Sally einen Fünfer.

»Hier, je einmal, den Rest kannst du behalten. Wir müssen doch die Schule unterstützen, nicht?« Er sieht erst zu Pete und dann zu mir.

Ugh.

»Äh, Stephen, das sind Pete und Janice.«

»Sehr erfreut. Haben wir den Hauptpreis gewonnen, Sally?«

»Nein, tut mir leid. Aber du kriegst was zum Naschen.«

Sie reicht Finn eine Tüte mit bunten Süßigkeiten und entlockt ihm damit ein Grinsen.

»Cool, danke.«

Dann tritt eine groß gewachsene Blondine zu ihm und küsst ihn. Sie ist in mehrere Schichten elfenbeinweiße Baumwolle, einen Jeansminirock und schwarze Leggins gehüllt und trägt jede Menge silberne Armreifen und Halsketten.

»Ach, hallo Schatz, da bist du ja. Wir haben dich schon gesucht.«

Kombiniere: Das ist Portia und bei dem gelangweilt wirkenden Jüngling neben ihr dürfte es sich um Anthony handeln. Das bedeutet dann also, dass sich nun sämtliche Expartner am Eierstand zusammengefunden haben. Vergesst die Schokoeier; schon dafür sollte es den Hauptpreis geben.

»Portia, das ist Molly. Sie hat ein paar Jahre in London gelebt und ist kürzlich wieder hierhergezogen. Sie ist die neue Besitzerin von Harrington Hall.«

»Ach, hallo. Schön, Sie kennenzulernen. Ich durfte Ihr Haus bewundern, als ich vor einiger Zeit ein paar Flyer für die Kunstausstellung vorbeigebracht habe. Es ist wunderschön.«

Stephen lächelt, dann dreht er sich zu mir um und zwinkert mir verstohlen zu, sodass unsere Verflossenen es nicht sehen können. Ich muss grinsen.

»Es wird hoffentlich bald noch schöner, falls das überhaupt möglich ist. Wir planen gerade einige Umbaumaßnahmen, stimmt's, Molly? Tja, wir sollten dann wohl besser weitergehen. Ihr wollt bestimmt nicht, dass wir alle hier vor eurem Stand rumhängen und euch die Kunden vertreiben. Ach, übrigens, Portia, was ich vorhin noch sagen wollte: Du solltest unbedingt mal das neue Fischrestaurant testen. Molly und ich waren vorige Woche dort und können es nur wärmstens empfehlen, nicht, Molly?«

»Äh, ja, das Essen war toll.«

Er zwinkert erneut und ich habe den Eindruck, dass seine oscarwürdige Vorstellung nicht ohne Wirkung auf Portia bleibt, denn sie hat die Stirn in tiefe Falten gelegt.

»Gibt es da nicht bloß Fish 'n' Chips?«

»Nein, keineswegs. Der Besitzer hatte früher ein Lokal in London, das, soweit ich weiß, einen Michelin-Stern vorweisen konnte, wenn nicht sogar zwei. Wir fanden es jedenfalls recht vielversprechend. Molly hat mich dazu überredet, das hausgemachte Eis zu probieren, und ich muss zugeben, es war himmlisch.« Er wirft mir einen vielsagenden Blick zu, gerade so, als hätten wir einen besonders romantischen Moment geteilt und nicht bloß ein ganz passables Dessert. »Gut zu wissen, dass es jetzt endlich ein ordentliches Restaurant hier in der Gegend gibt. War auch höchste Zeit. Aber gut, wer hier aufgewachsen ist, weiß sich schon die Zeit zu vertreiben.«

Portia mustert mich jetzt mit unverhohlener Antipathie, und obwohl ich hinten keine Augen habe, spüre ich, wie mich mein inzwischen hochgradig genervter und äußerst angespannter Exmann mit Blicken durchbohrt. Genau darauf hatte Stephen es ja auch angelegt. Yippie.

»Also, wie gesagt, geh hin. Allerdings wirst du reservieren müssen, es war ziemlich voll. Wer weiß, vielleicht kannst du den Betreiber ja für Tonys Kreationen begeistern. Für seine überdimensionalen Teller zum Beispiel, als Servierplatten. Nur so eine Idee. So, komm mit, Finn. Es gibt hier doch bestimmt noch ein paar Stände, an denen du mir ein bisschen Geld aus dem Kreuz leiern willst. Pete, Janice, hat mich gefreut. Und Sally, war wie üblich eine Freude, dich zu sehen. Molly, meine Liebe, hervorragende Arbeit. Nur weiter so. Wir hören voneinander.«

Er zwinkert schon wieder – diesmal ist es ein unmissverständlich anzügliches Blinzeln, das keinem der Umstehenden entgeht. Sally, die über beide Mundwinkel grinst, taucht unter dem Tisch ab und tut so, als würde sie etwas suchen. Vielleicht ist mir das Glück ja hold und Pete ist inzwischen vor Wut rücklings von der Mauer ins Meer gekippt.

Ich gehe ebenfalls in die Knie, um Sally beim sinnlosen Hin- und Herschieben der Tüten in den Kartons unter dem Tisch behilflich zu sein.

»Das war große Klasse, Molly«, zischt Sally. »Du hättest Petes Gesicht sehen müssen! Und diese Portia hat auch ein Gesicht wie sieben Tage Regenwetter gemacht, nicht? Tja, so was hatte Stephen schon immer gut drauf.«

»Was? Flirten, meinst du?«

Wir grinsen uns an.

»Ich finde ihn ja ein bisschen eingebildet.«

»Bloß ein bisschen?«

»Okay, ein bisschen viel. Aber ganz ehrlich, Molly, es ist jammerschade, dass du Petes Gesicht nicht sehen konntest. Ein Bild für Götter. Und erst das von Janice!«

Wir müssen uns sehr zusammenreißen, um nicht laut loszugackern.

Gleich darauf kommt Dan mit den restlichen drei Schachteln Schokoladeneier vom Auto zurück. Außerdem hat er je ein Krabbensandwich für Sally und mich erstanden und einen Burger für sich selbst, den er im Nu verputzt hat.

Danach will er gleich noch einen.

»Du kannst unmöglich noch hungrig sein.«

»Kann ich wohl.«

Sally lacht.

»Wart's ab, bis dein Tom in Dans Alter ist. Das ist nicht lustig, Sally. Es kommt mir so vor, als wäre er hohl – ganz egal, wie viel man ihm zu Essen gibt, er hat immer noch Platz für mehr.«

»Gibst du mir noch Geld, Dad?«

Der Tag wird echt immer besser.

Pete händigt seinem Filius widerstrebend einen Fünfer aus.

»Wann geht die Parade los? Wir sollten nämlich bald aufbrechen.«

»Es dauert bestimmt nicht mehr lange.«

»Wir haben Ihnen etwas zu trinken mitgebracht, Miss Molly. Sie stehen ja nun schon seit Stunden hier.«

Ivy mustert Pete mit einem vernichtenden Blick, worauf er sich wieder auf die Mauer plumpsen lässt.

»Danke, Ivy.«

Sie hat ein Auge auf Onkel Bertie, während Dennis und Celia am Pflanzenstand des örtlichen Gartenvereins ihren Dienst tun. Tagelang haben die beiden alles Mögliche eingetopft, sich wegen der Preise in die Haare gekriegt und diskutiert, ob Dennis ein paar seiner Tomatensetzlinge zum Verkauf anbieten soll. Am Ende hat er sich durchgesetzt und sechs Töpfchen gespendet, aber mehr wollte er nicht hergeben.

»Die Parade sollte jeden Moment hier vorbeiziehen. Als wir vorhin am Parkplatz vorbeigekommen sind, haben sie gerade alle Aufstellung genommen. Alfie sieht ja goldig aus mit seinem Hut und dem Schwert.«

»Dieses billige Plastikteil wird ihm im Ernstfall keine guten Dienste erweisen.«

»Ja, das ist uns bewusst, Mr Bertie, aber verderben Sie ihm nicht den Spaß, ja?«

»Ich werde mich hüten. Aber wenn ich das gewusst hätte, dann hätte ich ihm eins von meinen geliehen. Ich habe noch ein paar Zeremonialschwerter zu Hause rumliegen, die wären perfekt gewesen.«

Sowohl Ivy als auch ich tun, als hätten wir es nicht gehört.

»Wenn die Parade vorbei ist, wollen wir zum Stand der Rettungsschwimmer. Dort gibt es Tische und Stühle, da werden wir uns ein bisschen ausruhen. Es wird auch Tee und Kaffee ausgeschenkt, und bestimmt auch Hochprozentiges, wie ich diese Bande kenne.«

»Wenn Sie bei Windstärke neun auf hoher See wären und die halbe Takelage eingebüßt hätten, würden Sie wegen ein paar Schnäpsen kein solches Theater mehr machen, lassen Sie sich das gesagt sein.«

»Schon möglich, Mr Bertie. Andererseits werde ich wohl nie in eine derart missliche Lage geraten, weil ich mich von Schiffen generell tunlichst fernhalte.«

Gleich darauf biegt die Parade um die Ecke. Die Seepfadfinder und ihre Kapelle marschieren vorneweg, gefolgt von der örtlichen Feuerwehr, die hupend in ihrem Löschfahrzeug vorüberfährt, im Schneckentempo, dafür hupend, winkend sowie mit Sirenengeheul und Blaulicht. Am meisten sticht jedoch die glamouröse Rettungsschwimmertruppe hervor, die zum Großteil aus braun gebrannten Surfern besteht. Die knallgelben Pick-ups sind mit jungen Frauen in Bikinioberteilen und ultraknappen Höschen beladen. Als die Schüler vorbeimarschieren, begleitet vom Gedudel der Schulkapelle, schwillt der Applaus der Eltern an, die Handys und Videokameras hochhalten, um das Ereignis festzuhalten. Jede Klasse hat eine Flagge oder Fahne gebastelt. Ben und sein Freund Sam tragen gemeinsam das Banner der *Golden Hinde* und streifen damit immer wieder absichtlich die Köpfe der vor ihnen hergehenden Kinder, die als elisabethanische Seeleute verkleidet sind.

Für Alfie und seine Mitschüler wird am lautesten geklatscht, weil sie alle als Piraten verkleidet sind, einschließlich der Eltern, die als Aufsichtspersonen mit von der Partie sind und sicherstellen, dass keines der Kinder über etwaige Planken läuft und im Meer landet oder auf die Idee kommt, jemanden mit dem Plastikschwert zu malträtieren. Sie singen ziemlich laut *What shall we do with the drunken sailor* und strahlen über das ganze Gesicht. Alfie hat uns erspäht und winkt; wir winken zurück – alle außer Dan, der verhalten etwas Unflätiges in sich hinein murmelt.

»Dan?«

»Ja?«

»Wie wär's mit einem Eis nachher?«

Er winkt Alfie und streckt zusätzlich beide Daumen in die Höhe, worauf mein Kleinster prompt feuerrote Wangen bekommt und noch enthusiastischer mit seinem Plastikschwert wedelt.

»Reicht das?«

»Das reicht vollkommen, danke.«

Nach der Parade gibt es noch einige Bootsrennen in der Bucht, und als die Zuschauer hinterher zurückkehren, haben wir fast alle Eier verkauft.

»Mum, Mum, stell dir vor, was passiert ist!«

Alfie ist total aus dem Häuschen und selbst Pete wirkt ansatzweise fröhlich. »Tom und ich haben gewonnen!«

»Was denn, Schatz?«

»Das Schwein! Den Hauptpreis in der Lotterie! Wir werden es uns teilen und später, wenn es größer ist, können wir Speck daraus machen.«

Ach, du grüne Neune.

Pete ist sichtlich belustigt.

»Tja, dann gratulier ich mal ganz herzlich.«

»Danke.«

»So, jetzt müssen wir aber wirklich los. Ich rufe dich kommende Woche an wegen der Osterferien.«

»Okay.«

»Vielen Dank für die Einladung, es war ein schöner Tag.« Das klingt, als hätte sich Janice den Satz ein Dutzend Mal vorgesagt. Sie dreht sich Zustimmung heischend zu Pete um.

»Gern geschehen, Janice.«

Genau genommen hatte ich sie gar nicht eingeladen – Pete hat mich einfach vor vollendete Tatsachen gestellt –, aber ich hätte es vermutlich tun sollen. Es ist bestimmt hilfreich, wenn die Jungs sehen, dass wir alle wie zivilisierte Leute miteinander umgehen.

»Komm uns doch auch mal zu Hause besuchen. Vielleicht wenn du die Jungs in den Ferien abholst?«

»Gern.«

Sie wirkt aufrichtig erfreut über diese Wendung, im Gegensatz zu Pete, doch er erhebt keinen Einspruch.

»Alfie, ich hoffe, du wirst dich gut um dein neues Haustier kümmern.«

»Na klar, Dad.«

Während ich mit Sally den Stand abbaue, spendiert Patrick den Kindern ein Eis.

»Also, ich finde das super. Jetzt haben Tom und Patrick endlich ein gemeinsames Hobby.«

»Du meinst, wenn sie gemeinsam Schlachtpläne für sein neues Haustier schmieden? Ganz toll, ja. Ich habe bereits einen Vegetarier zu Hause, vielen Dank, und wenn Ben jetzt auch noch Veganer wird und Tom und Alfie damit ansteckt, verzeihe ich dir das nie.«

»Ich glaube, da wäre Patrick auch nicht gerade angetan, schon von Berufs wegen. Aber mal ganz ehrlich, Molly, ich habe da keine Bedenken. Wahrscheinlich langweilen sich die beiden innerhalb kürzester Zeit mit dem Vieh.«

»Auch wieder wahr.«

»Und habt ihr nicht einen alten Schweinekoben hinter dem Pferdestall?«

»Meinst du den neben dem Obstgarten, der kein Dach mehr hat?«

»Genau. Das Dach kann Patrick bestimmt problemlos reparieren.«

»Ich denke, der hat so furchtbar viel um die Ohren mit seinen Bauernmarktständen und so?«

»Nein. Außerdem muss er dringend mehr mit Tom unternehmen. Das ist die perfekte Gelegenheit.«

»Können die beiden nicht zusammen Legoschlösser bauen, wie andere Väter und Söhne? Und überhaupt, meinst du nicht, dass das arme Schwein einsam ist, so ganz allein in seinem Stall?«

»Patrick meinte vorhin, wir sollten noch ein zweites kaufen, dann hätte jeder von ihnen eins. Ferkel sind nicht allzu teuer und er kennt den Bauern. Vielleicht kann er den Preis ja noch ein bisschen runterhandeln. Das wäre bestimmt die beste Lösung.«

»Auf dem Planeten der Schweine vielleicht.«

»Okay, okay.«

Mittlerweile hat es angefangen zu regnen.

Na toll. Somit wird unsere Menagerie um ein weiteres Tier erweitert, womöglich sogar um zwei, und außerdem schüttet es mittlerweile und wir müssen noch alles zusammenpacken und schleunigst ins Auto schaffen, ehe sich Alfies Piratenhut auflöst.

»Wir helfen euch natürlich beim Füttern und so. Patrick sagt, Schweine sind Allesfresser. Außerdem kannst du dann mit ›Speck aus Eigenproduktion‹ für dein B&B werben.«

»Sally?«

»Ja, Molly?«

»Halt den Mund.«

# KAPITEL 5: Abwarten und Tee servieren

April bis Juni

***Damaszenerrosen***

*Die bereits in der Antike in Persien häufig kultivierten und im dreizehnten Jahrhundert nach Europa importierten Damaszenerrosen weisen dichtes Laub und üppige Büschel intensiv duftender Blüten auf. Sie werden traditionell zur Parfümherstellung verwendet und haben sich mit ihren langen, schmalen Blättern und der Vielzahl an satinartig glänzenden Petalen in sämtlichen Rosensammlungen einen Platz als Inbegriff der klassischen Rose gesichert. Berühmt ist unter anderem Marie Louise, deren große, volle Blüten von einem kräftigen Rosa sind und sich mit der Zeit nach außen einrollen, des Weiteren Ville de Bruxelles, die aromatisch duftende Blüten in einem satten Reinrosa hervorbringt, sowie die atemberaubende Madame Hardy, die sich durch schneeweiße Blüten und einen zitronigen Duft auszeichnet.*

Es ist Mittwochnachmittag, halb fünf, und es schüttet wie aus Kübeln. Seit dem Frühlingsfest hat es kaum aufgehört zu regnen. Meist waren es leichte Schauer, die sich mit sintflutartigen Güssen und Nieselregen abwechselten. Wenn das so weitergeht, werde ich Mr Stebbings bitten müssen, die Arbeit am Pförtnerhaus ruhen zu lassen und stattdessen eine verfluchte Arche zu bauen. Da die Harrington'sche Menagerie heute Nachmittag Zuwachs bekommt, sind Patrick und die Jungs schon mal zu den Stallungen gewatet, um feuchtes Stroh im Schweinekoben zu verteilen und den Wassertrog zu füllen. Angeblich ist die permanente Wasserversorgung von größter Wichtigkeit, sonst haben wir am Ende zusätzlich zu allen anderen Problemen noch zwei dehydrierte Ferkel, und das wäre sicher eine mittlere Katastrophe, wenngleich ich nicht genau weiß, mit welchen Folgen man in einem solchen Falle zu rechnen hat.

Ich bringe Onkel Bertie eine Tasse Tee in die Bibliothek.

»Die Schweine sollten jeden Moment geliefert werden.«

»Hervorragend.«

Ihn kann einfach nichts aus der Ruhe bringen. Hätte ich verkündet, dass jeden Moment die Einhörner geliefert werden, dann hätte er dies wahrscheinlich ebenfalls mit einem zuversichtlichen »hervorragend« kommentiert.

»Du bleibst wohl besser vorerst im Trockenen. Wir holen dich dann, wenn es so weit ist.«

»Soll mir recht sein.«

Mir persönlich wäre es ja am liebsten, wenn Bertie dem feierlichen Ferkelempfang überhaupt fernbliebe. Ich bin nicht sicher, wie sie reagieren würden, wenn er zur Feier des Tages die Kanone abfeuert, und außerdem hat er seit dem Frühlingsfest eine fürchterliche Erkältung. Er hat sich mit den Leuten am Stand der Rettungsschwimmer total weggeschossen und dann wurden sie auch noch alle klatschnass, weil das Sonnensegel den Elementen nicht standhielt und sie mit vereinten Kräften versuchten, es wieder aufzuhängen. Als Dennis ihn schließlich nach Hause brachte, waren sie beide schon blau vor Kälte. Ivy hat den ganzen Montag kein Wort mit Dennis geredet und schmollt noch immer. Das hat uns gerade noch gefehlt, nachdem die Atmosphäre wegen der Ferkelvorbereitungen ohnehin bereits angespannt ist.

Betty spaziert mit dem Kopf wippend auf der Rückenlehne des Sofas entlang und wirft mir dabei einen ganz besonders scheelen Blick zu.

»Schnippi. Schnippi. Schnippi.«

»Mum, der Bauer ist da.«

»Danke, Dan. Ich komme gleich.«

»Schnippi.«

»Kannst du mir mal verraten, wer Betty diese tolle neue Vokabel beigebracht hat, Dan?«

Er grinst, senkt dann aber den Blick.

»Tut mir leid, Mum.«

»Ist Celia bei euch draußen?«

»Ja, und Jasper auch.«

Großartig. Noch mehr Gekläffe und Gehopse.

Sobald der Name Jasper fällt, zieht Betty den Kopf ein und plustert sich auf.

»Ab in dein Körbchen!«

Diesen Befehl kreischt sie neuerdings jedes Mal, wenn sie Celias Hund in der Nähe wähnt. Wenn ich ein Körbchen hätte, ich würde mich auf der Stelle reinsetzen, vor allem, wenn es mir dafür erspart bliebe, den beiden Ferkeln ihr neues Zuhause zu zeigen. Dennis und Patrick haben eine halbe Ewigkeit damit zugebracht, mit einem Stück Wellblech und ein paar Ziegeln, die ihnen Mr Stebbings besorgt hat, das Dach des Schweinekobens auszubessern. Sie haben sogar das Tor und das Gatter in einem fröhlichen Apfelgrün gestrichen.

»Dan?«

»Ja, Mum?«

»Sollte Betty je irgendetwas sagen, das mit dem Buchstaben *F* anfängt, dann kriegst du einen Monat Hausarrest, haben wir uns verstanden?«

»Polly, stell mal Wasser auf. Schnippi. Schnippi. Schnippi.«

Oh Mann.

Bis ich beim Schweinestall eingetroffen bin, hat sich dort ein recht beachtliches Empfangskomitee eingefunden. Selbst Ivy ist in Mantel und Gummistiefel geschlüpft und hat sich zu uns gesellt, um das Schauspiel mitzuerleben. Tess versucht nach Kräften, alle im Regen Herumstehenden in den Stall zu treiben, damit sie nicht nass werden, was unter normalen Umständen ein hervorragender Plan wäre. Tja, bei all den Pfützen besteht für die vermaledeiten Ferkel an ihrem ersten Tag bei uns wenigstens nicht die Gefahr einer akuten Dehydrierung. Immerhin eine kleine Entschädigung für das mühsame Waten durch den Schlamm.

Ich hätte nie gedacht, dass zwei acht Wochen alte Ferkel ein derartiges Chaos stiften können, mal ganz abgesehen von dem Krach, den sie machen, während sie quiekend im Kreis herumgaloppieren. Sie sehen sehr süß aus mit ihren Schlappohren und den schwarzen Flecken auf der zartrosa Haut. Doch dann öffnet Patrick das Gatter und einem der kleinen Racker gelingt die Flucht, worauf das Szenario jäh an *101 Dalmatiner* erinnert – überall Hunde und schreiende Kinder, die wie aufgescheuchte Hühner herumrennen und in den Matsch plumpsen, bis Patrick das ausgebüxte Tier schließlich erwischt und wieder mit seinem Bruder vereint.

»So, jetzt müssen sie sich erst einmal ein bisschen eingewöhnen. Wir können ja solange reingehen.«

Sally wirft einen Blick auf seine schlammverkrusteten Jeans.

»Dir ist aber schon klar, dass du Harrington Hall in diesem Aufzug nicht betreten kannst.«

»Keine Panik auf der Titanic, im Auto liegt eine Ersatzhose. Ich habe fest damit gerechnet, dass so etwas passiert.«

Er betrachtet die Jungs, bei denen ebenfalls diverse Entmatschungsmaßnahmen angebracht sind.

»Wir werden ihnen Regenhosen besorgen müssen.«

Sally schnalzt mit der Zunge.

»Von wegen ›Wir‹. Das mit dem Zweitschwein war allein deine Idee, nicht meine, also wirst du dich auch um die Hosen kümmern. Und kauf dir am besten auch gleich selber eine, wenn du schon dabei bist.«

»Wenn du herausfindest, wo man so was kriegt, sag Bescheid, Patrick, dann verpasse ich meinen Jungs auch welche.«

Dan verdreht die Augen.

»Nur über meine Leiche. Ich bin doch kein totaler Schnippi.«

»Dan.«

»Ich bin doch kein Kleinkind mehr.«

»Ach, dann wirst du deine Kleider also künftig selbst waschen? Und alles, was Schlammspuren aufweist, erst mal im Spülbecken einweichen, damit die Waschmaschine nicht verstopft?«

Ivy nickt.

»Dennis hat auch so eine wasserdichte Gummihose, ist ganz praktisch bei manchen Arbeiten im Freien. Wobei er sie nicht immer anzieht. Unvernünftig bis dorthinaus, genau wie neulich beim Frühlingsfest, als er und Mr Bertie triefnass nach Hause gekommen sind, kichernd wie zwei ungezogene

Schuljungen. Dumm wie Bohnenstroh, alle beide. Also, sei ein braver Junge und hör auf deine Mutter, Dan. So, soll ich schon mal vorgehen und Teewasser aufstellen?«

»Ja, bitte, Ivy. Dan wird Ihnen helfen, nicht wahr, Dan?«

Er verdreht erneut die Augen.

»Mum?«

»Ja, Alfie?«

»Sind sie nicht süß, unsere Schweine?«

»Ja, Schätzchen.«

»Wir könnten doch eigentlich noch ein paar kaufen und Schweinewettrennen veranstalten.«

»Jetzt lass uns erst mal abwarten, wie wir mit den beiden zurechtkommen.«

Wenig später sind wir alle um den Küchentisch versammelt, trinken Tee, essen Ivys Zitronenkuchen und diskutieren, wie die Ferkel heißen sollen. Alfie möchte sie unbedingt Ben und Dan nennen, ich habe ein Veto eingelegt, um des lieben Friedens willen. Ben googelt auf Dans Laptop bereits Alternativen. Er hat wohl Angst, dass sich Alfie trotzdem durchsetzt und sie ihre Namen künftig mit zwei Rüsselnasen teilen müssen.

»Wie wär's mit Bifur und Bofur? Das sind die Zwerge aus *Der Hobbit*. Bifur liebt Himbeermarmelade und Apfelkuchen und spielt Klarinette und Bofur steht auf Mince Pies und Käse und spielt ebenfalls Klarinette.«

Ich will mal stark hoffen, dass hier niemand eine Klarinette einschleust.

»Es sind aber keine Zwerge, sondern Schweine, und Tom und ich wollen ihnen richtige Namen geben, und die werden wir uns selbst aussuchen. Es sind unsere Schweine, nicht deine.«

»Schluss damit, Alfie. Ben versucht nur, euch zu helfen.«
»Wie wär's mit Dumm und Dümmer?«
»Mum! Hast du das gehört?«
»Ben, hör auf ihn zu foppen, sonst wird ein Ferkel nach dir benannt.«
Ivy schenkt Sally Tee nach und setzt sich.
»Ich finde ja, dass Pinky und Perky hübsche Namen für Schweine sind. Die beiden kamen vor Jahren im Fernsehen, als noch alles in Schwarz-Weiß gezeigt wurde. Süße kleine Kerlchen waren das, Marionetten, die tanzen konnten …«
Dennis grunzt missbilligend.
»Also hör mal, wir haben es hier mit *Gloucestershire Old Spots* zu tun, einer ehrwürdigen alten Rasse, da passen so alberne Namen wie Pinky und Perky nicht. Sie werden übrigens auch ›Obstgartenschweine‹ genannt.«
Ben nickt.
»Hier steht, dass viele Bauern sie im Obstgarten gehalten haben, weil sie das Gras abzupfen, und man hat gedacht, die schwarzen Flecken hätten sie von den Äpfeln, die von den Bäumen fallen.«
Patrick lächelt.
»In ein paar Tagen, wenn sie sich eingewöhnt haben, stelle ich im Obstgarten den Elektrozaun auf, dann können wir sie dort laufen lassen. Das wird ihnen gefallen.«
Patrick hat bereits eine ganze Menge Arbeit in das Ferkelprojekt gesteckt. Er hat sich um die Unterlagen und die Herdennummer gekümmert und mit Dennis bereits einen komplizierten Plan ausgearbeitet, nach dem unsere Neuzugänge den Obstgarten abgrasen sollen. Der Zaun wird alle paar Tage umgesteckt, damit der Rasen nicht irgendwann aussieht, als hätten wir die Schlacht an der Somme nachgestellt.

»Hier steht auch, dass Apfelspalten für Schweine eine richtige Delikatesse sind.«

Dennis nickt.

»Stimmt, aber deswegen müsst ihr sie nicht mit Apfelschnitzen vollstopfen. Im Herbst bekommen sie so viele Äpfel, wie sie wollen. Aber ihr könnt ihnen die Abfälle vom Gemüseschälen bringen, die schmecken ihnen auch.«

Ivy verschränkt die Arme vor der Brust.

»Die müssen sie sich aber mit den Hühnern teilen. Auf die Eier sind wir nämlich auch angewiesen.«

»Der traditionelle Schlachttag für Schweine ist Sankt Martin, der elfte November.«

»Cool. Machen wir das dann auch?«

»Nein, Dan, das machen wir nicht. Wir haben sie doch gerade erst bekommen, Ben! Wie kannst du da schon davon reden, dass wir die armen Kleinen abschlachten?«

Alfie mustert mich mit mitleidiger Miene.

»Natürlich werden wir sie schlachten. Das gehört zum Kreislauf des Lebens. Onkel Patrick hat uns alles erklärt. Wozu gibt es denn Schweine, wenn man nicht irgendwann Speck aus ihnen macht?« Er zögert. Offenbar sind ihm gerade die herumtollenden Ferkel eingefallen. »Aber erst später, wenn sie größer sind. Viel später.«

Er scheint sich an dieser Aussicht nicht zu stören. Okay, wie es aussieht, haben also bloß Ben und ich Skrupel.

»Ganz im Ernst, Mum, sei mal ein bisschen realistischer. Was meinst du denn, wo der Speck herkommt? Meinst du, der wächst eingeschweißt auf Bäumen? Schweine werden nun mal dafür gezüchtet und bei uns haben sie vorher wenigstens ein schönes Leben.«

»Vielen Dank, Ben. Wenn ich Bedarf an weiteren vorlauten Bemerkungen habe, melde ich mich, okay?«

Hm, ich scheine hier mit meinen Skrupeln allein auf weiter Flur zu sein.

Celia tätschelt meinen Arm.

»Wir hatten immer ein Schwein, als ich noch jünger war. An die Namen kann ich mich allerdings nicht mehr erinnern. Ich glaube, eines von ihnen hieß Edward.«

Alfie mustert Celia mit gerunzelter Stirn.

»Edward ist kein guter Name für ein Schwein, Tante Celia.«

»Ja, da hast du wohl recht, Alfie. Wir hatten auch eines, das Prudence hieß, benannt nach einer Verwandten meiner Mutter, was für endlose Diskussionen gesorgt hat. Menschennamen sollten wohl besser ausscheiden. Warum schreibt ihr nicht eine Liste der Dinge, die ihr am liebsten mögt? Vielleicht fällt euch ja dann etwas Passendes ein.«

Bertie ist von diesem Einfall sehr angetan.

»Starke Drinks und starke Frauen würden auf meiner Liste definitiv ganz oben stehen. Solange man beides zur Verfügung hat, ist das Leben in Ordnung, merk dir das, mein Junge. Wird dir eines Tages noch nützlich sein. Was die Namensgebung angeht, ist das allerdings nicht sonderlich hilfreich, das muss ich zugeben. Na, wir finden schon etwas. Rührei und Speck ist wohl eine Spur zu anschaulich, aber es geht in die richtige Richtung. Ach, ich weiß was – wie wär's mit Bubble und Squeak?«

Dieses Resteessen aus Kartoffelbrei und zerstampftem Gemüse, von Alfie auch »Squeaker« genannt, haben die Jungs für ihr Leben gern, weshalb ich oft bewusst mehr Kartoffeln und Kohl als nötig koche und beides am nächsten Tag in der Pfanne anbrate. Erst gestern Abend gab es mal wieder Bubble und Squeak und Bertie war sichtlich beeindruckt von den Mengen, die bei dieser Gelegenheit verdrückt wurden. Tom und Alfie hopsen sogleich um den Tisch herum und johlen »Bubble und Squeak! Bubble und Squeak!« und alle sind sich einig, dass das die perfekten Namen für die Ferkel sind.

»Komm, Dad, wir gehen raus und sagen ihnen, wie sie heißen.«

»Kann ich erst meinen Tee austrinken?«

Patrick erweckt den Anschein, als würde er lieber noch eine Weile in der warmen Küche sitzen bleiben, doch Tom und Alfie hüpfen wie zwei Gummibälle neben ihm auf und ab, was Sally zum Lachen bringt.

»Dazu wirst du aber noch mal in deine dreckige Hose steigen müssen und die Jungs auch.«

»Danke, Sally. Da wäre ich nie von allein draufgekommen.«

»Der Kauf von Matschhosen sollte wohl ganz oben auf deiner Prioritätenliste für morgen stehen.«

»Dir ist schon klar, dass sarkastische Frauen nerven, oder?«

»Nicht so sehr wie die Reinigung schlammverkrusteter Hosen.«

»Frohe Ostern, Süße.«

Es ist Sonntagvormittag und ich spaziere mit Lola durch den Garten. Obwohl es nieselt, hat sie eine Sonnenbrille auf. Sie und Celia haben gestern nämlich festgestellt, dass sie beide eine Leidenschaft für Martinis hegen, und sich mit Bertie eine Cocktail-Mix-Meisterschaft geliefert, aus der er selbstredend siegreich hervorging. Am Ende waren alle drei so sturzbetrunken, dass Celia praktisch nach oben getragen werden musste. Tre trinkt keinen Alkohol und scheint sich die meiste Zeit in einer Art Yoga-Trance zu befinden, aber das macht nichts, weil er so unglaublich attraktiv ist. Er sitzt einfach nur da, atmet sehr langsam und sieht toll aus. Manchmal lächelt er, aber das war's dann auch schon. Er ist ein äußerst friedlicher, entspannender Gast. Selbst Betty wirkt in seiner Anwesenheit ruhiger.

»Hab ich die Ostereiersuche schon verpasst?«

»Nein, die habe ich auf den Nachmittag verlegt, damit wir Zeit haben, die Nester ordentlich zu verstecken.«

»Hervorragend. Herzlichen Glückwunsch zur offiziellen Wiedereröffnung übrigens. Nicht zu fassen, was du in dieser kurzen Zeit alles geschafft hast.«

»Danke, Lola.«

»Und?«

»Und nichts. Wir hatten ein paar Gäste, unter anderem eine Mrs Allen, die schon voriges Jahr hier war. Ivy findet sie sehr sympathisch und sie war auch wirklich nett, obwohl sie pochierte Eier haben wollte, weshalb sie leider nie zu meinen Lieblingsgästen gehören wird. Und am Donnerstag war ein Ehepaar da, das weniger nett war. Die beiden haben sich in einer Tour beschwert.«

»Worüber denn?«

»Meistens über das Wetter, aber auch über die neu renovierten Gästezimmer. Die alten Tapeten fanden sie schöner.«

»Die haben doch einen an der Waffel.«

»Du sagst es. Aber abgesehen davon lief es bisher ganz gut. Gott sei Dank haben wir schon ein paar Buchungen für die Sommerferien und Celia bleibt noch ein paar Wochen, das ist finanziell eine große Hilfe, sodass ich mich jetzt ums Pförtnerhaus kümmern kann. Da mussten wir ein paar

Rückschläge einstecken – die Decke im Schlafzimmer ist eingestürzt und einer der tragenden Balken ist morsch. Die Renovierung wird also mehr Geld verschlingen, als ich veranschlagt hatte, aber es wird. Ich danke Gott für Mr Stebbings.«

»Dann kannst du mit den Einkünften aus dem B&B-Betrieb also alle Rechnungen bezahlen?«

»Nein, keineswegs. Selbst wenn wir in jedem einzelnen Reiseführer stehen, überall Werbung machen und die Preise bis zur Schmerzgrenze anheben. Selbst eine Auslastung von achtzig Prozent würde nicht reichen. Und von achtzigprozentiger Auslastung sind wir meilenweit entfernt. Zurzeit krebsen wir bei ungefähr dreißig Prozent herum. Davon können wir gerade mal das Hühnerfutter bezahlen. Ich weiß das, weil ich vor Kurzem neue Vorräte für Gertie und Co. besorgt habe. Wir sind dringend angewiesen auf die Einnahmen aus der Vermietung des Pförtnerhauses und der umgebauten Stallungen.«

»Und den B&B-Betrieb stellst du früher oder später ein?«

»Ich glaube schon. Wenn alles andere erst mal gut läuft.«

»Guter Plan, Süße. Du willst doch nicht den Rest deines Lebens Speck für fremde Menschen braten. Außer vielleicht für die Mädels, die deine Jungs mit nach Hause bringen.«

»Ich hoffe mal, dass die sich bis dahin ihr Frühstück selbst zubereiten.«

»Verlass dich mal lieber nicht darauf. Gott, meine Kopfschmerzen sind ganz schön hartnäckig. Ich dachte, die frische Luft würde mir guttun.«

»Das wird schon noch, wart's ab.«

»Bertie war gestern mal wieder in Topform. Er ist zum Piepen.«

»Ja, wenn er nicht zufällig das Haus in Brand steckt.«

»Wie, das Haus in Brand steckt?«

»Vor ein paar Wochen gab es einen kleinen Zwischenfall. Bertie ist in der Bibliothek eingeschlafen und dabei ist ihm die Zeitung vom Schoß gerutscht und hat Feuer gefangen, weil er das Schutzgitter nicht richtig vor den Kamin geschoben hatte. Zum Glück ist er aufgeschreckt, weil Betty anfing, ganz fürchterlich zu kreischen und zu quäken, und dann hat er mit dem Feuerhaken auf die brennende Zeitung eingeschlagen, um den Brand zu löschen. Und seither ist ein Loch im Teppich.«

»Verstehe. Es besteht also nicht die Gefahr, dass er wirklich mal das Haus abfackelt.«

»Nein, das nicht, aber ich habe mir trotzdem angewöhnt, jeden Abend einen Kontrollgang durch alle Zimmer zu machen, um sicherzugehen, dass die Schutzgitter an der richtigen Stelle stehen. Ich hätte ja nie gedacht, dass ich das mal sagen würde, aber ich danke Gott, dass wir Betty haben. Unser fliegender Rauchmelder.«

»Quasi die aristokratische Variante der Kanarienvögel, die die Bergarbeiter in den Mienen vor Gasaustritt gewarnt haben. Sollte es in jedem Haushalt geben.«

»Unbedingt, wenn in dem betreffenden Haushalt ein Bertie lebt. Wobei es ein Hund auch tut. Jasper erfüllt bei Celia in etwa die gleiche Funktion.«

»Herrje, hat die etwa auch schon Brandanschläge auf Harrington Hall verübt?«

»Nein, aber sobald sie auf dem Sofa einnickt, fängt Jasper an zu kläffen, bis sie aufwacht. Er mag es nicht, wenn jemand einschläft, der nicht im Bett liegt. Angeblich ist er sogar zu ihr ins Wasser gesprungen, als sie mal in der Badewanne lag und drauf und dran war einzudösen.«

»Wie praktisch.«

»Ja, solange er das nicht bei unseren Gästen tut. Stell sicher, dass die Badezimmertür zu ist, falls du eine kurze Meditation in der Badewanne planst. Es sei denn, du legst Wert darauf, dass dir ein Terrier Gesellschaft leistet.«

»Danke für die Warnung. Ich geb's gleich mal an Tre weiter, der schwebt ja ständig in anderen Sphären.«

»Gute Idee, und wenn Bertie es sich in seinem Fauteuil vor dem Feuer gemütlich macht, dann sorg dafür, dass das Schutzgitter vor dem Kamin steht, ja? Ich habe im Korridor gleich neben der Tür zur Bibliothek einen neuen Rauchmelder installieren lassen und die Batterien in den alten ausgetauscht. Es gibt ja auch diese altmodischen käfigartigen Kaminschutzgitter, die seitlich an den Wänden festgeschraubt werden, aber die sind furchtbar hässlich. Ich hoffe, wir kommen auch ohne aus.«

»Diese Dinger aus mattschwarz lackiertem Metall, die an einen Paravent erinnern, sind doch ganz hübsch und eigentlich auch recht unauffällig. Die sieht man inzwischen in vielen schicken Clubs in der Stadt.«

»Ja, auf die bin ich bei meiner Suche nach Alternativen auch gestoßen, aber erstens sind das die teuersten und zweitens kann man die genauso beiseiteschieben.«

»Ach, richtig. Die sind also auch nicht Bertie-sicher.«

»Du sagst es. Na ja, es geht bestimmt auch so. Die ganze Sache war ihm schrecklich peinlich. Aber ich werde künftig darauf achten, dass alle Schutzgitter dort stehen, wo sie stehen sollen.«

»Er ist trotzdem zum Piepen.«

»Absolut.«

Die Ferkel liefern sich in ihrem Auslauf ein Wettrennen mit Ben und Alfie und scheinen dabei mindestens genauso viel Spaß zu haben wie meine Söhne.

»Mir ist noch immer nicht ganz klar, wie ihr es geschafft habt, ein Schwein zu gewinnen.«

»Mir auch nicht, Lola, aber so ist es nun mal.«

»Ist schon eine völlig andere Welt hier draußen, Süße. Warum sind es eigentlich zwei? Bitte sag mir, dass ich nicht doppelt sehe.«

»Keine Sorge, es sind wirklich zwei. Die Jungs hatten Angst, dass sich eines allein einsam fühlen würde.«

»Alles klar. Versuch, keine weiteren Tiere mehr zu adoptieren, ja, sonst gehörst du früher oder später noch zu diesen Verrückten, die Alpakas züchten. Sollte dir mal ein deprimiert wirkender Esel über den Weg laufen, dann guck einfach woandershin. Wobei sich so ein kleiner Esel als ganz nützlich erweisen könnte. Ihr könntet damit das Futter für die Schweine transportieren.«

»Danke, Lola. Ich werd's im Hinterkopf behalten.«

»Deinem Bericht nach zu urteilen ist der Architekt auf dem Frühlingsfest ja zu Hochform aufgelaufen. Wo ist er jetzt?«

»In Madrid. Und ja, mit seiner kleinen Vorstellung hat er sich wirklich selbst übertroffen. Sally musste am Ende unter dem Tisch in Deckung gehen, weil sie sich kaum noch das Lachen verbeißen konnte. Sie sagt, er hat hier in der Gegend einen gewissen Ruf – angeblich hatten sowohl er als auch Portia Affären, als sie noch verheiratet waren, weshalb ihre Trennung niemanden sonderlich überrascht hat.«

»Und?«

»Nichts und. Ich sag ja nur.«

»Da gibt es nichts zu sagen. Du bist schließlich nicht auf der Suche nach einem zweiten Ehemann, also kann es dir total egal sein. Wann kommt er zurück?«

»In zwei Wochen, aber dann muss er, glaube ich, gleich

wieder woandershin. Er hat mich angerufen und gesagt, er hätte nicht widerstehen können, Portia eins auszuwischen. Er hat gefragt, ob es mich gestört hat. Aber irgendwie ... ich weiß auch nicht. Er ist mir ein bisschen zu selbstgefällig.«

»Ich hätte zu gern Petes Gesicht gesehen.«

»Ja, das war das absolute Highlight des Tages. Und ich finde es auch schön, wenn ein Mann Interesse an mir signalisiert. Trotzdem reißt mich das Ganze irgendwie nicht vom Hocker.«

»Ist doch klar, dass es sich seltsam anfühlt, nach all der Zeit wieder umworben zu werden. Betrachte es einfach als eine Art Auffrischungskurs oder eine belebende Behandlung in einem Schönheitssalon – nur mit schicken Dessous.«

»Genau darum geht es ja: Es fühlt sich nicht sonderlich erfrischend oder belebend an und die passenden Dessous dafür besitze ich ohnehin nicht. Und nein, ich werde nicht shoppen gehen. Es kommt mir fast so vor, als hätte jemand auf den Fast-forward-Knopf gedrückt. Stephen geht die Angelegenheit mit einer solchen Selbstverständlichkeit an. Er gibt mir seinem ganzen Süßholzgeraspel zum Trotz irgendwie das Gefühl, dass ich mich über so viel Aufmerksamkeit freuen sollte. Völlig zu Recht, keine Frage, schließlich ist er zweifellos einer der begehrenswertesten Männer im Ort. Aber ich habe keine Lust, mich noch einmal auf etwas einzulassen, von dem ich nicht hundertprozentig überzeugt bin. Das habe ich bei Pete viel zu lange gemacht. Bertie hat schon recht: Ein bisschen Spaß muss sein. Aber wenn das Ganze dann bloß auf Dinner-Dates und die Frage hinausläuft, was ich anziehen soll, oder darauf, seiner Ex eins auszuwischen, dann bleibe ich lieber zu Hause und sorge dafür, dass die Jungs keinen Unfug anrichten. Oder werkele im

Garten, vor allem jetzt, wo es draußen so schön ist. Ein bisschen flirten und ein bisschen im Haus und im Garten rumwerkeln, das reicht mir, ehrlich gesagt, vollauf.«

»Schön für dich, Süße. Und wann genau soll der Programmpunkt Flirten stattfinden?«

»Weiß der Geier. Vielleicht nie. Aber vornehmen kann ich es mir ja trotzdem.«

»Versprich mir einfach, dass du gelegentlich etwas unternimmst, ehe du ganz und gar in deiner Rolle als Dr. Dolittle aufgehst. Allmählich befürchte ich, du könntest eine Leidenschaft für seltene Tierrassen entwickeln und zu einer dieser Frauen mutieren, die ständig Haare und Sabberflecken von irgendwelchen langohrigen Ziegen auf der Kleidung hat.«

»Ich glaube, das waren Hasen. Von langohrigen Ziegen habe ich noch nie gehört.«

»Siehst du? Versprich es mir.«

»Ich versprech's.«

»Gut. Also, was steht heute auf dem Programm?«

»Ein frühes Mittagessen, dann Flohmarkt und danach die Ostereiersuche.«

»Für die Flöhe anderer Leute konnte ich mich noch nie sonderlich erwärmen.«

»Es gibt auch ein paar Stände mit Essen und Surfausrüstung und Hippieklamotten, aber wir können gern stattdessen hierbleiben und den Jungs beim Ausmisten des Schweinestalls helfen.«

»Hm, vielleicht ist der Flohmarkt doch einen Versuch wert. Wenn es Hippieklamotten gibt, kommt zumindest Tre auf seine Kosten.«

»Sagt der eigentlich auch mal etwas?«

»Selten. Er hat den IQ einer Erbse, Molly, deshalb versuche ich Wortmeldungen von seiner Seite zu unterbinden. Dafür ist er aber ein wahrer Adonis, nicht?«

»Allerdings.«

Sie lacht und schneidet sogleich eine Grimasse.

»Herrje, hast du noch Kopfschmerztabletten? Die ersten zwei haben ihre Wirkung noch nicht so richtig entfaltet.«

»Klar. Und noch eine Kanne Kaffee?«

»Au ja.«

Vor dem Lunch machen Lola und Tre noch eine kleine »Siesta« auf ihrem Zimmer, während Celia, Ben und Dennis im Garten allerlei Sommergemüse pflanzen. Ich kann mich also in Ruhe der Essenszubereitung widmen und muss bloß gelegentlich dazwischengehen, wenn sich Dan und Alfie in die Haare kriegen. Dan nimmt es mir übel, dass er gestern nicht an der Killer-Cocktail-Session teilnehmen durfte. Alfie ist sauer, weil ich es unterbunden habe, dass er Bubble und Squeak ins Haus lässt und mit auf sein Zimmer nimmt.

»Dennis hat gesagt, wir können bald wieder neue Kartoffeln ernten und der Spargel ist auch schon fast reif.«

Ben ist neuerdings ein passionierter Gärtner und verbringt viel Zeit mit Dennis und Celia im Gewächshaus und im Küchengarten.

»Das freut mich, Schatz.«

»Soll ich die BBC benachrichtigen? Vielleicht machen sie eine Sondersendung zum Thema ›Gärtnern zum Gähnen‹.«

»Du musst den Spargel nicht essen, wenn er dir zu langweilig ist, Dan. Und Ben, zieh deine Socken aus und hol dir ein frisches Paar, sonst hinterlässt du im ganzen Haus Dreckspuren.«

»Ich hab Dennis versprochen, dass wir ihm nachher mit den Kaninchen helfen.«

Der Osterhase sollte sich bei uns vorsichtshalber besser nicht blicken lassen, denn Dennis führt schon seit Jahren Krieg gegen die hiesigen Kaninchen, die überall entlang der Klippen in Erdhöhlen hausen und im Küchengarten ihr Unwesen treiben. Die Viecher graben sich doch glatt unter der Gartenmauer durch, weshalb er täglich morgens und abends mit Tess eine Runde über das Anwesen dreht, begleitet vom kläffenden Jasper und den johlenden Jungs. Bisher konnten wir die Karnickel dank dieser Sonderpatrouille, kombiniert mit gelegentlichen Kanonenschüssen von Bertie, einigermaßen in Schach halten, aber Dennis ist überzeugt, dass sie sämtliches Grünzeug im Garten vernichten würden, wenn man ihnen nicht Einhalt gebietet. Ich habe mich damit abgefunden, dass diese Maßnahmen zur Eindämmung der Population unverzichtbar sind, wenngleich die Jungs von jeder zweiten Tour mit matschverkrusteten Hosen und klatschnassen Anoraks zurückkommen.

»Ist gut, Schatz. Aber ihr müsst Alfie mitnehmen und Tom ebenfalls, sollten er und Patrick zufällig gerade da sein, um nach den Schweinen zu sehen.«

»Aber Alfie fällt jedes Mal in den Graben und dann macht er wieder ein Riesentheater.«

Dan grinst.

»Deswegen heißt diese Art von Gartenbegrenzung ja auch Ha-Ha. Ich helfe dir nachher, wenn du willst. Wer weiß, vielleicht landest zur Abwechslung ja mal du im Graben.«

»Nun leg mal einen Zahn zu und deck den Tisch. Und Dan, geh rauf und sag Lola, dass der Sheperd's Pie fast fertig ist. Und ja, wenn Alfie helfen will, dann müsst ihr ihn mitnehmen. Dennis sagt doch immer: ›Je mehr, desto lustiger.‹«

»Schon, aber er hat auch gesagt, dass er einen Kumpel herbestellt hat, der ein Gewehr mit Nachtsichtgerät hat, und soweit ich mich erinnere, warst du nicht gerade scharf darauf, dass Alfie da mit von der Partie ist. Wenn ihr mich fragt, sollte man die Biester ja mit einer Maschinenpistole jagen. Damit kann man sie rudelweise abknallen. Onkel Bertie weiß bestimmt, wo man so was auftreiben kann.«

»Unsinn, Dan, wir wollen sie doch nur daran hindern, sich an unserem Gemüse zu vergreifen. Auf einen blutigen Karnickelvernichtungsfeldzug im Garten kann ich wahrlich verzichten. Alfie wäre bestimmt total verstört.«

»Von wegen. Er würde es voll super finden. Dennis hat erzählt, dass er total auf Kaninchenpastete steht, und Alfie will wissen, wie die schmeckt.«

Oh Mann. Wenn das so weitergeht, wird mir Ivy demnächst beibringen wollen, wie man ein Kaninchen häutet. Es genügt mir schon vollauf, Schrotkugeln aus Fasanen klauben zu müssen, wenngleich ich Fasaneneintopf zugegebenermaßen köstlich finde. Das ist einer der Nachteile am Landleben, die ich schon total vergessen hatte: Hier erhält man die Kochzutaten tendenziell uneingeschweißt. Bei Gemüse habe ich damit kein Problem und auch ein Fasan dann und wann stört mich nicht, aber ich will definitiv keine Kaninchen häuten müssen.

»Dennis hat gesagt, wir kriegen auch ein paar, zum Einfrieren. Wir leben jetzt auf dem Land, da gehört es dazu, dass man Tiere erschießt und isst. So ist das hier eben, auch wenn Benny Boy das nicht wahrhaben will.«

Dan schenkt seinem Bruder ein dreckiges Grinsen.

»Meinetwegen, wenn du das Häuten und Ausweiden übernimmst ... Ziemlich eklige Angelegenheit, aber ich bin sicher, Ivy zeigt es dir. Ich habe jedenfalls nicht vor, mich an irgendwelchen Häschen zu vergreifen. Und jetzt deckt bitte den Tisch. Und wenn ihr nicht in fünf Minuten mit sauberen Händen und sauberen Socken auf euren Plätzen sitzt, und zwar ohne euch gegenseitig zu ärgern oder übers Abknallen von Lebewesen zu reden, dann gibt es kein Mittagessen.«

Sie schnalzen im Duett mit der Zunge.

Beim Essen unterhält uns Bertie mit Berichten über die Kanonen, die während des Kriegs auf den Klippen standen. Er stellt es gerade so dar, als wäre das alles ein aufregendes Abenteuer gewesen.

»Ganz so amüsant, wie es klingt, war das damals aber gar nicht, stimmt's, Onkel Bertie?«

»Wie bitte?«

»Na ja, wir sollten nicht vergessen, dass der Krieg auch seine Schattenseiten hatte, nicht?«

Ich werfe ihm einen strengen Blick zu.

»Ja, ja, ganz recht. Es war natürlich grauenhaft. Ich könnte euch da so einige haarsträubende Geschichten erzählen.«

Die Jungs lehnen sich gespannt nach vorn und mustern ihn erwartungsvoll.

»Okay, aber nicht beim Mittagessen. Wir wollen doch nicht, dass jemandem der Appetit vergeht, oder?«

»Nein, natürlich nicht. Man darf sich bloß nicht hineinsteigern. So was muss man schleunigst verdrängen, sonst landet man in der Klapsmühle, das haben wir alle gelernt. Wobei einen die Erinnerungen zuweilen trotzdem einholen. Haben viele anständige Burschen und Mädels verloren damals. Ja, es gab reichlich Gründe, Tränen zu vergießen. Reichlich ...«

Er verstummt einen Augenblick. Oje. Er wird jetzt hoffentlich nicht doch noch eine seiner Geschichten von der Royal Navy auspacken, oder? Ein paar von denen sind ziemlich verstörend.

»Was steht denn heute Nachmittag an? Dennis hat etwas von Kaninchenjagd erzählt. Sollte wohl mal die Kanone testen und den kleinen Scheißerchen einen Schreck einjagen. Muss doch sichergehen, dass noch alles einwandfrei funktioniert.«

Bei der Erwähnung der Kanone spitzt Alfie sogleich die Ohren und auch die Tatsache, dass ein Erwachsener bei Tisch einen fäkalsprachlichen Ausdruck verwendet hat, entzückt ihn sichtlich.

»Wir wollen zu einem Flohmarkt, Onkel Bertie, aber vielleicht danach. Übrigens hätte ich, was die Kanone angeht, eine Bitte: Könntest du uns in Zukunft vorwarnen, ehe du sie abfeuerst? Vielleicht mit einer Trillerpfeife oder so.«

Mein Vorschlag stößt auf breite Zustimmung und Alfie düst auf der Stelle los, um die Trillerpfeife aus seinem Weihnachtsknallbonbon zu holen, die dann selbstverständlich erst einmal reihum ausprobiert werden muss. Hervorragend. Bertie wird die Pfeife also von nun an stets mit sich führen und davon Gebrauch machen, ehe er herumböllert. Damit sollte gewährleistet sein, dass ich künftig nicht mehr so viel Geschirr zerdeppere. Wenn wir es jetzt noch schaffen, dafür zu sorgen, dass niemand »aus Versehen« ein Ferkel entwischen lässt oder versucht, mit Kanonen auf Kaninchen zu schießen, dann sollte es ein ruhiger Nachmittag werden.

»Alfie, iss deine Karotten auf und erzähl Tante Lola von den Pfadfindern.«

Lola lauscht mit gebührend beeindruckter Miene, während Alfie und Ben von der wunderbaren Welt der Pfadfinder berichten.

Alfie ist ein Bieber und Ben ein Wölfling, deshalb haben sie unterschiedliche Oberteile und Abzeichen. Sie gehen erst seit ein paar Wochen zu den Gruppenstunden, aber bislang sind sie beide recht begeistert und reden schon jetzt vom Zeltlager im Sommer.

»Du musst dir ganz viele Abzeichen verdienen, Alfie, und die näht dir deine Mummy dann in ihrem Nähzimmer an die Uniform.«

»Vielen Dank, Lola, aber heutzutage werden die Abzeichen aufgebügelt. Du kannst dir die Sticheleien also sparen.«

»Wie praktisch.«

»Sehr. Das einzig Dumme ist nur, dass die Gruppenstunden am selben Abend stattfinden wie Dans Rettungsschwimmerkurs, sprich, ich fahre ständig hin und her und spiele Taxi. Ich habe mir schon überlegt, ob ich mir eins dieser beleuchteten Dachschilder zulegen soll; vielleicht kann ich mir ja ein bisschen was dazuverdienen.«

»Sei bloß vorsichtig, dass du nicht das falsche Schild erwischst. Wenn das Ding rot leuchtet, bekommst du bestimmt lauter ungewöhnliche Anfragen.«

Bertie grunzt belustigt und prostet Lola mit einem anerkennenden Grinsen zu.

»Vielen Dank, Lola. Du solltest wohl noch erklären, was genau du damit meinst. Alfie guckt etwas verständnislos aus der Wäsche.«

»Na ja, ein Eiswagen hat doch normalerweise auch ein Dachschild und du willst doch nicht, dass dein Wagen von einer Horde Kinder umringt wird, sobald du an einer Ampel stehst, oder?«

Nun müssen sich auch Celia und Dan ein Grinsen verkneifen.

»Erzähl Tante Lola von deinem Rettungsschwimmerkurs, Dan. Das interessiert sie bestimmt auch brennend.«

»Ich gehe mit meinem Schulfreund Robbie hin und es ist ziemlich cool. Wir trainieren am Strand. Wettrennen und so.«

»Klingt aufregend, Dan. Geht ihr auch ins Wasser?«

»Manchmal.«

»Und er hat eine knallrote Hose und ein leuchtend gelbes Oberteil an, nicht, Danny?«

Dan wirft Ben einen warnenden Blick zu.

»Ja, damit die Leute am Strand uns schon von Weitem sehen können, du Dumpfbacke.«

»In dem Aufzug sieht man euch wahrscheinlich noch auf der anderen Seite der Bucht.«

»Ben, wenn du fertig gegessen hast, dann räum den Tisch ab. Es gibt noch Nachtisch.«

Lola lächelt.

»Also, ich finde das toll, Dan. Sind noch mehr von deinen Mitschülern im Kurs?«

»Ein paar, ja. Robbie und Tom, Sam Masters und ein Mädchen, das Freya heißt. Und ein paar aus der sechsten Klasse, aber die reden nicht mit uns.«

Alfie legt die Gabel ab.

»Vielleicht gehe ich später auch hin, wenn ich größer bin. Auch wenn es mir lieber wäre, wenn keine Mädchen mitmachen dürfen.«

»Na ja, wer weiß, Alfie, vielleicht hast du Mädchen ja ein bisschen lieber, wenn du erst größer bist.«

»Ganz sicher nicht, Tante Lola.«

»Aber für deine Tante Lola machst du natürlich eine Ausnahme.«

Er wirft ihr einen schmachtenden Blick zu.

»Ja, klar. Kriegen wir Eis, wenn wir nachher auf dem Flohmarkt sind? So viel wir wollen?«

»Die Antwort überlasse ich dir, Tante Lola. Ich sage dazu nur so viel: Wenn Alfie mehr als ein Eis isst, sitzt er auf dem Rückweg jedenfalls in deinem Auto.«

Der Flohmarkt ist ziemlich gut und ich erstehe noch ein paar alte Glasflaschen und Schüsseln für die Gästezimmer sowie einen hübschen weißen Brotkasten aus Emaille, der sich in der Küche des Pförtnerhauses bestimmt hervorragend machen wird. Wir treffen Vicky, Bea und Daisy, die Stoffe für Daisys Schlafzimmer kaufen, und Vicky hilft mir bei der Auswahl der Vorhänge für das Schlafzimmer im Pförtnerhaus. Somit kann ich das von meiner To-do-Liste streichen. Ich lege mir zudem einen neuen Vorrat an handgemachter Seife an und auch Lola kauft sich ein paar davon, unter anderem mit Verbenen- und Muskatpelargonienduft, sowie für Tre eine, die nach Salbei riecht, weil Salbei eine reinigende Wirkung haben soll.

Am späten Nachmittag gönnen wir uns in Ruhe eine Tasse Tee, während die Jungs nach der etwas hektischen Ostereiersuche (bei der Alfie mal wieder im Grenzgraben gelandet ist) ihre Ausbeute zählen.

Nach einer Weile gesellen sich Bertie und Celia zu uns, die neuerdings jeden Nachmittag einen kleinen Spaziergang gemeinsam machen, wobei sich jeder der beiden so verhält, als hätte er es mit einem hochbetagten Menschen zu tun, der sich bei jemandem unterhaken muss und sich nur noch im Schneckentempo fortbewegen kann. Sie wirken aufgekratzt.

»Celia hat einen Vorschlag, was den Garten anbelangt, meine Liebe, und ich gebe zu, anfangs hatte ich Bedenken, doch jetzt, da ich ausreichend informiert bin, halte ich es für eine glänzende Idee. Aber die Entscheidung liegt natürlich bei dir.«

Er nickt Celia zu.

»Na los, frag sie.«

»Wir hatten uns doch darauf geeinigt, dass du das übernimmst.«

»Ach, entschuldige, hatte ich vergessen. Ein Hirn wie ein Nudelsieb. Andererseits ist es wohl besser, wenn du ihr in Grundzügen darlegst, worum es geht. Ich bringe bloß wieder alles durcheinander.«

Sie mustert ihn mit einer Miene, die ich bei Helena oft genug gesehen habe – es ist in etwa dieselbe Mischung aus Verdruss und Zuneigung, mit der jemand ein altes Haustier betrachtet, wenn er es dabei erwischt hat, wie es zum x-ten Mal verbotenerweise auf seinen Pantoffeln herumkaut.

»So kompliziert ist es gar nicht – wir haben uns überlegt, ob wir den Garten im Rahmen des *National Garden Scheme* einen Tag lang für die Öffentlichkeit zugänglich machen sollen. Meine Freundin Bobby ist im County-Ausschuss und könnte uns alle nötigen Informationen liefern. Die Auswahlkriterien sind recht streng, aber ich bin überzeugt, wir könnten es schaffen. Wir müssten eine Eintrittsgebühr verlangen – üblicherweise fünf Pfund –, die wir dann an eine Stiftung unserer Wahl abführen. Ich dachte, wir könnten eine Stiftung zum Andenken an Helena gründen und die Einkünfte an eine Wohlfahrtseinrichtung zugunsten von Menschen mit Herzkrankheiten spenden. Und wir könnten Setzlinge verkaufen und die Besucher mit Tee und Kuchen verköstigen. Mit dem Erlös könnten wir dann den Brunnen renovieren. Helena hatte so was in dieser Richtung geplant, es wäre also ein passendes Gedenkprojekt. Und das Beste daran ist, dass wir dann auch gleich die Zuständigen von der *Royal National Rose Society* einladen können. Die wollten Helena nämlich für ihre Verdienste einen Orden verleihen. Sie hat sie immer abgewimmelt mit dem Argument, sie sei zu beschäftigt, aber ich glaube, in Wahrheit war sie zu bescheiden.«

»Zu dickköpfig, meinst du wohl. Sie hat es gehasst, im Mittelpunkt zu stehen.«

Sie nickt Bertie zu.

»Wohl wahr, aber wir reden hier von einer Goldmedaille, und die wurde bis jetzt erst ganze sieben Mal vergeben. Es wäre also eine ziemlich große Sache, und das wäre ihr sicher nicht recht gewesen. Ich weiß, dass sie sich riesig über ihre Nominierung gefreut hat, auch wenn sie so getan hat, als würde es sie völlig kaltlassen. Also, was halten Sie davon, Molly? Soll ich Dennis holen, damit wir mit ihm darüber reden können? Denn seine Meinung in dieser Angelegenheit müssen wir selbstredend berücksichtigen.«

»Hm. Mit wie vielen Besuchern muss man denn da ungefähr rechnen?«

»Ungefähr zweihundert, schätze ich, bei gutem Wetter wohl mehr.«

Heiliges Kanonenrohr. Zweihundert Leute, die durch unseren Garten trampeln und mit Tee versorgt werden wollen? Dennis wird ausflippen. Und wenn nicht er, dann mit Sicherheit Ivy.

»Lassen Sie uns morgen mit Dennis und Ivy darüber reden.«

Celia steht auf.

»Ivy ist gerade in der Küche, Dennis hat sie vorhin hergefahren. Die beiden waren einkaufen und wollten sich eine große Schüssel aus der Vorratskammer borgen. Soll ich sie holen gehen?«

»Nur zu.«

Mist.

»Also, ich halte das für eine brillante Idee, die euch mit Sicherheit zu größerer Bekanntheit verhelfen wird, jedenfalls unter Gartenfreunden.«

»Danke, Lola. Wirst du uns dann am betreffenden Tag dabei unterstützen, die zweihundert Gäste mit Tee zu versorgen?«

»Vermutlich nicht, Süße, aber du solltest unbedingt Flyer für das B&B drucken lassen. Das ist bestimmt super fürs Geschäft.«

»Ja, ganz toll, und hinterher verlangen unsere Gäste alle fünf Minuten eine Führung durch unseren Garten. Also, die Entscheidung liegt bei Ivy und Dennis, denn auf die beiden kommt die meiste zusätzliche Arbeit zu.«

Ich zähle mal darauf, dass die beiden ehrlich ihre Meinung sagen werden. Aber sobald sie hereinkommen, wird mir klar, dass Dennis von der Idee recht angetan ist, obwohl er seinen Enthusiasmus zunächst herunterspielt.

»Wir müssten natürlich höllisch aufpassen, dass sich die Besucher nicht wie die Geier auf unsere besten Pflanzen stürzen. Die Leute rücken echt mit Taschenmessern und Plastiktüten an, ich hab's mit eigenen Augen gesehen. Wir besichtigen auf unseren Sonntagsausflügen nämlich selbst des Öfteren Privatgärten, stimmt's, Ivy?«

»Ja, und ich weiß, wie es aussieht, wenn ganze Horden von Menschen mit dreckigen Schuhen vom Garten ins Haus trampeln.«

Celia nickt.

»Da müssten wir uns natürlich etwas überlegen. Die richtige Planung ist das A und O. Aber die Medaille wäre eine äußerst passende Hommage an Helena, die all die Jahre so viel Zeit und Energie in unseren Garten investiert hat. Und natürlich auch an Sie, Dennis – ohne Sie hätte sie das alles nicht geschafft.«

»Ich sage ja nicht, dass ich dagegen bin, ich wollte nur daran erinnern, dass wir gut aufpassen müssen.«

»Völlig richtig.«

»Wenn es regnet, könnten wir den Teeausschank ja in die Stallungen verlegen, nicht?«

»Die sind doch total verdreckt, Dennis. Wenn du glaubst, dass ich in einem nach Pferdemist stinkenden Stall Kuchen auf unserem besten Porzellan serviere, dann hast du dich getäuscht.«

»Doch nur bei schlechtem Wetter. Wir müssen den Stall vorher natürlich auf Vordermann bringen und lüften, sonst können wir's gleich vergessen.«

Bertie steht auf.

»Hervorragend. Ich wusste doch, dass uns eine Lösung für das Problem einfallen würde. Und mit dem Verkauf von Ivys Kuchen verdienen wir uns eine goldene Nase, so viel steht fest. Ich finde, darauf sollten wir anstoßen. Wer ist dabei?«

Im Nu hat sich eine lebhafte Diskussion darüber entsponnen, worauf die Gäste sitzen und von welchem Geschirr sie essen und trinken sollen – zwei Fragen, die meiner Einschätzung nach noch öfter für Unstimmigkeiten sorgen werden. Dann stürmt plötzlich Alfie herein.

»Komm schnell, Mum«, keucht er. »Ein Schaf ist in den Ha-Ha gefallen. Los, komm mit, es ist voll krass.«

Die ganze Truppe marschiert geschlossen in den Garten. Seit ein paar Wochen lässt der Bauer, der unsere Wiese gepachtet hat, seine Schafe hier weiden und die Lämmer tollen überall herum und klettern auf alles, was ihnen unter die Hufe kommt, einschließlich der Mutterschafe, sobald diese den Fehler begehen, sich hinzulegen. Ich hoffe mal, bei dem Tier im Graben handelt es sich um ein Lamm, da die nämlich noch recht klein sind. Doch der Unglücksrabe entpuppt sich leider als ausgewachsenes Schaf und wirkt zudem ziemlich gereizt.

»Wie kriegen wir es da raus, Onkel Dennis?«

»Also, als Erstes solltest du aufhören, wie ein aufgescheuchtes Huhn herumzurennen, sonst beruhigt es sich nie, und dann können wir die Bergung vergessen. Ben, sei so gut und hol ein Seil aus der Scheune.«

Alfie hopst aufgekratzt auf und ab.

»Fängst du es mit dem Lasso ein, Onkel Dennis? Wie die Cowboys?«

Dennis lächelt.

»Auch keine schlechte Idee, aber ich dachte, wir knüpfen einfach ein behelfsmäßiges Halfter und versuchen, das Vieh damit aus dem Graben und zurück auf die Wiese zu führen. Dort wird es bestimmt von einem Lamm erwartet, deshalb gehe ich davon aus, dass es problemlos von allein zurück zur Herde findet, wenn wir ihm den richtigen Weg weisen. Schafe sind unglaublich blöd. Die dümmsten Tiere, die man sich vorstellen kann. Man hat echt den Eindruck, sie sind lebensmüde. Wenn sie nicht irgendwo festsitzen, dann laufen sie auf die falsche Weide oder auf die Straße. Fasane sind genau gleich. Die haben auch keinen Funken Verstand.«

Was diesen Punkt angeht, stehe ich Schafen wohl um nichts nach, schließlich habe ich freiwillig die Verantwortung für drei Söhne, diverse Rentner, Hunde, Hühner, Schweine, einen Papagei und allerlei B&B-Gäste übernommen, ganz zu schweigen von den zweihundert Besuchern, die demnächst hier aufkreuzen werden, um Tee zu trinken und unseren Garten zu inspizieren.

Ich sollte gleich mal eine neue To-do-Liste schreiben.

»Und danach gehen wir auf Kaninchenpatrouille, Onkel Dennis?«

»Warum nicht, wenn wir schon mal entsprechend angezogen sind ...«

Stöhn.

Nach einigen arbeitsintensiven Wochen sitze ich an einem Freitagnachmittag mit einer Tasse Tee und Plätzchen in der Wäschekammer und versuche, der wieder einmal in mir aufsteigenden Panik Herr zu werden. Mr und Mrs Collins haben sich für den Nachmittag angemeldet und ich habe das dumpfe Gefühl, dass mir diese beiden B&B-Gäste, zusätzlich zu den zweihundert verrückten Rosenliebhabern, die wir dieses Wochenende erwarten, endgültig den Rest geben werden. Die Frühstückspension hat uns leidlich auf Trab gehalten; der Betrieb nimmt langsam, aber sicher an Fahrt auf. Vor diesem Hintergrund war es nicht gerade hilfreich, dass wir alle mehr oder weniger erfolgreich gegen die Erkältung angekämpft haben, die Alfie aus der Schule mitgebracht hatte, was bedeutete, dass Harrington Hall ein paar Tage quasi in Heißer Zitrone und Taschentüchern versank. Ich mache weiter fleißig meine Brandschutzrundgänge, obwohl Bertie inzwischen die Schutzgitter zum Glück lässt, wo sie sind. Dafür musste ich neulich ein ernstes Wörtchen mit ihm reden, weil er Dan eine Heiße Zitrone mit reichlich Zucker und einem Schuss Whiskey serviert hat. Zugegeben, Dan hat danach das Jammern wegen seiner Erkältung eingestellt und gute zehn Stunden durchgeschlafen, alles in allem ist die Sache also glimpflich verlaufen.

Immerhin wird es jetzt, da der Juni angebrochen ist, endlich wärmer, sodass wir Kleider und Laken zum Trocknen draußen aufhängen können. Ivy hat zwar bemängelt, es sei äußerst beschwerlich, die nasse Wäsche immer zu den Wäschespinnen hinter dem Küchengarten schleppen zu müssen, aber es fand sich sonst beim besten Willen kein anderer Platz dafür. Näher am Haus wäre der Anblick einfach störend, vor allem morgen, wenn unser Garten von zweihundert Besuchern und den Leuten von der *Royal National Rose Society* überrannt wird. Dennis hat kürzlich eine dritte, größere Wäschespinne aufgestellt, und wenn sie alle leer sind, erinnern sie aus der Ferne an einen kleinen Windpark. Morgens hängen wegen der Nähe zum Meer gerne mal Dunstschleier im Garten, die sich jedoch bis mittags meist aufgelöst haben, und bei Sonnenschein trocknen selbst die großen Laken für die Doppelbetten binnen ein paar Stunden und riechen obendrein noch herrlich frisch, mit einem Hauch Meersalz. Somit gehöre ich nun auch zu den Menschen, die auf gutes Wetter hoffen, wenn sie Wäsche gewaschen haben.

Ich habe mir wie Ivy angewöhnt, eine Schürze zu tragen, wobei sie sich auf einen kittelförmigen Überwurf aus marineblauem Baumwollstoff eingeschworen hat, während ich die geblümten Modelle mit Trägern bevorzuge, mit denen ich mich zu Ostern an einem der Hippieständе auf dem Flohmarkt eingedeckt habe. Sie lassen sich gut mit Jeans und T-Shirt kombinieren und selbst Lola musste zugeben, dass ich damit optisch dem Klischee der Vintage-retro-Haushälterin noch mehr entspreche als Ivy. Nicht dass Ivy viel von einer typischen Haushälterin hat, auch wenn sie neuerdings den Putzeimer auf Rollen mit nach Hause nimmt, seit sie Ben dabei erwischt hat, wie er damit die Abfälle vom Gemüseschälen zu den Hühnern rauskarren wollte.

Es kommt mir so vor, als würden Celia und Dennis schon seit Wochen Setzlinge eintopfen und über die Kennzeichnung der Pflanzen und das Aufstellen von Hinweisschildern diskutieren, die die Leute davon abhalten sollen, das Haus zu betreten. Kürzlich hat Celias Freundin Bobby, die die *Rose Society* auf der Ebene der Grafschaft vertritt, eine Nacht bei uns verbracht. Als Ivy begriff, dass es sich um Lady Roberta Wootton handelt, fiel sie vor Ehrfurcht beinahe in Ohnmacht und holte sogleich das beste Porzellan aus dem Geschirrschrank. Bobby und Celia sind stundenlang mit Dennis durch den Garten gewandert, um sich über die Beschilderung und die korrekten Pflanzennamen zu beraten. Sie kamen auch zu dem Schluss, dass die Wiese und der Weg zur Bucht ebenfalls zugänglich gemacht werden müssen. Wie es scheint, hat Helena dort zwischen den Gräsern und den uralten Hecken zahllose Kletterrosen, Wildblumen und Strandgrasnelken gesetzt, die wir unseren Gästen nicht vorenthalten sollten. Das bedeutet, dass noch etliche Kilometer Fußweg extra gemäht und noch mehr Schilder aufgestellt werden müssen.

Ivy hat schließlich ihren Widerstand aufgegeben und die Verwendung der Toilette im Erdgeschoss abgenickt. Sie hat Florrie und May nach einem akribisch ausgearbeiteten Stundenplan zum Wachestehen eingeteilt, damit auch niemand im wahrsten Sinne des Wortes vom rechten Weg abkommt und womöglich in Versuchung gerät, irgendwelchen Zierrat mitgehen zu lassen. Weiß der Geier, warum sie annimmt, dass es irgendjemand auf unseren alten Krempel abgesehen haben könnte. Wir haben ein paar Biertischgarnituren vom Gemeindesaal angemietet, und weil Ivy dagegen war, dass wir für »eine Bande von alten Hobbygärtnern« unser gutes Geschirr verwenden (Dennis hatte im Vorfeld die Befürchtung geäußert, wir könnten unsere Tassen mit erdigen Fingerabdrücken und abgebrochenen Henkeln zurückbekommen), beziehen wir von dort auch Kaffeetassen, Untertassen und Kuchenteller. Die kann ich allerdings erst morgen Vormittag abholen, weil sie heute vom Verein zur Förderung der Rechte von Frauen verwendet werden. Und weil es laut Wetterbericht am Sonntag regnen soll, werden wir vorsichtshalber auch die Stallungen mit Wimpelgirlanden und Fähnchen schmücken, für den Fall, dass wir den Tee dort ausschenken müssen. Stöhn.

»Ach, hier sind Sie. Ich habe Sie schon ein paar Mal gerufen.«

»Tut mir leid, Ivy. Ich wollte gerade das Zimmer für Mr und Mrs Collins herrichten.«

»Ihre Mutter ist da und Mr Stebbings möchte mit Ihnen reden. Ich habe ihm gesagt, Sie schauen nachher bei ihm vorbei. Wenn Sie einkaufen gehen, könnten Sie noch ein, zwei Rollen Backpapier mitbringen, für den Fall, dass wir noch mehr kandierte Rosenblätter für die Kuchen machen? Außerdem brauche ich noch Zucker; die Früherdbeeren sind nämlich schon reif und Ihre Mutter und ich wollen Marmelade einkochen. Ach, und außerdem bräuchten wir Tortenspitzen. Die Torten müssen ja schließlich hübsch präsentiert werden, nicht?«

»Absolut. Wie sieht es mit der Wäsche aus?«

»Die letzte Ladung ist gerade fertig.«

»Okay, die hänge ich noch schnell auf, bevor ich fahre.«

Puh.

»Vorher noch eine Tasse Tee?«

»Gern.«

Auf dem Weg zum Supermarkt hält sich der Verkehr in Grenzen. Allmählich kommen die Surfer und auch schon ein paar Touristen, bislang meist nur übers Wochenende. Von Freitag bis Montag drängen sich auf den Straßen dann haufenweise verbeulte alte Pkws und Campingbusse mit aufs Dach geschnallten Surfbrettern. Dan ist bereits dazu übergegangen, sie »Grockles« zu nennen, wie in Devon üblich, und echauffiert sich darüber, dass sie sich oft leichtsinnigerweise ins Vergnügen stürzen, ohne ausreichend über die Gezeiten informiert zu sein, und dann erwarten, gerettet zu werden. Ich habe ihn nicht darauf hingewiesen, dass er genau genommen ebenfalls ein halber Grockle ist, weil ich ihm nicht den Spaß an der Sache verderben will. Zum Glück ist man erst offiziell befugt, triefnasse Touristen aus den Wellen zu ziehen, wenn man mittels diverser Prüfungen nachgewiesen hat, dass man über hinlängliche praktische und theoretische Kenntnisse als Rettungsschwimmer verfügt. Ich habe mich erkundigt, bevor ich ihn für den Kurs angemeldet habe. Die Wellen werden zuweilen ganz schön hoch und ich habe keine Lust, mitanzusehen, wie sich mein Erstgeborener in feuerroten Shorts in die Fluten stürzt, ausgerüstet lediglich mit einer kleinen Plastikrettungsboje, die im Fall des Falles sicherstellen soll, dass er nicht selbst wiederbelebt werden muss. Ich weiß noch gut, wie lange es gedauert hat, ihm das Schwimmen beizubringen. Unzählige Stunden habe ich mit ihm im Schwimmbad um die Ecke verbracht, habe unauffällig Luft aus seinen Schwimmflügeln entweichen lassen, wenn er nicht hinsah, und zur Belustigung der anderen Mütter, deren Kinder etwas mehr Schwimmbegabung an den Tag legten, darum gekämpft, mein Bikinioberteil anzubehalten, wenn er sich in seiner Panik mal wieder an die Träger klammerte.

Bis ich vom Einkaufen zurück bin und die Jungs abgeholt habe, stehen Mr und Mrs Collins vor der Tür. Sie wirken sympathisch, wenn auch etwas zurückhaltend und steif. Laut Ivy ist das nicht ihr erster Aufenthalt hier, und obwohl Mrs Collins ihr zufolge recht kritisch ist, hat diese vorerst nichts auszusetzen, sondern wirkt im Gegenteil beeindruckt von den Neuerungen. Die beiden besuchen ihren Sohn, dessen Ehefrau sie nicht ausstehen können, und ihren vor drei Wochen geborenen Enkelsohn. Mrs Collins ziert sich erst ein bisschen, doch dann zeigt sie mir ein paar Fotos des Kleinen auf dem neuen Handy, das sich Mr Collins zwecks Empfang von Baby-Updates zugelegt hat. Und dann präsentiert sie mir die selbst gestrickte Kollektion, die sie für ihren Enkel mitgebracht hat – mehrere hellblaue Jäckchen und ein wunderhübscher Schal. Dieses Geschenk sollte das Verhältnis zwischen ihr und der Kindsmutter nachhaltig verbessern. Ich kann mir nicht vorstellen, dass jemand beim Anblick derart bezaubernder handgefertigter Schätze seinen Schwiegereltern noch die kalte Schulter zeigt. Hoffentlich weiß die gute Frau es gebührend zu schätzen. Petes Mum hat uns zu Dans Geburt Losanleihen geschickt und für Ben und Alfie gab es gar nichts.

Zum Glück sind Mr und Mrs Collins beim Abendessen außer Haus, denn die Jungs sind heute ganz besonders übermütig. Wenn Gäste im Haus sind, fühlt man sich unwillkürlich irgendwie beobachtet. Dann dämpfe ich ganz automatisch meine Stimme, wenn ich die Jungs morgens zur Eile antreibe, was zwar an sich positiv ist, sich aber negativ auf meinen Stresslevel auswirkt, wenn Dan wieder einmal Gefahr läuft, den Schulbus zu verpassen, weil er seine Hausaufgaben nicht findet. Überdies haben die Jungs noch nicht kapiert, dass sie kein Anrecht auf gebratenen Speck und

Pilze zum Frühstück haben, nur weil unsere B&B-Gäste dergleichen bekommen. Bei Celia ist der Fall etwas anders gelagert, zumal sie vergangene Woche ihr Haus verkauft hat – an einen der Burschen, die sie mit der Behebung der Wasserschäden betraut hat. Er hat sich im Zuge der Arbeiten in das Häuschen verliebt und seine Frau ist nicht nur eine passionierte Gärtnerin, sondern überdies eine Bekannte von Celia, und damit war die Sache im Grunde geritzt. Sie wird noch so lange bei uns wohnen, bis der Verkauf über die Bühne gegangen ist und sie etwas Neues gefunden hat. Aber für uns ist sie ohnehin kein richtiger Gast, obwohl Ivy anfangs darauf bestanden hat, dass sie sich morgens ins Frühstückszimmer setzt und wartet, bis sie bedient wird. Bertie konnte schließlich erfolgreich zwischen den beiden vermitteln und hat durchgesetzt, dass sich Celia ihr Porridge selbst kochen und mit uns in der Küche essen darf. Dafür stellt sie hinterher den Topf samt Kochlöffel zum Einweichen in die Spüle, damit sie Ivy nicht in die Quere kommt, denn die mag es gar nicht, wenn ihr gewohnter Ablauf beim Abwasch des Frühstücksgeschirrs von Leuten gestört wird, die ihr im Weg herumstehen und mit dem Spülwasser spritzen.

Bis ich die Jungs bei der Erledigung der Hausaufgaben und bei der abendlichen Katzenwäsche beaufsichtigt habe, kann ich kaum noch die Augen offen halten. So ist das jetzt jeden Tag: Abends falle ich todmüde ins Bett und morgens muss ich viel zu früh aus den Federn, vor allem, wenn ich für Gäste das Frühstück machen muss. Bis spät in die Nacht aufzubleiben kann ich mir unter diesen Umständen abschminken. Meist kann ich von Glück sagen, wenn ich um zehn noch wach bin.

»Eine halbe Stunde fernsehen und dann ab ins Bett, Alfie.«

»Es ist echt voll unfair, dass Dan und Ben länger als ich aufbleiben dürfen, Mum.«

»Du kannst meinetwegen auch gleich ins Bett gehen, wenn du noch mehr alberne Beschwerden vorbringst, nur weil du müde bist.«

»Tu ich doch gar nicht!«

»Dann ist ja gut. Also, eine halbe Stunde, und danach lese ich dir eine Geschichte vor.«

Ben zwinkert mir zu.

»Gut möglich, dass ich auch in einer halben Stunde ins Bett gehe, Mum. Ich bin echt erledigt. Vielleicht lese ich noch ein bisschen.«

»Okay, Liebes.«

»Hast du die Hühner schon ins Bett gebracht?«

»Ach, Mist, die hab ich schon wieder vergessen.«

Ich werfe Dan einen beschwörenden Blick zu.

»Was?«

»Bitte.«

Er seufzt. »Okay, aber nur, wenn es dafür zum Frühstück Bacon Rolls gibt.«

»Einverstanden.«

Ich mache gerade Tee, als Vicky anruft.

»Na, wie läuft's? Ich war vorhin beim Pförtnerhaus. Wir machen echt Fortschritte, nicht?«

»Ja, das sagt Mr Stebbings auch.«

»Es wird toll.«

»Und gemütlich obendrein, dank deiner Hilfe.«

»Hat er dir den Prospekt von der Auktion gegeben?«

»Ja. Die Kommode sieht vielversprechend aus, und das Eichenbett auch.«

»Dachte ich mir, dass dir das gefallen würde. Auf Auktionen bekommt man oft schöne Sachen zu echt guten Preisen. Natürlich ist auch viel Mist dabei. Schreib dir den Termin in den Kalender, dann gehen wir gemeinsam hin.«

»Ich hatte gehofft, dass du das sagen würdest. Ich war nämlich noch nie auf einer Auktion und hätte bestimmt total Bammel, dass ich für das Falsche biete.«

»Das Auktionshaus hat einen guten Ruf. Es gibt auch welche, da versammeln sich die Händler vorher draußen und schieben sich gegenseitig die besten Sachen zu, ohne dass die Käufer sie je zu sehen bekommen. Und, für Sonntag alles bereit?«

»Ich glaub schon. Echt nett, dass ihr helfen wollt, du und Bea, aber seid ihr euch da auch wirklich sicher? Es dürfte ein ziemlich anstrengender Tag werden.«

»Kein Problem. Daisy übernachtet bei einer Freundin und muss gegen sechs abgeholt werden, aber bis dahin habe ich den ganzen Tag Zeit. Übrigens sind die Flyer für das B&B und das Pförtnerhaus fertig. Sie sind klasse geworden. Wir haben dieselben Fotos verwendet wie auf der Webseite. Ach ja, und es ist noch eine Buchung für die letzte Augustwoche eingegangen.«

»Klasse, Vicky. Danke.«

Damit ist das Pförtnerhaus jetzt die letzten zwei Juliwochen und fast den ganzen August ausgebucht, nicht zu vergessen eine Woche im September. Und es spült weit mehr Geld in die Kasse, als ich erwartet hatte – sagenhafte siebenhundertfünfzig Pfund pro Woche.

»Ich habe mit meiner Freundin Ella geredet wegen der Jurten. Man kann damit zwar einen Batzen Geld verdienen, aber die Gäste sind auch ziemlich anspruchsvoll. Sie erwarten sanitäre Anlagen und veschiedene ›Aktivitäten‹ als Extraservice: dass sie beim Einsammeln der Eier und beim Füttern der Tiere helfen dürfen, zum Beispiel. Außerdem hat

Ella erzählt, dass manche von ihnen richtig unverschämt sind – sie überlassen einem einfach ihre Gören und verschwinden dann für Stunden. Ich glaube, es ist besser, wenn du dich als Nächstes auf den Umbau der Stallungen konzentrierst. Du wirst sehen, wenn ihr das Pförtnerhaus erst in Betrieb genommen habt, wirst du es kaum erwarten können, dich in das nächste Projekt zu stürzen.«

»Wollen wir's hoffen. Es ist schon etwas anderes, wenn die Gäste die ganze Woche bleiben. Die B&B-Leute sind wir ja üblicherweise nach ein, maximal zwei Nächten wieder los, und die meisten von ihnen waren bis jetzt ganz nett, mal abgesehen von diesen unsympathischen Schwestern. Ivy hatte mich schon vorher gewarnt, dass die jüngere der reinste Albtraum ist.«

»War das die, die sich beschwert hat, dass der Tee zu heiß ist?«

»Genau. Und auch am Wetter und an den Kissen hatte sie etwas auszusetzen. Aber Ivy hat es ihr gezeigt. Sie hat die Kissen in der Wäschekammer frisch bezogen und wieder aufs Bett gelegt und am nächsten Morgen hat diese dumme Kuh doch tatsächlich behauptet, auf den neuen Kissen habe sie viel besser geschlafen.«

»Typisch. Du solltest mal hören, was für Fragen manche Leute stellen, wenn sie bei mir anrufen. Manchmal behaupte ich einfach, dass schon alles ausgebucht ist.«

»Das mache ich inzwischen auch. Hat mir Ivy beigebracht. Gerade in letzter Zeit hat sich diese kleine Notlüge ein paar Mal als recht hilfreich erwiesen. Es haben schon mehrfach ehemalige Kolleginnen von mir angerufen und ernsthaft erwartet, dass ich sie gratis übernachten lasse – und zwar genau die, die mich praktisch ignoriert haben, als ich noch dort gearbeitet habe. Jetzt tun sie plötzlich, als wären wir die besten Freundinnen gewesen, und ehe ich es mich versehe, haben sie das Gespräch auch schon auf die Tatsache gelenkt, dass sie demnächst rein zufällig hier vorbeikommen, und fragen, ob sie einen Abstecher machen und ein, zwei Nächte bleiben können.«

»Ganz schön dreist. Eine Cousine von mir ist genauso. Ich hasse sie und sie konnte mich auch nie ausstehen, aber kaum hatte sie erfahren, dass ich Ferienhäuser vermiete, hat sie sich auch schon hinters Telefon geklemmt und mir die Ohren vollgelabert, weil sie wohl gehofft hat, dass ich ihr eine kostenlose Unterkunft vermittle.«

»Familienmitglieder musste ich bis jetzt zum Glück noch keine abwimmeln. Petes Bruder kommt in ein paar Wochen zu Besuch, aber das ist etwas anderes. Erstens besteht er darauf, für die Übernachtung zu bezahlen, und außerdem mögen wir ihn, weshalb ich keinen Pfennig von ihm annehmen werde.«

»Sei trotzdem auf der Hut. Diana – das ist die aus unserer Buchgruppe, die die Scheune auf ihrer Farm vermietet – hat erzählt, dass eines Tages eine ehemalige Kollegin aus London bei ihr auf der Matte stand, unangemeldet, mit Mann und drei Kindern. Als Diana gesagt hat, sie ist ausgebucht, hat diese Frau doch echt geantwortet: Kein Problem, wir haben Zelte mitgebracht.«

»Wahnsinn.«

»Ja, nicht? Dianas Mann hat die ganze Bande irgendwann vor die Tür gesetzt. Sie haben sie ganz irre gemacht, haben ihre Küche und ihr Bad benutzt und sich zum Fernsehen in ihr Wohnzimmer gesetzt.«

»Also, wenn du mir damit Angst einjagen wolltest, dann kann ich dir versichern, du hast es geschafft.«

Sie lacht.

»Entschuldige. Aber keine Sorge, Ivy würde so etwas niemals zulassen.«

»Auch wieder wahr.«

»Und du hast eine Geheimwaffe.«

»Nämlich?«

»Na, Betty. Du könntest sie zum Wachpapagei abrichten, der ungeladene Gäste beißt, und stundenweise vermieten. Ein völlig neuer Geschäftszweig. Das sollte ich Diana erzählen.«

»Betty wäre garantiert mit Feuereifer bei der Sache.«

Und ob sie das wäre.

Es ist Sonntagvormittag und wir sind schon seit Stunden auf den Beinen. Es ist alles bereit für den großen Tag der offenen Gartenpforte. Laut Wetterbericht soll die Sonne scheinen. Wollen wir's hoffen. Die Jungs sind Dennis tagelang beim Säubern der Stallungen zur Hand gegangen und haben Strohballen und Viehfutter aus der Scheune in den mittleren Stall geschafft, der uns bis auf Weiteres als Lagerraum dienen wird, weil das Dach dort nicht ganz so viel Ähnlichkeit mit einem Schweizer Käse hat. Es hat ihnen natürlich großen Spaß gemacht, dem Staub und dem Bodensatz der vergangenen Jahrzehnte mit dem Gartenschlauch den Garaus zu machen. Sie wurden dabei zwar klatschnass, aber unter dem ganzen Dreck kam zu unserer freudigen Überraschung ein schöner alter Ziegelboden mit Fischgrätenmuster zum Vorschein. Wir haben die Biertische für die Torten und den Pflanzenverkauf ganz hinten an der Wand aufgestellt, sodass der Raum im Falle eines Wetterumschwungs trotzdem genügend Platz zum Teetrinken bietet. Mr Stebbings hat die Löcher im Dach provisorisch repariert, was weniger erbärmlich wirkt, als ich erwartet hatte. Er hat dafür nämlich transparente Plastikfolie verwendet und jetzt sieht es fast so aus, als hätte jemand willkürlich da und dort Dachluken eingebaut.

Auf den Biertischgarnituren im Hof liegen Tischdecken aus einem rotweiß karierten Stoff, den Mum auf dem Markt aufgestöbert hat, und aus den Stoffresten der Vorhänge und Tischtücher haben wir sogar noch ein paar Wimpelgirlanden angefertigt. Als Tischdekoration dienen kleine Töpfchen mit Muskatpelargonien, die Dennis im Gewächshaus gezüchtet hat, sodass sie bereits in voller Blüte stehen. Die Blätter verströmen bei jeder Berührung einen derart betörenden Rosenduft, dass ich im Vorbeigehen einfach jedes Mal darüberstreichen muss.

Gegen halb elf geht es im Haus so rund, dass ich beschließe, mich in den Garten zu verziehen und Celia und Dennis beim Aufstellen der Schilder behilflich zu sein. Mum und Ivy haben in den vergangenen Tagen Unmengen an Kuchen und Scones gebacken und sind nach wie vor fleißig am Werk. Wenn heute niemand kommt, sind wir für die kommenden Monate eingedeckt. Mum hat auch fleißig im Garten mitgeholfen. Ich hatte fast vergessen, was für eine passionierte Gärtnerin sie ist. Sie hat sich wirklich unheimlich ins Zeug gelegt. Ich kann nur hoffen, es hat ihr ein bisschen Spaß gemacht.

»Na, alles bereit, meine Liebe? Dennis und ich wollten fragen, ob Sie sich als Versuchskaninchen für die Führung zur Verfügung stellen könnten. Macht es Ihnen etwas aus?«

»Ganz und gar nicht, Celia. Gute Idee.«

Jeder der beiden trägt einen Eimer mit Bambusstöckchen, an denen wir mit grüner Schnur unsere selbst gebastelten

Pflanzenschilder befestigt haben. Die üblichen weißen Etiketten fanden wir schlichtweg hässlich, und die stilvolleren sind sündteuer, also hat Celia ihren dicken schwarzen Füller hervorgekramt und in mühevoller Kleinarbeit und gestochen scharfer Handschrift unzählige Pflanzennamen auf Schilder aus festem hellgrünem Karton gemalt. Selbige habe ich dann mit der selbstklebenden Transparentfolie überzogen, die ich als Lehrerin für die Collagen meiner Schüler verwendet habe. Als mir klar wurde, wie viele Schilder beklebt werden mussten, habe ich gleich mal die Jungs zum Helfen eingespannt, weshalb die Folie bei einigen Schildern Falten aufweist, aber das unterstreicht den »handgemachten Touch« unseres Werks.

»Sind das alle Schilder?«

»Nein, bei Weitem nicht, aber die übrigen Eimer holen wir später. Könnten Sie den hier nehmen, Molly? Wir wollten mit den Rosen anfangen, die übrigen Schilder stellen wir später auf.«

»Okey-dokey.«

Ach herrje, ich ahne, was die beiden vorhaben. Sie hoffen wohl, wenn sie mit mir eine Führung machen und dabei die wichtigsten Namen nennen, fällt niemandem auf, dass die neue Herrscherin über Helenas Garten von Rosen keinen blassen Schimmer hat. Träumt weiter, wie Dan sagen würde.

»Gehen wir als Erstes zu den Wildrosen?«

Dennis nickt und kramt in seinem Eimer.

»Am besten fangen wir vorne an.«

Wir gehen zum Vordereingang. Das Haus ist auf drei Seiten von Gärten umgeben, die durch Hecken oder alte Ziegelmauern mit Bögen und Törchen voneinander abgetrennt sind. Eine Rabatte zieht sich um das gesamte Haupthaus. Parallel dazu verläuft ein mit Steinplatten ausgelegter

Gehweg, der sich an der Hinterseite zu einer Terrasse verbreitert, auf die man auch durch Fenstertüren vom Salon und von der Bibliothek aus gelangt. Die große Rasenfläche hinter dem Haus wird von zwei langen Blumenbeeten flankiert und endet am versenkten Grenzgraben, der verhindert, dass die Schafe von der Weide direkt in die Bibliothek marschieren. Auch vor dem Haus gibt es mehrere Rasenflächen, darunter die mit dem großen runden Blumenbeet in der Mitte der gekiesten Zufahrt. Dennis hat überall gemäht, selbst zwischen den Bäumen und entlang der Allee, die zum Haus führt, wobei er rund um die Büsche und Sträucher einen Streifen Gras stehen ließ. Stundenlang ist er vergangene Woche genüsslich auf seinem Aufsitzrasenmäher über das Gelände gegondelt und hat mir in den Pausen immer wieder versichert, was für eine Wohltat es doch sei, sich nicht mehr mit dem alten Rasenmäher herumquälen zu müssen.

»Hier, *Stanwell Perpetual.* Duftet himmlisch.« Er steckt neben dem Strauch mit den hübschen rosaroten Blüten, der vor dem Aufenthaltsraum für die B&B-Gäste steht, einen Bambusstab in die Erde. »Hier haben wir eine *Rosa rugosa,* die trägt im Herbst schöne rote Hagebutten. Und dann kommen wir auch schon zur herrlich duftenden *Pimpinellifolia* am Hintereingang. Wenn die verblüht, wird sie von der *Persian Yellow* abgelöst, die ebenfalls ein ganz wunderbares Aroma verströmt.«

»Ich sollte mir vielleicht ein paar Notizen machen.«

Die beiden lächeln.

»Nicht nötig, meine Liebe, dafür haben wir doch die Schilder. Die hier heißt *Empress Joséphine.* Eine sehr alte Rose. Große, locker gefüllte Blüten in kräftigem Pink mit dunkler Äderung. Sie ist benannt nach der Gattin von Napoléon Bonaparte, die den Beinamen Rose hatte, ehe sie Bonaparte kennengelernt hat. Joséphine hat Rosen geliebt und in den wunderschönen Gärten von Schloss Malmaison eine riesige Sammlung unterhalten. Napoléon hat ihr von jeder seiner Reisen Rosen mitgebracht. Zu schade, dass Helena das Bertie nicht angewöhnen konnte.«

Dennis lächelt.

»Tja, wir hatten damals eben andere Sorgen. Fürs Pflanzensammeln blieb da keine Zeit.«

»Schon möglich, aber wenn Sie mich fragen, wären ein paar Rosen weitaus nützlicher gewesen als dieser närrische Papagei.«

Spätestens als es an die Beschilderung der Teerosen im Rosengarten geht, wird es richtig kompliziert.

»Die hier heißt *Lady Fitzwilliam* und ist quasi die Urgroßmutter der meisten modernen Rosen. Gefüllte porzellanrosa Blüten, schöner kräftiger Duft. Und natürlich nicht zu vergessen *Lady Hillingdon,* die aprikosenfarbene Rose an der Fassade unter Ihrem Schlafzimmerfenster, Molly. Das war eine von Helenas Spezialrosen. Das Etikett dazu muss ich erst holen.«

Celia nickt.

»Wunderschön. Halb gefüllt, ausgeprägter Duft. Sollen wir dann mit den Damaszener- und Chinarosen weitermachen?«

Oh Mann, wir hätten wohl größere Schilder machen sollen.

Dennis steckt ein Bambusstäbchen in die Erde neben der

niederen Hecke, die um die Sitzbank gezogen ist, Celia begibt sich derweil zu der Bank auf der gegenüberliegenden Seite.

»*Königin von Dänemark*, geviertelte reinrosa Blüten mit einem exquisiten Duft.«

Sie stellt den Eimer neben einer wunderschönen Rose mit orangegelben Blüten ab.

»Und hier haben wir *Gloire de Dijon*. Unschlagbarer Duft, blüht bis Weihnachten. Haben Sie das Schild dazu, Dennis?«

»Nein, es muss in einem der anderen Eimer stecken.«

Ich glaube, das ist eine gute Gelegenheit, der Rosenmanie zu entfliehen. Mir schwirrt nach dieser Fülle von Informationen und Rosennamen schon der Kopf.

»Ich sollte mal zu Mum und Ivy reingehen und fragen, wie es läuft. Aber vielen Dank. Wenn wir die Schilder ein paar Tage stehen lassen, bleibt vielleicht der ein oder andere Name hängen. Denken Sie daran, dass wir heute schon um zwölf zu Mittag essen, damit wir rechtzeitig mit den letzten Vorbereitungen für den Nachmittag anfangen können.«

Dennis seufzt.

»Ivy hat meinen Anzug gebügelt. Sie meinte, ich soll schick aussehen.«

Celia wirft ihm einen mitfühlenden Blick zu.

»Ich werde ein Kleid anziehen – eigentlich total albern. Es wäre viel passender, wenn wir unsere normale Gartenkleidung tragen würden. Aber wir sollten uns wohl doch ein bisschen rausputzen, wenn uns der Präsident der *National Rose Society* seine Aufwartung macht. Es ist eine große Ehre, dass er kommt. Ich gebe zu, ich bin ein bisschen nervös. Hoffentlich machen wir Helena keine Schande.«

Sie lächelt wehmütig. Dennis legt ihr die Hand auf den Arm und sie stieren beide einen Augenblick ins Leere.

»Wir haben unser Bestes gegeben und genau das hätte sie von uns gewollt.«

»Ganz recht.«

»Es wird ein ganz wunderbarer Tag, ihr werdet sehen.«

»Bestimmt. Aber ich frage mich, ob Bertie wirklich der Richtige ist, um die Rede zu halten. Meinen Sie nicht, dass Sie das lieber machen sollten, Molly?«

»Nein, ich bin definitiv nicht die Richtige dafür. Bertie schafft das schon. Er soll sich doch bloß für die Verleihung der Medaille bedanken, Celia. Aber ich habe nichts dagegen, wenn Sie oder Dennis das übernehmen wollen.«

Die beiden reißen vor Schreck die Augen auf.

Dann machen sie sich wieder an die Arbeit und sortieren vor sich hin murmelnd die Schilder in ihren Eimern neu.

Ich kehre derweil zum Haus zurück. Ich darf nicht vergessen, dafür zu sorgen, dass Betty während der Ansprachen in der Bibliothek eingesperrt ist. Der Garten sieht umwerfend aus, selbst für mein ungeschultes Auge, und ich bin überzeugt, dass alle Besucher gebührend beeindruckt sein und sich in Lobeshymnen ergehen werden. Und wenn nicht, hole ich eben Betty oder animiere Bertie dazu, ein bisschen rumzuböllern. Wobei ich eigentlich hoffe, dass sich die Kanonade zur Feier des Tages auf ein Minimum beschränken wird.

Toi, toi, toi.

Um halb zwei hat sich bereits eine lange Schlange am Eingang gebildet und gegen halb drei wimmelt es auf dem gesamten Anwesen von Besuchern. Die Leute schlendern in kleinen Gruppen durch den Obstgarten, begrüßen die Schweine und bewundern die Apfelbäume. Alfie und Tom stehen in ihren blitzblank geputzten Gummistiefeln am

Gatter, bereit, faszinierende Fakten über ihre Ferkel an jeden Besucher weiterzugeben, der auch nur eine Sekunde zu lang stehen bleibt. Patrick ist bei ihnen und stellt sicher, dass niemand auf die Idee kommt, über den Elektrozaun zu steigen und die Schweine in ihrem Auslauf herumzuscheuchen. Die Hühner hocken teils schmollend im Stall, teils staksen sie in ihrem Gehege herum und beäugen die Besucher misstrauisch.

Dennis und Celia kommen ihren Pflichten als Wächter im Rosengarten nach und achten darauf, dass keine Pflanzen beschnitten werden, unterstützt von Mr Stebbings und seiner Göttergattin, die mir vorhin anvertraut hat, wie gut ihm die Arbeit bei uns gefällt und wie sehr sie sich darüber freut, dass wir sie eingeladen haben. Mum und Ivy legen gerade letzte Hand an den Tortenstand, Dan und Ben fungieren als Sherpas. Ich habe ihnen zwanzig Pfund pro Kopf versprochen, wenn sie uns helfen, statt sich in ihren Zimmern zu verkriechen, und bis jetzt haben sie sich mustergültig verhalten und sind schon unzählige Male mit Servierbrettern, Tellerstapeln und Tupperboxen hin und her gelaufen. Bea und Vicky unterstützen Sally beim Ticketverkauf vor dem Tor am Ende der Einfahrt und weisen die Neuankömmlinge an, ihre Autos abzustellen und das letzte Stück des Weges zu Fuß zurückzulegen. Eine von ihnen trägt eine neongelbe Warnweste, die Sally aus dem Brandschutzkasten im Hotel mitgebracht hat, und weist den Besuchern Parkplätze zu, sonst würden die Autos wohl kreuz und quer auf dem Feld neben der Straße stehen. Jede Viertelstunde wird gewechselt und die Weste an die Nächste weitergegeben. Florrie und May stehen derweil im Haus Wache, um etwaige Diebstähle zu unterbinden, und gehen bei Bedarf Mum und Ivy zur Hand. So weit, so gut.

»Ach, da bist du ja, Molly. Was meinst du, soll ich den Damen unten am Tor eine Kleinigkeit zu trinken bringen? Keine harten Sachen natürlich, wollen ja nicht, dass sie anfangen zu lallen. Aber über einen Krug Pimm's freuen sie sich bestimmt.«

»Ich könnte mir vorstellen, dass sie lieber Tee hätten, und vielleicht ein Stück Kuchen. Überlass das ruhig mir, Bertie.«

»Schon erstaunlich, wie viele Besucher gekommen sind. Helena hätte sich sicher gewaltig gefreut. Bin ein bisschen nervös wegen meiner Rede. Ich hoffe mal, ich treffe den richtigen Ton. Betty sah bei der ersten Probe zwar beeindruckt aus, aber auf ihr Urteil ist nicht immer Verlass. Der Garten macht jedenfalls richtig was her. Kann mir nicht vorstellen, dass jemand etwas daran zu bemängeln hat. So, ich glaube, ich spaziere jetzt mal zum Strand runter. Müssen doch sicherstellen, dass keiner mit dem Boot kommt und versucht, uns um die Eintrittsgebühr zu prellen. Die Leute aus dem Dorf haben's faustdick hinter den Ohren.«

Die Mädels am Tor bedanken sich überschwänglich für Tee und Kuchen und scheinen sich blendend zu amüsieren.

»Als wir vor einer halben Stunde das letzte Mal gezählt haben, sind wir auf dreihundertsechsundvierzig verkaufte Tickets gekommen. Unglaublich, nicht?«

»Ja, das ist fantastisch, Bea. Danke für deine Hilfe.«

»Ist uns ein Vergnügen. Vicky wollte schon immer eine Neonwarnweste tragen. Sie hat vor ein paar Jahren in Erwägung gezogen, Polizistin zu werden, aber das habe ich ihr wieder ausgeredet. Es wäre definitiv der falsche Beruf für sie gewesen. Erstens hasst sie Gewalt und zweitens fällt sie in Ohnmacht, wenn sie auch nur einen kleinen Tropfen Blut sieht.«

Sally lacht.

»Dafür schlägt sie sich als Parkplatzanweiserin echt wacker. Eben hat sie diesen Idioten da drüben gezwungen, seinen Range Rover ordentlich in einer Reihe neben den anderen Autos abzustellen, und das ohne Trillerpfeife. Eigentlich bräuchten wir dringend eine Trillerpfeife, Molly. Man glaubt gar nicht, wo manche Leute parken wollen. Faules Pack.«

»Ich lasse euch eine bringen. Braucht ihr sonst noch etwas?«

»Gibt es noch mehr von diesem Kuchen?«

»Als ich das letzte Mal am Büfett war, war noch eine gute halbe Tonne da.«

»Super. Und diesmal versuchen wir ein Stück für Vicky aufzuheben.«

Ich begebe mich zum Büfett und schicke Dan mit einer extragroßen Ration Kuchen zu den drei Damen am Tor. Mr und Mrs Collins trinken im Hof Tee mit ihrem Sohn und ihrer Schwiegertochter und präsentieren mir stolz das Baby.

»Das ist unser Enkel Luke. Wir wollten ihm mal zeigen, wo wir untergebracht sind. Hat die beiden die ganze Nacht auf Trab gehalten, der kleine Racker. Wir dachten, wenn er ein bisschen an die frische Luft kommt, schläft er vielleicht ein.«

Das Baby trägt einen winzigen weißen Strampelanzug und darüber eines der hellblauen Jäckchen, die sie gestrickt hat. Es rudert unkontrolliert mit den Armen, wie Neugeborene es oft tun, und starrt mit großen Augen zum Himmel empor.

»Er ist bildhübsch.«

Wie auf ein Stichwort beginnt der Kleine zu quäken und seine erschöpft wirkende Mutter erhebt sich.

»Bleib ruhig sitzen und trink deinen Tee, meine Liebe. Ich schiebe ihn ein bisschen hin und her, das wirkt meistens Wunder.«

Sie schnappt sich den Kinderwagen und hat ihn noch keine fünf Meter geschoben, da verstummt der Kleine, zur sichtlichen Erleichterung der Mutter, die schwarze Ringe unter den Augen hat.

»Sollen wir einen kleinen Spaziergang mit ihm machen, damit du dich mal ein bisschen erholen kannst? Wir gehen auch nicht allzu weit.«

Die frischgebackene Mutter nickt dankbar.

»Das wäre toll, danke.«

»Komm mit, Bill. Ich schiebe den Kinderwagen die Straße runter und auf dem Rückweg bist du dran. Und ihr zwei trinkt inzwischen in Ruhe euren Tee. Wenn sie noch so klein sind, hat man ja keine fünf Minuten Atempause.«

Ich gehe in die Küche, wo Ivy und Florrie soeben drei weitere Biskuitkuchen mit kandierten Rosenblättern verzieren und dann wieder dazu übergehen, Scones mit Butter zu bestreichen. Wir stellen gerade alles auf Servierplatten, als wir bemerken, dass sich draußen auf dem Korridor zwei Frauen mit erhobener Stimme unterhalten. Die Tür, die vom Foyer zum Rest des Hauses führt, ist zwar geschlossen und mit einem Schild mit der Aufschrift *Privat!* versehen, aber es klingt, als hätte die Besucherin da draußen das Gefühl, dass das für sie nicht gilt. Auf Zehenspitzen schleichen wir zur Küchentür und lauschen.

»Ich bin eine gute Freundin von Molly ...«

»Ach ja? Wie schön für dich.«

»... und sie hat gesagt, es gibt auch Führungen durchs Haus.«

»Tja, mir gegenüber hat sie leider nichts dergleichen erwähnt, ich muss dich also bitten, hintenherum zu gehen und dich auf die Besichtigung der Gartenanlagen zu beschränken wie alle anderen. Es heißt schließlich Tag der offenen Gartenpforte und nicht Tag der offenen Haustür.«

Ha! May ist eindeutig die Richtige für diesen Job.

»Wir haben diesen Sommer sehr viele Anfragen, daher kann es durchaus sein, dass ich Mollys Zimmer über meine Agentur anbiete. Aber dafür müsste ich erst alle Räumlichkeiten inspizieren.«

»Ich gebe Miss Molly gern Bescheid deswegen, aber eine Inspektion der Räumlichkeiten wird nicht nötig sein, das kann ich dir schon vorweg versichern, meine Liebe. Sie kümmert sich höchstpersönlich um alles, was mit dem B&B zu tun hat, mit Ivys Unterstützung. Nimm dir einen Prospekt mit, wenn du willst. Sind richtig hübsch geworden. Es ist auch ein Bild vom Pförtnerhaus drin. Die Renovierung ist zwar noch im Gange, aber man sieht jetzt schon, wie toll es wird. Die Gäste werden sich darin garantiert pudelwohl fühlen. Soweit ich weiß, sind bereits die ersten Anfragen hereingekommen. Und sie nehmen nicht jeden x-Beliebigen. Sie haben viele Stammgäste und natürlich Freunde, die werden selbstverständlich bevorzugt behandelt. Loyalität muss schließlich belohnt werden, nicht?«

Ivy und ich halten uns den Mund zu, um nicht laut loszukichern. Wenn mich nicht alles täuscht, ist die Frau dort draußen Lucinda Langdon-Hill, und ich bin voll der Bewunderung für May, die sie sich von ihr kein bisschen einschüchtern lässt.

»Geh doch in den Hof – einfach an den Stallungen vorbei – und gönn dir eine schöne Tasse Tee und ein Stück Kuchen. Die gesamten Einnahmen gehen an eine wohltätige Organisation, du solltest also möglichst großzügig spenden. Jeder Penny hilft, wie es so schön heißt.«

»Vielen Dank für den Hinweis, May. Ich darf dich daran erinnern, dass ich selbst häufig Benefizveranstaltungen organisiere und mir deshalb sehr wohl bewusst ist, wie wichtig großzügige Spenden sind.«

»Dann ist ja gut, meine Liebe. Sie haben sich nämlich wirklich alle bis zum Umfallen abgerackert. Umso mehr freut es mich zu hören, dass du vorhast, tief in die Tasche zu greifen. Bestell deiner Mutter Grüße von mir, wenn du sie das nächste Mal siehst, ja?«

Augenblicke später fällt die Haustür ziemlich laut ins Schloss und May kommt in die Küche.

»Habt ihr das gehört?«

»Ja, haben wir, May. Du hast es ihr ja ganz schön gegeben. War dir bestimmt ein Vergnügen, hm?«

»Ja, Ivy, das kann ich nicht leugnen. Sie war schon immer reichlich eingebildet, genau wie ihre Mutter, für die ich früher geputzt habe. Die ist inzwischen schon recht tatterig auf den Beinen. Sie haben sie in dieses Heim draußen in Charing Ford gesteckt und besuchen sie so gut wie nie. Hat mir Alison aus der Bücherei erzählt. Die besucht ihren Schwiegervater, diesen alten Miesepeter, nämlich jede Woche.«

Florrie schnalzt missbilligend mit der Zunge.

»Sie sollte sich was schämen.«

»Ja, nicht? Und jetzt hat dieses dreiste Weibsbild offenbar ernsthaft erwartet, dass ich sie im ganzen Haus herumführe. Wenn man sie ließe, würde sie bestimmt in sämtlichen Schränken herumschnüffeln. Die denkt wohl, ich bin von vorgestern. Also, was wollte ich gerade? Ach ja, soll ich in der Gästetoilette mal ein frisches Handtuch aufhängen? Sie wurde doch ziemlich stark frequentiert. Der eine oder andere Besucher hat zweifellos gehofft, mehr vom Haus zu sehen, wie Lucinda, aber die meisten wollten wirklich nur mal für kleine Rosenliebhaber.«

»Ich hole gleich ein frisches Handtuch, May. Wie wär's mit einer Tasse Tee?«

»Liebend gern. Aber nur, wenn's keine Mühe macht.«

»Gut. Setzen Sie sich, Florrie, nur fünf Minuten. Sie auch, Ivy. Sie haben den ganzen Tag noch keine Pause eingelegt. Ich mache uns allen eine Tasse Tee. Wie klingt das?«

May zwinkert Ivy zu.

»Sie ist wirklich eine Seele von einem Menschen, Ivy. Jetzt verstehe ich, warum du sie so schätzt. Ich würde auch zu einem Scone nicht Nein sagen, meine Liebe, falls noch welche übrig sind. Wenn Ivy sie gebacken hat, wird das ein richtiges Festmahl. Ich weiß doch, dass sie ein Händchen für Scones hat.«

»Kommt sofort.«

Danach drehe ich eine kurze Runde durch den Garten, wo es einen kleinen peinlichen Zwischenfall gibt, weil ich von einer netten Dame mit einem hübschen Strohhut nach dem Namen einer wunderschönen elfenbeinweißen Rose gefragt werde und dummerweise das dämliche Schild dazu nicht gleich entdecken kann. Aber es ist schön zu hören, wie unsere Besucher ein ums andere Mal betonen, was für einen traumhaften Garten wir doch haben. An einem sonnigen Tag wie heute ist er wahrhaft ein kleines Paradies, zumal die meisten der Rosen blühen oder zumindest bereits Knospen haben. Die Schönheit der Pflanzen ist direkt überwältigend und es erstaunt mich immer wieder, dass aus diesen kleinen Knöpfchen derart prächtige Blüten werden, die so unterschiedlich duften und eine solche Vielfalt an Formen und

Farben aufweisen, von schlicht und blass bis hin zu kugelig und üppig gefüllt. Ich kann durchaus nachvollziehen, dass diese kleinen Wunderwerke der Natur über ein beträchtliches Suchtpotenzial verfügen.

Celia wirkt etwas angespannt.

»Sollen wir dann loslegen, Molly? Der Präsident ist so weit, aber wo steckt Bertie? Ach, jetzt sehe ich ihn – er steht mit Ivy und Dennis dort drüben bei Ihrer Mutter und den Jungs. Hervorragend.«

Bertie tritt aus der Menge und schenkt sämtlichen Umstehenden ein strahlendes Lächeln. Schick sieht er aus in seinem marineblauen Blazer.

Trotzdem bin ich plötzlich ziemlich aufgeregt.

Ivy scheint es ähnlich zu gehen.

»Sally schiebt Dienst am Kuchenbüfett und hat ein Auge auf den Pflanzenstand und Florrie und May sind im Haus. Ich hoffe, sie beeilen sich, jemand muss dringend die Teemaschine auffüllen.«

»Sie sind bestimmt gleich wieder da, Ivy.«

Dann klatscht eine junge Frau in einem hübschen, mit Rosen bedruckten Kleid in die Hände und bittet um Ruhe. Sie verkündet, der Präsident wolle nun Helena Harrington-Travers, der Schöpferin dieses wunderschönen Gartens, posthum eine Ehrenmedaille verleihen. Ein schon ziemlich betagter Mann schlurft, schwer auf seine Gehhilfe gestützt, zu ihr, murmelt ein paar Worte, die kaum jemand versteht, und überreicht Bertie eine Samtschatulle. Anschließend erläutert die junge Frau den Anwesenden, dass es eine äußerst seltene Ehre ist, mit der goldenen Medaille der *Rose Society* ausgezeichnet zu werden, dass wir außerdem eine Plakette zwecks Präsentation im Garten erhalten und dass sie sich den Worten des Präsidenten anschließen und all jenen danken möchte, die einen Beitrag zu diesem denkwürdigen Ereignis geleistet haben. Dann erteilt sie einem gewissen Admiral Travers das Wort und ich frage mich zwei Sekunden lang von Panik erfüllt, wen sie meint, bis mir dämmert, dass sie von Bertie spricht.

Er tritt nach vorn und hält einen Moment inne, ehe er einen Zettel und seine Lesebrille aus der Tasche zieht. Es herrscht erwartungsvolles Schweigen. Dann hebt er den Kopf.

»Es gibt so viele Menschen, die dafür gesorgt haben, dass der heutige Tag ein voller Erfolg wird. Vielen Dank zunächst einmal an alle Besucher, die heute gekommen sind, sowie an die *Royal National Rose Society*, die mit ihrer Auszeichnung zum Ausdruck gebracht hat, wie außergewöhnlich dieser Garten ist. Ich weiß, dass Helena diese Medaille eigentlich schon zu Lebzeiten erhalten sollte, aber sie war ein Dickkopf, wie so viele herausragende Frauen. Für feierliche Zeremonien dieser Art hatte sie nicht viel übrig. Deshalb möchte ich allen hier Anwesenden stellvertretend für sie danken. Es hätte sie bestimmt sehr gefreut, dass ihr Garten eine so hohe Auszeichnung erhält, zumal sie sie jetzt nicht mehr persönlich entgegennehmen muss.« Er legt eine kleine Pause ein und lächelt. »Wir haben den Garten heute im Rahmen des National Garden Scheme geöffnet und sind hocherfreut, dass Lady Wootton, die Repräsentantin der *Rose Society* auf County-Ebene, bei uns ist. Hervorragende Idee, für einen guten Zweck die Gartenpforten zu öffnen. Vielen Dank also an Bobby Wootton für ihre Hilfe. Wir wissen es sehr zu schätzen. Und nicht zu vergessen: Vielen Dank an Celia und Dennis, ohne die wir heute nicht hier stehen würden. Eines ist sicher: Helena wäre ohne euch zwei völlig verloren gewesen.«

Ernest Dowson schrieb:

*Sie ist nicht lang, die Zeit für Wein und Rosen:*
*Aus einem dunklen Traum*
*Taucht unser Weg kurz auf; er endet*
*In einem Traum.*

»Der arme Ernest hat ein trauriges Ende gefunden, war dem Alkohol verfallen und ist viel zu früh und bettelarm gestorben, was nur beweist, dass man auch beim Trinken Vorsicht walten lassen und es nicht übertreiben sollte.«

Er bricht erneut kurz ab und lächelt in die Runde. Ivy und ich haben uns an den Händen gefasst und hoffen und beten im Stillen, dass er nicht gleich seine Top-ten-Cocktail-Liste herunterrattert.

»Nun, wer wie ich das Glück hat, ein hohes Alter erreicht zu haben, kann bestätigen, dass einem das Leben bei Ereignissen wie dem heutigen tatsächlich zuweilen wie ein langer, verworrener Traum erscheint, durchsetzt von Augenblicken von solch vollkommener Schönheit und Klarheit, dass uns bei der Erinnerung daran der Atem stockt. In diesem Garten sind erfahrungsgemäß alle Voraussetzungen für derartige Erlebnisse erfüllt. Woodsworth fand dazu wie üblich die weitaus treffenderen Worte als ich, als er schrieb:

*Der Regenbogen kommt und geht,*
*in Blüte schön die Rose steht;*
*der Mond schaut um sich, wenn der Himmel klar,*
*und was er sieht, ihm Freude macht;*
*in einer sternenklaren Nacht*
*die Wasser glitzern wunderbar.*
*Im Glanz die Sonne wird uns neugeboren,*

*und doch ich seh, wohin ich immer geh:*
*Die Erde hat den alten Glanz verloren.*

Meine geliebte Helena hat der Erde zweifellos Glanz verliehen und ihre Rosen sind der lebende Beweis dafür. Also, heben Sie Ihre Teetassen und lassen Sie uns anstoßen – auf Helena, ihren grandiosen Garten und auf die Zeit für Wein und Rosen.«

Es herrscht einen Augenblick Stille, in dem man lediglich ein paar der Anwesenden (einschließlich meiner Wenigkeit) schniefen hört, dann setzt Applaus ein und Bertie läuft feuerrot an. Selbst der Präsident wirkt bewegt und schüttelt Bertie so kräftig die Hand, dass die beiden beinahe zu Boden gehen, was Dennis gerade noch verhindern kann.

Ivy tätschelt meine Hand.

»Ja, so ist er, der gute alte Mr Bertie – harte Schale, butterweicher Kern. Eine schöne Rede.«

»Sehr schön, ja.«

»Und sehen Sie sich nur meinen Dennis an. Richtig elegant sieht er aus, nicht?«

»Allerdings.«

»Er platzt gleich vor Stolz.«

»Völlig zu Recht.«

»Tja, davon wird die Teemaschine auch nicht wieder befüllt.«

»Nein.«

»Aber ich bin froh, dass ich es nicht verpasst habe, es war sehr ergreifend. Ich wünschte, sie hätte dabei sein können. Sie hätte sich gefreut wie eine Schneekönigin.«

»Ivy, bitte hören Sie auf, sonst heulen wir gleich beide wie die Schlosshunde.«

»Wohl wahr, und Dennis bestimmt ebenfalls. Und Miss

Celia und Lady Bobby haben auch schon feuchte Augen. Ist aber auch kein Wunder, wenn man an so einem Tag ein bisschen emotional wird.«

»Stimmt. Oh, warten Sie, ich glaube, Bertie winkt uns.«

»Ich wette, jetzt will er seine alberne Kanone abfeuern. Warten Sie's ab. Andererseits passt es heute irgendwie, nicht?«

»Ja, da haben Sie wohl recht, Ivy.«

»Allerdings sollten sich die Jungs wohl besser umziehen, bevor sie mit ihm runter zur Bucht gehen.«

»Ich kann nichts versprechen, aber ich werde mal sehen, was ich machen kann, Ivy.«

Mum, Ivy und ich haben soeben die letzten paar Tassen Tee serviert und schon mal mit dem Aufräumen angefangen, als Dad erscheint. Er wirkt gereizt. Geht das wieder los. Er hat Mum mehrfach zu verstehen gegeben, was er davon hält, dass sie so viel Zeit bei uns verbringt, aber ich weiß, dass sie gern hier ist, und in den vergangenen Monaten hat sie einen bedeutend glücklicheren und zufriedeneren Eindruck auf mich gemacht als vorher. Ich wünschte, sie würde endlich einmal ordentlich auf den Tisch hauen. Andererseits habe ich mir von Pete auch sehr viel gefallen lassen und alles Mögliche hingenommen, um Unstimmigkeiten zu vermeiden. Erst neulich musste ich wieder daran danken, dass Pete, als wir uns kennengelernt haben, das genaue Gegenteil von Dad war, ihm mit der Zeit aber immer ähnlicher wurde. Er wurde zwar nicht so oft laut, aber im Grunde war er genau der gleiche aufgeblasene Tyrann. Wenigstens hat sich Dad keine Affäre mit seiner Sekretärin geleistet, wobei ich mir beim besten Willen nicht vorstellen kann, dass auch nur eine Frau auf dieser Welt so durchgeknallt ist, sich mit ihm einzulassen. Wenn, dann müsste es eine sein, die keine einzige Hose besitzt.

»Bist du noch nicht startklar, Marjorie?«

»Ich hab doch gesagt um sechs, oder? Ist es etwa schon so spät?«

»Nein, es ist erst Viertel nach fünf, Mum. Warum bist du so früh dran, Dad?«

»Ich habe eine Runde Golf gebucht. Ich kann hier nicht stundenlang herumstehen und warten, bis deine Mutter die Tortenreste von den Tellern gekratzt hat.«

»Du brauchst nicht zu warten, Dad. Ich fahre sie nach Hause.«

Mir ist ohnehin schleierhaft, warum er ihr Auto ausgerechnet diesen Freitag zum Service bringen musste, obwohl er genau wusste, dass sie am Wochenende hier mithilft. Das war bestimmt pure Absicht.

Zu meiner großen Überraschung reagiert Mum ungehalten.

»Oder du holst mich einfach nach dem Golf ab, Schatz, dann kann sich Molly den Weg sparen. Sie hat so hart geschuftet heute. Sagen wir, um halb acht? Sollte es später werden, ist das auch kein Problem, wir haben hier mit Aufräumen sicher noch ein paar Stunden zu tun. So, ich sollte dann wieder ins Haus, ich muss die letzten Scones holen.«

Wow. Wie es aussieht, ist Dad sogar noch verblüffter als ich.

»Aber ...«

»Bis später, Schatz.«

Ich muss die Fäuste ballen, um ihr nicht zu applaudieren, während sich Dad erbost auf den Weg zu seinem Wagen macht.

»Bis nachher, Dad.«

Mum zwinkert mir zu.

Und wieder hat Harrington Hall seine magische Wirkung entfaltet.

Ich sammle gerade die Teetassen im Garten ein, als mir auffällt, dass Celia auf einer der Bänke im Rosengarten sitzt und sich mit einem jungen Mann unterhält.

»Molly, das ist Edward, mein Neffe, oder eher Großneffe. Der Enkel meiner Schwester jedenfalls. Seine Eltern sind unerträgliche Snobs, auch wenn man so etwas nicht sagen sollte, aber es ist nun mal so. Edward, bleib hier und sieh zu, dass Jasper nicht entwischt und die Hühner zusammentreibt, sonst hacken sie wieder mit ihren Schnäbeln nach ihm. Molly, sollen wir Tee machen? Ich glaube, Edward könnte eine Tasse vertragen.«

Er steht auf.

»Ich möchte euch nicht zur Last fallen, Tante Celia. Ich wollte lediglich deinen Rat einholen. Auf eine Tasse Tee bleibe ich gern noch, aber dann mache ich mich wieder auf den Weg in die Stadt.«

Seine Ausdrucksweise und seine tadellosen Manieren lassen darauf schließen, dass er jahrelang an einer teuren Privatschule war. Vermutlich fühlt er sich in Frack und Zylinder pudelwohl.

»Du fällst uns nicht zur Last, mein Junge. Dafür sind schrullige alte Verwandte doch da, dass sie einem in stürmischen Zeiten eine Zuflucht bieten.«

Er lässt sich lächelnd wieder auf der Bank nieder und schnipst mit den Fingern, worauf Jasper auf seinen Schoß springt.

In der Küche hat Ivy soeben den Geschirrspüler mit Tassen beladen, nur um sich sogleich mit einem leeren Tablett zu den Stallungen zu begeben.

»Könnten Sie noch kurz bleiben, Ivy? Ich würde gern auch Ihre Meinung hören. Fürchterliches Schlamassel, das alles.«

»Was ist jetzt wieder los? Ich habe ihm eingeschärft, Betty nicht aus dem Haus zu lassen, aber Sie wissen ja, wie er ist. Er wollte nicht, dass sie etwas verpasst, dieser vermaledeite Sturschädel.«

»Nein, nein, es geht gar nicht um Bertie, sondern um meinen Neffen Edward. Der arme Junge. Sein Vater hat ihm einen grauenhaften Job in London vermittelt, in einem Bereich, der ihn kein bisschen interessiert. Er ist sehr musikalisch. War er schon immer. Tja, und kürzlich ist die Situation eskaliert. Eigentlich sollte er befördert werden, aber er hat die Kündigung eingereicht, weil er endgültig die Nase voll hatte. Und er hatte noch so viel Resturlaub, da ist er dann einfach nicht mehr hingegangen. Die Leute in diesen Firmen schuften sich ja alle zu Tode. Ich kann gut verstehen, dass er dieser Tretmühle schleunigst den Rücken kehren wollte. Leider hat er jetzt mächtig Ärger mit seinen Eltern. Sie schäumen vor Wut. Dummerweise hat er noch bei ihnen gewohnt, in einer Einliegerwohnung im Parterre. Er hat auf eine eigene Wohnung gespart, aber so was dauert natürlich, und jetzt haben sie ihn doch glatt rausgeworfen. Ist das zu fassen? Nun steht der arme Junge auf der Straße und Arbeit hat er auch keine mehr. Er sitzt ganz schön in der Zwickmühle.«

Ivy ist erschüttert.

»Sie haben ihn einfach vor die Tür gesetzt? Ihr eigen Fleisch und Blut? Das ist ja entsetzlich!«

»Sie sagen es. Meine Schwester war schon als kleines

Mädchen ein Ausbund an Boshaftigkeit. Sie war nur glücklich, wenn sie anderen eins auswischen konnte. Ihr wisst, was ich meine. Wie auch immer, Edward ist ein äußerst talentierter Musiker. Er spielt ganz hervorragend Klavier und Gitarre. Hatte schon einige Auftritte in Kneipen und dergleichen, konnte sich aber nie dazu durchringen, sich ganz und gar der Musik zu widmen. Tja, jetzt braucht der arme Bursche ein Dach über dem Kopf und ich hatte gehofft, er könnte eine Weile hier unterkommen. Gegen Bezahlung natürlich; ich übernehme gern die Kosten, nun da der Verkauf meines Hauses erfolgreich über die Bühne gegangen ist. Mir ist klar, dass das einiges an Mehrarbeit für euch mit sich bringt, aber ich helfe gern mit, wo ich kann.«

»Also, die Entscheidung liegt ja nicht bei mir, aber ich bin sicher, wir finden ein Plätzchen für ihn, schließlich ist es ein Notfall. Nicht zu fassen, dass sie ihn einfach rausgeworfen haben. So was hab ich ja noch nie gehört. Wir könnten doch eins der Zimmer im Dachgeschoss für ihn herrichten – unsere Gästezimmer werden wir an den Wochenenden brauchen. Inzwischen ist es nachts nicht mehr so kalt. Bettwäsche haben wir genug, nachdem Sie so viel neue gekauft haben, Miss Molly. Und außerdem liegt da oben noch eine kaum gebrauchte Matratze herum. Ich stelle gleich mal Wasser auf und dann richten wir ein Zimmer für ihn her, während er seinen Tee trinkt.«

Celia küsst sie auf die Wange, zur Überraschung beider, wie es scheint.

»Tausend Dank, Ivy, und Ihnen auch, Molly. Edward wird bestimmt heilfroh sein, wenn er hier eine Zuflucht findet, bis er sich ein bisschen gefangen und neu sortiert hat. Ich kann Ihnen gar nicht genug danken. Aber sind Sie sich auch wirklich sicher?«

Sie sieht mich an.

»Aber ja, Celia. Es könnte da nur ein Problem geben: Dan war von Anfang an erpicht darauf, ins Dachgeschoss zu ziehen. Wir sollten am besten gleich zwei Zimmer herrichten, Ivy, sonst jammert er uns die ganze Zeit die Ohren voll deswegen. Ich hatte ihm versprochen, mich darum zu kümmern, sobald ich ein bisschen Luft habe.«

Ivy lächelt.

»Gut, dann richten wir eben zwei Zimmer her.«

»Herrje, ich wollte Ihnen wirklich nicht so viel Arbeit machen.«

»Keine Sorge, Celia, das Dachgeschoss steht schon seit geraumer Zeit auf meiner To-do-Liste. Aber das packen wir erst kommende Woche an. Vorerst kann Edward im Einzelzimmer schlafen.«

»Was meinen Sie, hat er Hunger? Vermutlich. Ich mache ihm ein Sandwich. Mag er lieber Schinken oder Käse? Ich habe noch ein paar Tomaten, frisch geerntet. Ich könnte ihm auch einen Salat machen und in der Speisekammer ist noch eine Pastete mit Schinken und Ei. Glauben Sie, er will eine Scheibe?«

Während die beiden herumrätseln, ob Edward nun Tomaten mag oder nicht, gehe ich schon mal nach oben. Am besten sehe ich auch gleich nach, ob noch genug Handtücher im Bad sind. Stöhn. Irgendwie hatte ich mich nach diesem aufregenden Tag auf einen geruhsamen Abend gefreut. Vielleicht gönne ich mir eine kurze Auszeit in der Wäschekammer. Mal sehen, wie lange es dauert, bis mich dort drin jemand aufstöbert. Ich kann nur hoffen, dass es jemand ist, der mir einen großen Gin Tonic bringt. Noch ehe ich den oberen Treppenabsatz erreicht habe, vernehme ich von draußen ein durchdringendes Pfeifen. Na toll. Bertie und seine verdammte Kanonenböllerei haben mir jetzt gerade noch gefehlt.

# KAPITEL 6:
# Sex, Drugs und Bacon Rolls
Juli

***Gallicarosen***

*Rosa gallica gilt als die älteste Gartenrose. Sie bildet kompakte Sträucher und ihre karminrot bis purpurfarbenen Blütenblätter werden gern als Potpourri verwendet, weil ihr intensiver Duft in getrocknetem Zustand noch ausgeprägter wird. Besonders hervorzuheben sind die faszinierende Rosa Mundi, die ein volles, würziges Aroma verströmt und deren zartrosa Blütenblätter pinkfarbene Streifen aufweisen, des Weiteren Kaiserin Joséphine mit ihren hauchdünnen, gekräuselten Blütenblättern in kräftigem Pink mit dunkler Äderung sowie Belle de Crécy, deren sagenhaft würzig duftende Blüten in verschiedenen Farbtönen von Dunkelrosa bis Lila erscheinen und mit der Zeit zu einem zarten Mauve-Violettgrau verblassen.*

Es ist Mittwochvormittag und wir kommen zu spät zur Schule.

»Morgen, Molly. Du siehst ziemlich erledigt aus.«

»Danke, Sally. Das habe ich Roger zu verdanken.«

»Was hat er jetzt wieder angerichtet?«

»Hier, Alfie, nimm deine Tasche, Liebes. Es klingelt gleich. Gestern Abend ist in seinem dämlichen Golfclub eine Feier gestiegen, weil er endlich Captain geworden ist, und es gab so viele Trinksprüche und Ansprachen, dass er am Ende kaum noch gerade stehen konnte.«

»Da kommt Freude auf.«

»Du sagst es. Und Georgina musste mir natürlich unter die Nase reiben, was für ein tolles Ferienprogramm sie für Henry und Alicia zusammengestellt haben. Erst schicken sie die zwei zu einem Segelkurs – was sonst –, dann steht eine Rundreise durch Italien an, auf der sie von einer Statue zur nächsten geschleppt werden, und als i-Tüpfelchen gibt es danach noch einen Aktivurlaub in einem Sportferienlager in Wales, das richtig grauenhaft klang. Ich habe ihr gesagt, sie kann sie gern mal bei uns vorbeischicken, aber sie wirkte nicht sonderlich angetan von der Vorstellung, dass ihre Sprösslinge unsere Schweine kennenlernen und mit meinen Jungs spielen.«

»Arme Kinder. Das ganze Semester im Internat, und dann dürfen sie noch nicht mal die Ferien zu Hause verbringen.«

»Ja, aber andererseits ist die Idee gar nicht blöd, Sally. Stell dir mal vor, wir verfrachten unsere Sprösslinge auch irgendwohin, dann können wir den ganzen Sommer rumsitzen und uns um unsere Fingernägel kümmern.«

»Klingt verführerisch. Patrick und Tom haben gestern Abend irgendwas von wegen Camping erwähnt, aber ich glaube, da ging es nur darum, für eine Nacht ein Zelt im Garten hinter unserem Haus aufzustellen. Aber vielleicht könnte man das ja ein bisschen ausbauen.«

»Du glaubst doch nicht ernsthaft, du könntest ihn dazu überreden, mit vier Jungs eine Zelttour zu den kulturellen Highlights von Großbritannien zu unternehmen, oder? Er mag zuweilen ein bisschen langsam sein, aber er ist nicht geisteskrank, Sally. Nein, überlass mir das. Mir fällt schon eine Beschäftigung für unsere Jungs ein, irgendetwas, das interessant und trotzdem erschwinglich ist ... Okay, wahrscheinlich lernen unsere Ferkel vorher das Fliegen.«

Sie lacht.

»Warst du gestern nicht auch mit Stephen verabredet? Was macht Finn denn in den Sommerferien? Ich wette, Portia fährt mit ihm an irgendeinen schicken Urlaubsort.«

»Ja, wir haben uns auf einen Drink in dieser neuen Bar an der Strandpromenade getroffen. Finn hat er nicht erwähnt. Die Musik war ziemlich laut und dann kamen ein paar seiner Kollegen dazu, die mit ihren Freundinnen unterwegs waren.«

»Der Schuppen ist ja gerade total in. Ein paar der Rezeptionistinnen waren vorige Woche dort und haben sich dafür ordentlich aufgestylt.«

»Ja, da liefen so einige Minikleider und bauchnabelfreie Tops rum. Ich kam mir vor wie eine Uroma. Oh Gott, ich glaube ich muss noch eine Tablette einwerfen. Meine Kopfschmerzen sind noch kein bisschen besser.«

»Wie viele hattest du denn bis jetzt?«

»Zweieinhalb. Die dritte Hälfte nehme ich, sobald ich nach Hause komme.«

Sie grinst.

»Ach, deshalb die Sonnenbrille. Und ich dachte schon, die dient bloß als modisches Accessoire.«

»Von wegen. Achtung, Gefahr auf zwei Uhr in Gestalt von Miss Cooper. Sie kommt zu uns rüber. Untersteh dich, uns für weitere freiwillige Aktionen anzumelden, Sally. Ich habe mit dem Pförtnerhaus alle Hände voll zu tun.«

»Guten Morgen, Miss Taylor. Was für ein wunderbar sonniger Tag, nicht?«

Ich glaube, sie nimmt mich auf den Arm, wegen der Sonnenbrille. Oder sie glaubt, ich hätte nichts zu tun und könnte mich faul in die Sonne legen.

»Wir haben schon viel von Ihren Neuankömmlingen gehört.«

Sie lächelt uns erwartungsvoll an. Leider habe ich keinen blassen Schimmer, wen sie meint. Sally scheint es ähnlich zu gehen.

»Alfie und Tom halten uns ständig auf dem Laufenden.«

Ach so, sie redet von den verfluchten Ferkeln.

»Die Klasse würde sie gern kennenlernen, und da wir normalerweise am Ende des Semesters ein Picknick veranstalten, dachte ich, wir könnten das ja kombinieren. Die Kinder würden sich bestimmt riesig freuen.«

»Ein Picknick mit den Schweinen?«

Sie lacht gekünstelt.

»Na ja, nicht direkt *mit* den Schweinen, aber es findet sich doch sicher ein schönes Schattenplätzchen auf einer Wiese in der Nähe.«

Ich glaub, mich tritt ein Nilpferd. Wenn ich jetzt nicht blitzschnell reagiere, tollen am letzten Schultag zweiunddreißig Gören über unser Anwesen.

Ich nehme die Brille ab und trete einen Schritt nach vorn.

»Tut mir schrecklich leid, Miss Cooper, aber das ist leider ganz und gar ausgeschlossen. Ich kann gern ein paar Leckerbissen für das Picknick beisteuern, aber im Sommer haben wir laufend Gäste und deshalb alle Hände voll zu tun. Sie verstehen das bestimmt. Zeit ist das, was mir im Sommer am meisten fehlt – sechs Wochen Sommerferien, das wäre mal was …« Ha. Diese kleine Spitze wird sie garantiert ärgern, genau wie mich solche Sticheleien immer geärgert haben, als ich noch unterrichtet habe, aber das ist mir schnurz.

»Aber es lässt sich sicher trotzdem arrangieren, dass Ihre Klasse unsere Ferkel kennenlernt. Patrick ist bestimmt bereit, sie in die Schule zu bringen, nicht wahr, Sally?«

»Selbstverständlich. Er kann sich einen Anhänger von unserem Bekannten Dave leihen, der seine Schafe im Exmoor-Nationalpark weiden lässt.«

Miss Cooper reißt entsetzt die Augen auf.

»So, ich muss los, ich habe unheimlich viel zu tun. Bei Interesse sagen Sie uns einfach Bescheid. Sally, soll ich dich mitnehmen?«

»Das wäre nett.«

Im Auto kriegen wir uns gar nicht mehr ein vor Lachen.

»Ich kann ohne Weiteres zu Fuß zum Hotel gehen, Molly.«

»Ich weiß, aber ich komme sowieso dran vorbei.«

»Also, das war ja wirklich der Gipfel der Dreistigkeit. Die Schickimickitussen hat sie noch nie um einen Gefallen gebeten. Die müssen keinen Finger rühren.«

»Seit sie uns die Eiertombola aufgedrängt hat, glaubt sie wohl, sie kann mit uns machen, was sie will.«

»Nach deiner Aktion gerade eben sicher nicht mehr.«

»Ich kann es nur hoffen.«

Ich fahre los und folge der Straße an der Küste entlang zum Hotel.

»Wie war's denn mit Stephen? Ist er immer noch in Topform?«

»Ja, und knackig braun, dabei behauptet er, er würde die ganze Zeit bloß arbeiten. Morgen bricht er zu seiner nächsten Geschäftsreise auf und er musste noch etwas dafür vorbereiten. Und ich musste ja zu Rogers Feier, deshalb hatten wir wirklich bloß einen Drink.«

»Also kein Geknutsche diesmal?«

»Nein. Wir waren in einer Weinbar, Sally, da kannst du keine Szenen à la *9½ Wochen* erwarten.«

»Ich fand Mickey Rourke total heiß. Vor allem vor seinen missglückten Gesichtskorrekturen.«

»Ich weiß.«

»Das mit dem Sex in der Küche hab ich ja mit Patrick auch mal versucht. Wie im Film, wo Kim Basinger mit Obst und Peperoni gefüttert und mit Honig beschmiert wird, weißt du noch?«

»Wie könnte ich das je vergessen?«

»Tja, Patrick hat leider nicht gecheckt, worauf ich hinauswill, also haben wir uns dann einfach ein Sandwich gemacht.«

»Halleluja.«

Wir gackern los.

»Aua. Das ist nicht hilfreich, wenn man einen Kater hat, Sal. Ich brauche wohl noch einen Kaffee, bevor ich mich im Pförtnerhaus an die Arbeit mache. Bis zum Wochenende müssen wir fertig sein. Lola wird unser erster Gast, zum Testen, damit wir sehen, ob wir irgendetwas vergessen haben. Außerdem haben wir dieses und nächstes Wochenende B&B-Gäste. Es wird also ziemlich hektisch. Und nächsten Freitag kommen dann die ersten richtigen Gäste, die eine Woche bleiben. Ich bin schon ein bisschen nervös deswegen.«

»Es wird alles gut gehen. Und wenn du Hilfe brauchst, kann ich jederzeit vorbeikommen.«

Ich biege in den Parkplatz des Hotels ein und winke den beiden Zimmermädchen, die sich für eine heimliche Rauchpause hinter den Mülltonnen verschanzt haben.

»Die sollten oben sein und putzen.«

»Sie haben wohl nicht damit gerechnet, dass du mit dem Auto kommst. Sei nicht so streng mit ihnen.«

»Und ob ich streng sein werde. Wenn die beiden so weitermachen, muss ich demnächst hart durchgreifen. Ständig sind sie unauffindbar, wenn man sie mal braucht. Ich glaube, ich werde sie künftig auf unterschiedlichen Etagen einteilen. Danke, Molly. Morgen, Tiffany, hallo Chantelle. Na, seid ihr mit euren Zimmern schon durch?«

Im Pförtnerhaus werde ich bereits von Vicky erwartet. Und sie macht gerade Kaffee, dem Himmel sei Dank.

»Ich habe auch Croissants mitgebracht. Ich dachte, eine kleine Stärkung kann nicht schaden. Gibt es warmes Wasser?«

»Das will ich hoffen. Ich habe den Boiler entsprechend eingestellt.«

»Wir müssen nur noch das Erdgeschoss putzen, dann sind wir fertig.«

Sie reicht mir eine Tasse.

»Von wegen. Wir müssen noch auspacken und den ganzen Dekokram verteilen.«

»Schon, aber das macht am meisten Spaß. Im Übrigen lautet meine Bezeichnung für das, was du Dekokram nennst, Tüpfelchen auf dem i.«

»Entschuldige.«

Sie hält mir grinsend ein Croissant unter die Nase.

»Hier.«

»Danke, Vicky. Das kommt jetzt gerade recht.«

»Erinnere mich daran, dass ich noch ein paar Fotos für die Webseite mache. Die vom Obergeschoss habe ich gestern hochgeladen. Willst du sie sehen?«

»Gern.«

Sie klappt ihren Laptop auf und klickt auf einen Link.

»Wow! Sieht hammermäßig aus.«

»Gehört alles zum Service, Madam. Okay, wo fangen wir an?«

»Sobald ich mein Croissant verputzt habe, bringe ich die Küche auf Hochglanz.«

»Das kann ich aber auch übernehmen.«

»Nein, kümmere du dich mal lieber um das Tüpfelchen auf dem i. Die Bücher habe ich dabei, sie sind draußen im Auto. Es sind auch ein paar für Kleinkinder dabei. Als ich die Jungs gefragt habe, ob sie mir ein paar von ihren alten Bilderbüchern überlassen könnten, die sie ohnehin seit Jahren nicht mehr in der Hand hatten, waren sie total entrüstet und haben eine halbe Ewigkeit in ihren Bücherregalen gestöbert. Deshalb habe ich dann doch keine rausgeschmuggelt. Sie haben ein paar längst vergessene Schätze wiederentdeckt und fast zwei Stunden gelesen. Es war großartig. Ich hätte am liebsten bei den Leuten vom *Guinness Buch der Rekorde* angerufen.«

Sie lächelt.

»Daisy ist genauso. Wenn es in ihrem Zimmer allzu chaotisch aussieht, holt Bea einen großen Pappkarton und sagt, es sei an der Zeit, mal ein bisschen auszumisten, und im Nu ist das Kinderzimmer wieder tipptopp aufgeräumt.«

»Super Idee. Das muss ich ausprobieren.«

Sie holt die Bücher aus dem Auto.

»Ach, das hier habe ich geliebt. Ich weiß noch, wie ich es Daisy vorgelesen habe. Klasse, Molly. Wir haben bestimmt gelegentlich Gäste, die ein Baby mitbringen; die werden entzückt sein. Ich habe auf der Webseite vermerkt, dass hier nur Platz für Kinder unter zwei Jahren ist, und außerdem sieht man ja, dass es nur ein Schlafzimmer gibt. Damit ist wohl ausgeschlossen, dass jemand ältere Kinder mitbringt.«

»Ich frage mich ja nach wie vor, ob wir einen Antrag für

einen Ausbau hätten stellen sollen, dann hätten wir das Bad vergrößern und ein zweites Schlafzimmer anbauen können. Andererseits hätte das ewig gedauert und mein Budget total gesprengt.«

»Nein, es ist perfekt, so wie es ist. Laut Bea ist es mittlerweile auch ziemlich schwierig geworden, die Genehmigung für Umbaumaßnahmen an hübschen alten Gebäuden wie diesem hier zu erhalten. Außerdem steht doch als Nächstes sowieso der Umbau der Stallungen auf dem Programm und da hattest du doch Ferienwohnungen mit zwei Schlafzimmern zur Ergänzung deines Portfolios vorgesehen, nicht?«

»Ergänzung des Portfolios. Das klingt gut.«

»Allmählich hab ich das Fachvokabular drauf. Soll ich das übrige Geschirr auch auspacken?«

»Das wäre toll und ich suche jetzt mal die Gummihandschuhe und bringe die Küchenschränke auf Vordermann, ehe Ivy sie sieht.«

Wir lächeln uns an.

In den vergangenen paar Wochen wurde das Licht am Ende des Tunnels zu meiner unsagbaren Erleichterung allmählich etwas heller. Wir haben die Holzböden im Pförtnerhäuschen abgeschliffen und gebeizt, sodass sie wie neu aussehen, und neben Sisalteppichen für die Küche und die Essecke einen dicken Wollteppich besorgt, der vor dem neuen Holzofen liegt. Beim Tünchen der Wände waren zwar vier Farbschichten vonnöten, dafür lässt die Kombination aus Enteneierblau in der Küche und Mattweiß im Rest des Hauses alles zu einer harmonischen Einheit verschmelzen.

Knallgrüne und kornblumenblaue Accessoires, wie etwa die Zierkissen und Decken auf der mit schiefergrauem Tweed bezogenen Sitzgruppe, sorgen für eine frische, elegante Note. Vicky hat wahrhaft Großes geleistet. Sie hat exklusiv wirkende Materialien geschickt mit preisgünstigeren gemischt – die Stoffe für die Zierkissen und Jalousien und die gepunkteten Vorhänge, die wir für die Küche genäht haben, zum Beispiel. Das blauweiß gemusterte Porzellan, das ich auf dem Flohmarkt erstanden habe, wird sich auf der Kommode ausnehmend gut machen, und auf dem Fensterbrett neben der Haustür steht getrockneter Kugellauch aus dem Garten in einem großen blauen Glaskrug, der in der Sonne funkelt.

Oben im Schlafzimmer sind die Wände elfenbeinweiß und nude gestrichen, im Bad haben wir uns für ein zartes Hellrosa entschieden. Vicky hat eine Tapete mit springenden Hasen in einem hellen Karamellton auf weißem Grund aufgetrieben, die unheimlich teuer war, aber wir haben ohnehin nur die Giebelwand damit beklebt. Vor dem Fenster haben wir eine schlichte, frei stehende Badewanne platziert, die so groß ist, dass Mr Stebbings den Fensterrahmen herausnehmen musste, damit wir sie überhaupt ins Haus bugsieren konnten. Es gibt auch eine Dusche und einen bequemen Polstersessel mit einem speziellen Überzug aus naturweißem italienischem Gummi, den Vicky von einem ihrer Nobel-Zulieferer gekauft hat. Auch der hat ein Vermögen gekostet, obwohl sie einen saftigen Preisnachlass herausgehandelt hat, aber dafür haben wir ein richtiges Designerbad geschaffen, das nicht kühl und steril wirkt und trotzdem ohne Weiteres mit den Luxusbädern mithalten kann, die man gelegentlich in Wohnzeitschriften sieht. Ich habe flauschige weiße Frotteetücher und Vorleger gekauft und außerdem Baumwollbettwäsche in den Farben Ecru und Karamell und vor den Schlafzimmerfenstern hängen farblich passende karierte Vorhänge, die wir dick gefüttert haben, für all jene Gäste, die nicht schon im Morgengrauen aufwachen wollen.

Ich putze gerade die Küchenfenster, als Mum hereinschneit.

»Ich dachte, du magst vielleicht ein Sandwich. Für Vicky habe ich auch eins mitgebracht. Das Haus ist wirklich entzückend geworden!«

»Danke, Mum. Vicky ist gerade gefahren, sie kommt erst morgen wieder, aber wir sind fast fertig.«

»Ivy hat mir von der Kaninchentapete im Bad erzählt. Darf ich raufgehen und sie mir ansehen?«

»Nur zu, ich stelle inzwischen Teewasser auf. Allerdings sind es Hasen, keine Kaninchen.«

Gleich darauf haben wir uns am Küchentisch niedergelassen.

»Danke, Mum, das ist jetzt genau das Richtige. Mir war gar nicht bewusst, wie hungrig ich bin.«

Ich schlinge in Rekordtempo sowohl mein als auch Vickys Sandwich hinunter.

»Hat Ivy gemacht. Sie war gerade am Kochen und wollte Dennis losschicken, damit er euch zum Essen holt, aber ich habe angeboten, euch etwas zu bringen. Ihr habt hier wirklich Wunder vollbracht. Ich hätte große Lust, ein paar Nächte hier zu verbringen. Wobei ich mir lebhaft vorstellen kann, was dein Vater dazu sagen würde. Was ist das?«

Sie greift nach einer mit blauem Samt bezogenen Mappe, die Vicky auf die Kommode gelegt hat.

»Wir stellen ein paar Infos für die Gäste zusammen – Prospekte und Broschüren von Sehenswürdigkeiten, Busfahrpläne, Informationen über die Gezeiten und so. Heute Abend legt Vicky noch letzte Hand an die Liste mit den Anweisungen für das Haus – wie man den Boiler einschaltet, an welchen Tagen die Müllabfuhr kommt, wann wir die Bettwäsche wechseln und so weiter.«

»Hübscher Krug. Hast du den auch vom Flohmarkt?«

»Ja, der war spottbillig. Ich möchte ihn als Vase verwenden, falls mir Dennis ein paar Rosen überlässt.«

Wir lächeln.

»Ich war vorhin bei ihm und Celia im Garten. Sie reißen gerade das Pflaster rund um den Springbrunnen auf, um zu herauszufinden, was mit den Leitungen los ist. Hast du gewusst, dass das Flora ist?«

»Wer?«

»Die Brunnenstatue. Sie stellt die Göttin Flora dar und das Wasser, das aus ihrem Krug fließt – wenn der Brunnen je wieder funktionieren sollte –, symbolisiert den Frühling. Celias Neffe hat auch mitgeholfen. Ein äußerst sympathischer junger Mann, nicht? Bis der Klavierstimmer kam, hatte er schon den Großteil der Platten weggehebelt.«

»Ah, gut, ich hatte gehofft, dass das mit dem Klavier erledigt ist, bis ich hier fertig bin.«

»Du hast etwas verpasst. Am Ende hat der Stimmer gemütlich eine Tasse Tee getrunken, während Edward ein paar Songs gespielt hat, begleitet von Bertie und Betty. Wir haben uns schiefgelacht. Ich wusste gar nicht, dass Edward ein so begnadeter Pianist ist. Seine Eltern müssen ja ganz grässliche Leute sein. Celia hat erzählt, dass sie jetzt auch auf sie sauer sind und nicht mehr mit ihr reden, was ihr allerdings ganz gelegen kommt, wie es aussieht.«

»Den Eindruck habe ich auch.«

»Sie hat mir auch von ihrem neuen Häuschen erzählt und dass Mr Stebbings es renovieren wird, ehe er sich an den Umbau eurer Stallungen macht.«

»Stimmt, wir müssen sowieso abwarten, bis wir alle Genehmigungen haben und die Einzelheiten mit der Bank geklärt sind.«

»Celia hat erzählt, ihr neues Cottage befindet sich auf dem Hügel über dem Hafen.«

»Richtig, in den verwinkelten Gassen ganz oben in der hintersten Ecke.«

»Sie sagt, der Garten muss komplett neu gemacht werden. Er ist recht steil und in Terrassen angelegt und wurde jahrelang vernachlässigt. Sie hätte gern einen Alpengarten, weiß allerdings nicht viel darüber, deshalb hat sie mich gebeten, ihr ein paar Tipps zu geben, weil Helena mal erwähnt hat, dass ich früher einen so hübschen Alpengarten hatte. Ist das nicht nett?«

»Es stimmt ja auch, Mum. Dein Garten war wunderschön.«

»Ich habe gesagt, ich stehe ihr gern mit Rat und Tat zur Seite, solange mir noch genügend Zeit bleibt, um dich hier zu unterstützen. Es macht mir Spaß, auch wenn dein Vater etwas dagegen hat. Ich finde es einfach schön, mich nützlich zu machen, statt den ganzen Tag zu Hause zu hocken. Es schadet ihm nicht, wenn er dann und wann zu Mittag bloß ein Sandwich isst, das ich ihm verzehrbereit in den Kühlschrank stelle. Außerdem sorge ich dafür, dass jeden Abend eine warme Mahlzeit auf den Tisch kommt.«

»Ich weiß, Mum, und du bist mir wirklich eine unbezahlbare Hilfe. Aber du kannst dich gern auch einfach mal mit einem Buch in den Garten setzen und dich erholen, ja? Schließlich ist Harrington Hall auch ein Teil von dir.«

Sie umarmt mich, sichtlich erfreut über meine Worte.

»Huch, schon so spät! Ich muss los. Ich brauche noch Koteletts für das Abendessen. Und du sieh zu, dass du heute mal früher ins Bett kommst. Du willst doch nicht total gerädert sein, wenn deine ersten Sommergäste kommen.«

Tja, der Zug dürfte längst abgefahren sein, aber egal.

»Danke, Mum.«

Nicht zu fassen, dass sie zu dem Schluss gekommen ist, Dad könne sich ohne Weiteres hin und wieder mit einem Sandwich begnügen. Hoffentlich bleibt das auch so. Jahrelang haben wir uns bemüht, ihm alles recht zu machen, und gerade bei den Mahlzeiten war die Atmosphäre oft so angespannt, dass Mum total fahrig und nervös war. Es kommt nicht von ungefähr, dass ich ein so großer Fan von Picknicks bin, denn da mussten wir nicht ständig befürchten, Dads Unmut zu erregen. Wir saßen einfach im Garten oder am Strand auf einer Decke und es gab zur Abwechslung mal keine Ermahnungen wie »Sitz gerade!« oder »Schling dein Essen nicht so runter!«. Wenn das Wetter hält, könnten wir eigentlich am Wochenende ein Picknick veranstalten – in sicherer Entfernung zu den Schweinen, es sei denn, jemand möchte unbedingt sein Essen mit ihnen teilen.

Nachdem ich die Jungs aus der Schule abgeholt habe, begibt sich Ben geradewegs in den Garten, um Paprika und Tomaten für das Abendessen zu ernten, während ich mich zehn Minuten der Rosenpflege widme. Ich finde es seltsam entspannend, mit einem Körbchen zwischen den Sträuchern herumzuschlendern und da und dort welkende Blüten zum Trocknen abzuknipsen. Auch Lavendel möchte ich demnächst schneiden und trocknen. An Tagen wie diesen kann ich durchaus nachvollziehen, was den großen Reiz des Gärtnerns ausmacht.

»Sie haben doch hoffentlich nicht vor, sich ganz nebenbei auch ein paar Rosen für Ihre Vasen zu mopsen, oder?«

»Doch nicht ohne Ihre Erlaubnis, Dennis. Ben ist im Küchengarten und holt Tomaten fürs Abendessen, ich hoffe, das geht in Ordnung?«

»Ich hab's gerade gesehen. Der Junge bringt alles mit, was ein guter Gärtner braucht. Unser Michael war in dem Alter ganz genauso.«

»Es macht ihm großen Spaß, ja. Ich bringe jetzt die Blüten rein und mache Tee. Wollen Sie auch eine Tasse?«

»Nein, ich gehe Ivy lieber aus dem Weg. Sie ist mal wieder schlecht gelaunt, wie so oft nach einem Anruf von Michael.«

»Er fehlt Ihnen bestimmt sehr. Wie lange lebt er jetzt schon in Australien?«

»Fast zehn Jahre. Sein zweiter Sohn ist dort auf die Welt gekommen. Meine Schwiegertochter hat ihre Mutter überredet, ebenfalls nach Australien zu ziehen, in einen Bungalow ganz in ihrer Nähe. Ich an Michaels Stelle wäre ja nicht sonderlich angetan, wenn der Schwiegertiger urplötzlich zwei Häuser weiter wohnt und jeden Handgriff überwacht. Ivys Mutter war schon schlimm genug. Als wir frisch verheiratet waren, kam sie ständig vorbei und hat überall die Nase reingesteckt. Aber wer bei der Navy ist, muss häufig umziehen, und so waren wir sie ziemlich bald los. Wie dem auch sei, Michael hat mit seinem Job das große Los gezogen. Er hat ein großes Haus mit Pool und allem Drum und Dran. War offenbar die richtige Entscheidung.«

»Aber weit weg ist es schon. Haben Sie mal in Erwägung gezogen, ihn zu besuchen?«

Hoffentlich sagt er jetzt nicht: »Ja, nächste Woche geht's los«. Sonst habe ich ein Problem, und zwar ein ganz gewaltiges.

»Nein, Ivy hat sich mit seiner Frau Christine zerstritten.

Eigentlich ein ganz nettes Mädel, aber bei der Planung der Hochzeit wollten sie und ihre Mutter sich partout nicht reinreden lassen, dabei wollte Ivy bloß helfen. Und als dann Joshua auf die Welt kam, ging es im selben Tonfall weiter. Ist ja durchaus nachvollziehbar, dass eine Frau bei der Geburt ihres ersten Kindes lieber die eigene Mutter um sich hat, aber Ivy hat sich ausgegrenzt gefühlt. Dazu kam, dass wir keinen Platz für sie hatten und das Geld ein bisschen knapp war, und irgendwann wollten sie uns gar nicht mehr besuchen. Und dann haben sie uns eröffnet, dass sie auswandern. Christine und Ivy sind sich einfach zu ähnlich, das ist das Problem. Sie haben sich allerlei dummes Zeug an den Kopf geworfen, Dinge, die man nicht sagen sollte und an die sie sich inzwischen garantiert schon gar nicht mehr erinnern, aber so hat eben eins zum anderen geführt, und seither reden sie nicht mehr miteinander. Michael ruft alle paar Wochen an und dann plaudern wir ein bisschen mit den Jungs, aber Christine kommt nie ans Telefon.«

»Wie schade.«

»Ja, allerdings. Und ich weiß, dass sich Ivy wegen der ganzen Angelegenheit grämt. Sie gibt es zwar nicht zu, aber ich spüre es.«

»Könnten wir nicht etwas unternehmen?«

Er lächelt.

»Darüber habe ich auch schon nachgedacht. Es wäre sinnlos, Ivy zu einer Reise nach Australien überreden zu wollen. Sie lässt sich nicht umstimmen, man muss sie hintenherum zum Umdenken bewegen. Das ist eines der wenigen Dinge, die ich nach all der Zeit, die wir nun schon verheiratet sind, gelernt habe. Wie auch immer, übernächstes Jahr feiern wir goldene Hochzeit und ich habe mir überlegt, ob ich Michael bitten soll, uns aus diesem Anlass zu besuchen. Was halten Sie davon?«

»Ich finde, das ist eine großartige Idee, aber warum noch so lange warten? Wir könnten sie doch auch zu Ivys Geburtstag einladen. Wann ist der eigentlich?«

»Ende September, aber sie mag es gar nicht, wenn man viel Aufhebens darum macht. Zumindest behauptet sie das, aber wehe, ich würde ihren Geburtstag vergessen! Das würde sie mir garantiert noch Jahre vorhalten.«

»Was meinen Sie, würde Ihr Sohn kommen?«

»Unser Michael ist wie ich – um des lieben Friedens willen tut er alles. Ich weiß, dass er unter der Situation leidet, und ich bin sicher, er würde versuchen, es irgendwie einzufädeln. Und Ivy wäre sicher außer sich vor Freude. Aber wir sollten sie überraschen, sonst macht sie sich viel zu viele Gedanken deswegen. Sie wissen ja, wie sie ist, wenn sie sich mal auf etwas eingeschossen hat. Und ich würde Mr Bertie um seine Meinung bitten. Er kennt sie gut und er kann schweigen wie ein Grab. Es käme mir seltsam vor, diese Angelegenheit nicht mit ihm zu besprechen.«

»Natürlich. Und sollte er auch dafür sein, dann können sie hier im Haus wohnen. Ich werde die Gästezimmer für die fragliche Zeit einfach unter einem Fantasienamen reservieren, damit Ivy keinen Verdacht schöpft. Michael soll zusehen, dass er möglichst günstige Flüge kriegt, und die übrigen Kosten übernehme ich, auch für die Feierlichkeiten. Ich warte schon lange auf eine Gelegenheit, mich bei Ihnen beiden erkenntlich zu zeigen.«

Er lächelt.

»Mal sehen, was Mr Bertie davon hält. Aber meiner Meinung nach ist das eine gute Idee. Und Sie haben völlig recht, es ist längst überfällig. Wozu noch warten?«

Er macht sich pfeifend auf den Weg in den Obstgarten, während Ivy vor sich hin murmelt und mit Töpfen klappert, als ich in die Küche komme.

»Ist Mr Bertie noch draußen? Dieser Kindskopf kann einfach keine fünf Minuten still sitzen. Andauernd heckt er irgendwelchen Unsinn aus.«

»Keine Ahnung, Ivy. Ich hab ihn nicht gesehen.«

»Ich habe einen gedeckten Apfelkuchen für das Abendessen gemacht. Er steht im Ofen, auf der untersten Schiene, damit er schön warm bleibt.«

»Danke, Ivy.«

»Mr Edward hat mich darum gebeten. Der arme Junge. Er sagt, er hat gedeckten Apfelkuchen schon immer geliebt. Ich habe den Eindruck, er hat seit Jahren nichts Anständiges gegessen.«

»Wahrscheinlich nicht. Ein Glück, dass er jetzt hier ist und von Ihnen aufgepäppelt wird, bevor er endgültig vom Fleisch fällt.«

Sie zögert, dann lächelt sie.

»Ich mag es, wenn der Teller leer gegessen wird.«

»Das trifft sich gut, wir lieben Ihre Gerichte nämlich alle heiß und innig.«

»Bei Mr Bertie habe ich da so meine Zweifel. Heute Mittag hat er mal wieder nur in seinem Essen herumgestochert. Er war von jeher ziemlich heikel. Ich weiß ja, dass Leber mit Zwiebeln nicht zu seinen Leibspeisen gehört, aber es ist nun mal ein sehr nahrhaftes, gesundes Gericht. Ich hab noch zwei Portionen für unser Abendessen und dazu gibt es Speck. Dennis wird bestimmt auch das Gesicht verziehen, aber da muss er durch.«

»Ah ja.«

Du liebe Zeit. Ich kann nur hoffen, sie ist von unserer

Überraschung angetan, vorausgesetzt, Bertie gibt grünes Licht, sonst tischt sie uns künftig womöglich ständig Leber auf. Igitt.

»Mum, was gibt's zum Abendessen?«

Ich würde zu gern »Leber mit Zwiebeln« antworten, nur um Dans Gesicht zu sehen.

»Eine Quiche mit Thunfisch und Salat, und zum Dessert Ivys gedeckten Apfelkuchen.«

»Super. Soll ich den Tisch decken?«

»Das wäre nett, Schatz, wobei es bis zum Essen ja noch eine Weile dauert.«

»Okay, dann mache ich erst meine Hausaufgaben und decke danach den Tisch.«

»Danke, Liebes.«

»Schon gut, Mum, ich weiß doch, wie viel du immer zu tun hast.«

Er verzieht sich nach oben und Ivy und ich sehen uns an.

»Er hat entweder einen Bärenhunger oder etwas kaputt gemacht. Oder er will irgendetwas. Hoffentlich bloß etwas zu essen.«

Sie nickt.

Für den Salat schneide ich die Tomaten, die Ben vorhin gepflückt hat, wobei das eine oder andere Stück direkt in meinen Mund wandert. Ich kann nicht widerstehen. Der Geschmack ist nicht zu vergleichen mit dem der gekauften Tomaten. Auch der Blattsalat und die Gurken schmecken ganz anders, wenn sie frisch aus dem Garten kommen. Und das Tollste daran ist, dass ich dafür nicht einmal selbst im Dreck wühlen muss. Dan ist in letzter Zeit geradezu hyperhilfsbereit. Er hat sogar angeboten, sich nachher um die Hühner zu kümmern, ich soll ihm bloß sagen, wann.

»Okay, was hast du auf dem Kerbholz?«

»Ich weiß nicht, was du meinst. Kann ich nicht einfach mal helfen, ohne dass du gleich misstrauisch wirst?«

»Entschuldige. Also, was willst du?«

»Nichts.«

»Nun sag schon.«

Er grinst.

»Na ja, ich würde gern auf eine Party gehen, aber wir können auch später darüber reden. Es ist keine große Sache.«

»Netter Versuch, Schatz. Was für eine Party?«

»Am Samstagabend organisiert einer der Rettungsschwimmer eine Strandparty. Er heißt Jack und ist achtzehn und er hat die ganze Truppe eingeladen und außerdem ganz viele von seinen Kumpels. Robbie geht auch hin, seine Mum hat es ihm erlaubt. Wir werden grillen. Es wird bestimmt total cool.«

»Achtzehn ist deutlich älter als vierzehn, Liebes.«

»Aber ich bin schon fast fünfzehn.«

»Du wirst erst in einem Monat fünfzehn und du weißt, was ich meine – da gibt es bestimmt Alkohol und weiß der Geier was noch alles.«

»Oh Mann, du fängst jetzt aber nicht wieder mit deinem Sex-und-Drogen-Aufklärungsblabla an, oder? Bitte nicht. Das ist voll peinlich!«

»Nicht so peinlich, wie wenn man ein Kind in die Welt gesetzt hat, ehe man alt genug ist, um wählen zu gehen, glaub mir.«

»Bitte erspar mir das, Mum. Ich weiß Bescheid, ehrlich!«

Er setzt eine gequälte Miene auf.

»Ich bin vorsichtig, okay? Ich versprech's. Ich werde nicht mit irgendeiner x-beliebigen Schnecke ins Bett gehen, und sollte der glorreiche Tag jemals kommen, dann werde ich darauf achten, dass ich mich nicht mit gefährlichen Krankheiten anstecke. Und ich werde mich auch vor zwielichtigen Typen in Acht nehmen, die versuchen, mich zu sich ins Auto zu locken.«

»Gut, Dan. Wobei ich mir ohnehin nicht vorstellen kann, dass jemand verrückt genug ist, dich freiwillig zu sich ins Auto zu lassen.«

Er grinst.

»Jedenfalls musst du dir deswegen noch nicht den Kopf zerbrechen, Mum, bis jetzt hat sie noch nicht einmal mit mir geredet.«

»Wer?«

»Na, Freya.«

Ach herrje, er steht also immer noch auf sie. Freya ist groß, blond und könnte mit ihrer Figur ohne Weiteres das Werbeplakat einer Surfschule zieren. Und außerdem ist sie blitzgescheit und hat in der Schule genauso gute Noten wie Dan. Sie spielt in einer völlig anderen Liga, das ist selbst mir bewusst, obwohl ich in meiner Funktion als Dans Mutter naturgemäß vollkommen subjektiv bin.

»Wie, ihr habt euch noch nie unterhalten? Habt ihr nicht zusammen Geschichte und Englisch?«

»Doch, und da reden wir auch manchmal miteinander, aber ich meinte außerhalb der Schule.«

»Kluge Mädchen mögen kluge Jungs. Entspann dich und sei einfach du selbst.«

»Pfff. Ich versuch's ja, aber als ich das letzte Mal etwas zu ihr sagen wollte, klang meine Stimme auf einmal voll bescheuert.«

»Dann konzentrier dich darauf, im Unterricht zu brillieren. Das wird ihr imponieren.«

»Aber in drei Wochen fangen die Ferien an und von Brillieren kann echt keine Rede sein, Mum.«

»Fang an, indem du deine Hausaufgaben machst. Und was ist mit dem Ferienprojekt in Englisch?«

»Ach, das ist total beknackt. Mr Ellingham will, dass wir über unseren Sommer schreiben. Also echt. Etwas Langweiligeres ist ihm wohl nicht eingefallen.«

»Was müsst ihr denn bis zum Herbst lesen?«

»Dieses total beknackte *Stolz und Vorurteil*. Ich hab den Film gesehen und ich versteh echt nicht, warum es so lang dauert, bis dieser Großkotz Mr Darcy endlich in die Gänge kommt.«

»Wahrscheinlich ging es ihm so wie dir mit Freya.«

»Wenn ich so ein großes Herrenhaus hätte, dann würde ich mich nicht so anstellen.«

»Na ja, irgendwann springt er ja doch noch über seinen Schatten und dann gibt sie ihm einen Korb.«

»Selber schuld, wenn er so ein Arsch ist.«

»Du könntest ja über eine andere Art von Vorurteilen schreiben, anhand von Begebenheiten, die du diesen Sommer erlebst.«

»Was denn für Vorurteile? Ich find's super hier, Mum.«

»Na ja, gegen die Touristen sind zum Beispiel alle voreingenommen, nicht?«

»Ja, und zwar zu Recht. Hm. Mr Ellingham hat gesagt, wir können uns auch etwas ausdenken. Ich könnte ja darüber schreiben, was ich im Sommer gern erlebt hätte, und es mit dem vergleichen, was ich tatsächlich erlebt habe. Auf die Art kann ich auch gleich etwas aus *Stolz und Vorurteil* einbauen. Cool. Danke, Mum.«

Meiner Meinung nach ist es ja ziemlich gewagt, Jungs im Teenageralter niederschreiben zu lassen, was sie im Sommer gern erleben würden. Ich wette, in den Aufsätzen, die Mr Ellingham im Herbst einsammelt, kommen so einige Mädchen in Bikinis vor.

»Okay, aber schreib bitte etwas, das er vor der Klasse vorlesen kann. Etwas, das beweist, was für ein kreatives Genie du bist.«

Er grinst.

»Und ich möchte den Aufsatz lesen, wenn er fertig ist.«

Jetzt verdreht er die Augen.

»Dann darf ich also auf die Party gehen?«

»Meinetwegen, wenn du versprichst, vernünftig zu sein. Ich hole dich dann um elf ab.«

»Da hat die Party doch noch gar nicht richtig angefangen, Mum. Und außerdem fährt da jeder mit dem Taxi nach Hause.«

»Okay, dann komme ich eben um Mitternacht. Ein Taxi kannst du dir nicht leisten, und ich ebenso wenig. Ich werde ohnehin kein Auge zumachen, bis du im Bett liegst. Also, friss oder stirb.«

Er verdreht erneut die Augen, lächelt aber, als er nach oben geht.

Ich habe gerade Alfie ins Bett gebracht, da klingelt das Telefon. Es ist Stephen.

»Hi, Molly. Bea hat erzählt, das Pförtnerhaus ist fast fertig.«

»Ja, es ist toll geworden, was größtenteils Bea und Vicky zu verdanken ist. Die beiden sind genial. Du solltest es dir mal ansehen. Wie läuft es in ... Wo bist du gerade?«

»Barcelona. Es läuft wie am Schnürchen, danke. Wir eröffnen demnächst eine Dependance auf dem europäischen Festland. Wir haben uns um einige Großprojekte beworben, und wenn wir den Zuschlag erhalten – was, wie ich aus verlässlicher Quelle weiß, bereits feststeht –, dann bekommen wir als Teil des Deals unsere neue Außenstelle.«

»Wie aufregend.«

»Ja, allerdings. Ich werde natürlich trotzdem noch den überwiegenden Teil der Zeit zu Hause sein; man muss ja dafür sorgen, dass das Kerngeschäft weiterläuft. So, genug von der Arbeit geredet. Eigentlich rufe ich an, um dich zu einem Ball einzuladen.«

»Wie jetzt?«

»Du weißt schon, ein Ball – Abendgarderobe, Tiaras und dergleichen mehr. Lucinda Langdon-Hill ist Mitglied des Organisationskomitees und nervt mich schon die ganze Zeit wegen der Tickets. Der Ball findet jedes Jahr statt und ist eigentlich immer recht vergnüglich. Eine gute Gelegenheit, sich mal so richtig in Schale zu werfen, ein bodenlanges Kleid zu tragen und so. Die Damen sind immer alle ziemlich aufgedonnert.«

Puh.

»Ehrlich gesagt besitze ich gar kein bodenlanges Abendkleid, Stephen. Und im Grunde auch nicht allzu viele kurze. Trotzdem danke für die Einladung.«

»Ist doch ein hervorragender Anlass für eine Shoppingtour.«

»Ähm, ich glaube, das Ganze ist nicht so mein Ding ...«

»Es ist eine Benefizgala; der Erlös wird für einen guten Zweck gespendet. Voriges Jahr waren es ausgediente Rennpferde und die örtliche Sektion der konservativen Partei.«

»Das liegt mir natürlich beides sehr am Herzen.«

Er lacht.

»Okay, ich gebe mich geschlagen.«

»Nett, dass du gefragt hast, aber ich habe es nur mit Müh

und Not geschafft, Lucinda klarzumachen, dass ich keine Ambitionen hege, in ihren Landadel-Lunch-Kreis aufgenommen zu werden, und ich kann darauf verzichten, dass sie mich gleich wieder drangsaliert. Tut mir leid.«

Herrje, das war ja jetzt nicht gerade die viel gepriesene »feine englische Art«, aber ganz im Ernst – ein bodenlanges Abendkleid und scharenweise unausstehliche Schickimickischnepfen? Eher verbringe ich die Nacht freiwillig im Hühnerstall.

»Na gut, wenn du wirklich nicht willst, frage ich Bea, ob sie an dem betreffenden Abend Zeit hat. Ist bestimmt gut fürs Geschäft.«

»Mach das.«

Arme Bea.

»Wollen wir mal wieder essen gehen, wenn ich zurückkomme?«

»Gern.«

»Schön. Nacht, Molly.«

»Nacht, Stephen. Vielen Dank für den Anruf.«

Mist, jetzt ist mir dieser dämliche Satz schon wieder rausgerutscht! Ich kann förmlich hören, wie Stephen grinst.

»Gern geschehen.«

Es ist Samstagnachmittag und wir haben Full House. Lola und Tre sind schon seit gestern Abend da und eben sind Sam und seine Frau Angie mit ihren Kindern Silas und Ruby angekommen. Ich hatte fast vergessen, wie gern ich Petes Bruder mag, und Angie brachte zwei Tüten mit allerlei Köstlichkeiten von einem italienischen Delikatessenladen mit, die man sich nur selten gönnt, darunter teure Spezialnudeln, ein riesiges Stück Parmesan und diverse Antipasti wie eingelegte Artischocken und Paprika und außerdem verschiedene superleckere Pralinen. Somit ist sie eine aussichtsreiche Kandidatin für die Ernennung zum »Stargast des Jahres«. Der ganze Trupp hat sich gleich mal mit unseren Jungs auf den Weg zum Obstgarten gemacht, um die Schweine zu begrüßen, während ich mit Lola in der Küche Kaffee koche.

»Dann gefällt es dir also? Du hast nichts auszusetzen?«

»Es ist großartig, schick und gemütlich zugleich, und das Bad ist der Hammer, sehr designermäßig. Apropos, was gibt es Neues vom Architekten?«

»Der ist schon wieder unterwegs. Wir gehen essen, wenn er zurückkommt, vorausgesetzt, er nimmt es mir wirklich nicht übel, dass ich ihm einen Korb gegeben habe. Er wollte mit mir doch glatt auf den Ball der konservativen Partei.«

»Dann verkaufst du also das Haus und verteilst dein Geld an die Armen, oder wie?«

»Nein, aber das bedeutet noch lange nicht, dass ich mich mit diesen ganzen Snobs abgeben muss, in deren Augen arme Leute Abschaum sind.«

»Du hättest dein Collier tragen können.«

»Stimmt. Tja, das ist dann natürlich ganz was anderes. Wenn ich mit ein paar Diamanten und Smaragden angeben kann, die mir eigentlich gar nicht gehören, dann gehe ich auf jeden Fall hin. Ich weiß auch nicht, was mich geritten hat, als ich abgesagt habe.«

Sie schüttelt den Kopf.

»Also gut, Genossin, und wenn ich dir eine Einladung für einen Ball Sekt schlürfender Salonsozialisten in London organisiere, ziehst du dann deine Klunker an? Ja, Eigentum ist Diebstahl, schon klar, aber Helena hat dir das Collier vererbt, und deshalb gehört es dir, zumindest bis zur glorreichen Revolution, und ich will es an dir sehen.«

»Einverstanden. In diesem Fall besteht zumindest nicht die Gefahr, dass ich das Bedürfnis verspüre, mich oder einen der anderen Gäste zu erschießen. In Devon geht man nämlich noch auf die Jagd, musst du wissen. Verglichen mit einigen dieser Gestalten hier ist Attila der Hunnenkönig ein sentimentaler Liberaler.«

»Überlass das nur mir. Apropos, habt ihr Sekt im Haus? Wir sollten schon mal anfangen zu üben.«

»Nicht dass ich wüsste, aber frag Bertie. Für die Getränkevorräte ist er zuständig und in seinem Weinkeller lagern alle möglichen Schätze. Komm, wir bringen den Kaffee nach draußen.«

Lola beobachtet Eddie, der sich als äußerst geschickt im Umgang mit ausgebüxten Ferkeln erwiesen hat. Eben hat er Squeak gepackt, während dieser nichts Böses ahnend an Eddies Gummistiefeln schnüffelte, und ihn wieder auf die richtige Seite des Elektrozauns befördert.

»Du hast gar nicht erwähnt, dass er so attraktiv ist. Falls es mit der Musikerkarriere nicht klappt, könnte er als Model arbeiten.«

»Wer? Squeak?«

»Nein, du Dumpfbacke, ich rede vom jungen Mr Edward. Eine Kreuzung aus *Wiedersehen mit Brideshead* und *Downton Abbey* und so. Der Oberschicht-Burberry-Look ist gerade absolut angesagt. Besitzt er einen Tweedanzug?«

»Keine Ahnung, ich habe ich ihn nicht gefragt.«

»Er erinnert mich an den jungen Paul Newman. Ich hab ihn erst neulich in *Der Unbeugsame* gesehen. Der Kerl war ein Bild von einem Mann und angeblich auch sehr sympathisch, eine seltene Kombination. In einem Smoking sieht er bestimmt umwerfend aus.«

»Reden wir noch von Paul Newman?«

»Nein. Organisier eine schicke Dinnerparty, für die sich alle so richtig in Schale werfen müssen, dann weißt du, was ich meine. Er wird umwerfend aussehen. Und er guckt ständig zu dir rüber.«

»Tut er nicht.«

»Tut er doch, wenn er sich unbeobachtet fühlt. Wenn du dich ein wenig ins Zeug legst, könnte das ein sehr kurzweiliger Sommer für dich werden, Süße. Du musst bloß ein bisschen mit ihm flirten, um die Dinge ins Rollen zu bringen und ihn aus seinem Schneckenhaus zu locken.«

»Er ist notgedrungen bereits zur Nacktschnecke mutiert, Lola. Sein gesamtes Leben steht Kopf: Er hat schließlich seinen Job hingeschmissen und sich mit seinen Eltern angelegt. Dazu gehört laut Celia eine gehörige Portion Courage. Jetzt überlegt er, wie es weitergehen soll, und da kann er auf die Avancen einer Frau mittleren Alters garantiert verzichten. Außerdem habe ich total vergessen, wie man flirtet. Ich bin aus der Übung und das war ja sowieso eher dein Metier. Schon an der Uni warst du die unangefochtene Meisterin des Flirtens, soweit ich mich erinnere. Absolut konkurrenzlos.«

»Also, erstens bist du keine Frau mittleren Alters; wenn du nämlich in diese Kategorie gehörst, dann tue ich das auch, und das ist absolut lachhaft.«

»Ich werde nächstes Jahr vierzig, Lola. Ich könnte seine Mutter sein.«

»Vierzig ist das neue dreißig, und mit dreißig ist man auf gar keinen Fall eine Frau mittleren Alters. Und du könntest mitnichten seine Mutter sein – da hättest du ihn ja mit zwölf bekommen müssen, also hör gefälligst auf. Schmeiß dich einfach in irgendeinen engen Fummel und lass ein paar Knöpfe offen und dann heißt es nur noch abwarten und Tee trinken.«

»Schon mal den Spruch ›von hinten Lyzeum, von vorne Museum‹ gehört?«

»Pfff. In deinem Fall müsste es wohl eher ›von hinten Museum, von vorne Lyzeum‹ heißen. Mal ganz im Ernst, was ist mit dem grünen Rock, den ich dir zu Weihnachten geschenkt habe? Ich wette, den hattest du noch kein einziges Mal an.«

»Du meinst den, den ich mit einer schwarzen Wollstrumpfhose kombinieren soll? Vergiss es, der Robin-Hood-Look ist viel zu warm für diese Jahreszeit. Ich würde mich zu Tode schwitzen.«

Sie lacht.

»Okay, aber versprich mir wenigstens, dass du für die Beachparty heute Abend ein Kleid anziehst.«

»Nein, ich werde Jeans anziehen, und du ebenfalls, es sei denn, du willst hinterher Sand in allen möglichen Körperöffnungen haben.«

»Ich geb's auf.«

»Gut.«

»Trotzdem jammerschade.«

»Schon möglich, aber zumindest jammerst du dann hinterher nicht, dass du Sand im Po hast.«

Die Schweine spielen mit den Kindern Fußball, mit einem neuen Spielzeug, das Ben im Internet aufgetrieben hat. Es handelt sich um einen sogenannten Snack-Ball, der mit Trockenfutter befüllt werden kann, und wann immer er rollt, fällt das Futter durch ein paar Löcher heraus.

Bubble und Squeak schieben ihn stundenlang in einem Affenzahn mit dem Rüssel vor sich her und quieken und grunzen, wann immer ein paar Pellets herausfallen.

Sam ist höchst beeindruckt.

»Ich wusste nicht, dass Schweine Fußball spielen.«

»Hier in Devon schon.«

Er lacht.

»Sind sie immer so dreckig?«

»Nein, aber der Dreck schützt sie vor einem Sonnenbrand. Die Jungs haben extra eine Schlammsuhle für sie gegraben. Sonst müssten wir sie ständig mit Sonnenmilch eincremen.«

»Ist das dein Ernst?«

»Leider ja.«

Er grinst.

»Es ist schon eine völlig andere Welt, nicht?«

»Das kannst du laut sagen. Hast du schon unsere Hühner kennengelernt?«

Angie und Burberry-Eddie helfen mir bei der Zubereitung von Pasta und Salat für das Abendessen, dann begeben wir uns hinunter an den Strand. Ich beobachte ihn verstohlen, ertappe ihn aber nicht dabei, dass er mir sehnsuchtsvolle Blicke zuwirft. Trotzdem fühle ich mich irgendwie gehemmt. Wahrscheinlich hat sich Lola das wieder einmal eingebildet, genau wie damals, als ich gerade Pete kennengelernt und sie ein Blind Date mit Luke Harris für mich arrangiert hatte. Sie hat behauptet, er sei scharf auf mich, aber wie sich bald herausstellte, war er bis über beide Ohren in Lola verliebt, hat den ganzen Abend nur von ihr geschwärmt und wollte von mir Tipps, wie er am besten an sie rankommt.

Die Jungs sammeln schon seit Tagen Brennholz für das Lagerfeuer und haben Eddie überredet, ein paar große Scheite und Äste zu zersägen, die wir im Lagerraum im mittleren Stall zum Trocknen aufgeschichtet haben. Wir haben auch Hotdogs und Veggieburger vorbereitet und es gibt Marshmallows zum Aufspießen auf Stöckchen sowie Klappstühle für all jene Erwachsenen, die keinen gesteigerten Wert darauf legen, im Sand zu sitzen. Celia und Bertie achten darauf, dass weder die Stöckchen noch die Jungs selbst Feuer fangen, während Sam und ich noch einmal zurück zum Haus gehen, um ein paar Decken sowie eine Tasche mit Badetüchern und trockenen T-Shirts zu holen.

»Wir gehen also schwimmen?«

»Nein, das ist eigentlich nicht vorgesehen, aber die Jungs wollen bestimmt ein bisschen rumplanschen und dabei wird unweigerlich jemand ins Wasser fallen. Ich setze auf Alfie.«

»Hm, mein Silas ist diesbezüglich auch ein aussichtsreicher Kandidat. Sollen wir wetten? Ein Fünfer für den, dessen Sprössling zuerst baden geht.«

»Die Wette gilt.«

»Ich kann gar nicht fassen, wie groß sie geworden sind. Das Landleben tut ihnen sichtlich gut. Und dir auch, wie es scheint. Du wirkst zehn Jahre jünger, meine Liebe. Ganz im Gegensatz zu deinem Ex, der sieht jedes Mal noch älter aus, wenn ich ihn treffe. Ich war vor ein paar Wochen mit ihm ein Bier trinken. Gott, was für ein Langweiler. Es ärgert ihn tierisch, dass du Harrington Hall geerbt hast, oder?«

»Jep.«

Wir grinsen uns an.

»Ich will dir schon die ganze Zeit sagen, wie leid es mir tut, dass sich mein Bruder als ein solcher Arsch mit Ohren entpuppt hat. Falls du je irgendetwas brauchen solltest, dann gib Bescheid, okay? Ich habe mit Angie darüber geredet und wir waren uns einig, dass wir es dir zumindest anbieten wollen, obwohl es nicht den Anschein hat, als würdest du Hilfe benötigen. Du schlägst dich wacker, das sieht sogar ein Blinder, aber wie gesagt, falls du Unterstützung brauchst, ruf an. Du gehörst schließlich zur Familie.«

»Danke, Sam.«

»Ich mein's ernst. Du sollst nicht glauben, dass alle Männer aus meiner Sippe totale Wichser sind.«

»Das will ich hoffen, sonst habe ich ein ernsthaftes Problem, wenn meine Jungs erst erwachsen sind.«

»Wohl wahr. Tja, herzlichen Glückwunsch zu deinen bisherigen Erfolgen hier und lass dir noch einmal versichern, wie leid mir das mit meinem idiotischen Bruder tut. Was meinst du, ergattern wir noch ein paar von den Marshmallows?«

»Nein, aber in der Tasche mit den Badetüchern sind noch zwei weitere Packungen.«

»Die kluge Frau sorgt vor. Los, komm, wir laufen um die Wette.«

Als wir am Strand ankommen, ist Alfie bereits triefend nass und steht in eine Decke gewickelt da, während Dan versucht, sein T-Shirt zu trocknen, indem er es ziemlich nah ans Feuer hält.

»Her mit meinem Fünfer.«

Sam seufzt.

»Deine Rechthaberei kann ganz schön nerven, Molly.«

»Alfie, komm her. Ich habe trockene Klamotten dabei.

Aber sieh zu, dass die auch trocken bleiben, ja? Dan, danke für deine Bemühungen. Gib mir das T-Shirt. Trocknen lohnt sich ohnehin nicht, Alfie soll es ruhig noch mal anziehen, wenn er später wieder planschen will.«

»Toll habt ihr's hier, Molly. Ich bin total hin und weg. Ist es immer so schön?«

»Nein, Angie, mitten im Winter nicht.«

Sie grinst.

»Dann bereust du es also nicht, dass du London den Rücken gekehrt hast?«

»Nein, wir fühlen uns inzwischen alle sehr wohl hier.«

Lola hebt ihr Glas.

»Darauf trinke ich. Was ist mit Ihnen, Eddie? Gibt es gar nichts, das Ihnen hier fehlt? Waren Sie einer dieser City Boys, die den ganzen Tag am Telefon hängen und ›Bei dreiundvierzig sechs Millionen kaufen und bei siebzig verkaufen!‹ brüllen?«

»Gott, nein. Mein Job war bei Weitem nicht so spektakulär. Ich habe für eine der großen Anwaltskanzleien gearbeitet, im Bereich Immobilien, und die meiste Zeit hatte ich null Plan, worum es ging. Davor war ich in der Abteilung für Testamentsvollstreckung und Nachlassverwaltung, und da war es noch schlimmer.«

»Ich wusste gar nicht, dass du dich mit Erbschaftsangelegenheiten auskennst, Edward.«

»Bitte sag jetzt nicht, dass du kein Testament hast, Tante Celia.«

»Natürlich habe ich ein Testament, mein Junge. Helena hat mir ihren Anwalt vermittelt, und der hat das alles im Handumdrehen geregelt.«

»Dem Himmel sei Dank. Man glaubt gar nicht, wie oft ich

im Rahmen der grauenhaften Dinnerpartys, die meine Mutter ständig organisiert hat, darum gebeten wurde, mal eben ein Testament aufzusetzen oder eines unter die Lupe zu nehmen, das angefochten werden sollte. Es war entsetzlich.«

Lola lacht.

»Ungefähr so, wie man als Arzt beim Essen immer allerlei Symptome geschildert bekommt?«

»So in der Art, ja.«

»Ich frage mich, ob Mr Crouch dieses Problem auch hat. Ich habe nächste Woche einen Termin bei ihm, da werde ich ihn gleich mal fragen.«

»Mr Crouch?«

»Er war Helenas Anwalt und ist mittlerweile auch meiner. Er hat dafür gesorgt, dass ich mein Testament aktualisiere, nachdem ich Harrington Hall geerbt hatte. Ach, da fällt mir ein, ich könnte ihn ja fragen, ob er zufällig eine Teilzeitstelle hat, Eddie. Für einen Senkrechtstarter aus London hat er bestimmt Verwendung. Haben Sie Interesse?«

»Von Senkrechtstarter kann leider keine Rede sein. Ich kam mir wie gesagt meistens total fehl am Platz vor, und den Rest der Zeit ... na ja ... Kennen Sie diese Filmszenen, in denen der Darsteller allmählich zu Stein oder Eis erstarrt, angefangen bei den Fingerspitzen, und dann dazu verdammt ist, jahrelang in derselben Position zu verharren? Genau so hat es sich für mich angefühlt. Ich konnte förmlich spüren, wie ich verkalke.«

Bertie prostet ihm zu.

»Auf alles, was versteinerte Herzen schmelzen lässt. Sie haben die richtige Entscheidung getroffen, mein Junge.«

Wir heben unsere Gläser.

»Mum, Ben schmeißt ständig meine Marshmallows ins Feuer! Das macht er mit Absicht!«

»Bestimmt nicht, Alfie.«

»Meiner ist auch runtergefallen.«

Silas schwenkt seinen schon ziemlich verkohlten Stock.

»Warte, ich helfe dir. Du darfst ihn bloß nicht so nahe an die Flammen halten.«

Bertie spießt einen weiteren Marshmallow auf sein Stöckchen und tätschelt Alfie den Kopf.

»Hat jemand Lust auf einen Cocktail? Vielleicht kommt dann mal ein bisschen Schwung in diese Party. Wir können ja einen der Quälgeister um ein paar Zutaten schicken. Ach, danke, Eddie, sehr nett. Bringen Sie einfach eine kleine Auswahl. Ich werde schon etwas einigermaßen Genießbares zusammenbrauen.«

Zum Glück habe ich gestern Abend daran gedacht, dass ich heute für die ganze Mannschaft Frühstück machen muss, und mich daher beim Cocktailkonsum zurückgehalten. Deshalb bin ich heute auch ohne Schmerztabletten fit genug für die Massenproduktion von Bacon Rolls. Mittlerweile beherrsche ich die Zubereitung von Brötchen mit gebratenen Speckstreifen aus dem Effeff, nachdem Dan und Alfie sie zu ihrem erklärten Lieblingsfrühstück auserkoren haben, und auch Mr Stebbings und sein Team lassen sich im Zuge ihrer vormittäglichen Kaffeepause mit Vorliebe ein paar Bacon Rolls schmecken. Für Ben gibt es als Speckersatz Rührei im Brötchen. Immerhin haben meine Sprösslinge jetzt endlich kapiert, dass sie im Gegensatz zu unseren B&B-Gästen kein Anrecht auf ein traditionelles englisches Frühstück mit allen Schikanen haben.

Aber falls die Mission Ferienwohnungsvermietung floppt, kann ich mir immer noch einen Anhänger zulegen und mit einer fahrenden Bacon-Roll-Bude meine Brötchen verdienen.

Lola und Tre sind noch nicht aufgetaucht, also setzen wir uns in die Bibliothek und lesen diverse Sonntagszeitungen. Ich überlege gerade, wie lange die Lammkeule wohl im Ofen bleiben muss, als Eddie mit Kaffeenachschub hereinkommt und Sam eine Tasse reicht. Dieser scheint in puncto Cocktail-Trinkgelage gut trainiert zu sein, denn er wirkt fast so unverkatert, wie ich es bin.

»Man hat mir kolportiert, dass Sie sich als Musiker verdingen wollen, Eddie. Lassen Sie doch mal hören, was Sie so draufhaben.«

»Wie, jetzt gleich?«

»Jep. Es sei denn, Sie haben etwas Besseres zu tun.«

»Nein, das nicht, aber ... Na ja, ich habe mich nicht vorbereitet, weil ich nicht aufdringlich sein oder irgendwelche voreiligen Schlüsse ziehen wollte.«

»Das müssen Sie sich gleich als Erstes abgewöhnen, wenn Sie im Musikbusiness überleben wollen. Seien Sie immer möglichst aufdringlich. Könntet ihr uns mal bitte zehn Minuten allein lassen? Auch Sie, Bertie, falls das in Ordnung geht. Angie, sei so gut und sorg dafür, dass uns die Kinder nicht stören, ja?«

»Jetzt werde ich schon aus meiner eigenen Bibliothek vertrieben! Kaum reicht man ihnen den kleinen Finger ...«

Bertie hält inne und klopft Eddie auf die Schulter.

»Viel Glück, mein Junge.«

Eddie setzt sich ans Piano. Er wirkt blass und nervös.

»Könntet ihr vielleicht Betty mit rausnehmen? Sonst singt sie womöglich wieder mit.«

Eddie singt zwei Lieder, die ich noch nie gehört habe. Wir stehen vor der Tür und lauschen. Celia umklammert aufgeregt meine Hand.

Plötzlich wird die Tür aufgerissen.

»Was ist denn das für ein Auflauf? Und was soll das Getuschel? Der Junge ist gar nicht übel, oder? Also, wie wäre es mit einem Spaziergang vor dem Mittagessen?«

Er dreht sich zu Eddie um, der noch am Klavier sitzt und reichlich verdattert aus der Wäsche guckt.

»Ich werde mal ein paar Leute anrufen. Ich kann zwar nichts versprechen, aber ein paar Gigs in diversen Pubs sollten schon drin sein. Und schreiben Sie weiter, der letzte Song war ziemlich gut.«

»Danke! Vielen Dank. Ich kann Ihnen gar nicht sagen, wie viel es mir bedeutet, zur Abwechslung mal von jemandem zu hören, dass ich kein totaler Versager bin.«

»Das sage ich dir doch ständig, Edward.«

»Stimmt. Entschuldige, Tante Celia.«

»Hat jemand Lust auf einen Aperitif vor dem Mittagessen? Wird allmählich Zeit, finde ich. Und nachher könnte ich eigentlich ein paar Salutschüsse abfeuern, um das Wochenende gebührend ausklingen zu lassen. Edward, Sie können als mein Sekundant fungieren. Dennis hat Ihnen ja gezeigt, was zu tun ist.«

Gott bewahre.

»Polly, stell mal Wasser auf.«

»Danke, Betty, das wollte ich gerade tun. Onkel Bertie, ich glaube, Lola und Tre schlafen noch. Hat das mit den Salutschüssen noch Zeit bis nach dem Mittagessen?«

»Na gut.«

»Schnippi!«

»Ich habe keine Ahnung, warum sie das andauernd sagt.« Sam kann sich kaum das Lachen verkneifen.

Herrje.

»Hi, Molly. Entschuldige, ich weiß, es ist schon spät, aber ich wollte es dir gleich erzählen.«

»Kein Problem, ich sehe noch fern. Was gibt's?«

»Eben ist wieder eine Reservierung reingekommen, für Oktober. Jetzt ist das Pförtnerhaus den ganzen August, drei Wochen im September, zwei im Oktober und eine im November ausgebucht. Und das bei vierhundertfünfzig Pfund die Woche. Ich glaube, wir können die Herbstrate so lassen.«

»Das ist ja fabelhaft, Vicky. Absolut fabelhaft.«

»Dachte ich mir, dass dich das freut. Sind Lucas und Jenny gut angekommen?«

»Ja, und sie haben sich total über den Präsentkorb gefreut. Und das Baby ist richtig süß. Gerade mal vier Monate alt. Ich durfte es sogar kurz halten, während sie das Gepäck ausgeladen haben. Ich hatte vergessen, wie viel Kram man für einen Säugling braucht. Lucas arbeitet als Grafikdesigner, richtig?«

»Ja. Ich kenne die beiden nur flüchtig über meine Freundin Carla. Ich glaube, wir sind uns einmal auf einer Party begegnet.«

»Also, die Sache mit der Mundpropaganda funktioniert einwandfrei. Und Lucas war sichtlich beeindruckt, vor allem vom Bad.«

»Gut, ich überlege nämlich gerade, ob wir beim Ausbau

der Stallungen nicht noch ein Schäufelchen drauflegen sollen. Schon, weil wir dort mehr Platz einplanen können.«

»So was hatte ich auch schon in Erwägung gezogen. Ich sammle fleißig Bilder und neulich habe ich eine wunderhübsche Kupferbadewanne gesehen. Sündteuer, sieht aber richtig klasse aus.«

»Oh, die finde ich auch toll. Hast du dich schon wegen Weihnachten entschieden? Es ist kein Problem, im Januar Betriebsurlaub zu nehmen. Das machen viele.«

»Ich würde gern über Weihnachten eine Pause einlegen, damit wir alle ein bisschen zur Ruhe kommen, aber was Neujahr angeht, würde ich mir gern alle Optionen offen halten. Mal sehen, vielleicht kommt ja noch eine Buchung rein.«

»Ist gut. Ich wollte Lucas und Jenny morgen mal einen kurzen Besuch abstatten und fragen, ob sie alles haben, was sie brauchen.«

»Komm doch danach auf einen Kaffee bei uns vorbei und erzähl mir, was sie gesagt haben.«

Es ist Sonntagvormittag und ich war soeben beim Pförtnerhaus, um Lucas und Jenny ein paar frische Eier zu bringen. Sie scheinen sich sehr wohlzufühlen und wollen eventuell im Frühling noch einmal eine Woche kommen. Ich darf nicht vergessen, Vicky zu sagen, dass wir noch einen Laufstall besorgen sollten. Wir haben beschlossen, als Zusatzleistung ein »Babypaket« anzubieten, einschließlich Kinderstuhl, Sterilisator, einem anständigen Reisekinderbett und dergleichen mehr, damit unsere Gäste nicht alles von zu Hause mitschleppen müssen. Wir haben Jenny nach ihrer Meinung gefragt und sie ist überzeugt, dass viele Eltern gern bereit wären, dafür ein paar Pfund extra zu berappen.

Gute Neuigkeiten an sämtlichen Fronten also, mal abgesehen von Dan, der leichenblass am Küchentisch sitzt.

Er war voll wie eine Strandhaubitze, als ich ihn um Mitternacht abgeholt habe, und auf dem Nachhauseweg musste ich sogar anhalten, weil er sich übergeben musste. Ich bin einerseits stinksauer, andererseits froh darüber, dass ich darauf bestanden habe, ihn abzuholen. Wer weiß, wie viel er getrunken hätte, wenn er noch länger geblieben wäre.

»Du bist sehr still heute, Danny Boy.«

»Ich glaube, er hat seinen ersten Kater, Bertie.«

»Der Ärmste. Soll ich ihm meine Spezialmischung bringen? Damit ist er im Nu wieder fit.«

»Bloß nicht. Er ist noch zu jung für solchen Unsinn. Außerdem soll er ruhig wissen, wie bescheiden man sich am nächsten Tag fühlt, wenn man so über die Stränge schlägt. Dann ist er vielleicht für später gewappnet.«

Bertie gluckst und schlurft aus der Küche.

»Dan?«

»Mum, bitte, keine Strafpredigt. Ich fühl mich auch so schon total beschissen. Es wird nie wieder vorkommen, versprochen. Am Anfang hab ich bloß Cider getrunken und mir ging's bestens, aber dann ... Na ja, ein paar Jungs hatten härtere Sachen dabei.«

»Und sie haben dich festgehalten und dir das Zeug gegen deinen Willen eingeflößt, oder wie?«

»Mum, bitte ...«

Ihm ist deutlich anzusehen, wie sehr er leidet.

»Eine Scheibe Toast und ein Glas Wasser?«

»Ja, bitte. Und kann ich ein paar Kopfwehtabletten haben?«

»Ich hole sie dir.«

Ben und Alfie verhalten sich ausnahmsweise friedlich beim Frühstück und betrachten ihren großen Bruder gelegentlich mit teilnahmsvoller Miene, während er wie ein Häufchen Elend danebensitzt und an seinem Glas Wasser nippt.

»Danke, Mum«, sagt er, sobald sich die beiden in den Garten verzogen haben, um die Hühner zu ärgern.

»Wofür?«

»Dafür, dass du mich abgeholt hast, und dafür, dass du mir keine Strafpredigt hältst.«

»Die kommt schon noch. Ich warte bloß ab, bis es dir besser geht.«

Er versucht zu lächeln, aber es wirkt reichlich gequält.

»Das ist mein voller Ernst, Dan.«

»Ich weiß, und ich tu's auch nie wieder, Mum, ehrlich. Ich meine, natürlich werde ich mal wieder Alkohol trinken, aber nicht so viel. Von den anderen haben sich übrigens auch einige ganz schön volllaufen lassen.«

»Waren auch Drogen im Spiel?«

»Gott, Mum!«

»Antworte mir.«

»Nein.«

»Sag die Wahrheit!«

»Ein paar haben was geraucht, das ist alles.«

»So, so.«

»Hey, ich nicht, also komm mir jetzt bitte nicht mit deinem Finger-weg-von-den-Drogen-Gesülze, ja? Das hatten wir alles schon. Ich weiß, dass es gefährlich ist, und außerdem will ich ins Rettungsschwimmer-Team aufgenommen werden und muss trainieren. Da kann ich mich nicht total bekiffen, okay?«

»Okay, ich nehm dich beim Wort, Dan. Und falls du es doch tust, werde ich es merken.«

»Wie denn? Haben Mütter so eine Art Radar, wie Fledermäuse?«

»Jep. Kann aber auch gut sein, dass du es mir freiwillig erzählst, weil du dich dann nämlich noch beschissener fühlen wirst als jetzt.«

»Ich glaub, das geht gar nicht, Mum.«

»Oh doch, glaub mir. Vor allem, wenn einer von euch ertrinkt oder sich von einer Klippe stürzt, weil er so bekifft ist, dass er glaubt, er könnte fliegen.«

Vor ein paar Wochen wurde in der Zeitung von einem derartigen Vorfall berichtet und ich habe dafür gesorgt, dass er den Artikel liest.

»Es kann alles Mögliche passieren.«

»Weiß ich doch. Clare Harris hat am Ende mit Tom Ledley geknutscht, dabei kann sie ihn auf den Tod nicht ausstehen.«

Er legt mir eine Hand auf den Arm.

»Ich bin kein gehirnamputierter Schnippi, Mum.«

»Das hat mir gestern anders ausgesehen.«

»Ich weiß, aber ... Na ja, die Typen, die geraucht haben, waren einfach total gechillt drauf, und ...«

»Ach ja? Tja, genau da liegt der Hund begraben, Schatz. Es ist wie beim russischen Roulette – fünf Mal geht alles gut und du bist total gechillt, und beim sechsten Mal mischt dir eine Kugel die kleinen grauen Zellen auf und sorgt dafür, dass du dir einbildest, für wärst Batman.«

Er grinst.

»Ich weiß. Aber die waren alle so blau, dass es garantiert keiner von denen geschafft hätte, irgendwo raufzuklettern und runterzuspringen.«

»War Freya auch da?«

»Ja. Sie hat sich eine Weile zu Robbie und mir gesetzt und

dann hat sie getanzt. Sie kann super tanzen. Aber dann musste sie gehen, weil ihr Dad sie zu früh abgeholt hat. Ist das zu fassen?«

»Und, hat sie auch Alkohol getrunken?«

»Nein. Sie war auch so ziemlich cool drauf. Sie hat sich auch nicht groß über ihren Dad aufgeregt.«

Ich finde dieses Mädchen immer sympathischer.

»Ich habe mit Robbie darüber geredet und beschlossen, dass ich es langsam angehen lassen werde. Ich starte die Mission Freya erst, wenn ich genug trainiert habe und den Sprung ins Team geschafft habe. Robbie kann sich nicht so lange Zeit lassen. Der steht nämlich auf Emma, und die hat gestern mit Mark Dawkins getanzt hat, und der ist schon fast achtzehn und voll der Weiberheld. Wir wollen uns für das freiwillige Fitnesstraining in der Schule anmelden, Joggen und so, und dann mit dem späten Schulbus nach Hause kommen.«

»Gute Idee.«

»Das hoffe ich. Es ist doch gut, wenn man sich Hoffnungen macht, nicht, Mum?«

»Ja, Schatz. Und ich hoffe, dass du gestern Abend einiges gelernt hast. Gut, dass dich Freya nicht in diesem Zustand erlebt hat. War Finn auch betrunken?«

»Das kann ich dir nicht sagen, Mum. Du wirst es brühwarm seinem Vater erzählen.«

»Tu ich nicht, versprochen.«

»Finn ging es gut.«

»Aber?«

»Er hat ein bisschen rumgeprahlt. Eigentlich habe ich ihn kaum gesehen, er gibt sich nur mit seinen Freunden ab, lauter reiche Kids. Das waren auch die, die geraucht haben und so. Die haben das nötige Kleingeld dafür.«

»Aha. Tja, das ist natürlich ein Jammer.«

»Ehrlich gesagt ist er ein ziemlicher Vollkoffer, Mum.«

»Verstehe. Und was bist du, ein Heiliger? Darf ich dich daran erinnern, dass du mir beinahe ins Auto gekotzt hättest?«

»Ich hab doch gesagt, es tut mir leid, Mum.«

»Okay, lassen wir das. Geh rauf und schlaf noch ein bisschen, danach fühlst du dich bestimmt besser. Aber das war das erste und letzte Mal, dass du so hackedicht warst, ist das klar? Sonst werden wir zwei nämlich ein paar sehr ernste Gespräche führen müssen.«

»Wirst du es Dad erzählen? Nicht, dass es mich kratzt, was er denkt, aber du weißt ja, wie er ist. Ich habe keine Lust darauf, dass er mir auch noch eine Strafpredigt hält.«

»Dich kratzt sehr wohl, was er denkt, und ja, ich weiß, wie er ist. Nein, ich werde es ihm nicht erzählen. Weil ich dir vertraue, trotz allem, was passiert ist. Weiß der Geier, warum. Aber du hast mir echt einen Riesenschreck eingejagt, Dan. Tu das nie wieder.«

»Werd ich nicht, Mum. Versprochen.«

»Und sobald es dir besser geht, meldest du dich zum Rapport. Ich habe eine ganze Reihe von Aufgaben für dich.«

»Okay.«

»Sehr langweilige Aufgaben.«

»Okay. Und danke, Mum. Du bist echt cool, weißt du das?«

»Cool, aber nicht gechillt.«

Er grinst und verzieht sogleich das Gesicht.

»Nein, das nicht.«

»Na, da bin ich aber erleichtert.«

Dan verschläft den Großteil des Tages, während Ben und Alfie im Obstgarten ein Baumhaus bauen. Bertie thront auf einem Stuhl im Schatten eines Birnbaumes und gibt ihnen Anweisungen, während Eddie die schwereren Bauteile herumwuchtet und dabei versucht, keine Jungs oder Ferkel k. o. zu schlagen. Mit beglückter Miene wuseln die drei emsig hierhin und dorthin und die Hühner scheinen das geschäftige Treiben richtig zu genießen – sie plustern sich auf und trippeln immer wieder kreuz und quer durch den Obstgarten, damit sie auch ja nichts verpassen. Wahrscheinlich glauben sie, das wird ihr neuer Hühnerstall. Gertie hat sich bereits auf der Leiter niedergelassen.

Da ich abends mit Stephen in einem schicken Restaurant in Ilfracome verabredet bin, wasche ich mir die Haare und ziehe das elegante dunkelblaue Seidenkleid an, das ich mir für den Tag der offenen Gartenpforte zugelegt habe. Dazu krame ich die dunkelblauen Stöckelschuhe hervor, die ich vor ein paar Jahren auf Betreiben von Lola für eine Hochzeit gekauft habe, sowie einen hübschen Seidenschal mit rosaroten und orangefarbenen Rosen. Wenn ich jetzt noch den Hut finden würde, den ich damals – ebenfalls auf ihr Geheiß – dazu erstanden habe, würde ich ... okay, vermutlich aussehen, als wäre ich auf dem Weg zu einer Hochzeit und nicht zu einem Dinner. Aber egal.

Für den Zapfenstreich sind heute Celia und Eddie zuständig und ich erinnere sie daran, dass Alfie um acht im Bett zu sein hat. Dann kommt auch schon Stephen. Er trägt eine weiße Leinenhose und ein legeres beigefarbenes Leinensakko, sodass ich mich etwas overdressed fühle.

»Guten Abend allerseits. Bist du so weit, Molly? Ich habe einen Tisch auf der Terrasse reserviert und die werden sofort vergeben, wenn man nicht rechtzeitig auftaucht. Jetzt, da der Sommer naht, wollen alle draußen sitzen.«

»Okay, ich hole nur schnell meine Tasche.«

Bertie mustert ihn kritisch.

»Abend, Bertie.«

»Na, haben wir eine Partie Kricket absolviert?«

»Äh, nein, ich komme direkt aus dem Büro. Herrlicher Abend, nicht?«

»Ich weiß nicht recht. Wenn ich nicht irre, zieht heute noch ein Sturm auf. Molly, meine Liebe, du siehst bezaubernd aus. Ich wünsche dir einen vergnüglichen Abend. So, höchste Zeit für meine Patrouille.«

Ich folge Stephen zu seinem Wagen.

»Was patrouilliert er noch gleich?«

»Den Strand, für den Fall einer Invasion.«

»Durch wen?«

»Die Franzosen, die Russen, wer weiß. Alles ist möglich. Zurzeit hält er insbesondere Ausschau nach Sonntagsseglern, weil kürzlich einer von diesen ahnungslosen Typen ein paar Kilometer die Küste aufwärts mit seiner riesigen Jacht auf Grund gelaufen ist.«

Stephen grinst.

»Verstehe.«

»Mach dich ruhig über ihn lustig, aber wenn irgendwelche unfähigen Segeljachtbesitzer in unserer Bucht stranden, dann sollten sie sich wappnen. Es ist Bertie durchaus zuzutrauen, dass er ein, zwei Warnschüsse abgibt.«

»Nicht im Ernst, oder?«

»Doch, wenn wir es nicht rechtzeitig schaffen, ihn davon abzuhalten ... Dennis musste mal intervenieren, als er seine Kanone auf Leute gerichtet hatte, die an unserem Strand an Land gegangen waren, um ein Picknick zu machen. Jedenfalls behauptet er das. Bertie wollte ihnen bestimmt bloß ein bisschen Angst einjagen.«

»Das will ich hoffen. Er könnte hinter Gittern landen.«

»Nein, kann er nicht. Er verwendet bloß mit Schwarzpulver gefüllte Platzpatronen. Dennis hat sich erkundigt.«

Das Restaurant ist rappelvoll, aber der Ausblick über den Strand ist atemberaubend und es fühlt sich reichlich glamourös an, dort von Heizstrahlern gewärmt unter Sonnenschirmen zu sitzen und die blinkenden Lichter zu betrachten.

»Die Vorspeisenplatte mit Fruits de Mer für zwei sieht verlockend aus. Sollen wir die nehmen?«

»Gern.«

Ich bin zwar kein großer Fan von Schalentieren, aber Stephen scheint recht scharf darauf zu sein.

Der Wein wird serviert, gefolgt von den Meeresfrüchten. Ich esse eine Riesengarnele und ein paar Krabben und lasse die Finger von allem, was danach aussieht, als könnte es noch davonschwimmen, wenn man es wieder ins Meer werfen würde. Stephen scheint es nicht zu bemerken. Er schlürft eifrig eine Auster nach der anderen und kitzelt mit einer speziellen Muschelgabel Muscheln aus ihrer Schale.

»Köstlich. Hier muss ich unbedingt mit Finn herkommen. Er liebt so was. Eigentlich wollten wir heute Vormittag etwas zusammen unternehmen, aber Portia hat mich angerufen und abgesagt, was mir ganz recht war – ich habe zurzeit so viel zu tun, dass mir die zusätzliche Arbeitszeit sehr gelegen kam. Er lag noch im Bett; war wohl etwas angeschlagen nach der Party gestern.«

»Das wundert mich nicht. Dan war sturzbetrunken, als ich ihn abgeholt habe.«

»Du hast ihn abgeholt? Da ist er doch gleich als total uncool abgestempelt. Finn besteht darauf, dass ich ihm Geld fürs Taxi gebe. Er hat mir ziemlich deutlich zu verstehen gegeben, dass die Erzeugerfraktion nicht erwünscht ist. Ich war in seinem Alter auch so. Sie müssen ihre eigenen Fehler machen und daraus lernen.«

»Diesen Ansatz konnte ich ehrlich gesagt nie nachvollziehen. Wenn sie noch klein sind, lassen wir sie doch auch nicht geradewegs auf ein Feuer zukrabbeln, und je älter sie werden, desto mehr Gefahren lauern auf sie.«

»Stimmt, aber man muss ihnen auch ihre Freiheit lassen.«

»Schon, aber mit bestimmten Einschränkungen, meinst du nicht? Man sollte sie trotzdem ein bisschen im Auge behalten. Das Leben war noch bedeutend weniger kompliziert, als wir jung waren.«

Er spießt eine weitere Muschel auf.

»Das klingt gerade so, als wären wir schon steinalt, Molly. Manches ändert sich nie.«

»Okay, aber die Welt ist heutzutage doch viel schnelllebiger und die Drogen wirken viel stärker als das harmlose Zeug, das wir uns gelegentlich am Strand reingezogen haben. Wir haben doch oft nur so getan, als wären wir bekifft.«

Inzwischen wirkt Stephen leicht verstimmt.

»Finn muss seinen eigenen Weg gehen, genau wie ich in seinem Alter.«

Wehe, er sagt jetzt, dass er seinem Sohn eher ein Freund sein will als ein Vater.

»Sie werden über all das doch ohnehin in der Schule aufgeklärt. Er scheint jedenfalls ziemlich gut informiert zu sein.«

»Die Suchtpräventionspädagogen, die regelmäßig zu uns in die Schule kamen, haben erzählt, dass Jugendliche, die zu viel Geld haben, leicht ins Visier der Dealer geraten. Wer sich nur eine Flasche Cider leisten kann, ist weniger gefährdet. Vielleicht solltest du mal mit ihm darüber reden.«

»Ach, die Rolle des strengen Vaters liegt mir nicht so. Ich sehe mich vielmehr als sein Freund.«

»Ah ja.«

»Höre ich da eine gewisse Missbilligung heraus? Vater zu sein ist etwas anders, als Mutter zu sein, Molly. Mütter haben für die Kindererziehung einfach viel mehr Talent.«

»Gezwungenermaßen, ja, weil sie oft keine andere Wahl haben.«

»Die wenigsten Männer sind dafür geschaffen, sich um derartige Details zu kümmern. Wir haben eher einen Blick für das große Ganze. Frauen dagegen sind besser im Bereich Micromanagement.«

»Das meinst du hoffentlich nicht ernst, oder?«

»Hör zu, wie es scheint, habe ich, ohne es zu wollen, auf ein Knöpfchen gedrückt, das die Feministin in dir zum Leben erweckt hat. Können wir ein Stück zurückspulen?«

Er lächelt und auf einmal bin ich mächtig sauer, und nicht nur wegen des »Knöpfchens, das die Feministin in mir zum Leben erweckt hat«. Wenn es auf der Welt einigermaßen gerecht zuginge, dann könnte *ich* jetzt auf ein Knöpfchen drücken, und zwar auf eines, das mit einem Schleudersitz verbunden ist.

Er schenkt mir Wein nach.

»Lass uns über etwas anderes reden. Bea meinte, mit der Vermietung des Pförtnerhauses läuft es hervorragend, und wie ich höre, konkretisieren sich die Pläne für die Stallungen allmählich. Bist du noch immer für die Schmalspurlösung?«

Okay. Jetzt kommen wir wohl zu des Pudels Kern.

»Darüber wollte ich auch schon mit dir reden. Ich hab's

mir tatsächlich anders überlegt. Vielleicht habt ihr ja recht, du und Roger; vielleicht sollte ich das Ganze doch etwas größer aufziehen und so richtig viel Kohle damit machen.«

Er kann sein Entzücken nicht verbergen.

»Das freut mich zu hören. Ich wusste doch, dass du irgendwann zur Vernunft kommst. Und ich bin wirklich gern bereit zu investieren, und dein Bruder sicher auch.«

»Meinst du?«

»Er hat vor ein paar Monaten mal eine Bemerkung in dieser Richtung fallen lassen, ganz nebenbei. Ich bin überzeugt, wir können ihn für das Projekt gewinnen, wenn wir es richtig anpacken. Soweit ich weiß, wollte er ohnehin expandieren.«

Ha! Ich wusste es. Ich versuche, ruhig zu bleiben.

»Ach ja?«

»Garantiert. Harrington Hall hat so viel Potenzial. Wir könnten es in das Marketing für das Hotel einbinden und das Angebot um Apartments und Cottages erweitern. Das Haupthaus könnte als Empfang und zentrale Anlaufstelle fungieren, als Hub, wie man das heutzutage nennt, mit weiteren Ferienwohnungen im Obergeschoss. Ihr müsstet natürlich umziehen, aber an der Küste wird demnächst neues Bauland erschlossen, wie mir mein Kontakt zur Gemeindeverwaltung glaubhaft versichert hat. Das wäre perfekt für dich.«

»Ah ja.«

Derart enthusiastisch habe ich ihn noch nie erlebt.

»Ich bin ja so froh, dass du es dir anders überlegt hast, Molly.«

Er nimmt meine Hand. Das darf doch, verflucht noch mal, nicht wahr sein.

»Und was ist mit Bertie?«

»Dieses Projekt wird für euch alle Veränderungen zur

Folge haben. Wir bringen ihn irgendwo unter, wo er gut aufgehoben ist und wo man sich um ihn kümmert. Und das wird früher oder später auch nötig sein, schließlich wird er nicht jünger.«

»Okay, jetzt reicht's. Ich hab genug gehört.«

»Wie bitte?«

»Es gibt kein Großprojekt, Stephen.«

»Aber ...«

»Ich wollte nur wissen, wie du reagierst. Ein bei Feministinnen recht beliebter Trick. Tja, damit hast du wohl nicht gerechnet, als du vorhin ›auf das Knöpfchen gedrückt hast‹, wie du es ausgedrückt hast. Ich hatte dir klipp und klar gesagt, wie es mit Harrington Hall weitergehen soll, aber du hast mir ganz offensichtlich überhaupt nicht zugehört.«

»Na ja, ich ...«

»Ja, schon klar. Das habt ihr euch echt fein ausgedacht, du und Roger. Wir schmieren ihr einfach ein bisschen Honig ums Maul, dann wird sie schon mitspielen und wir können unsere großen Pläne in die Tat umsetzen und noch mehr Geld einstreichen. Genau so war es doch, nicht?«

»Unsinn. Wir haben nur ein oder zwei Mal darüber geredet, mehr nicht. Ich fürchte, du hast einen völlig falschen Eindruck erhalten. Ich hatte nur angeboten zu investieren, weil ich dir signalisieren wollte, dass ich sehr zuversichtlich bin. Ich wollte dir Mut machen.«

»Tja, das kannst du dir getrost sparen. Harrington Hall wird kein ›Hub‹, jedenfalls nicht, solange ich dafür verantwortlich bin.«

Jetzt wirkt er plötzlich aufgebracht.

»Du siehst doch gar nicht über deinen Tellerrand hinaus. Wenn du mir mit einem derartigen Kirchturmdenken kommst, ist es müßig, weiter darüber zu diskutieren. Man braucht eine Vision, um aus einem Potenzial wie diesem das Optimum herauszuholen.«

»Ich sehe sehr wohl über meinen Tellerrand hinaus und auch weit über euer ›Wir sahnen ein paar Pfund mehr ab und scheißen auf alles andere‹. Den Rosengarten graben wir um und Bertie stecken wir einfach in ein Heim. Was meinst du, darf er Betty mitnehmen? Nein? Ich habe da auch so meine Zweifel. Also, wenn du mich fragst, passt der Ausdruck ›Kirchturmdenken‹ perfekt auf *deine* Vision.«

Ehrlich gesagt bin ich gar nicht sicher, was ›Kirchturmdenken‹ eigentlich bedeutet. Ich schätze mal, mit solchen Ausdrücken kommen einem arrogante Architektenschnösel, wenn sie ein kinderfreundliches, gemütliches Häuschen planen sollen und einem stattdessen lieber endlose Glas- und Edelstahlflächen und behämmerte Treppen ohne Geländer liefern wollen.

»Ach ja? Inwiefern? Das würde mich jetzt echt interessieren. Du hast doch gar keine Ahnung, was das bedeutet.«

Er sieht aus, als würde er gleich explodieren.

Sehr gut.

»Oh doch, Stephen. Wenn man dich und Roger mal ein bisschen besser kennt, bekommt man eine ziemlich genaue Vorstellung davon. Wie auch immer, ich werde mich weiterhin an Helenas Wünschen orientieren und im Übrigen dafür sorgen, dass meine Kinder glücklich sind und nicht total bekifft irgendwo an einem Strand herumliegen, während ich große Reden über visionäre Denkansätze schwinge. Wozu hat man denn sonst, verdammt noch mal, eine Familie? Danke für die Einladung, aber ich glaube, ich sollte jetzt lieber gehen, damit du dich in Ruhe weiter an deinen Visionen ergötzen kannst. Bei mir haben sie leider akute Übelkeit hervorgerufen. Aber lass dir ruhig die restlichen Muscheln schmecken.«

Ich stehe auf und erst da bemerke ich, dass ich sowohl vom Kellner als auch von den Gästen an den umstehenden Tischen angestarrt werde. Wie peinlich. Zitternd vor Wut marschiere ich durch das Restaurant und hinaus auf die Straße zum Taxistand. Auf der Fahrt nach Hause fällt mir noch so einiges ein, was ich ihm hätte an den Kopf werfen sollen. Mist. Na ja, wenigstens habe ich meinem Ärger Luft gemacht, anstatt stillschweigend dazusitzen. Eigentlich hätte ich ihm meinen Wein über die weiße Leinenhose kippen sollen. Zu dumm, dass ich Weißwein getrunken habe. Ich hätte mir einen schönen Roten zu den Meeresfrüchten bestellen sollen. Unverschämter Kerl. Ein totaler Vollkoffer, wie Dan sagen würde.

Als ich gleich darauf zu Hause ankomme, ist mein Adrenalinspiegel wieder gesunken und ich fühle mich erschöpft. Celia und Eddie sitzen am Küchentisch und trinken Tee.

»Wir haben uns köstlich amüsiert mit den Jungs und sind eben erst in die Küche gekommen. Bertie ist in der Bibliothek und tut, als wäre er noch wach, aber es ist kein vernünftiges Wort aus ihm rauszubekommen. Nicht der Mühe wert, meine Liebe. Hatten Sie einen schönen Abend? Ich habe erst viel später mit Ihnen gerechnet. Ach herrje, was ist denn los, um Himmels willen?«

Zu meinem eigenen Entsetzen bin ich in Tränen ausgebrochen, und je krampfhafter ich versuche, mich wieder zu beruhigen, desto lauter schluchze ich.

»Eddie, hol den Brandy.«

»Nein, es geht schon.«

Celia legt mir einen Arm um die Schulter.

»Setzen Sie sich und erzählen Sie mir, was passiert ist … Oder auch nicht, wie Sie wollen. Aber Sie brauchen dringend einen Drink.«

»Da gibt es nicht viel zu erzählen.«

»Verstehe. Tja, der Bursche soll bleiben, wo der Pfeffer wächst.«

»Wie bitte?«

»Schenk ihr ein, Edward. Doch nicht bloß so ein kleines Schlückchen, sie braucht einen ordentlichen Schuss. Er war ohnehin nicht gut genug für Sie, Molly. So was von selbstgefällig, und eitel obendrein. Wie geschniegelt er immer rumläuft! Es verheißt nichts Gutes, wenn Männer so viel Aufhebens um ihr Äußeres machen. Bei solchen Burschen bin ich von jeher misstrauisch.«

»So, so.«

Eddie reicht mir ein Glas mit einem dreifachen Brandy.

»Ich fand ihn ehrlich gesagt auch reichlich eingebildet.«

»Ich doch auch. Sie haben doch nicht etwa gedacht, ich hätte Liebeskummer, oder? Ich bin bloß wütend, das ist alles. Und ich habe Hunger. Ich hatte gerade mal zwei, drei Garnelen gegessen, dann bin ich aufgesprungen und hab ihn sitzen lassen.«

»Ach so ... na, dann ist ja gut.«

»Also bitte! Für wie niveaulos halten Sie mich, Celia?«

Sie gluckst belustigt.

»Verzeihen Sie, meine Liebe. Also, runter mit dem Zeug.«

»Eigentlich bin ich kein großer Fan von Brandy. Ich hätte viel lieber eine Tasse Tee und ein Sandwich.«

Sie nimmt mein Glas und leert es in einem Zug.

»Ich stelle gleich mal Wasser auf. Hach, ich hatte schon ganz vergessen, was für ein Genuss so ein richtig guter Brandy ist. Diesbezüglich ist auf Bertie Verlass – in seiner Bar finden sich nur qualitativ hochwertige Getränke. So war das von jeher.«

Ivy ist bereits über die Vorfälle der vergangenen Nacht informiert, als ich am Vormittag in die Küche komme, nachdem ich Ben und Alfie zur Schule gebracht habe.

»Setzen Sie sich und ruhen Sie sich ein wenig aus, meine Liebe. Wie ich höre, wird uns Mr Jackson nicht mehr allzu oft seine Aufwartung machen?«

»Ich glaube kaum.«

»Soll mir recht sein. Ich fand ihn noch nie besonders sympathisch. Ich wollte ja nichts sagen, aber er ist längst kein so toller Hecht, wie er meint, mit seinem teuren Wagen und seinen affigen Leinenhosen. Und seine Mutter besucht er übrigens auch nie.«

»Besser hätte ich es nicht formulieren können, Ivy.«

»Ach, Mr Edward, da sind Sie ja. Wollen Sie ein Bacon-Sandwich? Ich muss dann nämlich mit den Vorbereitungen fürs Mittagessen anfangen, und wenn ich mal mitten im Kochen bin, habe ich nicht die Muße, mich um Ihr zweites Frühstück zu kümmern.«

»Gern, Ivy. Danke.«

»Dann ab in die Spülküche zum Händewaschen!«

Er gehorcht und zwinkert mir zu, als er an mir vorbeigeht.

»Kommt Dennis auch rein?«

»Ich glaube schon. Er ölt gerade den Rasenmäher.«

»Was für ein Trara er immer um dieses Ding macht! Würde mich nicht überraschen, wenn er ihn nachts mit einer Kuscheldecke zudeckt.«

Eddie und ich grinsen uns an. Dennis breitet abends tatsächlich eine alte Abdeckplane über seinen geliebten Aufsitzrasenmäher, zum Schutz vor der feuchten Meeresluft, wie er sagt. Aber das müssen wir Ivy ja nicht auf die Nase binden.

»Tasse Tee, Miss Molly?«
»Gern, Ivy, danke.«

Mist. Morgen geht das Sommerhalbjahr zu Ende und ich habe total vergessen, dass ich Miss Cooper versprochen hatte, Ben und Alfie etwas für das Picknick mitzugeben. Und so kommt es, dass ich bis nachts um halb zwölf in der Küche stehe und Cupcakes und Rice-Krispie-Riegel fabriziere, wobei ich die geschmolzene Schokolade großzügig über die gesamte Anrichte verteile. Bis ich klar Schiff gemacht habe, ist es beinahe Mitternacht, aber ich bin noch total aufgekratzt. Ich stelle Tee, einen Cupcake und ein Glas Wasser für morgen früh auf ein Tablett und mache mich damit auf den Weg nach oben. Ich werde einfach noch eine halbe Stunde meine To-do-Liste aktualisieren, und sollte ich danach noch immer nicht müde sein, schmökere ich ein wenig in dem Rosenbuch, das mir Ivy und Dennis zu Weihnachten geschenkt haben. Da ich inzwischen schon etwas mehr von der Materie verstehe, habe ich beschlossen, ihm eine zweite Chance zu geben. Als mir auf dem mittleren Treppenabsatz auffällt, dass in der Speisekammer noch Licht brennt, mache ich abrupt kehrt – und verspüre prompt einen stechenden Schmerz in meinem Knöchel. Wie in Zeitlupe nehme ich wahr, dass ich nach hinten kippe und mir das Tablett entgleitet.

Scheiße, Scheiße, Scheiße.

Das ist nicht gut. Das ist gar nicht gut.

»Molly! Hörst du mich? Oh Gott, Eddie, rufen Sie einen Krankenwagen! Molly, meine Liebe! Wach auf! Was meint ihr, soll ich sie ohrfeigen?«

»Unsinn, Bertie, sie ist bewusstlos, nicht hysterisch.«

»Wir brauchen Brandy – Celia, geh und hol Brandy.«

»Sie mag keinen Brandy. Wir warten besser, bis der Krankenwagen kommt. Die Ärmste, sie hat eine ziemlich tiefe Schnittwunde am Arm. Wahrscheinlich von den Glassplittern. Edward, steh nicht untätig rum, sondern bring mir ein Handtuch.«

»Molly? Molly, hörst du mich? Bitte wach auf.«

»Bertie? Ich ... Scheiße, tut das weh.«

Ich versuche mich aufzurichten.

»Nicht, mein Kind. Schön liegen bleiben. Wir sind bei dir und kümmern uns um dich, und der Krankenwagen ist unterwegs. Alles wird gut.«

## KAPITEL 7:
## Ein langer heißer Sommer (auf Krücken)
August

***Moosrosen***

*Die Knospen und Stiele dieser aus dem 18. Jahrhundert stammenden Mutation sind von einem aus Drüsenhaaren bestehenden Flaum überzogen, dessen aromatischer, harzig-moosiger Geruch den Duft der Blüten unterstreicht. Herausragende Vertreterinnen ihrer Art sind Madame Alboni mit ihren großen violettrosa Petalen, die sich etwas nach außen einrollen und mit der Zeit heller werden, des Weiteren René d'Anjou, die sich durch ein bronzefarben getöntes Blattwerk, zartrosa Blüten und einen einprägsamen, süßen Duft auszeichnet, sowie William Lobb, deren violettrosa Blüten zu einem bezaubernden Lavendelton verblassen und den typischen Rosenduft verströmen.*

Als wir aus dem Krankenhaus zurückkehren, ist es fast sechs Uhr morgens. Bertie und Celia haben mich begleitet und mir die Hand gehalten, Eddie ist bei den Jungs geblieben. Da das Martinshorn am Krankenwagen ausgeschaltet war, haben sie meinen Abtransport zum Glück nicht mitbekommen, und wie es aussieht, schlafen sie immer noch. Dafür ist Ivy und Dennis der Aufruhr offenbar nicht entgangen, denn sie erwarten uns mit besorgter Miene.

Celia versucht das Auto möglichst nahe am Haus zu parken und würde wohl am liebsten noch die Stufen zur Tür hinauffahren.

Ivy tritt zum Wagen.

»Gütiger Himmel! Wie Sie aussehen!«

Sie bricht in Tränen aus und tupft sich mit dem Saum ihrer Schürze die Augen.

»Nicht doch, Ivy. Es sieht schlimmer aus, als es ist.«

»Ach, beachten Sie mich einfach gar nicht, ich hab mich bloß so erschreckt beim Anblick der ganzen Verbände. Wieso, um alles in der Welt, müssen Sie sich auch zu nachtschlafender Zeit in die Küche stellen, um Cupcakes zu backen? Hätte das nicht bis heute früh warten können?«

»Nein, die Jungs brauchen sie doch für das Schulpicknick.«

»Schön und gut, aber das hätte ich doch auch machen können! Sie hätten nur einen Ton sagen müssen! Und jetzt sehen Sie sich an! Ich mag gar nicht daran denken, was Ihre Mutter dazu sagen wird! Weiß der Himmel, wie wir Sie jetzt auf Ihr Zimmer bringen sollen!«

Dennis verdreht die Augen.

»Nun lass das arme Ding doch in Ruhe. Wir schaffen sie jetzt erst einmal ins Haus und setzen sie im Salon aufs Sofa und dann überlegen wir, wie es weitergehen soll. Stützen Sie sich ruhig an meinem Arm ab, meine Liebe. Eddie und ich bringen Sie rein.«

»Ich habe Krücken. Ich muss nur irgendwie aus dem Auto raus. Das Einsteigen war auch nicht ohne.«

»Nehmen Sie sich ruhig alle Zeit der Welt. Eddie, Sie bleiben hier und alle anderen gehen schon mal rein, statt hier so ein Bohei zu veranstalten. Sie auch, Mr Bertie. Sie sehen ja aus wie ein Uhu nach ’nem Waldbrand.«

»Ich hatte schon erbaulichere Nächte, das gebe ich zu. Aber Ende gut, alles gut. Tapferes Mädel, hat kaum einen Mucks gemacht, als sie die Wunde genäht haben. Und dann haben sie sie auch noch mit einer riesigen Spritze traktiert. Eigentlich wär's mir lieber gewesen, wenn ich das nicht hätte mit ansehen müssen, aber einer musste die Burschen doch im Auge behalten. Kommen Sie mit, Ivy. Der eine oder andere könnte jetzt sicher ein Frühstück oder zumindest ein Heißgetränk vertragen.«

Sie nickt und ergreift seinen Arm.

»In Ordnung, gehen wir rein, und dann erzählen Sie mir alles. Sie müssen sich ja fürchterlich erschreckt haben.«

»Allerdings, aber zumindest hab ich nicht angefangen zu flennen. Und hören Sie auf, meinen Arm zu tätscheln, ich bin hier nicht der Invalide.«

Celia folgt den beiden grinsend ins Haus.

»Sei vorsichtig, Edward, und hetz sie nicht, ja?«

Dennis verdreht erneut die Augen.

»Dachte schon, wir werden diese Wichtigtuer nie los. So, meine Liebe, können wir? Eddie und ich postieren uns hier rechts und links von der Tür. Sie müssen nur bis zum Rand der Sitzbank rutschen und sich bei uns unterhaken, dann hieven wir Sie aus dem Auto.«

Ich tue wie geheißen und platziere die Füße draußen auf dem Boden. Oder besser gesagt, einen Fuß und einen Gipsverband.

»Ich weiß nicht, ob das so eine gute Idee ist, Dennis. Ich hab eine Bänderzerrung in der Schulter.«

»Hm, das macht die Sache natürlich etwas schwieriger. Mal überlegen ...«

»Herrgott noch mal, wenn das so weitergeht, stehen wir

in einer Stunde noch immer hier draußen in der Kälte. Halten Sie still.«

Eddie beugt sich zu mir runter, und ehe ich weiß, wie mir geschieht, hat er mich auch schon hochgehoben.

»Bitte nicht, Eddie, ich hab doch bloß ...«

»Keine Widerrede. Versuchen Sie, sich möglichst wenig zu bewegen, sonst lasse ich Sie womöglich fallen, und dann müssen Sie noch einmal ins Krankenhaus.«

Gott bewahre.

Dennis eilt voraus, um erst die Haustür und dann die Doppeltür zum Salon zu öffnen, so weit es geht.

Gleich darauf setzt mich Eddie auf dem Sofa ab.

Bertie ist sichtlich beeindruckt.

»Gut gemacht, mein Junge. Kompliment.«

»Äh, ja, danke, Eddie.«

Der Ärmste läuft prompt feuerrot an.

»Ja, gut gemacht, Edward. Was meinen Sie, Molly, sollen wir Ihre Mutter anrufen?«

»Warten Sie lieber noch ein Weilchen, Celia. Es ist noch recht früh und sie wird einen fürchterlichen Wirbel machen.«

Bertie legt mir behutsam eine Hand auf die Schulter.

»Wohl wahr, meine Liebe, aber darauf wirst du dich in den kommenden paar Wochen einstellen müssen. Am besten lehnst du dich einfach zurück und genießt es. Es wird dir ohnehin nichts anderes übrig bleiben. Ich bin mal gespannt, wie lange es dauert, bis sich Ivy und deine Mutter gegenseitig die Augen auskratzen, weil sie sich nicht einigen können, wer denn nun für deine Pflege zuständig ist. Celia werden sie diesbezüglich garantiert kein Mitbestimmungsrecht einräumen, und dir genauso wenig.«

»Oh Gott ...«

»Ich an deiner Stelle würde noch ein paar Tabletten einwerfen, dann bist du für alles gerüstet.«

Stöhn.

»Hallo, Süße! Ich hab dir ein paar Leckereien mitgebracht. Wie fühlst du dich?«

»Hi, Lola. Ganz okay, solange das Schmerzmittel wirkt. Dem Knöchel geht's so weit gut, angeblich ist es nur ein Haarriss.«

»Wie lange musst du den Gips tragen?«

»Vier Wochen, meinten die Ärzte, aber das Schlimmste ist, dass ich eine Bänderzerrung in der Schulter habe und außerdem eine Wunde am rechten Arm, die genäht werden musste. Ohne fremde Hilfe komme ich nicht einmal in meine Schlafanzughose. Mum und Ivy helfen mir abwechselnd beim Anziehen.«

»Ich hab's gehört und deshalb habe ich dir ein paar weiße Baumwollnachthemden mitgebracht, die man vorne von oben bis unten aufknöpfen kann. Mit haufenweise Rüschen, wie die Schürzen der viktorianischen Kammerzofen.«

»Super Idee. Vielen Dank, Lola.«

»Gern geschehen, Süße. Woher hast du denn das blaue Auge?«

»Weiß der Geier. Aber wenn Mum und Ivy so weitermachen, haben sie demnächst auch eines. Sie treiben mich in den Wahnsinn.«

»Ich hab Wodka dabei. Den kippen wir dann mit reichlich Eis. Schließlich soll Eis gut gegen Schwellungen sein.«

»Aber nicht, wenn es in Wodka schwimmt. Ich würde

es ja furchtbar gern ausprobieren, aber ich soll keinen Alkohol trinken, solange ich Schmerztabletten nehme.«

»Ein Jammer.«

»Du sagst es. Sie lassen mich nicht einmal aufstehen.«

»Wer?«

»Na, rate mal.«

»Herrje. Also, du weißt, ich liebe dich, Süße, aber ich werde mich weder mit deiner Mum noch mit Ivy anlegen, und auch nicht mit Celia. Die drei haben sich zu einer Art Molly-Schutztruppe zusammengeschlossen. Man muss praktisch eine schriftliche Erlaubnis vorlegen, damit man zu dir vorgelassen wird.«

»Ich weiß. Ich muss wohl mal ordentlich auf den Tisch hauen.«

»Pass bloß auf deine Schulter auf.«

»Sehr witzig. Sie lassen nicht mal Bertie unbeaufsichtigt zu mir rein, aus Angst, er könnte mich entführen. Wobei mir völlig schleierhaft ist, wie er das bewerkstelligen soll. Ich kann die Krücken erst benutzen, wenn meine Schulter und mein Arm wieder einigermaßen heil sind.«

»Du könntest dich hinlegen und über den Fußboden rollen.«

»Bloß nicht. Ich stecke in dieser Bredouille, weil ich mich auf der Treppe hingelegt habe und runtergerollt bin.«

»Wir könnten dich ja auf ein großes Servierbrett setzen.«

»Klar. Du zuerst.«

»Zumindest scheint dir Eddie eine große Hilfe zu sein.«

»Ja, er ist richtig süß. Am Montag hat er mich nachmittags runtergetragen, damit ich mit den Jungs Tee trinken konnte. Aber wenn mich Ivy weiter so mästet, ist damit bald Schluss. Der Ärmste hat geschnauft wie eine Dampflok, als er mich hinterher wieder nach oben getragen hat. Die Jungs haben sich eine Zeit lang auch vorbildlich verhalten, aber schön langsam nervt es sie. Andererseits finden sie es gut, wenn Ivy und Mum ihnen Lunchpakete machen, weil sie dann mehr Würstchen und Törtchen bekommen als bei mir.«

Es klopft und Eddie kommt herein.

»Ich bringe Ihnen Tee und Käsetoast.«

»Um Gottes willen, nicht schon wieder etwas zu essen.«

Er grinst.

»Wenn Sie wollen, kümmere ich mich um die Beseitigung.«

»Nur zu.«

Er stellt das Tablett auf dem Nachttisch ab, nimmt sich einen Käsetoast und hält Lola den Teller hin.

»Nein, vielen Dank, Herzchen.«

»Darf es vielleicht sonst irgendetwas sein?«

Lola schenkt ihm ihr strahlendstes Lächeln.

»Im Moment nicht, aber bei Bedarf melde ich mich.«

»Ich fahre nachher mit Dennis zum Supermarkt. Ivy hat mal wieder eine ihrer Listen geschrieben. Soll ich Ihnen etwas mitbringen, Molly?«

»Nein danke. Es sei denn, Tesco verkauft neuerdings Valium.«

»Lieber Himmel, was hast du mit ihm angestellt? Er ist der reinste Adonis, knackig braun und durchtrainiert und seine Augen kommen mir noch blauer vor als beim letzten Mal.«

»Das hat nichts mit mir zu tun. Er ist viel draußen. Mal geht er Dennis zur Hand, mal baut er mit den Jungs ein Baumhaus ...«

»Tja, das Landleben scheint ihm hervorragend zu bekommen. Nachdem du den affigen Architekten abgeschossen hast, solltest du dich auf die Suche nach einem Ersatz machen. Und warum in die Ferne schweifen, wenn das Gute liegt so nah?«

»Vergiss es. Im Moment möchte ich einfach nur beide Arme anheben und mich allein anziehen können, wenn das nicht zu viel verlangt ist.«

»Ich wette, er hat eine große weibliche Fangemeinde im Dorf.«

»Oh ja. Er spielt demnächst in der Dorfkneipe und Bella hat Sally und mir neulich auf dem Schulhof erzählt, dass die Mädels aus dem Ort deswegen schon jetzt ganz aus dem Häuschen sind. Bellas Sohn Arthur ist nämlich in Alfies Klasse. Angeblich bemerkt der gute Edward das alles gar nicht, was ihn natürlich nur noch interessanter erscheinen lässt. Vor ein paar Tagen stand sogar eine mit einer CD für ihn hier auf der Matte. Es war richtig süß.«

»Das kenn ich – Tre wird von den Teilnehmerinnen aus seinen Kursen auch angehimmelt, aber es kratzt ihn nicht sonderlich. Apropos, er hat mir eine Arnikasalbe für dich mitgegeben, die soll echt gut für blaue Flecken sein.«

»Ich finde meine blauen Flecken bereits blau genug, noch blauer müssen sie wirklich nicht werden. Aber sag schöne Grüße von mir und vielen Dank, ja?«

»Mach ich. Also, was ist jetzt, planen wir deinen Ausbruch, oder was?«

»Unbedingt, aber hat das noch Zeit, bis die Tabletten wirken? Ich hab sie eben erst genommen.«

»Natürlich. Tut's sehr weh, Süße?«

»Ein bisschen. Um ehrlich zu sein, sogar ein bisschen viel, aber erzähl das um Gottes willen nicht Ivy oder Mum.«

»Wir könnten Eddie bitten, dich runterzutragen. Ich will ihn auch mal schnaufen hören.«

»Nein, nein, ich schaff das schon allein. Ich rutsche einfach auf dem Hintern die Treppe runter und dann sehen wir weiter.«

Wieder klopft es. Diesmal ist es Celia.

»Ich wollte nur fragen, ob Sie irgendetwas brauchen. Und ich soll Ihnen von Ivy ausrichten, dass es in einer Stunde Mittagessen gibt. Sie macht Milchreis, weil Sie jetzt besonders viel Kalzium benötigen. Wir haben ein bisschen recherchiert. Brokkoli unterstützt die Knochenheilung ebenfalls sehr. Ben hat mir gezeigt, wie man im Interweb surft. Sie sollen jetzt viel Vitamin C zu sich nehmen, oder war es Vitamin K? Wie auch immer, essen Sie auf jeden Fall alles brav auf. Mögen Sie eigentlich Mandelsulz?«

»Ich bin nicht sicher, ob ich das je gegessen habe.«

»Gut, dann bleibt es bei Milchreis.«

»Danke, Celia.« Sie schließt ganz behutsam die Tür, als würde ich mich bei jedem Geräusch erschrecken.

Lola grinst. »Du meine Güte. Jetzt verstehe ich, was du meinst.«

»Äh, ja. Ich sollte mich wohl mental schon mal auf eine Süßspeise aus ausgekochten Kalbsfüßen einstellen.«

Im Laufe der darauffolgenden Tage finde ich zum Glück eine Stellung, in der ich länger als eine halbe Stunde schlafen kann, ohne dass irgendwelche Körperteile zu pochen anfangen, und ich stelle überdies fest, dass die Schmerztabletten tatsächlich am besten wirken, wenn ich sie alle vier Stunden einnehme, wie man es mir im Krankenhaus empfohlen hat. Eigentlich ganz angenehm, tagelang in diesem halb benebelten Zustand herumzuliegen, auch wenn es sich für mich ziemlich ungewohnt anfühlt, derart betüddelt zu werden. Trotzdem versuche ich, mich damit abzufinden und etwas dankbarer für die mir entgegengebrachte Fürsorge zu sein. Es ist ja auch rührend, wie aufopfernd sich alle um mich kümmern. Vicky hält auf der Baustelle im Pförtnerhaus die Stellung und Mum hilft Ivy mit den Vorbereitungen für die Ankunft der nächsten B&B-Gäste. Im Augenblick ist diesbezüglich ohnehin nicht allzu viel zu tun, weil ja zwei der Zimmer noch bis kommenden Monat von Celia und Edward belegt sind. Die beiden sind ein wahrer Segen, insbesondere Eddie, der eine gute Antenne dafür hat, wenn etwas gemacht werden muss, und es ohne viel Aufhebens erledigt. Die Jungs lieben ihn heiß und innig. Kein Wunder, er verbringt mehrere Stunden täglich mit ihnen und sorgt dafür, dass sie beschäftigt sind. Mr und Mrs Collins haben sich für nächstes Wochenende angemeldet und diesen Samstag kommt ein Ehepaar, das jedes Jahr ein paar Tage zum Wandern hier verbringt. Laut Ivy sehr sympathische und pflegeleichte Leute – außer wenn es regnet und die beiden mit triefnassen Klamotten und dreckigen Wanderschuhen nach Hause kommen: Dann hat sie keine rechte Freude an ihnen. Bleibt zu hoffen, dass das Wetter hält.

Da ich im Moment quasi bewegungsunfähig bin, habe ich sehr viel Zeit zum Nachdenken. Zu meiner großen Überraschung habe ich festgestellt, dass ich mich hier bedeutend besser aufgehoben fühle als mit Pete. Hier sind wir Teil eines großen Ganzen, und wenn es stimmt, dass man ein ganzes Dorf braucht, um ein Kind großzuziehen, dann habe ich hier definitiv zumindest einen Weiler zur Verfügung. Oder jedenfalls ein weit größeres soziales Netzwerk als früher, als ich noch mit Pete verheiratet war und wir das Stück *Mr und Mrs Taylor* aufgeführt haben. Nach außen hin waren alle Voraussetzungen für eine sogenannte »richtige Familie« erfüllt, aber es war eben doch vieles nur Fassade, so wie bei diesen Hochzeitstorten aus Pappe, die man während des Kriegs für die Hochzeitsfotos aufgestellt hat und bei denen darunter dann ein mickriger Kuchen mit kandierten Früchten zum Vorschein kam, der wegen der Rationierung von Eiern und Butter obendrein meist staubtrocken war.

Inzwischen kann ich mich mit den Krücken fortbewegen und ich habe mich soeben in die Küche geschleppt, um die Zeitung zu lesen, als mein völlig aufgekratzter Ältester hereinstürmt.

»Komm mit und sieh dir an, was wir gebaut haben, Mum. Es war Eddies Idee, aber wir haben ihm dabei geholfen. Es ist voll cool, Mum, du wirst schon sehen!«

Dennis und Eddie haben einen kleinen Anhänger für den Aufsitzrasenmäher aufgestöbert und mit allerlei Kissen und Decken ausgepolstert, um mich damit in den Obstgarten zu karren.

»Setz dich einfach rein und sag, wohin du willst. Wir fahren dich hin. Super, nicht?«

»Großartig.«

Ivy misstraut dem Konstrukt.

»Pass bloß auf, dass sie nicht rausfällt, Dennis.«

»Danke für den Hinweis, Ivy, da wäre ich ohne dich nie draufgekommen. Mal ganz ehrlich, für wie dämlich hältst du mich?«

»Guck mal, unser Baumhaus, Mum. Es ist fast fertig. Klasse, nicht?«

»Ganz toll, Schatz.«

Alfie und Tom laufen neben mir her, und kaum sitze ich auf einem Klappstuhl im Obstgarten, klettern sie in den Anhänger und betteln Eddie, sie rumzufahren.

Das Baumhaus ist in der Tat imposant. Sogar die Hühner scheinen dieser Meinung zu sein. Sie umrunden gackernd die Leiter und verfolgen die Vorgänge aufmerksam, während unsere Rennschweine am Elektrozaun entlang auf und ab galoppieren, wohl in der Hoffnung, dass wir ihnen ein paar Leckerbissen mitgebracht haben.

»Hab ich's nicht gesagt? Sie findet es super. Fahren wir jetzt zum Strand und gehen surfen?«

»Ich fürchte, für den Weg zum Strand ist der Rasenmäher nicht geeignet.«

»Nein, Mum, wir dachten, du bleibst hier bei Alfie und Tom, während Eddie mit Ben und mir surfen geht, wenn du nichts dagegen hast.«

»Meinetwegen, aber ...«

»Super! Ben, sie hat gesagt, wir dürfen. Fahren wir gleich los, Eddie?«

»Ehrlich gesagt hatte ich das erst für morgen geplant, Dan.«

»Ach, bitte! Nur eine Stunde! Ich hab zu Robbie gesagt, dass ich vielleicht auch komme.«

»Na gut, ein Stündchen vielleicht ...«

»Yeah! Ich schreib ihm gleich eine SMS.«

Er spurtet zurück zum Haus, um sein Handy zu holen.

»Eddie?«

»Ja, Molly?«

»Ihnen ist schon klar, dass Sie viel zu nachgiebig sind? Sie müssen nicht alles tun, was die Jungs von Ihnen verlangen.«

»Äh, ja. Apropos, Sie kennen doch das Spiel *Alle Vögel fliegen hoch* ... Wir haben uns eine neue Variante ausgedacht, bei der alle, die einen Fehler machen, mit dem Gartenschlauch abgespritzt werden, weil es so heiß ist. Die Jungs lieben es, und die Schweine übrigens auch. Die Hühner sind nicht ganz so wild darauf, nass zu werden, und verschanzen sich meist im Baumhaus, aber ich glaube kaum, dass Sie mit dem Gips die Leiter hochkommen.«

»Wenn Sie mich mit dem Gartenschlauch nass spritzen, verpetze ich Sie bei Ivy. Und bei Celia.«

»Dachte ich mir, dass Sie das sagen würden.«

»Wie kommt es überhaupt, dass der Gartenschlauch vom Pferdestall bis hierher reicht?«

»Wir haben eine Verlängerung gekauft. Oder genau genommen sogar zwei.«

»Ah ja. Und wer ist auf diese glorreiche Idee gekommen?«

»Patrick. Er meinte, die Schweine bräuchten Abkühlung. Aber dann ist die Sache irgendwie eskaliert.«

»Verstehe.«

»Wie auch immer, denken Sie dran – falls einer der Jungs fragt, ob Sie *Alle Vögel fliegen hoch* spielen wollen, sagen Sie am besten einfach Nein, okay?«

»Ich glaube, ich weiß etwas Besseres. Jungs? Ich muss mal kurz mit euch reden. Alfie, bleib stehen und komm her.«

»Was ist denn, Mum? Ich hab keine Zeit. Wir spielen gleich *Alle Vögel fliegen hoch*. Das ist voll lustig, Mum, du wirst sehen.«

»Genau darüber wollte ich mit euch reden, Alfie. Das gilt auch für dich, Ben. Solange ich im Obstgarten sitze, wird nicht mit dem Gartenschlauch gespielt, ist das klar? Ich werde nämlich sehr, sehr böse, wenn ich noch einmal ins Krankenhaus muss, weil mein Gips nass geworden ist, und dann muss ich den Gartenschlauch leider, leider in viele kleine Stücke zerschnippeln. Haben wir uns verstanden?«

»Aber ...«

»Ich mein's ernst, Alfie.«

Die ganze Bande schnalzt unisono mit der Zunge.

»Eddie hat das Spiel erfunden und deshalb werdet ihr es nur mit ihm spielen, okay?«

Eddie murmelt etwas Unverständliches in seinen nicht vorhandenen Bart.

»Und, Eddie?«

»Ja, Molly?«

»Bitte denken Sie sich keine weiteren Gartenschlauchspiele mehr aus.«

»Aye, Käptn. Ist vielleicht auch besser so. Nachdem ich mich gestern zum zweiten Mal komplett umgezogen hatte, war Ivy sauer, weil sie ohnehin schon so viel zu waschen hat. Dabei habe ich ihr schon mehrfach angeboten, meine Wäsche selbst zu waschen.«

»Aber sie hat Ihnen verboten, die Waschmaschine anzufassen, weil die sehr kapriziös ist, stimmt's?«

»Woher wissen Sie das?«

»Das hat sie zu mir auch gesagt, als wir hergezogen sind. Und sie räumt nach wie vor das Geschirr in der Spülmaschine um, wenn sie sich unbeobachtet fühlt.«

Er grinst.

»Puh, und ich dachte schon, das macht sie nur bei mir.«

»Na ja, bei Ihnen tut sie es am öftesten. Warten Sie mal ab, wie sie und Celia reagieren, wenn sie hören, dass Sie sich ein Spiel ausgedacht haben, bei dem man andere absichtlich mit dem Gartenschlauch nass spritzt.«

Ben reißt entsetzt die Augen auf.

»Erzähl es ihnen bloß nicht, Mum, sonst flippen sie aus!«

»Tja, dann seht zu, dass ich trocken bleibe. Versprochen?«

»Versprochen, Mum.«

»Gut. Und jetzt hilf mir auf, damit ich Bubble und Squeak begrüßen kann. Spielen sie immer noch Fußball?«

»Ja, mit Begeisterung, aber im Tor sind sie total unbrauchbar.«

Die Tage gehen nahtlos ineinander über, die Temperaturen steigen weiter und über allem hängt der Geruch von Sonnencreme. Die Straßen sind derart mit Wohnmobilen und Autos mit Surfbrettern auf dem Dachträger verstopft, dass Dennis fast eine Stunde unterwegs ist, als er Ben und Alfie zum Sommerpicknick der Pfadfinder fährt. Dabei braucht man für die Strecke sonst keine zehn Minuten. Die Geschäfte im Dorf öffnen jetzt morgens schon um halb neun, damit die Einheimischen ihre Einkäufe erledigen können, ehe die Urlauber aufwachen und den Verkehr zum Erliegen bringen. Alfie sichtet auf dem Weg in die Bucht eine Ringelnatter (es könnte natürlich auch eine Python gewesen sein) und ich halte jeden Nachmittag ein Schläfchen und versuche ansonsten, mich nützlich zu machen, so gut es geht, indem ich mir allerlei Arbeiten suche, die ich im Sitzen erledigen kann. Nach wie vor legen alle eine unheimliche Hilfsbereitschaft an den Tag. Sally zum Beispiel besteht darauf, jeden Tag eine halbe Stunde zu bügeln, wenn sie Tom abholt, obwohl ich ihr mehrfach versichert habe, dass er uns keinerlei Mühe macht. Im Gegenteil – solange Alfie einen Spielkameraden hat, läuft er nicht ständig hinter Ben und Dan her und jammert ihnen die Ohren voll. Ich weiß, wie schwierig es für Sally und Patrick in den Sommerferien ist, Beruf und Familie unter einen Hut zu bringen, aber sie lässt es sich trotzdem nicht nehmen, unsere Bügelwäsche zu erledigen. Im Grunde genommen ist Pete der Einzige, der sich nicht überschlägt vor Hilfsbereitschaft. Wir hatten vereinbart, dass die Jungs in der letzten Ferienwoche vier Tage bei ihm verbringen werden, und jetzt macht er ein Riesendrama daraus, dass ich sie nicht wie geplant nach London fahren kann.

»Tut mir leid, Pete, aber mein Bein ist immer noch eingegipst, und selbst wenn man mir den Gips demnächst abnimmt, bezweifle ich, dass ich in der Verfassung sein werde, eine so weite Strecke zu fahren.«

»Hast du niemanden, der sie statt dir herfahren kann? Es käme mir jetzt wirklich äußerst ungelegen, wenn ich sie holen kommen müsste.«

»Ich werde versuchen, das im Hinterkopf zu behalten, wenn ich das nächste Mal die Treppe runterfalle.«

»Es war deine Entscheidung, nach Devon zu ziehen, Molly.«

»Und es war deine Entscheidung, zu Janice zu ziehen. Ich würde sagen, wir sind quitt, oder?«

Schweigen.

Normalerweise reagiere ich etwas weniger gereizt auf seine Unverschämtheiten, aber wenn ich es mir recht überlege, ist es wohl an der Zeit, dass sich das ändert.

»Ich bin erschöpft, Molly. Ich hatte im Laufe des vergangenen Semesters unglaublich viel zu tun. Du kannst dir gar nicht vorstellen, unter was für einem enormen Druck man als Schuldirektor steht. Ich glaube, ich bekomme ein Magengeschwür.«

»Herrgott noch mal, Pete, nun stell dich gefälligst nicht so an! Die Sommerferien dauern sechs Wochen und deine Söhne kommen für ganze vier Tage zu dir.«

Ich kann nicht fassen, dass ich das gerade tatsächlich gesagt habe. Pete scheint es die Sprache verschlagen zu haben. Mist.

»Entschuldige, aber die Jungs können es kaum erwarten, Pete, und es wäre schön, wenn du dich zumindest auch ein bisschen darauf freuen würdest.«

»Tu ich doch. Natürlich freue ich mich darauf. Ich hoffe nur, sie sind nicht wählerisch, was das Essen angeht, weil ich für so was zurzeit einfach keinen Nerv habe.«

»Gib ihnen Pasta und Pizza, dann wird es keine Beschwerden geben. Ich meine, du kannst das gerne handhaben, wie du willst, aber falls du Alfie anschreist oder ihn zwingst, etwas zu essen, das er nicht mag, würde ich mich an deiner Stelle vor Ben und Dan in Acht nehmen. Die setzen sich in solchen Fällen immer für ihn ein. Und außerdem sollen sie den Aufenthalt bei ihrem Dad doch genießen. Und du übrigens auch – wer weiß, wie oft du das noch erleben wirst.«

»Was soll das nun wieder heißen?«

»Nur dass sie älter werden und bald selbst entscheiden dürfen, wo sie ihre Ferien verbringen. Wenn du so weitermachst, werden sie dich irgendwann gar nicht mehr besuchen kommen, und das wäre doch ziemlich schade, vor allem für dich.«

Ich erwähne nicht, dass ich schon diesmal einiges an Überzeugungsarbeit leisten musste. Ich habe ihnen versichert, dass es bestimmt superlustig wird und dass die vier Tage wie im Flug vergehen werden. Dan wollte eigentlich lieber hierbleiben. Ich hoffe, Pete hat ein paar schöne Unternehmungen mit ihnen geplant, sonst ruft Dan womöglich hier an und verlangt, dass ihn jemand abholt. Mum ist informiert und auf Abruf bereit, nur für alle Fälle.

»Janice hat ein paar Ausflüge für sie organisiert.«

»Schön, aber sie wollen Zeit mit dir verbringen, Pete.«

Dass auch das genau genommen gelogen ist, verschweige ich ihm lieber, um der Jungs willen.

»Wir werden schon zurechtkommen. Sei so gut und pack ihnen ein paar ordentliche Klamotten ein. Ich will mich nicht für meine Söhne schämen müssen, falls Janice auf dem Weg zu euch einen Zwischenstopp bei ihrer Mutter einlegen will.«

Hm, ja. Das wird die Jungs sicher zu Begeisterungsstürmen hinreißen.

»Alles klar.«

Oh Mann.

Ich humple in der Küche herum und stelle Wasser auf in der Hoffnung, dass mich eine Tasse Tee etwas beruhigen wird, da kommt Celia herein.

»Lassen Sie mich das doch machen. Edward hat gerade angerufen. Er meinte, es sei gut gelaufen, was auch immer das bedeuten mag.«

Eddie ist für ein paar Tage nach London gefahren; Sam hat einige Auditions für ihn organisiert.

»Und er hat gesagt, er kommt am Donnerstag zurück.«

»Ah, gut. Er wollte ja auf keinen Fall seinen Gig im Pub verpassen und seine zahlreichen Fans enttäuschen.«

Sie lächelt.

»Ich hoffe, er konnte sein Talent unter Beweis stellen, damit die Reise nicht umsonst war. Er war so nervös. Heute Abend geht er mit seinen Eltern essen. Ich habe ihm gesagt, dass er mir in meinem Cottage jederzeit willkommen ist und bleiben kann, solange er will. Mitte September kann ich einziehen, vorausgesetzt, Mr Stebbings stolpert über keine größeren Probleme mehr. Die Sache mit der Kanalisation ist erledigt und den Boiler und die neuen Türen hat er auch schon eingebaut.«

»Das freut mich, Celia, aber es eilt nicht. Sie wissen doch, wir finden es schön, dass Sie hier sind.«

»Danke, meine Liebe. Ich bezweifle ja, dass ich je den Mut gehabt hätte, mein Haus zu verkaufen, wenn ich nicht für eine Weile hier untergekommen wäre. Ich kann's kaum erwarten, meinen neuen Garten in Angriff zu nehmen. Er ist in einem schauderhaften Zustand, aber es sollte sich doch einiges daraus machen lassen. Natürlich komme ich trotzdem noch drei Nachmittage die Woche her; Helenas Garten macht ja auch jede Menge Arbeit und ich möchte ihn nicht vernachlässigen. Wie dem auch sei, ich bin Ihnen unheimlich dankbar dafür, dass Sie mich so herzlich aufgenommen haben. Sie haben mir praktisch das Leben gerettet. Und Edward ebenfalls. Hier konnte er sich in Ruhe neu sortieren.«

»Tja, die magische Wirkung von Harrington Hall ... Es ist schon ein ganz besonderer Ort.«

»Das ist zu einem Gutteil aber auch Ihrem positiven Einfluss zu verdanken, meine Liebe. Es sind oft nur kleine Details, und doch ist das Endergebnis bemerkenswert. Diesbezüglich konnte es Helena nicht mit Ihnen aufnehmen. Ich darf das sagen, schließlich war sie meine älteste Freundin. Was den Garten anbelangt, war sie ein Quell der Inspiration, aber sich um das Haus zu kümmern gehörte nicht gerade zu ihren Stärken.«

»Danke. Das haben Sie schön gesagt.«

»Ehre, wem Ehre gebührt. Es ist mein voller Ernst, Molly. Sie haben dafür wirklich ein gutes Händchen. So, eigentlich wollte ich mit Ihnen über die neuen Beete reden. Wir sollten diesbezüglich allmählich ein paar Entscheidungen treffen, auch, was die Bepflanzung rund um den Springbrunnen anbelangt, der ja jetzt wieder funktioniert.«

»Äh, ja, ich habe gesehen, dass Sie in diversen Katalogen einiges eingemerkt haben.«

»Sehr praktisch, diese Haftnotizen, nicht? Die kannte ich noch gar nicht. Man klebt sie irgendwo rein, und wenn man es sich anders überlegt, löst man sie einfach wieder ab. Tolle Erfindung.«

»Ich werfe nachher einen Blick rein, versprochen.«

»Gut. In einem Garten darf es keinen Stillstand geben. Alles muss sich weiterentwickeln, nur so bleibt seine besondere Atmosphäre erhalten.«

»Verstehe.«

»Möchten Sie etwas Süßes zum Tee? Ich glaube, es sind noch ein, zwei Vollkornkekse in der Dose. Es geht doch nichts über Vollkornkekse. Ivy bringt bestimmt noch welche mit, wenn sie demnächst vom Einkaufen zurückkommt.«

Nachdem ich über zwei Wochen auf Krücken herumgehoppelt bin, fühle ich mich schon bedeutend weniger bemitleidenswert. Von der Wunde an meinem Arm ist nur noch eine kleine Narbe zu sehen. Am Mittwoch war ich beim Dorfarzt, um mir die Fäden ziehen zu lassen. Inzwischen darf ich wieder duschen, solange ich meinen Gips davor in Frischhaltefolie und die diversen Plastiktüten wickle, die Mum für mich gesammelt hat.

Für heute Abend ist anlässlich von Dans Geburtstag eine Beachparty geplant. Er hat sich lediglich Geld gewünscht, weil er sich ein neues Surfboard kaufen möchte. Seine Begeisterung für diesen Sport ist ungebrochen. Wenn sie könnten, würden Robbie und er jede freie Minute im Wasser verbringen. Eddie spielt Taxi für die beiden und unterhält uns mit Anekdoten von den Urlaubern, die sich am Strand drängen wie die Ölsardinen in der Dose. Erst gestern berichtete er uns, er sei mit einem hoffnungslos untalentierten Banker ein Stück hinausgepaddelt, dem natürlich bald das Brett abhandenkam. Dan und Eddie haben es ihm zurückgebracht und Eddie berichtete nicht ohne Stolz, er sei bei dieser Gelegenheit für einen Einheimischen gehalten worden.

Heute ist das Meer so glatt wie ein Babypopo, deshalb sind alle unten in der Bucht, um die nötigen Vorbereitungen für den Abend zu treffen. Etwas weiter oben an der Küste soll nachher eine Flugshow über die Bühne gehen und wir werden von unserem Privatstrand aus die Maschinen im Anflug bewundern. Onkel Bertie würde furchtbar gern ein paar Salutschüsse abfeuern, aber Dennis gab zu bedenken, das Geböller könnte womöglich fälschlicherweise als Rebellenaufstand gedeutet werden, und konnte ihn schließlich von seinem Vorhaben abbringen.

Mum und Ivy sind damit beschäftigt, tonnenweise Würstchen im Schlafrock zu fabrizieren, und haben sich dabei bis jetzt noch nicht in die Haare gekriegt, wohl, weil sich Mum inzwischen klugerweise Ivys Willen beugt, was sämtliche Angelegenheiten im Haushalt angeht. Sie haben sich in den vergangenen Monaten richtig angefreundet und Mum wirkt so glücklich wie schon lange nicht mehr.

»Möchte jemand Tee?«

»Setzen Sie sich, ich mach das schon. Ich wollte ohnehin gerade Wasser aufstellen.«

»Ich bin durchaus in der Lage, Tee zu machen, Ivy.«

»War sie schon immer so stur, Marjorie?«

»Ja, schon als ganz kleines Mädchen.«

Die beiden lächeln sich an.

Ich beschließe, sie einfach zu ignorieren.

»Was gibt's zum Mittagessen, Mum? Wir haben einen Mordshunger.«

»Omelett und Salat.«

»Igitt.«

»So was sagt man nicht, Alfie. Das ist unhöflich.«

»Entschuldige, Granny, aber ist doch wahr.«

»Wenn du ein braver Junge bist und den Tisch deckst, bekommst du vielleicht ein paar Speckwürfel in dein Omelett.«

»Und Eis?«

Dan grunzt verächtlich.

»Omelett mit Eis? Super Idee, Annie. Du meinst wohl, weil im Magen ohnehin alles zusammenkommt, kannst du den Nachtisch auch gleich mit dem Hauptgang verbinden.«

»Hör auf, Dan. Hilf ihm lieber beim Tischdecken. Wenn ihr kein Omelett mit Salat wollt, könnt ihr auch gern bis zum Abendessen fasten. Wann kommt denn Robbie?«

»Gegen drei. Seine Mum bringt Ella mit, die wohnt ganz in der Nähe von ihnen.«

»Ah ja.«

Ella ist neuerdings Bens beste Schulfreundin. Sie sind beide Vegetarier, wollen den Planeten retten und schicken einander eine SMS nach der anderen. Vorige Woche war Ben sogar zu ihrer Geburtstagsparty eingeladen.

Alfie mustert ihn.

»Ist Ella deine Freundin, Ben?«

Mum und Ivy verstummen sogleich und auch alle am Küchentisch Sitzenden spitzen die Ohren.

»Nö. Wir haben darüber geredet und im Moment wollen wir einfach nur so befreundet sein. Kann aber sein, dass wir's uns anders überlegen, wenn das mit den Hormonen losgeht.«

Ach, du grüne Neune.

Einen Augenblick herrscht Schweigen, dann nickt Dan.

»Guter Plan, Benny Boy. Freut mich zu hören, dass mein Bruder kein Schn...« Er bricht ab und späht zu mir rüber. »Kein Vollkoffer ist.«

»Danke. Wie läuft's mit Freya?«

»Noch gar nicht, aber ich bin ja auch noch in Phase eins meines Plans.«

»Ach, richtig.«

Sie verziehen sich zum Fachsimpeln nach draußen und ich stehe wie vom Donner gerührt da und starre ihnen nach. Kann es sein, dass ich soeben einen Blick in die Zukunft erhascht habe? Falls ja, dann kann ich durchaus hoffen, dass sie einander irgendwann weniger Streiche spielen und stattdessen mehr Ratschläge erteilen werden. Vielversprechende Aussichten also, aber »Hormone«? Um Himmels willen! Sie können doch unmöglich schon alt genug sein, um an so etwas zu denken!

Mum und Ivy lächeln mich an.

»Ja, ja, was Kinder zuweilen so von sich geben ...«

»Sie sagen es, Ivy.«

»Er ist ein lieber Junge. Das sind sie alle drei.«

Mum nickt und öffnet die Kühlschranktür.

»Hm, es ist nicht mehr allzu viel Speck da. Soll ich stattdessen Käse nehmen?«

»Nur zu, Mum. Dann kannst du nachher erleben, wie lieb Dan und Alfie sind, wenn man versucht, sie mit Käse abzuspeisen.«

»Du kannst ruhig alles aufbrauchen, Marjorie. Ich habe noch Speck im Tiefkühlschrank. Ich taue nachher welchen auf.«

»Problem gelöst, halleluja.«

»Setzen Sie sich, Molly. Wir können es gar nicht brauchen, dass Sie uns hier im Weg rumstehen, wenn wir mit heißen Pfannen hantieren. Ich bringe Ihnen Ihren Tee, wenn er fertig gezogen hat.«

Mum zwinkert mir zu.

Hmpf. Ignorieren, ignorieren, ignorieren.

Die Beachparty wird ein Riesenerfolg. Ich setze mich in den Anhänger und Dennis fährt mich zur Bucht hinunter – im Schneckentempo, denn der Weg ist recht steil. Ich komme heil unten an, bin aber etwas besorgt, was den Rückweg angeht. Die Jungs verfolgen mit großer Begeisterung die Flugshow, und sobald das Lagerfeuer brennt, braten sie so ziemlich alles, was man auf einen Stock spießen kann, einschließlich der Würstchen im Schlafrock. Eddie singt und begleitet sich selbst auf seiner Gitarre, Ben und Ella unterhalten sich und wirken kein bisschen hormonbelastet und Dan und Robbie arbeiten an ihrer Fitness, indem sie noch ein paar Mal den Weg zum Haus und wieder zurück rennen, gefolgt von Tess und Jasper. Dad kommt zu spät und ist ziemlich griesgrämig, als er feststellt, dass Mum ein bisschen angeheitert ist, nachdem sie einen von Berties Fruchtcocktails getrunken hat, die keinerlei Früchte enthalten.

»Du kannst ja wieder nach Hause fahren, Henry. Ich bleibe jedenfalls noch ein Weilchen.«

Damit bewirkt sie nur, dass er noch griesgrämiger wird, aber wir tun einfach so, als würde es uns gar nicht auffallen.

Tags darauf räume ich nach dem Mittagessen das Geschirr in die Spülmaschine, während Ivy einen Kuchen zum Nachmittagstee macht. Sie mustert mich mit geschürzten Lippen.

»Ich erledige den Rest. Setzen Sie sich hin und ruhen Sie sich ein wenig aus.«

»Es geht mir gut, Ivy.«

»Sie brauchen Ruhe, Molly.«

»Nein, ich brauche Normalität. Ich will endlich diesen verdammten Gips loswerden. Ich hab's satt, ewig mit diesen dämlichen Krücken rumzuhampeln. Es gibt unendlich viel zu erledigen.«

Als ich mich umdrehe, um ihr zu signalisieren, dass ich keine Lust auf eine weitere Lektion habe, entgleitet mir das Glas in meiner Hand.

»Ach, Scheiße!«

»Das ist kein Grund, solche Ausdrücke in den Mund zu nehmen.«

»Oh doch, verdammt noch mal.«

Sie grinst.

»Na los, setzen Sie sich hin. Ich mach das schon. Hat sich Ihre Freundin Lola nicht für abends angesagt?«

»Ja. Entschuldigen Sie, Ivy.«

»Kein Problem. Mir würde an Ihrer Stelle sicher auch der eine oder andere Kraftausdruck rausrutschen, nach allem, was Sie in den letzten Wochen so mitgemacht haben. Trotzdem brauchen Sie noch Ruhe, sonst kann der Knöchel nicht richtig heilen. Und was machen Sie dann?«

»Noch mehr unflätige Ausdrücke in den Mund nehmen, vermutlich. Falls mich jemand sucht, ich bin im Salon.«

»Ist recht, meine Liebe.«

Kacke. Ich komme mir vor wie ein übermüdetes Kleinkind, das gerade einen Trotzanfall erster Güte hingelegt hat. Super. Außerdem ist es heiß, mein Knöchel pocht und ich habe keinen Bock mehr, mir Tätigkeiten zu suchen, die ich im Sitzen erledigen kann. Wobei ich es durchaus schön fand, Mum und Ivy mit der Erdbeermarmelade zu helfen. Wir haben auch schwarze Johannisbeeren eingekocht und es war ein tolles Gefühl, hinterher die Gläser ordentlich nebeneinander auf den Regalen in der Vorratskammer zu deponieren. Wir haben auch etliche kleine Gläschen befüllt. Die sind für die Geschenkkörbe, die wir den Gästen des Pförtnerhauses zur Begrüßung hinstellen und die bisher richtig gut ankamen. Aber ich kann nicht jeden Tag Marmelade machen, also beschließe ich, mal wieder eine Liste zu schreiben. Ich überlege, was alles zu tun ist, wenn ich endlich wieder mobil bin, und ehe ich mich's versehe, ist es kurz vor sechs und ich schrecke hoch, weil Lola hereinkommt. Angesichts der kühlen Eleganz, die sie in ihrem hübschen Sommerkleid verströmt, komme ich mir gleich noch verschwitzter und schwerfälliger vor.

»Entschuldige, ich hab gar nicht gemerkt, dass es schon so spät ist. Wie war die Anreise?«

Lola hat sich kürzlich von Tre getrennt, weshalb ich in letzter Zeit besonders fürsorglich und nett zu ihr war, nur für alle Fälle, obwohl ihr die ganze Angelegenheit nicht sonderlich nahezugehen scheint. Jetzt hat sie es auf einen gewissen Frank abgesehen, der ein Sternerestaurant in London besitzt und gerade ein Boutique-Hotel in der Nähe von Bath eröffnet hat. Sie war gestern zur großen Einweihungsfeier eingeladen.

»Gut. Das Hotel ist der Hammer, die Party war dekadent und die Klimaanlage in meinem Auto lief die ganze Fahrt über auf höchster Stufe. Ich kam mir vor wie in einem Kühlschrank.«

»Können wir uns dann bitte in dein Auto setzen? Ich hab diese elende Schwitzerei so satt!«

»Können wir, aber erst hätte ich gern einen Schluck zu trinken.«

»Natürlich. Entschuldige.«

»Ist alles okay, Süße?«

»Nein. Ich hab die Schnauze voll von meinem blöden Knöchel und von dieser Hitze. Und von allem anderen auch.«

»Verstehe.«

»Das ist nicht witzig. Wenn ich wenigstens Auto fahren könnte! Aber nein, ich sitze hier fest und bin zur Untätigkeit verdammt, dabei sollte ich dringend einen Businessplan schreiben und die Banken wegen des Kredits nerven. Wir müssen schleunigst mit dem Umbau der Stallungen anfangen, sonst können wir es uns auf Dauer nicht leisten, hier zu wohnen. Dummerweise bin ich wegen der verdammten Schmerztabletten ständig so groggy, dass ich einschlafe, sobald ich mich hinsetze. Ich hab schon versucht, darauf zu verzichten, aber mein Knöchel tut einfach immer noch ziemlich weh. Vorhin ist mir im Beisein von Ivy sogar ein ›Scheiße‹ rausgerutscht.«

»Echt? Wow. Damit hast du dir sicher eine Standpauke eingehandelt, oder? Keine Sorge, in meiner Gegenwart musst du kein Blatt vor den Mund nehmen. Du findest also gerade alles so richtig scheiße?«

»Ja. Scheiße hoch zwei.«

»Besser?«

»Ein bisschen.«

»Gut. Bekomme ich dann jetzt meinen Drink? Und danach will ich etwas unternehmen, das Spaß macht. Ich weiß auch schon, was: Wir inspizieren die Schrankkoffer, die oben im Dachgeschoss rumstehen, und putzen uns fürs Abendessen so richtig heraus.«

»Was?«

»Du wolltest doch schon die ganze Zeit nachsehen, was da so alles drin ist.«

»Schon, aber doch nicht jetzt. Dafür ist es viel zu heiß da oben. Die Zimmer sind winzig, da staut sich die Hitze wie in einer finnischen Sauna.«

»Überlass das nur mir, Süße. Du bleibst schön hier sitzen und übst das Fluchen. Ich bin gleich wieder da.«

Es folgt eine höchst vergnügliche halbe Stunde, im Laufe derer Dennis, Eddie, Lola und Dan drei riesige Schrankkoffer ins Erdgeschoss schleppen. Celia und Bertie stehen mit Betty am Fuße der Treppe und geben ihnen allerlei hilfreiche Tipps, Ivy hält sich im Hintergrund und schnalzt gelegentlich mit der Zunge. Es stehen noch zwei weitere von den Dingern oben, und außerdem ein paar Pappkartons. Darin befinden sich, soweit ich mich erinnere, nur alte Lampenschirme und einige tödlich gefährlich aussehende Elektrogeräte aus grauer Vorzeit, darunter ein alter Heizlüfter und eine antik wirkende Brennschere. Irgendwann muss ich da oben gründlich ausmisten und mir überlegen, was mit dem kleinen weißen Koffer geschehen soll, der allerlei offenbar ungetragene Babysachen enthält – einen Schal und mehrere winzige, in Seidenpapier gewickelte Nachthemden. Irgendwie habe ich das Gefühl, man sollte sie dort oben ruhen lassen.

Nachdem wir uns durch die verbliebenen Schlüssel aus dem Marmeladenglas gearbeitet haben, gelingt es uns tatsächlich, die Koffer zu öffnen. Und dann flippt Lola plötzlich total aus und fegt wie ein Wirbelwind durch den Salon, und ehe wir wissen, wie uns geschieht, liegen überall Kleider herum. Celia und Bertie blättern mit Ivy in einem alten Fotoalbum und versuchen, die abgebildeten Leute zu identifizieren. Es finden sich auch einige wunderschöne Schwarz-Weiß-Aufnahmen von Harrington Hall darin, die ich rahmen lassen und aufhängen werde, und außerdem ein Foto, das, wie wir glauben, eine blutjunge Helena beim Graben im Küchengarten zeigt.

»Hach, seht euch diese zauberhafte Pochette an!«

Lola stolziert in einer rückenfreien nilgrünen Abendrobe aus Seide samt Federboa umher und schwenkt eine mit elfenbeinweißer Seide bezogene Clutch. Sie hat bereits ein mit Perlen besticktes nachtblaues Cocktailkleid aus den Zwanzigerjahren und ein wadenlanges geblümtes Kleid aus den Fünfzigern anprobiert und wird beides mit nach Hause nehmen.

»Das hier ist auch hinreißend, aber um da reinzupassen, müsste ich mich in ein superenges Korsett schnüren lassen.«

Sie hält ein silbernes Etuikleid mit Spitzenbesatz am Saum in die Höhe.

»Das gehört eindeutig auf den Vintagestapel.«

Lola will einige der Kleider ihrer Freundin Magda bringen, die einen Nobelsecondhandladen betreibt und für Original-Vintageklamotten angeblich gutes Geld bezahlt.

»Soll ich die Handschuhe auch mitnehmen?«

»Nur zu. Ich wüsste nicht, zu welcher Gelegenheit ich weiße Satinhandschuhe anziehen sollte, die mir bis zum Ellbogen reichen.«

»Stimmt. Außerdem sind sie winzig.«

»Solche Handschuhe haben die Debütantinnen getragen, wenn sie bei Hofe präsentiert wurden.«

»Ah, Eddie, noch ein Smoking.«

»Ach, herrje.«

Lola schenkt ihm ein strahlendes Lächeln.

»Bitte probieren Sie ihn an. Vielleicht passt Ihnen dieses Modell ja besser.«

Der Smoking ist tatsächlich wie für Eddie gemacht.

»Sehr schick. Den sollten Sie unbedingt behalten.«

Er grinst.

»Wie Sie meinen, Molly. Vielen Dank. Meiner ist schon etwas abgewetzt, ich könnte ihn also gut gebrauchen. Ich probiere mal eben die Hose an.«

Lola lächelt.

»Nur zu, mein Lieber, und kommen Sie umgehend zurück, damit wir Sie in Ihrem neuen Outfit bewundern können.«

»Lass ihn in Frieden, Lola.«

»Hab ich's nicht gesagt? Er sieht umwerfend aus im Smoking.«

»Okay, aber zwing ihn bitte nicht, Abendgarderobe zu tragen.«

»Wir werden heute alle Abendgarderobe tragen. Außerdem liebt er es doch, im Mittelpunkt zu stehen.«

»Tut er nicht.«

»Dann sollte er sich allmählich daran gewöhnen, für den Fall, dass ein berühmter Rockstar aus ihm wird.«

»Ta-daa.«

»Sehr schick, mein Lieber. Drehen Sie sich doch mal im Kreis.«

Eddie ignoriert Lolas Aufforderung.

»Und sehen Sie mal, was ich gefunden habe …«
Er reicht mir ein kleines Bündel.
»Was ist das?«
»Ich geb Ihnen einen Tipp: Es ist kein Schrankkoffer.«
Das Bündel entpuppt sich als ein Seidentaschentuch, in das zwei Ohrringe eingewickelt sind.
»Ach du meine Güte!«
»Das kannst du laut sagen, Süße. Die sind ja wunderhübsch. Passen sie zu deinem Collier? Das ich übrigens noch nie zu Gesicht bekommen habe.«
»Ich glaube schon.«
Celia und Ivy sind ebenfalls der Meinung, dass es sich um die jahrzehntelang verschollenen Ohrringe handelt, die zu Helenas Smaragdcollier gehören. Gut zwanzig Minuten lang spinnen wir immer noch unglaubwürdigere und romantischere Geschichten darüber, wie sie wohl in die Innentasche dieses Smokings gelangt sein könnten, und kommen irgendwann zu dem Schluss, dass es wohl auf einen kleinen Schwips am Ende eines langen Abends zurückzuführen sein dürfte.
»Das passiert mir auch ständig. Nicht mit Schmuck natürlich. Man verstaut etwas an einem sicheren Ort und dann vergisst man es und fragt sich, wo es abgeblieben ist.«
Lola lächelt.
»Geht mir auch so, Bertie. Wobei ich immer noch der Überzeugung bin, dass die damalige Besitzerin ein Rendezvous mit ihrem Geliebten hatte. Sie haben die ganze Nacht getanzt und danach hat er seinen Smoking bei ihr gelassen und sie hat ihm versprochen, die Ohrringe erst wieder zu tragen, wenn sie sich wiedersehen. Aber er kam nicht zurück. Vielleicht war es ja während des Krieges. Oder nach einer dieser dreitägigen Wochenendpartys in den Zwanzi-

gerjahren. Da ging es ganz schön rund, müsst ihr wissen. Apropos, sollen wir das Auftauchen der Ohrringe nicht mit einem von Berties leckeren Cocktails feiern?«

»Na, endlich. Auf diese Frage warte ich schon seit geraumer Zeit. Gut möglich, dass ich nachher auch ein paar Salutschüsse abfeuere.«

Yippie. Ich glaube, ich sollte schleunigst ein paar Schmerztabletten einwerfen.

Am darauffolgenden Morgen sind wir alle etwas angeschlagen. Lola muss schon frühmorgens zurück nach London und ich bringe sie noch zur Tür.

»Das war ein lustiger Abend gestern, nicht? Eddie ist ein hervorragender Pianist. Und war es nicht süß, wie Alfie getanzt hat?«

Wir lächeln bei der Erinnerung daran.

»Ich habe meinen Aufenthalt bei euch wie immer sehr genossen und ich liebe meine neuen Kleider. Hat sich ja mal wieder echt gelohnt, mein Besuch hier. Ich rufe dich an, sobald ich mich mit Magda getroffen habe. Und du bist ganz sicher wegen der Ohrringe?«

»Ja. Wir brauchen das Geld und Helena hat gesagt, ich soll das Collier verkaufen. Dennis fährt mich nächste Woche zur Bank, dann hole ich es aus dem Schließfach. Eddie bringt es dir mit, wenn er demnächst nach London fährt. Ich bin gespannt, was deine Bekannte, die Auktionärin, sagt.«

»Du hast recht. Ich werde mich sicherheitshalber noch mal umhören, aber ich bin ziemlich sicher, dass Pippa in diesem Fall die richtige Ansprechpartnerin ist. Zusammen mit den Ohrringen ist das Collier bestimmt noch weit mehr wert.«

»Ganz egal, wie viel mir der Verkauf einbringt, ich werde

dadurch einen Batzen weniger von der Bank leihen müssen.«

»Schon, aber ...«

»Lass gut sein, Lola.«

»Okay, okay. Ich hatte eben gehofft, wir würden mehr Schätze finden.«

»Was denn? Ein elisabethanisches Kleid mit einer edelsteinverzierten Halskrause?«

Sie lacht.

»So was in der Richtung, ja.«

»Ich glaube, das gibt es nur im Film, Lola. Schicke Kleider waren teuer und die Bewohner von Harrington Hall gehörten nie zur richtig wohlhabenden Schicht. Damals wurde gespart und geflickt, und wenn sie ein Kleidungsstück nicht mehr tragen wollten, haben sie es den Armen oder den Dienstboten geschenkt, damit die sich noch etwas daraus nähen konnten. Ehrlich gesagt war ich überrascht, dass wir so viel gefunden haben. Ich hatte befürchtet, die Koffer würden nur wertlosen Tand enthalten.«

»Tja, da hast du dich getäuscht, Süße, und ich hatte wie üblich recht.«

Kaum ist sie losgefahren, gesellt sich Bertie zu mir, um ihr nachzuwinken.

»Hat mir richtig einen Stich versetzt, als sie sich vorhin von mir verabschiedet hat. Ist mir echt ans Herz gewachsen, das Mädel.«

»Mir auch, Bertie.«

»Ein Glück, dass sie diesen Uno-due-tre-Burschen abserviert hat. Er war nicht stark genug für eine Frau wie sie.«

»Ich mache mir jetzt noch einen Kaffee. Willst du auch eine Tasse?«

»Gern, meine Liebe. Soll ich dir helfen?«

»Nein danke, Bertie, ich schaff das schon. Heute geht es mir bedeutend besser.«

In der letzten Ferienwoche beginnen sich die Jungs allmählich zu langweilen. Jedes Jahr dasselbe – gegen Ende der Sommerferien geht es bei uns zu wie bei *Herr der Fliegen*. Alfie und Tom füllen Luftballons mit Wasser und bombardieren Ben und Dan damit, weil diese ihnen die Leiter geklaut haben, während sie oben im Baumhaus saßen. Dan beschließt aus unerfindlichen Gründen, Kartoffelbrei in Bens Gummistiefel zu füllen, Ben verpasst ihm zur Strafe buschige Augenbrauen und einen Zwirbelschnurrbart mit einem schwarzen Stift, der nur mit sehr viel Seife und Schrubben wieder abgeht. Irgendwann muss ich ein Machtwort sprechen und alle drei auf ihr Zimmer schicken, damit nicht am Ende gleich der Nächste ein Gipsbein hat. Ich bin meines seit Kurzem los, gehe aber noch auf Krücken. Im Krankenhaus sagte man mir, es sei alles gut verheilt und in ein paar Wochen könne ich meinen Fuß wieder voll belasten.

Man hat mir neue Schmerztabletten verschrieben, die ich allerdings streng rationiere, damit ich auch mal wieder klar denken kann.

Am Freitag werden die Jungs von Pete abgeholt und es ist sehr still im Haus ohne sie, aber es hat den Anschein, als hätten sie ihren Spaß, und das ist die Hauptsache. Ihren Berichten zufolge besteht ihre Ernährung zum Großteil aus Pizza und Eis und gestern waren sie im Schwimmbad. Mein letztes Telefonat mit Pete hat seine Wirkung also nicht verfehlt. Gott sei Dank. Die Hitzewelle hält weiter an, deshalb esse ich am Sonntagabend recht früh mit Celia und Bertie zu Abend und setze mich dann auf die Terrasse, um die Meeresbrise in vollen Zügen zu genießen.

Eddie ist beim Surfen und kommt gegen acht völlig aus dem Häuschen zurück.

»Stellt euch vor, Sam hat gerade angerufen! Er hat ein paar Gigs für mich. Ich soll als Vorband bei einigen Festivals und einem großen Konzert in London spielen. Ich breche schon morgen auf. Unglaublich, nicht?«

»Das ist toll, Eddie.«

»Glückwunsch, mein Junge.«

»Ach, Edward, ich freue mich riesig für dich.«

Bertie öffnet eine Flasche Sekt und wir stoßen auf die wunderbare Neuigkeit an. Ich habe vorhin zwei Schmerztabletten genommen, weil mein Knöchel wieder wehgetan hat, eigentlich sollte ich also keinen Alkohol trinken, aber ein Gläschen wird mich schon nicht umbringen.

»Auf Eddie.«

Celia und ich erheben die Gläser, Bertie steht auf und prostet Eddie zu.

»Auf Neuanfänge und auf alles, was versteinerte Herzen zum Schmelzen bringt.«

Die Kombination aus Schmerztabletten und ein, zwei Gläsern Sekt entpuppt sich als sehr bekömmlich, und statt einzuschlafen bin ich bei Einbruch der Dunkelheit noch hellwach. Ich besuche Bubble und Squeak im Obstgarten und versuche die Hühner in ihren Verschlag zu scheuchen, was leichter gesagt ist als getan, seit ihnen das Baumhaus der Jungs als Alternativrefugium zur Verfügung steht.

»Dennis meinte, sie können auch dort oben nächtigen, wir sollen bloß die Leiter wegnehmen.«

»Ah ja, danke.«

»Ich kann es noch gar nicht richtig glauben.«

»Das waren wirklich tolle Neuigkeiten vorhin, Eddie.«

»Ihrem Knöchel scheint es heute besser zu gehen.«

»Ja, eindeutig. Es ist ein herrliches Gefühl, endlich den verfluchten Gips los zu sein. Eigentlich würde ich jetzt am liebsten schwimmen gehen.«

Die Vorstellung ist derart verlockend, dass ich es plötzlich kaum erwarten kann. Ich sollte wohl jeden Abend ein, zwei Gläschen trinken.

»Im Meer? Ist es dafür nicht schon ein bisschen spät?«

»Es ist noch nicht einmal zehn und bei dieser Affenhitze werde ich ohnehin kein Auge zumachen. Ich glaube, wenn ich ganz langsam gehe, schaffe ich es runter zum Strand. Aber erzähle Sie es um Himmels willen nicht Celia oder Bertie, sonst flippen sie aus. Die Ärzte im Krankenhaus meinten, sobald der Gips ab ist, darf ich wieder schwimmen. Nur zum Gehen soll ich noch die Krücken verwenden.«

»Ich habe eine Idee. Warten Sie hier.«

Gleich darauf kehrt er mit der Schubkarre zurück.

»Dennis mag es nicht, wenn jemand anderes den Rasenmäher benutzt. Wir polstern die Schubkarre mit Kissen und Handtüchern aus und ich fahre Sie runter.«

»Genial. In der obersten Schublade meiner Kommode ist mein dunkelblauer Badeanzug; könnten Sie den mitnehmen, wenn Sie die Handtücher holen?«

»Ich bin mal gespannt, wie ich Sie da wieder hochbugsieren soll. Sie wiegen mehr, als ich dachte.«

»Sehr charmant.«

»Oh, tut mir leid, so war das nicht gemeint.«

»Ich bin zutiefst gekränkt.«

»Ich wollte damit nur sagen, dass ein Mensch viel schwerer ist, als man annimmt, wenn man ihn in einer Schubkarre rumkutschiert, und bergauf könnte es schwierig werden, vor allem bei Dunkelheit. Es wäre mir äußerst unangenehm, wenn wir verunglücken.«

»Das wäre nicht ideal.«

Er grinst.

»Sie haben nicht zufällig Lust, die Nacht hier unten zu verbringen?«

»Warum nicht? Ich habe vorhin, als wir den Sekt getrunken haben, ganz vergessen, dass ich ein paar Schmerztabletten eingeworfen hatte. Mir ist alles recht.«

»Ach herrje, Sie werden doch hoffentlich nicht ohnmächtig, oder? Sind Sie sicher, dass Sie schwimmen gehen sollten?«

»Ganz sicher.«

»Warten Sie, ich komme mit ins Wasser.«

»Ich kann schwimmen, Eddie.«

»Okay, okay. Ich meinte ja nur, für alle Fälle.«

»Ich will gar nicht weit rausschwimmen. Ein bisschen im Wasser treiben reicht mir schon.«

»Klingt gut.«

Das Wasser ist herrlich – angenehm warm nach dem anhaltenden Sonnenschein der letzten Wochen und absolut ruhig. Es ist Vollmond und die Flut kommt herein und spült mich sanft in Richtung Ufer.

»Das war eine hervorragende Idee.«

»Ich weiß.«

Er spritzt mir Wasser ins Gesicht.

»Hey, ich versuche hier zu meditieren, also bitte keine Spritzattacken.«

»Tut mir leid.«

Und dann küsst er mich plötzlich, aus heiterem Himmel.
»Oh Mann, tut mir echt leid.«
»Schluss jetzt mit den Entschuldigungen, Eddie.«
»Okay, tut mir leid.«
Er küsst mich erneut.
»Davon träume ich schon seit Wochen.«
So, so.
»Im Grunde seit ich hier bin.«
»Eddie, meinst du, es kann uns jemand sehen?«
»Das will ich nicht hoffen.«
»Ich auch nicht.«

»Ihre Kutsche wartet, Mylady. Besser gesagt: Ihre Schubkarre.«

»Ich glaube, es geht auch zu Fuß. Ich muss mir bloß Zeit lassen.«

Er lächelt.

»Mal sehen, wie weit wir kommen. Sollen wir uns oben ein schönes heißes Bad einlassen, um die Salzkruste abzuwaschen?«

»Du hast wohl meine Gedanken gelesen.«

»Mal sehen, ob du meine auch lesen kannst.«

Irgendwann im Laufe der Nacht beschließen wir, nichts mehr zu sagen.

»Wenn wir es laut aussprechen, wird es bloß kompliziert und der Zauber verfliegt, schon wegen der diversen Tanten, Onkels und Jungs. Deshalb schlage ich vor, wir stellen das Reden einfach ein.«

Er lächelt und küsst meinen Fuß.

»Gute Idee.«

»Ich sollte wohl bald auf mein Zimmer gehen.«

»Okay. Aber noch nicht jetzt gleich.«

»Nein, noch nicht.«

Als ich mich am darauffolgenden Morgen zum Frühstück in die Küche begebe, sitzt er bereits am Tisch. Ich komme mir vor wie in einem Traum, aus dem ich jeden Moment aufwachen kann.

»Ich hab schon gepackt. Tante Celia hat mich um acht mit einer Tasse Kaffee geweckt.«

»Wie liebenswürdig von ihr.«

»Ja, ganz reizend, zumal ich so hervorragend geschlafen habe. Tee?«

»Gern.«

»Ich fühle mich fast wie an meinem ersten Schultag. Ganz schön Furcht einflößend, das alles. Ich weiß nicht einmal genau, wo mein erster Gig über die Bühne geht. Aber ich komme zurück, sobald es geht.«

»Okay.«

»Es wird doch hoffentlich niemand anderes ... auf dem Klavier spielen, bis ich wieder da bin, oder?«

»Wohl kaum, es sei denn, Alfie entpuppt sich urplötzlich als musikalisch. Wegen Ben und Dan musst du dir diesbezüglich, glaube ich, keine Gedanken machen.«

»Edward, ich habe deine Tasche ins Auto gebracht, und Ivy und Dennis stehen bereit, um sich zu verabschieden.«

»Danke, Tante Celia. Gut, dann wollen wir mal.«

Wir gehen zur Tür und er küsst mich auf die Wange und dann küsst er Celia und Ivy und schüttelt Bertie und Dennis die Hand.

»Vielen Dank noch mal für alles.«

Er dreht sich zu mir um.

»Das war ein wunderschöner Sommer.«

Oh Gott, er ist so jung.

»Sagt den Jungs und Bubble und Squeak für mich Auf Wiedersehen. Und den Hühnern, vor allem Gertie.«

Er steigt ein und wir winken ihm nach, bis der Wagen um die Kurve der Einfahrt biegt.

Mein lieber Schwan. In meinem Inneren herrscht das reinste Gefühlschaos. Ich werde nachher mal Lola anrufen, aber erst sollte ich wohl noch ein bisschen schlafen. Ivy und Dennis gehen mit Celia in Richtung Küche, ich folge Bertie in die Bibliothek.

»Ich glaube, ich lege mich noch mal hin, Bertie. Hast du schon gefrühstückt?«

»Ja, vorhin mit Celia. Und, schön geschwommen gestern?«

»Wie bitte?«

Oh Gott.

»Als wir noch jünger waren, sind Helena und ich des Öfteren abends schwimmen gegangen. Um diese Jahreszeit ist das Meer noch warm genug. Im Herbst würde ich das an deiner Stelle lieber bleiben lassen, es sei denn, du willst dir ein paar Frostbeulen zuziehen. Celia hat schon geschlafen, aber ich war noch wach. Hab ferngesehen und hielt es für das Beste, mich ruhig zu verhalten.«

»Verstehe.«

»Wie wär's mit einem Drink, um den Abschiedsschmerz zu lindern und die Zeit bis zu seiner Rückkehr zu verkürzen?«

»Gern.«

»Hat dir sichtlich gutgetan. Ist mir nicht entgangen, das Funkeln in deinen Augen heute früh. Ich sage doch, ein kleines Abenteuer kann äußerst belebend wirken. Ich gehe nur mal eben Eiswürfel holen.«

»Polly, stell mal Wasser auf.«

»Halt den Schnabel, Betty. Bertie ist gleich wieder da.«

»Scheiße. Scheiße. Scheiße.«

Du sagst es, Betty.

## KAPITEL 8:
## Ein gutes Jahr für die Rosen
September bis Dezember

***Teerosen***

*Die Teerosen gelangten gegen Ende des 19. Jahrhunderts gemeinsam mit der wertvollen Fracht der Teeklipper nach Europa. Ihr Duft erinnert häufig an frische Teeblätter, mit Anklängen an frische Früchte, Pfeffer und Gewürznelken. Ihre eleganten Knospen und die spitz zulaufenden, rötlichen Blätter erfordern einen geschützten Platz und dürfen nur vorsichtig zurückgeschnitten werden. Erwähnenswert sind unter anderem Gloire de Dijon, deren Blüten farblich von Beigegelb bis Lachsrosa variieren und sich durch einen intensiven Teeduft mit dezent fruchtiger Note auszeichnen, außerdem die in Devonshire gezüchtete Devoniensis, auch Magnolia Rose genannt und wegen ihrer opulenten, berauschend duftenden cremeweißen Blüten beliebt, sowie Lady Hillingdon, eine elegante alte Rose, deren apricotrosa Knospen sich zu elfenbeinweißen bis karamellfarbenen Blüten öffnen, die das charakteristische Aroma von Darjeeling-Tee verströmen.*

Es ist Mitte September, und die Jungs drücken wieder die Schulbank. Ben ist auf die Oberschule gewechselt und nimmt jetzt morgens mit Dan den Bus. Er scheint sich gut eingewöhnt zu haben, was zweifellos auch darauf zurückzuführen ist, dass Ella und er viele Fächer gemeinsam belegen. Eigentlich fast alle außer Musik. Sie spielt Klavier und Querflöte, er gar kein Instrument – die Phase, in der er Trompete lernen wollte, war zum Glück nur kurz. Ich glaube, Dan findet es schön, so viel Zeit mit Ben zu verbringen. Soweit ich das überblicke, essen sie oft zusammen zu Mittag. Alfie kommt offenbar auch ohne Ben ganz gut zurecht. Es hat den Anschein, als würde er es genießen, zumindest in der Schule mal nicht der kleine Bruder zu sein. Er hat sich mit Feuereifer in sein neuestes Projekt gestürzt – er wollte herausfinden, was für ein Papagei Betty ist. Dazu hat er gestern versucht, sie zu vermessen. Leider hat sie dabei ständig sein Lineal angeknabbert, also hat Bertie am Ende dafür gesorgt, dass sie sich hinlegt, und sie festgehalten, während Alfie ihre Umrisse auf ein Blatt Papier gemalt hat, was sie den beiden noch immer übel nimmt. Ben hat Alfie bei der Recherche geholfen und seither wissen wir, dass wir es mit einer Gelbkopfamazone zu tun haben. Die schlechte Nachricht ist, dass die bis zu achtzig Jahre alt werden können. Bertie hat Betty jetzt etwa zwanzig Jahre, es ist also durchaus möglich, dass wir sie noch ein gutes halbes Jahrhundert an der Backe haben. Das kann ja heiter werden, wenn wir uns weiterhin tagtäglich ihr »Verpiss dich« anhören dürfen.

Ich sitze auf dem Sofa im Salon und schreibe meine Einkaufsliste für morgen. Bald wird es Zeit für das abendliche Bad und danach wird sich Alfie wünschen, dass ich ihm ein Kapitel aus *Ein Freund wie Stig* vorlese. Dan erledigt seine Hausaufgaben, Ben sieht fern, während ich versuche zu visualisieren, was wir noch im Kühlschrank haben. Fühlt sich ein bisschen an wie bei diesem Spiel, bei dem man sich diverse Gegenstände, die auf einem Tablett liegen, einprägen muss, und kaum deckt sie jemand mit einem Geschirrtuch zu, stellt man fest, dass man sich gerade mal vier davon gemerkt hat. So wird das nichts.

Ich stehe auf und gehe in die Küche. Unterwegs fängt mein Handy an, *Diamonds are forever* zu dudeln.

»Wie läuft's, Süße?«

»Gut, danke, und bei dir? Hast du Frank mal wieder getroffen?«

Zwischen den beiden hat es schon einige Male gekriselt, weil Frank offenbar noch nicht ganz begriffen hat, wie viel Aufmerksamkeit Lola braucht.

»Der ist Geschichte. Viel zu eingebildet und andauernd sollte ich irgendetwas für ihn buchen oder Geschenke für irgendwelche Leute besorgen. Ich bin doch nicht seine persönliche Assistentin, verdammt noch mal! Ganz im Ernst, Süße, erwecke ich den Eindruck, dass ich eine Frau mit akutem Helfersyndrom bin, die den lieben langen Tag nichts Besseres zu tun hat, als anderen Menschen ihre lästige, langweilige Scheißarbeit abzunehmen?«

»Äh, nein, eigentlich nicht.«

»Eben. Also habe ich ihm gesagt, dass ich einen Stenokurs gemacht hätte, wenn mein Berufswunsch Chefsekretärin gelautet hätte. Was ist mit dir?«

»Ich kann auch kein Steno.«

»Mal wieder was von dem Mann gehört, der nicht König werden wollte?«

Das ist ihr neuer Spitzname für Eddie, nach Edward VIII. Keine Ahnung, wie sie darauf kommt. Mich nennt sie neuerdings Wallis, vermutlich nach der königlichen Geliebten Wallis Simpson. Kann aber auch sein, dass sie dabei an *Wallace und Gromit* dachte. Wie auch immer, ich ignoriere es einfach.

»Er fühlt sich nicht sonderlich wohl in Deutschland.«

Eddie hat sich in den vergangenen Wochen angewöhnt, mir SMS und Fotos von Reiserlebnissen zukommen zu lassen, die ihn amüsieren.

»Wieso?«

»Er hat mir ein Bild von dem Abendessen geschickt, das man ihm gestern vorgesetzt hat. Es bestand aus fünf verschiedenen Sorten Würstchen. Sollte Ben je nach Deutschland reisen, muss ich ihm einschärfen, sich genügend Nahrungsmittelvorräte mitzunehmen.«

»Hätte nicht gedacht, dass du auf der Suche nach einem Brieffreund bist, Wallis.«

»Eine schöne Vorstellung eigentlich.«

»Ihr könntet ja auch Freunde mit gewissen Vorzügen werden.«

»Also, ich hoffe sehr, dass wir auch in Zukunft zumindest Freunde sein werden. Was die gewissen Vorzüge angeht, muss ich wohl abwarten, bis er wieder im Lande ist. Aber das ist okay. Ich habe ohnehin keine Zeit, herumzusitzen und mir darüber den Kopf zu zerbrechen, wie es wohl weitergehen wird. Ich muss meinen Businessplan fertigstellen. Morgen habe ich eine Besprechung mit Bea und Mr Stebbings, bei der es um Ziegel, Abwasserrohre und den Zeitplan gehen wird. Ich fungiere allerdings nur als Schriftführerin.«

»Klingt faszinierend.«

»Das ist es tatsächlich, irgendwie. Und nächste Woche steigt die Überraschungsgeburtstagsparty für Ivy. Neulich habe ich mit Michael telefoniert. Er war total aufgekratzt. Mit Christine habe ich auch geredet, und als ich ihr erzählt habe, wie sehr wir uns darauf freuen, sie kennenzulernen, ist sie in Tränen ausgebrochen. Ich nehme mal an, das ist ein gutes Zeichen. Mum und Celia arbeiten fieberhaft an der Menüplanung und Mum hat in der Nobelkonditorei in Barnstaple eine Geburtstagstorte bestellt. Allmählich laufen die Fäden zusammen und bald wird Ivy ihren zweiten Enkel kennenlernen.«

»Sie wird ihr Glück kaum fassen können.«

»Ich hoffe nur, wir können es bis dahin vor ihr verheimlichen. Mum und Celia haben sich eine ganze Reihe von Codewörtern ausgedacht, mit denen sie dem Geheimdienst alle Ehre machen würden. Die halbe Zeit habe ich keine Ahnung, wovon sie reden, aber ich glaube, es wird Quiche und Würstchen im Schlafrock geben.«

»Und, wird Bertie dem besonderen Anlass entsprechend einen Spezialcocktail kreieren?«

»Ich hoffe nicht. Der würde unseren jetlaggeplagten Besuchern garantiert den Rest geben.«

An Ivys Geburtstag macht sich gegen vier Uhr nachmittags allmählich auch bei mir die Anspannung bemerkbar. Celia hatte die geniale Idee, Ivy gegenüber zu behaupten, es hätten sich ein Reporter und ein Fotograf angesagt, die einen Artikel über unseren Garten verfassen wollen, und es könne überdies sein, dass Lady Bobby zum Tee vorbeikommt. Wir haben die ganze Woche das Haus geputzt und poliert und Ivy war beim Friseur und trägt ihr bestes Kleid, bereit, für ewaige Fotos zu posieren.

»Zu dumm, dass wir ausgerechnet heute Gäste erwarten. Darauf könnten wir nun wirklich verzichten. Was meinen Sie, Miss Molly, wird der Fotograf auch in der Küche Bilder machen?«

»Das glaube ich kaum.«

»Gut, weil wir doch für Lady Bobby Tee und dergleichen herrichten müssen, und dann herrscht hier wieder Unordnung.«

»Die Küche ist picobello sauber, Ivy.«

»Ich habe vorhin ein paar Scones gebacken, die können wir ihr servieren, zusammen mit der neuen Marmelade.«

»Wunderbar.«

Die Scones sind die ideale Ergänzung zu den diversen Torten, Brötchen, Sandwiches, Quiches und all den anderen Leckereien, die, in unzähligen Tupperboxen verstaut, bei Mum und Celia im Auto der Ankunft unserer geheimnisvollen Gäste harren.

Celia kommt in die Küche. Ihre Wangen sind gerötet.

»Da kommt ein Auto.«

Nun denn. Jetzt geht's lo-hos.

»Das sind bestimmt unsere B&B-Gäste, Ivy. Wollen wir rausgehen, um sie zu begrüßen und einzuweisen?«

Sie legt das Geschirrtuch ab und marschiert zur Tür.

»Ja. Wir sollten uns beeilen. Hoffentlich erwarten sie nicht, dass wir ihnen Tee anbieten. Ich weiß, Sie servieren unseren Gästen gern eine Tasse zur Begrüßung, aber das kann ich heute überhaupt nicht brauchen, wo doch Lady Bobby jeden Moment auf der Matte stehen kann.«

Wir durchqueren die Lobby und öffnen die Tür. Im selben Augenblick hält draußen ein Taxi. Ein Mann, der so aussieht, wie Dennis vor zwanzig Jahren ausgesehen haben muss, steigt aus und Ivy erstarrt zur Salzsäule.

»Hallo, Mum. Alles Gute zum Geburtstag.«

Sie schnappt nach Luft und packt mich am Arm. Michael hat inzwischen schwungvoll die Stufen zum Eingang erklommen und drückt seine Mutter kräftig an sich – und mich gleich mit, denn Ivy umklammert noch immer mit eisernem Griff meinen Arm. Binnen Sekunden sind wir alle drei in Tränen aufgelöst. Es sind dicke Freudentränen, die größtenteils lautlos und in Ivys Fall unter vernehmlichem Schluchzen und Schniefen fließen. Dennis, der hinten im Garten war, biegt um die Ecke, gefolgt von Bertie, Celia und Mum. Dennis tupft sich mit einem Taschentuch die Augen, die anderen tun es ihm nach. Und dann weicht Michael einen Schritt zurück und Christine kommt auf uns zu, um sich an der Gruppenumarmung zu beteiligen, während zwei ziemlich groggy aussehende kleine Jungs aus dem Taxi klettern und darauf warten, ihre Großmutter zu begrüßen.

Herrje, wenn wir so weiterheulen, wird demnächst das Haus weggeschwemmt.

»Lasst uns reingehen, ja?«

Es folgt eine turbulente halbe Stunde, im Laufe derer wir im Speisezimmer den Tisch decken und Luftballons aufblasen. Die müssen sein, sonst wäre es laut Alfie keine richtige Geburtstagsparty. Ivy und Dennis nutzen die Gelegenheit, um ungestört ein paar Worte mit Michael und Christine zu wechseln, während sich Alfie mit Joshua und Jason anfreundet, die beim Aufblasen der Luftballons ihre anfängliche Schüchternheit schon bald überwunden haben.

Und dann setzen wir uns an den Tisch und das große Fressen beginnt. Wobei man bei der Fülle an Köstlichkeiten, die Mum und Celia aufgefahren haben, gar nicht weiß, womit man anfangen soll. Alfie häuft sich einen riesigen Berg davon auf den Teller und geht irgendwann sogar dazu über, sein leeres Saftglas als Behälter für die Blätterteigstangen mit Käse zu benutzen.

Ich mache eine weitere Kanne Tee und staple gerade Teller in die Spülmaschine, als Ivy in die Küche kommt.

»Da sind Sie ja. Ich hab mich schon gewundert, wo Sie stecken.«

»Ich dachte, ich räum mal das Geschirr aus dem Weg.«

»Ich wollte mich bei Ihnen bedanken.«

»Es war Dennis' Idee, Ivy.«

»Schon möglich, aber Sie haben das alles organisiert. Und ich freue mich unheimlich. Ich kann mich nicht erinnern, wann ich zuletzt so glücklich war.«

»Dann verzeihen Sie uns also unsere kleine Notlüge mit dem Reporter und Lady Bobby?«

»Natürlich. Ein äußerst geschickter Schachzug, um sicherzustellen, dass ich zum Friseur gehe und das Haus ordentlich aussieht. Schließlich will man sich an einem Tag wie diesem von seiner besten Seite präsentieren, nicht?«

»Absolut.«

Sie lächelt.

»Haben Sie die Geschenke gesehen, die sie mir mitgebracht haben, und das Fotoalbum?«

Ich nicke.

»Und sind die Jungs nicht goldig?«

»Allerdings.«

»Joshua ist unheimlich gewachsen. Und ist Ihnen aufgefallen, was für gute Tischmanieren er hat?«

»Oh ja. Da könnte sich Alfie noch eine dicke Scheibe abschneiden.«

Michael kommt herein. Jetzt, da er etwas weniger angespannt wirkt, sieht er Dennis noch ähnlicher.

»Mum, die Jungs wollen ein bisschen raus und Dad möchte uns gern das Anwesen zeigen, aber Christine meinte, wir können nicht ohne dich losziehen.«

»Dann mal los, Ivy.«

Ehe sie sich umdreht und ihm nach draußen folgt, lächelt sie mir zu und flüstert: »Ich danke Ihnen vielmals, aus tiefstem Herzen.«

Und schon geben meine Tränendrüsen erneut den Befehl »Wasser marsch«. Sie hat sich nicht einmal die Zeit genommen, das Geschirr umzuräumen, das ich bereits in die Spülmaschine gestellt habe. Das Gesicht, das sie gemacht hat, als sie Michael erblickt hat, werde ich wohl nie vergessen. Ich will nicht hoffen, dass ich je in eine ähnliche Situation gerate, aber eines ist gewiss: Sollte ich einen meiner Jungs mehrere Jahre nicht sehen, dann werde ich, wenn ich ihn wieder in die Arme schließen darf, genauso aussehen wie Ivy in diesem Moment.

»Mum, Onkel Bertie sagt, er kann seine Pfeife nicht finden.«

»Danke, Alfie.«

»Ich komme gleich.«

Das bedeutet dann wohl, dass wir uns mal wieder auf eine ordentliche Kanonade einstellen sollten.

Yippie.

»Hallo, Süße. Na, wie läuft's mit dem verlorenen Sohn?«

»Bestens. Sie müssen bald zurück nach Australien, Michael konnte nur ein paar Tage Urlaub nehmen, aber sie haben Ivy und Dennis über Weihnachten eingeladen. Sie haben gestern eine halbe Ewigkeit Flüge gesucht und auch gleich welche gebucht. Am 27. Dezember starten sie los, für zwei Wochen. Gott steh mir bei.«

»Und Ivy verträgt sich nach wie vor mit der Schwiegertochter?«

»Ja. Es geschehen noch Zeichen und Wunder.«

»Du sagst es. Ich habe nämlich auch erfreuliche Neuigkeiten: Pippa hat endlich das Gutachten zu deinem Collier erhalten. Sie hält einen Anfangspreis von vierzigtausend Pfund für durchaus realistisch.«

»Du meine Güte! Das ist ja unglaublich, Lola!«

»Ich weiß. Ich hab mir alles aufgeschrieben. Wie es aussieht, haben wir es hier mit einem Schmuckstück der Belle Époque zu tun, bestehend aus Diamanten im Rosenschliff sowie facettierten und unfacettierten Smaragden, was auch immer das bedeuten mag. Da die Steine von ausgesprochen hoher Qualität sind, handelt es sich vermutlich um Hochzeitsschmuck. Ich kann sicherheitshalber noch bei einem anderen Auktionshaus nachfragen, aber ich weiß, dass Pippa etwas von ihrem Handwerk versteht und dich niemals über den Tisch ziehen würde.«

»Davon gehe ich aus.«

»Es kommt vor, dass jemand einer Kontaktperson einen Tipp gibt und dafür sorgt, dass das Zeug zu billig hergeht. Oder die Objekte werden in der falschen Kategorie angeboten, was ebenfalls den Preis drückt. Es ist also durchaus Vorsicht geboten. Aber ich habe Pippa versprochen, mir ein Drehbuch anzusehen, das ihr grenzdebiler Göttergatte geschrieben hat, wenn dein Collier zu einem Spitzenpreis den Besitzer wechselt, deshalb bin ich sicher, sie wird sich ordentlich für dich ins Zeug legen.«

»Danke, Lola.«

»Gern geschehen. Versprich mir nur, dass du dir von dem Geld zumindest ein schönes Teil kaufst.«

»Ein neuer Boiler für das Haus wäre schön.«

»Du bist echt ein hoffnungsloser Fall.«

»Das wirst du anders sehen, wenn du bei deinem nächsten Besuch mitten im Winter keine Wollmütze mehr tragen musst.«

»Auch wieder wahr. Trotzdem solltest du dich verwöhnen und dir selbst eine Kleinigkeit gönnen. Gibt's etwas Neues an der SMS-Front?«

»Ja. Er ist jetzt auf einem Festival in der Schweiz. Er hat mehrere Kuckucksuhren gefilmt und mir die Videos geschickt.«

»Wie süß.«

»Die Jungs sind begeistert.«

»Dann ist also alles eitel Sonnenschein?«

»Sieht ganz danach aus, ja. Vielen Dank, Lola. Es wäre echt der Hammer, wenn ich tatsächlich vierzigtausend Pfund für das Collier bekäme.«

»Du musst ein paar Formulare ausfüllen. Ich sage Pippa, sie soll sie dir schicken. Bis demnächst, Süße!«

Ivys Laune ist verständlicherweise etwas gedämpft, nachdem Michael, Christine und die Jungs abgereist sind. Zum Glück kann sie sich schon jetzt auf den Gegenbesuch im Dezember freuen. Damit die Zeit schneller vergeht, ruft sie eine gründliche Großreinemachaktion aus, bei der sie es in puncto Detailgenauigkeit ohne Weiteres mit einem Experten von der Spurensicherung aufnehmen könnte. Dennis geht ihr solange wohlweislich aus dem Weg.

Eines schönen Nachmittags sitzen wir in der Küche und planen eine weitere Shoppingtour im Großmarkt zwecks Aufstockung unserer Vorräte an Reinigungsmitteln, da kommt Mum mit ihrem großen grünen Koffer herein.

»Was ist denn in dem Koffer, Mum?«

»Ein paar von meinen Sachen.«

»Hast du ein bisschen ausgemistet?«

»Könnte man so sagen, ja. War auch höchste Zeit. Ich habe jetzt nämlich endgültig die Nase voll. Du kannst dir gar nicht vorstellen, wie er sich aufgeregt hat, bloß weil ich ein paar Kuchen und Quiches für Ivys Geburtstagsfeier gebacken habe. Tja, das war der Tropfen, der das Fass zum Überlaufen gebracht hat. Wir haben uns so richtig in die Haare gekriegt und ich habe ihn verlassen.«

»Du hast was?«

»Ich habe meine Sachen gepackt und deinen Vater verlassen. Ich hoffe, es ist in Ordnung, wenn ich für ein paar Tage zu euch ziehe, bis ich mir überlegt habe, wie es weitergehen soll. Keine Bange, ich werde nicht ewig bleiben, natürlich nicht. Ich wusste nur nicht, wo ich sonst hinsoll. Ich nehme auch gern eins der Zimmer im Dachgeschoss – ich weiß ja, dass ihr am Wochenende B&B-Gäste erwartet ...«

Sie bricht in Tränen aus.

Ach, du liebe Zeit.

»Was ist denn genau passiert, Mum?«

»Ich bin endlich zur Vernunft gekommen, das ist passiert.«

»Stellen Sie doch schon mal Wasser auf, Miss Molly, ich gehe inzwischen mit Ihrer Mutter nach oben. Wir bringen Sie im vorderen Doppelzimmer unter, Marjorie, da haben Sie es schön ruhig. Geben Sie mir den Koffer und kommen Sie mit, meine Liebe.«

Puh, das ist ja ein starkes Stück.

Es bedarf unzähliger Tassen Tee und fast einer ganzen Box Taschentücher, bis wir Mum endlich weitere Details entlockt haben: Sie möchte wie Celia ein Cottage kaufen, weil sie wieder einen Garten haben will und es gründlich satthat, an diesem idiotischen Golfplatz zu leben, und wenn sich Dad querlegt, dann bezieht sie ihr Cottage eben allein. Geld genug haben sie, sagt sie – nicht, dass sie je etwas davon zu Gesicht bekäme. Im Übrigen ist sie der Auffassung, dass ich dringend mit Roger über unsere Anteile am Hotel reden sollte. Sie ist überzeugt, dass er und Dad irgendetwas im Schilde führen. Mum und ich besitzen auch Anteile, haben aber noch nie auch nur einen Penny an Dividenden erhalten, und deshalb ist sie zu dem Schluss gekommen, dass es hoch an der Zeit für eine Meuterei auf der Bounty ist. Vorher möchte sie sich allerdings ein bisschen hinlegen, weil sie plötzlich unheimlich erschöpft ist. Erst jetzt wird mir in vollem Umfang bewusst, was sie sich im Laufe der Jahre so alles gefallen lassen musste, nicht zuletzt von den anderen Mitgliedern des Golfclubs, von denen die meisten keine sonderlich angenehmen Zeitgenossen sind. Am Ende gebe ich ihr zwei Schlaftabletten, damit sie sich ein bisschen beruhigt.

Sobald sie wieder wach ist, geht sie hinaus in den Garten und weigert sich, mit Dad zu reden, der schon mehrfach angerufen hat. Ich weiß noch, wie ich mir vor über einem Jahr, als wir noch in London gewohnt haben, einen sicheren, ruhigen Rückzugsort gewünscht habe, während ich mir überlegen musste, wie es weitergehen sollte, und Harrington hat sich nun schon zum zweiten Mal als genau diese Art von Zufluchtsstätte entpuppt, erst für Celia, dann für Mum. Wir scheinen also auf dem richtigen Weg zu sein. Genau genommen stellt Harrington auch für mich und die Jungs einen sicheren Hafen dar. Manchmal, wenn ich morgens erwache, kann ich es noch gar nicht richtig glauben, dass wir tatsächlich hier leben. Da ich Dad aber nicht bis in alle Ewigkeit abwimmeln kann, überrede ich Mum schließlich zu einem Treffen auf neutralem Boden, das morgen in Gestalt eines Mittagessens bei Roger und Georgina über die Bühne gehen soll. Von neutralem Boden kann in diesem Fall zwar keine Rede sein, aber egal.

Als wir bei Roger ankommen, sitzt Dad im Wintergarten. Er ist sehr still und es kommt mir so vor, als wäre er geschrumpft, seit ich ihn zuletzt gesehen habe. Ich verspüre ganz kurz den Impuls, ihn zu umarmen, bin jedoch nicht sicher, ob ihm das auch recht wäre, aber es ergibt sich ohnehin nicht die Gelegenheit dazu, denn Roger bedeutet Mum und mir sogleich, Platz zu nehmen. Er selbst lässt sich neben Dad nieder, in größtmöglicher Entfernung von uns, und mustert mich mit einem vorwurfsvollen Blick.

»Hast du sie dazu angestiftet?«

Mum strafft die Schultern.

»Sei nicht albern, Roger. Natürlich nicht. Ich bin durchaus in der Lage, eine solche Entscheidung allein zu treffen.«

»Also, ich finde das alles ungeheuerlich. Dad ist total neben der Spur, der Ärmste.«

»Roger, ich glaube, das ist eine Angelegenheit zwischen Mum und Dad, also sollten wir das Reden wohl ihnen beiden überlassen, meinst du nicht auch?«

»Wenn ich einen Rat von dir brauche, dann melde ich mich, Molly.«

»Möchte jemand ein Glas Sherry?«

Georgina erscheint mit einem Tablett, auf dem ein Schälchen Oliven und fünf kleine Gläser stehen, und reicht jedem von uns einen Sherry.

Es herrscht angespannte Stille, während wir daran nippen.

»Wie ich höre, willst du deine Pläne für den Umbau

der Stallungen tatsächlich durchziehen, Molly. Ich verstehe nicht, warum du dir partout nicht von uns helfen lassen willst.«

Ist das zu fassen? Mum hat Dad verlassen, aber Roger interessiert sich nur für das verdammte Hotel!

»Wobei denn?«

Er steht auf.

»Das weißt du nur zu gut. Stephen hat mir erzählt, dass er versucht hat, dich zur Vernunft zu bringen.«

»Du meinst euer Vorhaben, aus Harrington Hall einen ›Hub‹ für das Hotel zu machen?«

»Ganz recht. Eine hervorragende Idee. Das Potenzial ist riesig und wir müssen expandieren. Vielleicht ist es dir noch nicht aufgefallen, aber ein paar von uns versuchen hier, einen Betrieb am Laufen zu halten. Einen Familienbetrieb.«

»Das mag auf dich zutreffen. Ich versuche, mich um meine Familie zu kümmern und um meinen Betrieb, das B&B.«

»Sehr richtig, Molly. Roger, setz dich hin und halt bitte den Mund, ja? Apropos Familienbetrieb: Besitzen Molly und ich noch Anteile am Hotel, Roger? Falls ja, dann möchten wir nämlich wissen, in welchem Umfang.«

Roger schnappt nach Luft und Dad setzt sich etwas aufrechter hin und mustert mich mit missbilligender Miene. Manches ändert sich nie.

»Genau. Und ich würde gern wissen, wann die Dividenden ausgeschüttet werden.«

»Wir schütten keine Dividenden aus. Wir investieren in Umbaumaßnahmen, um neue Investoren anzulocken.«

»Verstehe. Nun, dann sollten Mum und ich unsere Anteile vielleicht an die neuen Investoren verkaufen.«

»Red keinen Unsinn.«

»Tu ich nicht. Ich werde Mr Crouch bitten, sich mit dem Thema auseinanderzusetzen. Du erinnerst dich doch an Mr Crouch, nicht? Du hast ihn nach Helenas Beerdigung kennengelernt, Roger. Er ist für alle juristischen Angelegenheiten rund um Harrington Hall zuständig. Als er die Unterlagen für meinen Kreditantrag bei der Bank durchgesehen hat, wollte er wissen, ob ich Anteile am Hotel besitze.«

»Das geht ihn das einen feuchten Kehricht an. Das ist eine Angelegenheit, die nur unsere Familie betrifft.«

»Ach ja? Eben hast du dich über meinen mangelnden Geschäftssinn beschwert. Du widersprichst dir selbst, Roger. Also, falls dieses Jahr irgendwelche Dividenden ausgeschüttet werden sollten, dann will ich doch sehr hoffen, dass Mum und ich berücksichtigt werden. Nicht, dass wir vorhätten, uns einen Pool bauen zu lassen oder so, aber auch kleine Summen machen oft schon einen großen Unterschied, nicht?«

Ich blicke demonstrativ zu dem Schwimmbecken draußen in seinem Garten und er wird blass. Wie es aussieht, lag Mum also richtig – es wurden in den vergangenen Jahren durchaus Dividenden ausgeschüttet, nur eben nicht an sie und mich. Hmpf. Das ist mal wieder typisch. Ich merke, dass ich Gefahr laufe, die Beherrschung zu verlieren.

»Gibt es sonst noch irgendetwas im Zusammenhang mit dem Hotel, über das du mit mir reden möchtest, Roger?«

Er wendet verlegen den Blick ab.

»Dachte ich mir. Gut, dann komm mit in die Küche. Wir helfen Georgina bei der Vorbereitung des Mittagessens, damit sich Mum und Dad ungestört unterhalten können. Dad, Mum will ein Cottage mit Garten kaufen. Wie du weißt, bedeutet ihr das Gärtnern ebenso viel wie dir das Golfspielen, und in eurem Bungalow hat sie sich nie wohlgefühlt. Deshalb würde ich an deiner Stelle schleunigst einen Immobilienmakler kontaktieren, denn sie hat ihre Entscheidung getroffen, Dad. Und ein Cottage mit Garten ist doch wirklich nicht zu viel verlangt, oder? Nicht, wenn du gern hättest, dass sie dir weiterhin jeden Abend eine warme Mahlzeit kocht.«

Mum tätschelt meine Hand.

»Sie hat recht, Henry. Versuch gar nicht erst, mir einzureden, mein Wunsch wäre albern, denn damit wirst du auf Granit beißen. Mein Entschluss steht fest.«

Ich mache einen Abgang, gefolgt von Georgina, die ihre Verblüffung nicht verhehlen kann.

»Ich muss schon sagen, Hut ab vor Marjorie.«

»Georgina!«

»Ach, halt den Mund, Roger. Molly, noch ein Glas Sherry?«

»Gern, danke.«

Das wird ja immer besser.

Beim Mittagessen sind alle Anwesenden recht wortkarg und pflegen einen reichlich förmlichen Umgangston. Danach fahren mich Mum und Dad nach Hause. Dad ist schweigsam, aber ich glaube, er hat endlich kapiert, dass das Ende der Fahnenstange erreicht ist.

In Harrington Hall angelangt, steigen sie aus alter Gewohnheit aus, bleiben jedoch beide beim Wagen stehen.

»Wiedersehen, Molly. Wir sehen uns dann morgen Nachmittag, Liebes. Vorher möchte ich den Bungalow auf Vordermann bringen für den Besuch des Immobilienmaklers. Zu dumm, dass ich die Stores im Bad nicht gewaschen habe. Das hatte ich schon vorige Woche machen wollen. Eigentlich könnte ich das jetzt noch schnell erledigen.«

»Dann also bis morgen, Mum. Bye, Dad.«

Er wirkt erfreut, als ich ihm zum Abschied einen Kuss auf

die Wange gebe, was ich normalerweise nicht mache. Dann erscheint Ivy an der Tür. Sie hat die Arme vor der Brust verschränkt.

»Na, wie war's, Miss Molly?«

»Ganz nett, danke, Ivy.«

»Alles in Ordnung, Marjorie?«

»Ja, danke, Ivy.«

»Gut.«

Dad wird von ihr lediglich mit einem knappen Nicken bedacht, ehe sie wieder reingeht.

Puh. Ich hatte vergessen, wie Furcht einflößend sie wirken kann.

»Eine Tasse Tee, meine Liebe?«

»Gern, Ivy.«

»Und, hat sie ihm gesagt, was Sache ist?«

»Ja.«

»Gut. Sie ist ein herzensguter Mensch und es war höchste Zeit, dass er sich auch mal ein bisschen nach ihren Wünschen richtet.«

»Sie sagen es.«

»Ich wette, Ihr Bruder ist begeistert.«

Wir grinsen uns an.

In der letzten Oktoberwoche konkretisieren sich die Zeit- und Finanzierungspläne für den Umbau des Pferdestalls. Das Pförtnerhaus ist bis Weihnachten ausgebucht, weshalb ich ziemlich viel Zeit mit Putzen und Bettwäschewechseln zubringe, aber zumindest brummt der Laden.

Beim Tee am Sonntagnachmittag feiern wir unsere diversen Erfolge bei der gestrigen Ausstellung des Gartenvereins.

Ivy hat eine Goldmedaille für ein Glas eingelegtes Gemüse gewonnen, Ben hat den Titel *Beste Herbstgemüsezusammenstellung* errungen und Dennis hat Gold für seine Zwiebeln und Silber für seinen Lauch erhalten und freut sich riesig, weil er damit einen seiner ältesten Rivalen geschlagen hat. Der einzige Wermutstropfen ist, dass wir unseren Schweinen Lebewohl sagen müssen. Patrick bringt sie kommende Woche in den örtlichen Schlachthof und mir graut schon vor ihrem Abtransport. Allerdings scheine ich da allein auf weiter Flur zu sein. Ben hat, wie es sich für einen widerspenstigen Teenager gehört, beschlossen, dass er eventuell doch wieder Fleisch essen wird, vorausgesetzt, es handelt sich um nachhaltig hergestellte Lebensmittel aus regionalen Produktionsstätten.

»Gut möglich, dass ich ein bisschen was von dem Speck esse, Mum. Ich hab mich noch nicht entschieden.«

»So, so.«

»Ich habe nichts gegen den Verzehr von Fleisch an sich. Ich bin bloß gegen Massentierhaltung und dagegen, dass alle unsere Ressourcen verschwendet werden, um Kühe zu mästen, während anderswo Menschen verhungern.«

Dan nimmt sich noch einen Keks.

»Ist ja alles gut und schön, solange du nicht ständig darauf herumreitest wie diese ganzen Hardcore-Grünen. So was ist total uncool.«

Ben nickt.

»Ich mochte Speck schon immer, Mum.«

»Ich weiß, Alfie.«

»Und Onkel Patrick hat gesagt, nächstes Jahr könnten wir uns ein Schweinemädchen zulegen und selbst Ferkel züchten.«

»Ich weiß, Alfie. Ich hab gesagt, ich überleg's mir.«

»Dann mach schnell, weil Tom und ich es nämlich wissen müssen.«

»Ich werde mithelfen, Mum.«

»Danke, Ben.«

»Ich könnte mir vorstellen, später mal Bauer zu werden, dann wäre das ein gutes Training.«

»Okay, Liebes.«

»Entweder das, oder ich werde Raumfahrer. Wenn wir die Erde endgültig zerstört haben, müssen wir ja auf anderen Planeten leben und dort Gemüse anpflanzen.«

»Verstehe.«

»Ich hab mich noch nicht entschieden.«

Hm, wenn ich es mir recht überlege, bin ich dafür, dass er hierbleibt und Schweine und Gemüse züchtet. Das mit der Raumfahrt könnte eine logistische Herausforderung für ihn werden. Er schafft es ja kaum, an den Tagen, an denen Turnunterricht auf dem Stundenplan steht, seine Sportsachen mitzunehmen. Außerdem vergisst er ständig seine Jacke in der Schule und ich sehe es schon kommen, dass ich dann andauernd mit dem interplanetaren Shuttleservice unterwegs bin, um seinen Anorak zu holen.

Bertie ist beeindruckt.

»Nicht schlecht, mein Junge. Raumfahrer, das gefällt mir. Es schadet nicht, Zukunftspläne zu schmieden. Wie sieht's denn diesbezüglich bei dir aus, Dan?«

»Ach, ich suche mir eine Firma in der City, bei der ich nichts mit Ferkeln zu tun habe und mit möglichst wenig Aufwand möglichst viel Geld scheffeln kann. Mal sehen. Aber vielleicht bleibe ich ja auch hier in der Gegend. Ich hab mich noch nicht entschieden.«

Alfie nickt.

»Ich könnte ja auch Bauer werden. Oder Pirat. Vielleicht

ein Weltraumpirat, dann kann ich Ben beim Gemüseanpflanzen helfen.«

»Alles klar. Tja, ich hoffe, alle Raumfahrer, Piraten und Geldscheffler wissen trotzdem noch, wie man einen Tisch abräumt.«

Die drei schnalzen unisono mit der Zunge.

Bertie steht auf.

»Ich geh dann mal auf Patrouille, ehe es dunkel wird.«

»In Ordnung, Bertie. Aber nicht zu lange Zeit, es wird allmählich kalt. Dan, hilf Ben beim Abräumen, und Alfie, wir sollten noch ein bisschen lesen üben.«

»Das ist voll unfair. Ich wollte Onkel Bertie begleiten.«

»Nein, jetzt wird Lesen geübt und danach darfst du noch ein paar Cartoons ansehen.«

»Aber ...«

»Meinetwegen kannst du dich auch gleich in die Badewanne setzen. Deine Haare gehören gewaschen. Du kannst es dir aussuchen.«

»Okay, ich hol das Buch.«

Da Bertie bei Einbruch der Dunkelheit noch nicht zurück ist, beschließe ich, ihm entgegenzugehen. Die Jungs sitzen vor dem Fernseher und ich hatte soeben ein äußerst unerfreuliches Telefonat mit Pete, der mir eröffnet hat, dass ihn die Jungs an Weihnachten gar nicht zu Gesicht bekommen werden – er ist nämlich so erschöpft, dass er eine Kreuzfahrt machen muss.

»Er regt mich so dermaßen auf, Bertie! Nicht zu fassen, dass ich so lange mit ihm verheiratet war.«

»Er denkt nur ans Geld und hat keine Ahnung, worauf es

im Leben wirklich ankommt, das ist das Problem. Sei froh, dass du ihn los bist, meine Liebe.«

»Ich kann gar nicht glauben, dass wir erst ein Jahr hier sind. Es kommt mir vor wie ein halbes Leben.«

Er lächelt.

»Lass uns nach Hause gehen, Bertie. Es wird kalt.«

»Ja, es ist schon recht frisch jetzt. Genau wie voriges Jahr um diese Zeit. Da war Helena noch unter uns.«

Er schwankt ein klein wenig, und als ich seine Hand ergreife, fällt mir auf, dass seine Strickjacke schief zugeknöpft ist.

»Manchmal rede ich mit ihr. Nur in Gedanken natürlich, ich bin ja noch nicht total senil. Oder meinst du, das ist ein Anzeichen dafür?«

»Wenn du mich fragst, ist es ein Anzeichen dafür, dass du sie sehr geliebt hast. Und sie dich auch. Und daran ändert sich nichts, nur weil sie nicht mehr da ist.«

»Ärgerlicherweise hält sie das nicht davon ab, weiter an mir rumzunörgeln. Ist doch echt die Höhe. Man möchte meinen, jetzt, da sie im Grab liegt, ist endlich Schluss mit ihren ewigen Belehrungen, aber nein ... Könnten nächstes Wochenende eigentlich mal wieder ein paar Blumen hinbringen.«

»Das machen wir.«

»Ich kann heilfroh sein, dass wir uns überhaupt gefunden haben, das ist mir bewusst. So viele Jahre glücklich zu sein ... Ist keine Selbstverständlichkeit, dass man die Gesellschaft eines Menschen auch dann noch genießen kann, wenn der Reiz des Neuen abgeflaut ist. Was meinst du, hat der gute Edward diesbezüglich Potenzial?«

»Keine Ahnung, Bertie. Er ist noch sehr jung.«

»Du auch, meine Liebe, du auch. Außerdem ist das Alter

kaum von Belang. Auf den Charakter kommt es an. Darauf, dass man das tut, was einen glücklich macht, und dabei ein Verhalten an den Tag legt, mit dem man seine Mitmenschen möglichst nicht vor den Kopf stößt. Das ist der Schlüssel zum Glück. Fühl dich nicht gezwungen hierzubleiben, falls du das Gefühl hast, dass es an der Zeit ist für einen Neuanfang. Woanders, meine ich.«

»Aber wir sind doch jetzt hier zu Hause, Bertie. Und ich fühle mich unheimlich wohl hier. Wenn es nach mir geht, werdet ihr uns nie wieder los.«

Er drückt meine Hand.

»Wenn du dir da sicher bist ...«

»Hundertprozentig. Sollen wir jetzt zurück zum Haus gehen?«

»Nach dir, meine Liebe. Nach dir.«

Es ist Ende November und meine Weihnachtsliste ist jetzt schon ellenlang. Mum und Dad können sich vor Interessenten an ihrem Bungalow kaum retten und besichtigen ein Cottage nach dem anderen. Mum will eines mit einem »anständigen« Garten und Celia begleitet die beiden oft auf ihren Touren, was Dad vermutlich nicht besonders prickelnd findet, aber bislang hat er sich darüber nicht beschwert.

Wir haben endlich das Okay für den Kredit von der Bank erhalten und im Anschluss sofort die Umbaupläne bei der Bauaufsichtsbehörde eingereicht. Mr Stebbings ist mit einem der Zuständigen befreundet und sehr zuversichtlich, dass man uns bei der nächsten Gemeinderatssitzung die nötigen Genehmigungen erteilen wird. Es könnte also schon sehr bald losgehen. Irgendwie freue ich mich darauf, aber mir graut auch schon vor der ganzen Arbeit, die damit auf uns zukommt. Ich weiß, dass ich die richtige Entscheidung getroffen habe, aber es ist eben doch ein ziemlich umfangreiches Projekt. Kein Wunder also, dass ich häufig mitten in der Nacht schweißgebadet aufwache. Ich hoffe, das gibt sich, sobald wir die offizielle baurechtliche Genehmigung erhalten haben. Wenn nicht, muss ich mir wohl angewöhnen, wie Bertie nachmittags ein Nickerchen zu machen. Ich bin so übermüdet, dass ich gestern sogar in der Badewanne eingedöst bin.

Als wir hierhergezogen sind, hatte ich die Befürchtung, dass sich für mich alles nur noch um Haushaltsdetails drehen würde. Dass ich mich in eine dieser Frauen verwandeln würde, die nur noch im Hintergrund agieren und null Selbstbewusstsein haben. Aber es kommt mir so vor, als wäre das Gegenteil der Fall. Ich muss zwar weit mehr Wäsche waschen und Betten machen, als mir lieb ist, aber es fühlt sich so an, als wäre ich Teil eines großen Ganzen. Hier bin ich nicht bloß die Mutter von drei Jungs. Ich führe das Werk einer langen Reihe von Frauen weiter, die hier gelebt und zum Erhalt von Harrington Hall beigetragen haben. Und dieses Bewusstsein verleiht mir ein Gefühl der Geborgenheit, gerade so, als wäre ich nach einer langen, anstrengenden Reise endlich wieder zu Hause.

Und ich fühle mich auch jünger. Ich bin nicht bloß eine geschiedene Frau und Mutter, die versucht, das Beste aus ihrem Leben zu machen. Ich bin ein ganz neuer Mensch. Einer, der Verantwortung übernehmen kann und auf den man sich verlassen kann. Meistens jedenfalls. Und das tut richtig gut. Und heute wird das Collier versteigert und ich bin wahnsinnig gespannt auf das Ergebnis. Ich bin gerade im Begriff, Lolas Nummer zu wählen, da ruft sie mich an. Sie klingt aufgekratzt.

»Rate mal!«

»Kann ich nicht.«

»Es hat nicht den erwarteten Preis erzielt.«

»Und jetzt? Geht es wieder an mich zurück?«

»Nein, du Dussel, unsere Erwartungen wurden übertroffen.«

»Echt?«

»Ja, und zwar ganz beträchtlich. Um zweiunddreißigtausend Pfund, um genau zu sein.«

»Was?«

»Das Collier wurde für zweiundsiebzigtausend Pfund versteigert.«

»Waaaas?«

»Pippa hat es perfekt eingefädelt. Hat zwei ihrer reichsten russischen Klienten gegeneinander bieten lassen.«

»Oh mein Gott.«

»Ich weiß.«

»Das ist ja der Hammer! Ich werde definitiv einen neuen Boiler kaufen.«

»Ich geb's auf.«

»Ich kann es noch gar nicht glauben, Lola. Und das Beste ist, dass ich mir jetzt weniger Geld von der Bank leihen muss. Schade, dass du nicht hier bist. Darauf würde ich gern mit dir anstoßen. Weißt du schon, ob du nächstes Wochenende kommst?«

»Ja, wenn's dir recht ist. Und irgendwann bringe ich auch Jimmy mit. Im Moment wäre es noch zu früh, ich will ihm keinen Druck machen. Mal sehen. Ich hab ihm von deinem Garten erzählt und er kann es gar nicht erwarten, ihn zu sehen. Ich setze große Hoffnungen in ihn.«

»Ist das der, den du auf der Party kennengelernt hast?«

»Genau. Gestern waren wir zusammen essen. Er hat tolle breite Schultern, von der ganzen körperlichen Betätigung wahrscheinlich. Und er steht total auf modernes Design und Bildhauerei und so.«

»So was wie diese überdimensionalen Plexiglaskugeln, die man sich in den Garten stellen kann und neben denen man so klein wie ein Hamster aussieht?«

»Nein, viel besser. Er hat schon haufenweise Preise eingeheimst.«

»Solange er nicht versucht, Dennis einzureden, dass wir den Küchengarten einebnen und dort einen Skulpturenpark bauen sollen, ist er hier jederzeit willkommen.«

»Fliegen die beiden nicht schon bald nach Australien?«

»Ja, gleich nach Weihnachten. Ivy ist unbeschreiblich aufgeregt. Sie sitzt praktisch jetzt schon auf gepackten Koffern und sie schreibt eine Liste für May, die versprochen hat, sie zu vertreten. Ha, da fällt mir ein, jetzt können wir uns endlich einen neuen Staubsauger zulegen. Der alte wiegt ungefähr zwei Zentner.«

»Ich lege jetzt auf, Molly. Ich ertrage das keine Minute länger.«

»Danke, danke, danke, Lola. Auch an Pippa. Das ist mir wirklich eine große Hilfe.«

»*Poschalsta*, Süße. Das ist Russisch und bedeutet ›gern geschehen‹, glaube ich zumindest. Könnte auch eine Wodkamarke sein. Apropos, lass uns das doch auf entsprechende Art und Weise feiern, indem wir eine Wodka-Cocktail-Party veranstalten, wenn ich komme. Gib Bertie schon mal Bescheid.«

»Mache ich umgehend. Er soll uns ein paar White Russians machen. Die sind zwar tödlich, aber superlecker.«

»Ich kann's kaum erwarten.«

Morgen ist Weihnachten. Die Jungs liegen endlich im Bett und ich sitze vor dem Kamin und versuche, meinen Heißhunger auf Mandarinen zu zügeln, während ich die Weihnachtsstrümpfe fülle. Ich habe sogar einen Strumpf für Betty vorbereitet. Verdient hat sie es meiner Ansicht zwar nicht, aber Ben und Alfie haben sich gemeinsam für sie starkgemacht. Vorhin waren wir auf ein paar Drinks im Hotel und es ist recht gut gelaufen. Dad hat einen sehr aufgeräumten Eindruck gemacht und es hatte den Anschein, als würden sich auch Ivy, Dennis und Bertie ganz gut amüsieren. Selbst Roger war weniger nervig als sonst. Ich trage Lolas dunkelgrünen Rock, kombiniert mit einem schwarzen Jerseytop, einer schwarzen Wollstrumpfhose und meinen neuen schwarzen Stiefeln. In diesem Aufzug könnte ich echt ohne Weiteres als Robin Hood in einem Stück der hiesigen Theatertruppe mitwirken, aber egal.

Die Geschenke für die Jungs habe ich schon gestern eingepackt und heute Nachmittag haben sie mir dabei geholfen, alle übrigen Präsente zu verpacken. Sie hatten großen Spaß daran, mir bei der Auswahl auf den diversen Weihnachtsmärkten behilflich zu sein. Dieses Jahr habe ich es aus dem Bedürfnis heraus, mich bei allen für ihre Hilfe zu bedanken, wirklich total übertrieben. Wir haben Bücher und DVDs besorgt und außerdem Körbchen, die wir mit Süßigkeiten, Marmelade und selbst gemachten Schokoladentrüffeln gefüllt haben, neben allem möglichen Kosmetikkram und kleinen mechanischen Spielsachen aus Blech, die einen Überschlag machen, wenn man sie aufzieht.

Ich habe auch Lavendelbeutelchen genäht – für Vicky eines, das aussieht wie ein springender Hase, wegen der Hasentapete, und für Sally eines in Ferkelform. Celia bekommt ein paar Seifen in Terriergestalt und einen Schlüsselanhänger, der bellt, wenn man auf einen Knopf drückt. Für Betty haben wir auch einen gekauft, damit sie an Weihnachten etwas zerlegen kann. Ich gehe in die Küche, um die letzte Ladung Mince Pies aus dem Backrohr zu holen, da höre ich draußen einen Wagen vorfahren. Ich will nicht hoffen, dass das irgendwelche unangemeldeten B&B-Gäste sind, in dieser Herberge ist nämlich kein Platz für sie.

Ich glaub, mich knutscht ein Elch. Es ist Eddie.

»Hallo, Molly. Ich wollte mal fragen, ob ich mich eventuell spontan im Pförtnerhaus einmieten kann. Eigentlich würde ich dich natürlich lieber auf mein weißes Ross hieven und auf mein Schloss entführen, aber das ist in Ermangelung von Ross und Schloss leider unmöglich, und ich bin ohnehin nicht sicher, was die Jungs davon halten würden.«

»So, so.«

»Deshalb dachte ich, es ist wohl das Beste, wenn ich das Pförtnerhaus miete. Keine Sorge, ich will mich nicht aufdrängen. Ich werde morgen gleich mal zu Celia fahren, die lädt mich bestimmt zum Weihnachtsessen ein, und ...«

»Das glaube ich kaum, sie kommt nämlich zum Essen zu uns.«

»Oh. Verstehe. Daran hatte ich nicht gedacht. Ähm ... darf ich vielleicht reinkommen? Es ist scheußlich kalt hier draußen und meine Tasche wiegt ungefähr fünf Zentner.«

»Ach Gott, entschuldige. Ja, natürlich, komm rein und geh in den Salon, da brennt noch das Feuer.«

»Ich habe ein Geschenk für dich. Ach, Mist, das wollte ich dir eigentlich erst morgen sagen. Na, egal. Ich habe Geschenke für alle. Und das hier ist für dich.«

Er hat seine Tasche geöffnet und reicht mir ein kleines Päckchen, das in beträchtliche Mengen Seidenpapier eingewickelt ist.

»Ich hab's selbst eingepackt.«

»Ah ja.«

»Das Papier ist immer wieder gerissen, deshalb musste ich es mehrfach mit Tesa kleben.«

»Egal, das Papier ist sehr hübsch ... Oh, wow! Die sind ja toll! Vielen Dank, Eddie. Ich liebe Silberohrringe. Sie sind wunderschön.«

»Jede Frau sollte ein Paar Smaragdohrringe ihr Eigen nennen. Vor allem, wenn sie erst kürzlich ein Paar verscherbeln musste.«

»Ach, du liebe Zeit, sind die etwa echt?«

Er schnalzt mit der Zunge.

»Na klar sind die echt, was denkst du denn? Ich würde doch wohl kaum den ganzen weiten Weg hierher zurücklegen, nur um irgendwelchen billigen Plunder bei dir abzuliefern, oder?«

»Danke, Eddie. Die sind wirklich bezaubernd, aber das kann ich nicht ...«

»Doch, du kannst. Ich habe einen Plattenvertrag bekommen, mit überaus großzügigem Vorschuss und allem Drum und Dran, und im Frühling gehe ich auf Tour. Nur als Vorgruppe, aber immerhin. Also, tu mir den Gefallen und behalt sie, und sollte ich als Musiker scheitern – wovon ich ausgehe –, dann komme ich zurück und hole sie mir wieder.«

»Aber …«

»Keine Widerrede. Probier sie an. Sie passen perfekt zu deinem Outfit.«

»Ich weiß, ich sehe aus wie Robin Hood, aber …«

»Ich mag Robin Hood.«

»Dann ist ja gut.«

»Verkleidest du dich morgen als Lady Marian?«

»Schon möglich.«

Er grinst.

»Hast du zufällig etwas zu essen? Ich bin am Verhungern.«

»Du hast Glück, vorausgesetzt, du magst Mince Pies. Wir haben an teigummanteltem Zeugs gerade so ziemlich alles da, was das Herz begehrt. Komm mit und such dir was aus.«

»Okay, aber erst …«

»Ja?«

»Komm her.«

Als sich Eddie schließlich auf den Weg zum Pförtnerhaus macht, ist es halb fünf Uhr morgens und ich bin nicht mehr wie Robin Hood angezogen. Noch zwei, drei, Stunden, dann werden die Jungs aufstehen und nachsehen, was ihnen der Weihnachtsmann gebracht hat. Da ich noch putzmunter bin, mache ich mir eine Kanne Tee, schnappe mir die Gartenkataloge, die mir Dennis und Celia hingelegt haben, und trage in die Formulare schon mal alles ein, was ich für sie bestellen soll. Das vergangene Jahr war ohne Zweifel ein gutes Jahr für die Rosen, aber wenn mich nicht alles täuscht, wird das kommende sogar noch besser.